# CONTROLE DA ADMINISTRAÇÃO PÚBLICA DIRETA E INDIRETA E DAS CONCESSÕES

## AUTOCONTROLE, CONTROLE PARLAMENTAR, COM O AUXÍLIO DO TRIBUNAL DE CONTAS, CONTROLE PELO JUDICIÁRIO E CONTROLE SOCIAL

**EDIMUR FERREIRA DE FARIA**

*Coordenador*

# CONTROLE DA ADMINISTRAÇÃO PÚBLICA DIRETA E INDIRETA E DAS CONCESSÕES

## AUTOCONTROLE, CONTROLE PARLAMENTAR, COM O AUXÍLIO DO TRIBUNAL DE CONTAS, CONTROLE PELO JUDICIÁRIO E CONTROLE SOCIAL

Belo Horizonte

**Fórum**
CONHECIMENTO JURÍDICO

2018

© 2018 Editora Fórum Ltda.

É proibida a reprodução total ou parcial desta obra, por qualquer meio eletrônico, inclusive por processos xerográficos, sem autorização expressa do Editor.

Conselho Editorial

Adilson Abreu Dallari
Alécia Paolucci Nogueira Bicalho
Alexandre Coutinho Pagliarini
André Ramos Tavares
Carlos Ayres Britto
Carlos Mário da Silva Velloso
Cármen Lúcia Antunes Rocha
Cesar Augusto Guimarães Pereira
Clovis Beznos
Cristiana Fortini
Dinorá Adelaide Musetti Grotti
Diogo de Figueiredo Moreira Neto
Egon Bockmann Moreira
Emerson Gabardo
Fabrício Motta
Fernando Rossi
Flávio Henrique Unes Pereira

Floriano de Azevedo Marques Neto
Gustavo Justino de Oliveira
Inês Virgínia Prado Soares
Jorge Ulisses Jacoby Fernandes
Juarez Freitas
Luciano Ferraz
Lúcio Delfino
Marcia Carla Pereira Ribeiro
Márcio Cammarosano
Marcos Ehrhardt Jr.
Maria Sylvia Zanella Di Pietro
Ney José de Freitas
Oswaldo Othon de Pontes Saraiva Filho
Paulo Modesto
Romeu Felipe Bacellar Filho
Sérgio Guerra
Walber de Moura Agra

**Fórum**
CONHECIMENTO JURÍDICO

Luís Cláudio Rodrigues Ferreira
Presidente e Editor

Coordenação editorial: Leonardo Eustáquio Siqueira Araújo

Av. Afonso Pena, 2770 – 15º andar – Savassi – CEP 30130-012
Belo Horizonte – Minas Gerais – Tel.: (31) 2121.4900 / 2121.4949
www.editoraforum.com.br – editoraforum@editoraforum.com.br

| | |
|---|---|
| C764 | Controle da Administração Pública Direta e Indireta e das concessões: autocontrole, controle parlamentar, com o auxílio do Tribunal de Contas, controle pelo Judiciário e controle social / Edimur Ferreira de Faria (Coord.).– Belo Horizonte : Fórum, 2018. <br><br> 392p. <br> ISBN: 978-85-450-0472-1 <br><br> 1. Direito Administrativo. 2. Direito Econômico. 3. Direito Financeiro. I. Faria, Edimur Ferreira de. III. Título. <br><br> CDD 341.3 <br> CDU 342 |

Informação bibliográfica deste livro, conforme a NBR 6023:2002 da Associação Brasileira de Normas Técnicas (ABNT):

FARIA, Edimur Ferreira de (Coord.). *Controle da Administração Pública Direta e Indireta e das concessões*: autocontrole, controle parlamentar, com o auxílio do Tribunal de Contas, controle pelo Judiciário e controle social. Belo Horizonte: Fórum, 2018. 392p. ISBN 978-85-450-0472-1.

# SUMÁRIO

**APRESENTAÇÃO**
**EDIMUR FERREIRA DE FARIA** ..................................................................11

**CAPÍTULO 1**
**AUTOCONTROLE DA ADMINISTRAÇÃO PÚBLICA**
**EDIMUR FERREIRA DE FARIA** ..................................................................13

1.1 Considerações gerais sobre os meios de controle a que a administração pública se submete ..................................................13
1.2 Atribuições da administração pública e direito de petição ..............14
1.2.1 Recursos administrativos: modalidades e requisitos .....................16
1.2.1.1 Representação ....................................................................................16
1.2.1.2 Reclamação administrativa ..............................................................18
1.2.1.3 Recurso hierárquico ...........................................................................19
1.2.1.4 Pedido de reconsideração .................................................................20
1.2.1.5 Revisão .................................................................................................20
1.2.1.6 Embargos de declaração ...................................................................21
1.3 Apontamentos sobre processo administrativo ................................24
1.3.1 Princípios do processo administrativo .............................................27
1.3.2 Fases do processo administrativo .....................................................31
1.4 Sindicância administrativa .................................................................34
Referências .........................................................................................35

**CAPÍTULO 2**
**O CONTROLE DAS DECISÕES DOS TRIBUNAIS DE CONTAS PELO JUDICIÁRIO: UMA ANÁLISE A PARTIR DA HIPÓTESE DE INELEGIBILIDADE POR REJEIÇÃO DE CONTAS NOS TERMOS DA LEI DA FICHA LIMPA**
**RAMON LELES DIMAS** ................................................................................39

2.1 Introdução .............................................................................................39
2.2 Breves considerações sobre o controle da administração pública no Brasil ..................................................................................41
2.3 Breve histórico da competência dos tribunais de contas no Brasil...45
2.4 Tribunal de contas: órgão jurisdicional? .........................................50
2.5 Inelegibilidade por rejeição de contas trazida pela LC nº 135/2010 (Lei da Ficha Limpa) .............................................................................59
2.6 Considerações finais ............................................................................68
Referências .........................................................................................70

CAPÍTULO 3

O CONTROLE POLÍTICO DA ADMINISTRAÇÃO PÚBLICA
NO DIREITO BRASILEIRO E BREVE ESTUDO SOBRE O
DIREITO BELGA

CÍNTYA APARECIDA MARTINS MOREIRA ............................................. 77
3.1        Introdução ............................................................................. 77
3.2        Aspectos preliminares ao controle político ..................... 78
3.2.1      Breve releitura dos antecedentes ....................................... 78
3.2.2      Definição de controle ........................................................... 80
3.3        Controle político ................................................................... 80
3.3.1      Instrumentos constitucionais de controle político .......... 81
3.3.1.1    Mecanismos de solicitação de informação ....................... 82
3.3.1.2    Aprovação ou autorização do Congresso Nacional e do Senado
           Federal para atos concretos do Poder Executivo ............. 82
3.3.1.3    Sustação dos atos normativos do Poder Executivo ......... 84
3.3.1.4    Comissões permanentes e temporárias do Congresso Nacional ..... 85
3.3.1.5    Comissões parlamentares de inquérito .............................. 85
3.3.1.5.1  Requisitos para a criação de CPIs ...................................... 86
3.3.1.5.2  Âmbito de atuação das CPIs ............................................... 89
3.3.1.5.3  Poderes e limites das CPIs ................................................... 90
3.4        Organização do estado Belga .............................................. 92
3.5        Controle do parlamento sobre o governo na Bélgica ..... 94
3.5.1      Questão escrita ...................................................................... 95
3.5.2      Questão oral .......................................................................... 96
3.5.3      Interpelações ......................................................................... 96
3.5.4      Confiança/desconfiança ...................................................... 97
3.5.5      Comissão de inquérito ........................................................ 98
3.6        Conclusão ............................................................................ 100
           Referências .......................................................................... 101

CAPÍTULO 4

FUNDAMENTOS PARA O CONTROLE DO MÉRITO DO
ATO ADMINISTRATIVO PELO JUDICIÁRIO:
OS ATOS DISCRICIONÁRIOS E OS CONCEITOS JURÍDICOS
INDETERMINADOS

ÉRICA PATRÍCIA MOREIRA DE FREITAS ANDRADE ......................... 105
4.1        Introdução ........................................................................... 105
4.2        A materialização das atividades da administração pública:
           o ato administrativo ........................................................... 108
4.2.1      Elementos do ato administrativo ..................................... 109
4.2.2      Ato administrativo vinculado ........................................... 112
4.2.3      Ato administrativo decorrente do poder discricionário ..... 114
4.2.4      Discricionariedade administrativa e conceitos jurídicos
           indeterminados .................................................................... 117

4.3 Mérito administrativo e controle jurisdicional ................120
4.4 Considerações finais ........................................................127
Referências ......................................................................128

CAPÍTULO 5
CONTROLE JUDICIAL DOS ATOS EMANADOS DAS AGÊNCIAS REGULADORAS À LUZ DO ESTADO DEMOCRÁTICO DE DIREITO
ALICE DE SIQUEIRA KHOURI ...............................................131
5.1 Introdução .......................................................................131
5.2 Tipos de atos regulatórios: alcance e limites das funções reguladora/normativa e fiscalizatória/sancionadora ......134
5.3 Discricionariedade X arbitrariedade na atuação regulatória: a razão do controle judicial ...........................138
5.4 Controle judicial do ato regulador na perspectiva democrática: para além da legalidade restrita ...............145
5.5 Considerações finais ........................................................147
Referências ......................................................................150

CAPÍTULO 6
O CONTROLE DAS CONCESSÕES COMO INSTRUMENTO NECESSÁRIO À EFICIÊNCIA DOS SERVIÇOS PÚBLICOS
ANE KAREN DORNELA DE SOUZA BULDRINI ....................153
6.1 Introdução .......................................................................153
6.2 As concessões de serviços públicos e sua perspectiva histórica ....154
6.2.1 Perspectiva histórica .......................................................156
6.2.2 Conceitos relacionados à concessão de serviço público ....158
6.2.2.1 Serviço público ...............................................................159
6.2.2.2 Poder concedente ...........................................................159
6.2.2.3 Concessionária ...............................................................160
6.3 A fiscalização, pelo poder concedente, do serviço público concedido ........................................................................160
6.3.1 Perspectiva legal ..............................................................160
6.3.2 Perspectiva doutrinária ...................................................163
6.3.3 Agências reguladoras ......................................................165
6.4 A fiscalização dos serviços concedidos pelos Tribunais de Contas ........................................................................166
6.5 A fiscalização, pelo poder judiciário, do serviço concedido ....171
6.6 Conclusão ........................................................................174
Referências ......................................................................176

## CAPÍTULO 7
## CONCESSÕES DE PORTOS, AEROPORTOS E RODOVIAS: NATUREZA JURÍDICA E CONTROLE
**FLÁVIA CAMPOS PEREIRA GRANDI** ...........181

| | | |
|---|---|---|
| 7.1 | Introdução............................................................................ | 181 |
| 7.2 | Execução de serviços públicos........................................... | 182 |
| 7.2.1 | Concessão, permissão e autorização................................ | 184 |
| 7.3 | Exploração de portos, aeroportos e rodovias................. | 186 |
| 7.3.1 | Regimes de exploração dos portos brasileiros................ | 186 |
| 7.3.2 | Formas de concessão de aeroportos.................................. | 189 |
| 7.3.3 | A operação e a gestão de rodovias..................................... | 192 |
| 7.4 | Controle externo da prestação dos serviços portuários, aeroportuários e rodoviários............................................. | 194 |
| 7.4.1 | Agências reguladoras.......................................................... | 195 |
| 7.4.2 | Agências reguladoras no setor portuário, aeroportuário e rodoviário......................................................................... | 196 |
| 7.4.3 | O controle das agências reguladoras................................. | 198 |
| 7.5 | Conclusão............................................................................ | 201 |
| | Referências........................................................................... | 202 |

## CAPÍTULO 8
## CONTROLE DO ESTADO PELA SOCIEDADE CIVIL
**DAVI AUGUSTO SANTANA DE LELIS,
EDIMUR FERREIRA DE FARIA**..........................................207

| | | |
|---|---|---|
| 8.1 | Introdução............................................................................ | 207 |
| 8.2 | Titularidade do poder: em busca da legitimidade do controle social.................................................................... | 208 |
| 8.3 | Controle social: conceito e características....................... | 214 |
| 8.4 | A teoria da ação comunicativa como meio de controle social | 216 |
| 8.5 | A mídia no controle social.................................................. | 222 |
| 8.6 | Teoria e prática: Um controle social da administração pública é possível?................................................................ | 226 |
| 8.6.1 | As manifestações de rua como forma de controle.......... | 226 |
| 8.7 | Conclusão............................................................................. | 230 |
| | Referências........................................................................... | 231 |

## CAPÍTULO 9
## DO EXERCÍCIO DO CONTROLE SOCIAL NA GESTÃO DO ORÇAMENTO PÚBLICO MINEIRO: APONTAMENTOS SOBRE A PARTICIPAÇÃO DO CIDADÃO NA ELABORAÇÃO DO PLANO MINEIRO DE DESENVOLVIMENTO INTEGRADO
**GÉLSON MÁRIO BRAGA FILHO** ......................................237

| | | |
|---|---|---|
| 9.1 | Introdução............................................................................ | 237 |

9.2 Do controle social da Administração Pública como expressão do exercício da cidadania ..................................................................238
9.2.1 Dos mecanismos de exercício da soberania popular ....................239
9.2.2 Do acesso aos cargos, empregos e funções públicas .....................240
9.2.3 Da fiscalização, controle e pedido de revisão dos atos praticados pela Administração Pública ................................................240
9.3 As finanças públicas no Estado de Minas Gerais: como vem se dando a participação do cidadão na construção do plano mineiro de desenvolvimento integrado ........................................................244
9.4 Do papel das finanças públicas estaduais na realização dos objetivos previstos na ordem econômica e financeira ....................247
9.5 Da importância das audiências públicas no âmbito de uma administração dialógica: legitimidade e aceitação do poder em face da racionalidade do discurso ..................................................252
9.6 Considerações finais..............................................................................254
Referências..............................................................................................255

CAPÍTULO 10
O CONTROLE ADMINISTRATIVO E AMBIENTAL DA ATIVIDADE MINERÁRIA NO BRASIL: ASPECTOS ATUAIS E PERSPECTIVAS FUTURAS
**KAROL ARAÚJO DURÇO, MARCOS P. ANJO COUTINHO** ................261

10.1 Introdução............................................................................................261
10.2 O controle administrativo da atividade minerária ....................264
10.2.1 As disposições constitucionais sobre a produção mineral: o controle na ótica constitucional ....................................................266
10.2.2 O atual código de Mineração: Lei nº 227/1967: principais barreiras ao controle efetivo.............................................................269
10.2.2.1 As formas de outorga de direitos minerários do atual Código de Mineração ......................................................................................270
10.2.3 O Ministério de Minas e Energia (MME), a Secretaria de Geologia, Mineração e Transformação Mineral (SGM), o extinto Departamento Nacional de Produção Mineral (DNPM) e a Agência Nacional de Mineração (ANM): *órgãos* de controle administrativo..........................................................................................274
10.2.4 O Projeto de Lei nº 5.807/2013: Proposta do Novo Código de Mineração ............................................................................................276
10.3 O controle ambiental da atividade minerária .............................279
10.3.1 As disposições Constitucionais sobre o controle ambiental.........280
10.3.2 Ordem jurídica e repartição das competências ambientais............287
10.3.2.1 Competências legislativas .................................................................287
10.3.2.2 Normas infraconstitucionais relevantes no controle ambiental ....289
10.3.2.3 Divisão de atribuições executivas ....................................................294
10.3.2.4 O Ministério Público .........................................................................298
10.4 Conclusão..............................................................................................305
Referências..............................................................................................306

## CAPÍTULO 11
## O CONTROLE ADMINISTRATIVO E AMBIENTAL: ESTUDO SOBRE O ROMPIMENTO DAS BARRAGENS DE REJEITOS EM CATAGUASES, MIRAÍ E MARIANA, NO ESTADO DE MINAS GERAIS
**KAROL ARAÚJO DURÇO, MARCOS P. ANJO COUTINHO** ............315

| | | |
|---|---|---|
| 11.1 | Introdução .................................................................................. 315 | |
| 11.2 | O caso de Cataguases ................................................................ 316 | |
| 11.2.1 | Os dados sobre o rompimento e o objeto pesquisado ............ 316 | |
| 11.2.2 | As medidas administrativas adotadas em face dos responsáveis...319 | |
| 11.2.3 | As medidas judiciais adotadas em face dos responsáveis ............ 320 | |
| 11.2.4 | A efetividade das providências: resultados das medidas empreendidas ............................................................................ 323 | |
| 11.3 | O caso de Miraí ......................................................................... 323 | |
| 11.3.1 | Os dados sobre o rompimento e o objeto pesquisado ............ 323 | |
| 11.3.2 | As medidas administrativas adotadas em face dos responsáveis...324 | |
| 11.3.3 | As medidas judiciais adotadas em face dos responsáveis ............ 328 | |
| 11.3.4 | A efetividade das providências: resultados das medidas empreendidas ............................................................................ 328 | |
| 11.4 | O caso de Mariana .................................................................... 329 | |
| 11.4.1 | Os dados sobre o rompimento e o objeto pesquisado ............ 329 | |
| 11.4.2 | As medidas administrativas adotadas em face dos responsáveis...331 | |
| 11.4.3 | As medidas judiciais adotadas em face dos responsáveis ............ 337 | |
| 11.4.4 | A efetividade das providências: resultados das medidas empreendidas ............................................................................ 347 | |
| 11.5 | Conclusão .................................................................................. 348 | |
| | Referências ................................................................................ 352 | |

## CAPÍTULO 12
## POLÍTICAS PÚBLICAS DE SAÚDE E ATO DISCRICIONÁRIO: OS LIMITES DO CONTROLE JUDICIAL
**RITA DE CÁSSIA MARQUES** ............................................................... 357

| | | |
|---|---|---|
| 12.1 | Introdução .................................................................................. 357 | |
| 12.2 | O direito à saúde no Brasil ...................................................... 358 | |
| 12.3 | Dispositivos legais sobre o direito à saúde no Brasil ............ 361 | |
| 12.4 | Aspectos da constitucionalidade e da fundamentalidade ...... 364 | |
| 12.5 | Políticas públicas e o direito à saúde ..................................... 368 | |
| 12.6 | O controle judicial das políticas públicas .............................. 373 | |
| 12.7 | Controle judicial do ato discricionário de políticas públicas ......... 376 | |
| 12.8 | Limites do controle judicial das políticas públicas ............... 379 | |
| 12.9 | Considerações finais ................................................................ 384 | |
| | Referências ................................................................................ 386 | |

**SOBRE OS AUTORES** ...................................................................... 391

# APRESENTAÇÃO

Este livro, que vem a público pela Editora Fórum, resulta de dedicada e esmerada pesquisa realizada por alunos do mestrado e do doutorado do Programa de Pós-Graduação em Direito da Pontifícia Universidade Católica de Minas Gerais, sob a orientação do coordenador e professor das Disciplinas "Controle da Administração Pública" e "Responsabilidade do Estado por danos extracontratuais".

A obra versa precipuamente o controle da Administração Pública, direta e indireta, com incursões no tema da responsabilidade civil estatal por danos extracontratuais.

Os autores esforçaram-se no plano da pesquisa, com o firme propósito de oferecer aos leitores, informações atuais e esclarecedoras sobre os temas abordados. Por isso, pretende-se com esta obra, atender às expectativas dos estudiosos dos temas nela contidos.

Os capítulos estão dispostos em ordem lógica e sequencial dos temas abordados, de modo a se evitar ideias desconectadas entre capítulos. Nessa ordem foram abordados os seguintes conteúdos: Autocontrole da Administração Pública; Controle das decisões dos Tribunais de Contas; Controle político da Administração Pública no Direito brasileiro e no Direito belgo; Fundamentos para o controle do mérito do ato administrativo pelo Judiciário; Controle judicial das agências reguladoras; Controle das concessões de serviços públicos; Controle das concessões de portos, aeroportos e rodovias; Controle social da Administração Pública; Controle social na elaboração e gestão do orçamento público em Minas Gerais; Controle administrativo e ambiental da atividade minerária em conformidade com a Lei nº 13.575, de 26 de dezembro de 2017; Estudos de casos de rompimentos de barragens de rejeitos, Cataguases, Miraí e Mariana; Política pública de saúde, limites do controle judicial.

Como se vê, o livro aborda todos os meios e hipóteses de controle da Administração Pública nas suas variadas formas de atuação direta ou indireta. Cada um dos coautores se esforçou ao máximo, com o firme propósito de trazer a lume, de modo objetivo e didático, a discussão dos temas abordados, em conformidade com o ordenamento jurídico pátrio, a doutrina e a jurisprudência.

Com essa amplitude e especificidade, espera-se que a obra seja de interesse dos advogados, defensores públicos, magistrados, membros do Ministério Público, controladorias públicas e estudantes de Direito da graduação e da pós-graduação *lato sensu* e *stricto sensu*.

**Edimur Ferreira de Faria**
Coordenador

# CAPÍTULO 1

# AUTOCONTROLE DA ADMINISTRAÇÃO PÚBLICA

**EDIMUR FERREIRA DE FARIA**

## 1.1 Considerações gerais sobre os meios de controle a que a administração pública se submete

A Administração Pública, nos quatro planos de governo, se sujeita a quatro espécies de controle: um exercido por ela mesma, outro pelo Legislativo, outro pelo Judiciário e, por último, o controle exercido pela Sociedade Civil, como se verá no curso deste livro. Alerte-se que Administração, aqui tratada, compreende o Executivo e a função administrativa do Legislativo e do Judiciário.

O controle exercido pela própria Administração é denominado controle interno, e os de competência do Legislativo e do Judiciário são, obviamente, os controles externos. O controle de responsabilidade do Legislativo é político, compreendendo: a discussão e a aprovação do orçamento público anual, com emendas parlamentarias individuais impositivas (obriga a Administração a liberar as verbas correspondentes às emendas parlamentares), nos termos do art. 166, §§9º a 13, da Constituição da República (CR), introduzidos pela Emenda Constitucional (EC) nº 86/2015;[1] o julgamento das contas anuais prestadas pelos Chefes dos Executivos, mediante parecer prévio do respectivo Tribunal de Contas, conforme art. 71, inciso I, da CR.[2] Ao Legislativo,

---

[1] BRASIL, 2015a.
[2] BRASIL, 1988.

com o auxílio do Tribunal de Contas respectivo, são atribuídos outros controles não políticos: controles da execução orçamentária, financeiro, patrimonial, de licitações, de execução de obras e controle de pessoal (art. 71, inciso II e seguintes da CR). O controle legislativo foi desenvolvido no capítulo 3.

Por fim, o controle do Judiciário, amplo e irrestrito nos termos e condições estabelecidos na CR, nas Constituições dos Estados, na Lei Orgânica do Distrito Federal e nas leis orgânicas dos municípios em simetria com a CR e a observância das leis infraconstitucionais. O controle judicial será tratado no capítulo 4 e o controle pela Sociedade Civil, no Capítulo 8.

## 1.2 Atribuições da administração pública e direito de petição

A Lei nº 9.784, de 29 de janeiro de 1999 (processo administrativo no âmbito federal), prevê, no art. 53, o dever da Administração Pública de anular seus atos eivados de vício de legalidade e a faculdade para revogar os atos não viciados, por conveniência ou oportunidade, devendo respeitar os direitos adquiridos.[3] Antes dessa disposição legal, o Supremo Tribunal Federal já havia disciplinado a matéria, por meio de duas súmulas, a de nº 346, aprovada em 13 de dezembro de 1963; e a de nº 473, aprovada em 3 de dezembro de 1969. A primeira é do seguinte teor: "Administração Pública pode declarar a nulidade dos seus próprios atos".[4] A segunda amplia a abrangência da primeira nos seguintes temos:

> A administração pode anular seus próprios atos, quando eivados de vícios que os tornam ilegais, porque deles não se originam direitos; ou revogá-los, por motivo de conveniência ou oportunidade, respeitados os direitos adquiridos, e ressalvada, em todos os casos, a apreciação judicial.[5]

A diferença fundamental entre o conteúdo da Súmula nº 473 e o do art. 53 da Lei nº 9.784/1999 está no fato de que a Súmula faculta à

---

[3] BRASIL, 1999.
[4] BRASIL, 1963.
[5] BRASIL, 1969.

Administração Pública anular seus atos acoimados de vício, enquanto a lei impõe ao agente público o dever de anular o ato portador de vício. Antes da Constituição de 1988, não se observava o devido processo legal para a prática de atos administrativos nas duas situações em foco, anulação ou revogação, pelo fato de não existir, até então, regra determinativa da necessidade da adoção do processo administrativo nesses casos. A medida tornou-se obrigatória nos termos do art. 5º, inciso LV, da CR, assim redigido: "Aos litigantes, em processo judicial ou administrativo, e aos acusados em geral são assegurados o contraditório e a ampla defesa, com os meios e recursos a ela inerentes".

Então, depois que esse comando constitucional entrou em vigor, os atos administrativos que possam contrariar interesse de servidores públicos, de licitantes, de contratados, de parceiros, dentre outras relações da Administração com particulares, condicionam-se ao processo administrativo, observados a ampla defesa e o contraditório, mesmo nos casos em que, aparentemente, o destinatário do futuro ato tenha adotado conduta antijurídica – por exemplo, o não comparecimento do servidor à repartição onde trabalha, por mais de trinta dias continuados, sem motivo justo previsto em lei. Essa situação fática hipotética está prevista nos estatutos dos servidores públicos dos entes da Federação como situação que acarreta ao servidor a perda do cargo por meio de ato de demissão. Outro exemplo, determinada empresa contratada para executar obras, prestar serviços ou fornecer material à Administração Pública, descumpre cláusulas do contrato. Se a contratante entender que a situação configura hipótese de rescisão do contrato, terá que instaurar processo administrativo para dar à contratada inadimplente a oportunidade de se defender.

O direito de petição aos órgãos públicos é garantido nos termos do inciso XXXIV, art. 5º, da CR. Esse direito deve ser exercido em defesa de direitos ou contra atos ilegais emanados de Administrador Público por abuso de poder ou desvio de finalidade. Em consonância com esse dispositivo citam-se os incisos LIV e LV do mesmo artigo. Ambos tratam do devido processo legal.[6]

O dispositivo constitucional citado cuida, na primeira parte, da "defesa de direitos" sem restrição. Daí levar a crer tratar-se de um direito amplo. Essa é a compreensão de Carvalho Filho:

---

[6] BRASIL, 1988.

Avulta observar que esse direito tem grande amplitude. Na verdade, quando admite que seja exercido para a 'defesa de direito', não discrimina que tipo de direitos, o que torna admissível a interpretação de que abrange direitos individuais e coletivos, próprios ou de terceiros, contanto que possa refletir o poder jurídico do indivíduo de dirigir-se aos órgãos públicos e deles a devida resposta [...].[7]

O exercício do direito de petição materializa-se, normalmente, por meio de recursos administrativos que serão especificados no subitem seguinte.

## 1.2.1 Recursos administrativos: modalidades e requisitos

Diversas são as modalidades de recursos administrativos previstos na legislação, como meio hábil para o exercício do direito de petição. Os mais comuns são: representação, reclamação administrativa, recurso hierárquico, pedido de reconsideração, pedido de revisão, revisão de processo administrativo disciplinar e, em alguns órgãos administrativos, existe o embargo de declaração, procedimento próprio do processo judicial.

### 1.2.1.1 Representação

A representação é modalidade de recurso administrativo disponível a qualquer cidadão ou pessoa jurídica para levar ao conhecimento da autoridade competente a prática de ato comissivo, ou omissivo, praticado por agentes públicos ou condutas antijurídicas praticadas por particulares contra a Administração Pública.

A Lei nº 4.898, de 9 de dezembro de 1965, regula o direito de representação e o processo de responsabilidade administrativa, civil e penal, nos casos de abuso de autoridade.[8] O art. 74 da CR dispõe sobre o dever dos órgãos públicos, inclusive no âmbito do Legislativo e do Judiciário, de manterem órgãos de controle interno:

> Art. 74. Os Poderes Legislativo, Executivo e Judiciário manterão, de forma integrada, sistema de controle interno com a finalidade de: I – avaliar o cumprimento das metas previstas no plano plurianual, a execução

---

[7] CARVALHO FILHO, 2016, p. 1.001.
[8] BRASIL, 1965.

dos programas de governo e dos orçamentos da União; II – comprovar a legalidade e avaliar os resultados, quanto à eficácia e à eficiência, da gestão orçamentária, financeiro e patrimonial nos órgãos e entidades da administração federal, bem como da aplicação de recursos públicos por entidades de direito privado; III – exercer o controle das operações de crédito, avais e garantias, bem como dos direitos e haveres da União; IV – apoiar o controle externo no exercício de sua missão institucional.[9]

  O artigo em referência compõe-se de dois parágrafos. O primeiro é dirigido aos agentes responsáveis pelo controle interno, atribuindo-lhes o dever de darem ciência ao Tribunal de Contas da União de irregularidade ou de ilegalidade praticada no âmbito do respectivo órgão de controle. O agente responsável pelo controle interno que descumprir esse comando responde solidariamente com os envolvidos na prática irregular ou ilegal. O segundo parágrafo legitima qualquer cidadão, partido político, sindicato ou associação para, na forma da lei, denunciar ao Tribunal de Contas da União irregularidade ou ilegalidade praticada por agente público federal.
  Essas regras e condições previstas nesse art. 74 são aplicadas aos Estados, ao Distrito Federal e aos Municípios pelo princípio da simetria constitucional, conforme dispõem as Constituições dos Estados, a Lei Orgânica do Distrito Federal e as Leis Orgânicas dos Municípios.
  Como visto, os órgãos de controle interno são fundamentais para a realização de boa gestão pública planejada, eficiente e eficaz, de modo a alcançar os resultados esperados, indicados no planejamento e no orçamento. Por isso, esses órgãos devem ser dotados de plena autonomia para que possam desempenhar fielmente as atribuições que lhes são conferidas constitucionalmente em conformidade com o art. 74 *caput* e o seu §1º.
  Outra lei que trata da representação é a de licitações e contratos, Lei nº 8.666, de 21 de junho de 1993. O seu art. 109, II, prevê a possibilidade de o participante, em processo de licitação, representar em face de ato de intimação relacionada com o objeto da licitação, nos casos em que não couber recurso hierárquico. O prazo para o exercício dessa faculdade é de 5 (cinco) dias úteis, contados da data da intimação.[10]

---

[9] BRASIL, 1988.
[10] BRASIL, 1993.

## 1.2.1.2 Reclamação administrativa

A reclamação administrativa é espécie de recurso do qual se vale o servidor público, ou particular interessado, para questionar perante a Administração Pública no caso de direito funcional ou não, negado ou atendido inadequadamente. O exercício dessa faculdade sujeita a prescrição ou a decadência nos termos do Decreto nº 20.910, de 6 de janeiro de 1932, se outra lei não dispuser de forma diversa.[11]

A distinção básica entre reclamação e representação é que o primeiro recurso visa denunciar a prática de atos irregulares ou ilegais por agentes públicos. São legitimados qualquer servidor público, em especial os responsáveis pelo controle interno. Pode, ainda, interpor o recurso, qualquer pessoa não servidora pública, incluindo as pessoas jurídicas arroladas no §2º do art. 74 da Constituição. Enquanto na representação somente as pessoas juridicamente interessadas, que tiveram seus direitos negados são legitimadas para manejar o recurso.

A Emenda Constitucional nº 45/2004 incluiu o art. 103-A. Esse dispositivo prevê mais uma hipótese de reclamação. O *caput* do artigo atribui ao Supremo Tribunal Federal competência para publicar enunciados de súmulas vinculantes, de ofício ou mediante provocação, após reiteradas decisões em matérias constitucionais, mediante decisão de, pelo menos, dois terços dos seus membros. O §3º do mesmo artigo prevê a possibilidade de adoção do recurso de reclamação nos seguintes termos:

> §3º do ato administrativo ou decisão judicial que contrariar a súmula aplicável ou que indevidamente a aplicar, caberá reclamação ao Supremo Tribunal Federal que a julgando procedente, anulará o ato administrativo ou cassará a decisão judicial reclamada, e determinará que outra seja proferida com ou sem a aplicação da súmula, conforme o caso.[12]

Esse conteúdo está previsto também na Lei nº 11.417, de 19 de dezembro de 2006, que regulamenta o art. 103-A da CR.[13]

Sobre essa matéria, Carvalho Filho pondera:

> Na verdade, trata-se de correção de ilegalidade administrativa, de modo que essa reclamação tem mais *caráter jurisdicional* do que administrativo.

---

[11] BRASIL, 1932.
[12] BRASIL, 2004.
[13] BRASIL, 2006.

Nesse caso, o STF está exercendo função jurisdicional propriamente dita. Na reclamação como tipo de recurso administrativo, a irresignação é dirigida a órgão *administrativo de* estatura hierárquica superior; a resolução do recurso, assim, retratará legítimo exercício de *função administrativa*.[14]

A abordagem transcrita, apresentada por Carvalho Filho, é relevante, considerando que a reclamação é espécie de recuso cujo DNA é administrativo. Entretanto, se a reclamação for intentada em face de ato administrativo ou de decisão judicial em conformidade com o §3º do art. 103-A comentado supra, as decisões serão sempre judiciais. Isso porque, na situação em estudo, o destinatário do recurso é o STF e a sua decisão na espécie não é administrativa.

### 1.2.1.3 Recurso hierárquico

O recurso hierárquico leva à compreensão de que ele deve ser postulado perante órgão ou autoridade superior ao que praticou o ato hostilizado. A Lei nº 8.666/1993, art. 108, dispõe que o recurso hierárquico deve ser dirigido à autoridade superior por intermédio da inferior que praticou o ato.[15] Nos casos de habilitação, inabilitação ou julgamentos das propostas, o ato contrariado foi praticado pela Comissão de Licitação. Nos casos de anulação ou revogação da licitação, a autoridade da qual emanou o ato é a competente para homologar a licitação.

Nas duas situações, a Comissão ou a autoridade que anulou ou revogou a licitação, convencendo-se das razões do recurso, pode se retratar e refazer o respectivo ato. Caso contrário, encaminha o recurso à autoridade a que se destina. Essa autoridade, então, efetivamente julga o recurso, dando-lhe provimento ou negando-lhe provimento.

A Lei nº 9.784, de 29 de janeiro de 1999, que regulamenta o processo administrativo no âmbito da União, prescreve, no art. 56, §1º, os mesmos procedimentos recursais contidos na Lei nº 8.666/1993, nos demais casos.[16]

Há, ainda, outra hipótese recursal na via administrativa, que Meirelles cunhou de "recurso hierárquico impróprio".[17] Trata-se dos

---

[14] CARVALHO FILHO, 2016, p. 1.011.
[15] BRASIL, 1993.
[16] BRASIL, 1999.
[17] MEIRELLES, 2004, p. 53.

casos em que a lei atribui aos Ministros de Estado competência para exercer determinados controles das entidades da Administração indireta (autarquia, sociedade de economia mista, empresa pública e fundação pública), vinculadas ao respectivo Ministério. Nessa situação, as pessoas naturais ou jurídicas que se sentirem lesadas ou ameaçadas de lesão, em virtude de conduta de autoridades superiores das referidas entidades públicas, são legitimadas para recorrerem ao Titular do Ministério ao qual a entidade reclamada for vinculada.

### 1.2.1.4 Pedido de reconsideração

O pedido de reconsideração é uma espécie atípica, considerando que os recursos, em geral, são próprios para os casos de duplo grau de jurisdição. Na via administrativa não existe, propriamente, jurisdição, mas existem graus hierárquicos. As regras e os procedimentos recursais na via administrativa guardam semelhança com os recursos judiciais. O pedido de reconsideração, ao contrário, é dirigido à mesma autoridade que editou o ato, e ela própria decide. O interessado, destinatário do ato, que julga ter sido por ele prejudicado, maneja o pedido de reconsideração com vistas a obter modificação da decisão que lhe foi desfavorável.

Poucas leis preveem essa espécie de recurso, dentre as quais se ressaltam, a título de exemplo, duas leis federais: a Lei nº 8.112/1990, art. 106 e a Lei nº 8.666/1993, art. 109, III. Ambas não estabelecem procedimentos e condições para o enquadramento do recurso. Apenas a segunda, na ordem citada, prevê duas condições: o pedido de reconsideração é cabível no caso de declaração de inidoneidade para participar de licitação ou contratar com a Administração Pública (art. 84, IV) e o prazo para a interposição do recurso, que é de dez dias úteis, contados da data da intimação do ato.

Ressalte-se que o pedido de reconsideração não suspende, tampouco interrompe prescrição e também não altera prazo para a interposição de recurso hierárquico. Vale dizer que a prescrição flui normalmente mesmo nos casos de não deliberação quanto ao pedido de reconsideração.

### 1.2.1.5 Revisão

Revisão é a modalidade de recurso administrativo previsto nos estatutos dos servidores públicos dos entes da Federação. Na Lei nº 8.112/1990, ele está disciplinado nos art. 174 a 182.[18] Esses dispositivos cuidam da revisão do processo disciplinar, que pode ser revisto a qualquer tempo, de ofício ou a requerimento. Não há, portanto, prescrição nesse caso, nem decadência. Objetiva-se com o recurso modificar a sanção aplicada, ou extingui-la, diante de erro no processo ou no julgamento e, consequentemente, reabilitar o apenado indevidamente.

Na hipótese de falecimento do servidor sancionado ou do seu desaparecimento, qualquer pessoa da família é legitimada para pedir a revisão. No caso de o servidor perder a plena capacidade jurídica, o recurso será intentado pelo seu curador.

O pedido de revisão condiciona-se à apresentação de fatos novos, provas que não puderam ser apresentadas por ocasião do processo que culminou com a decisão sancionatória "ou circunstâncias suscetíveis de justificar a inocência do punido ou a inadequação da penalidade aplicada".

No plano federal, a petição deve ser dirigida ao respectivo Ministro de Estado ou a outra autoridade equivalente que, autorizando a revisão, encaminhará o pedido ao dirigente do órgão ou à entidade em que o servidor era lotado. A autoridade competente do órgão ou a entidade designará comissão para iniciar o processo administrativo de revisão. O julgamento do recurso compete à autoridade que aplicou a penalidade.

A revisão não pode resultar em aumento da sanção recorrida, conforme previsão constante do art. 182, parágrafo único da Lei nº 8.112/1990 e art. 65, parágrafo único, da Lei nº 9.784/1999.

### 1.2.1.6 Embargos de declaração

Os embargos de declaração constituem uma das espécies de recuso processual largamente utilizado nos processos judiciais, previsto no Código de Processo Civil (CPC) de 2015, art. 1.022,[19] nos casos de obscuridade, contradição, omissão ou erro material verificado em decisão judicial.

As leis que tratam do processo administrativo são silentes quanto a essa espécie de recurso. Nem mesmo a Lei Federal nº 9.784/1999, que regula o processo administrativo no âmbito da Administração

---

[18] BRASIL, 1990.
[19] BRASIL, 2015b.

Pública Federal, inclui os embargos de declaração entre as espécies de recursos administrativos, a despeito do seu art. 1º prescrever: "Esta Lei estabelece normas básicas sobre o processo administrativo no âmbito da Administração Federal direta e indireta, visando, em especial, a proteção dos direitos dos administrados e ao melhor cumprimento dos fins da Administração".[20]

Os manuais de Direito Administrativo e os livros que comentam a Lei nº 9.784/1999 não fazem referência aos embargos de declaração. Igualmente são silentes os livros pesquisados para este trabalho, que tratam exclusivamente de processo administrativo. O principal argumento contrário à possibilidade da adoção dos embargos de declaração no processo administrativo é a alegação da falta de previsão legal.

Ora, esse argumento parece infundado, considerando disposições constitucionais já referidas neste estudo, dentre elas, o art. 5º da CR, incisos XXXIV, *a*, garante o direito de petição; LIV prescreve: "ninguém será privado da liberdade ou de seus bens sem o devido processo legal"; e, por fim, o inciso LV garante aos litigantes, em processo judicial e administrativo, o contraditório e a ampla defesa com os meios e os recursos a ela inerentes. Nesse particular não se vislumbra distinção entre os processos judiciais e os administrativos.

Ressalte-se que os conteúdos dos citados incisos integram o elenco de direitos fundamentais e sociais garantidos pela CR, que se implementam independentemente de leis infraconstitucional. Excetuam-se os casos em que os dispositivos constitucionais garantidores de direitos fundamentais são expressos "nos termos de lei específica", por exemplo. Mesmo nesses casos, havendo omissão ou retardamento do Legislativo, o Supremo Tribunal Federal tem, na ausência de lei ou medida provisória implementadora de direito fundamental, atendido a pleitos de destinatários de direitos fundamentais, sob o argumento de que os destinatários desses direitos não podem esperar a inércia ou a omissão do Legislativo e do Executivo quanto à edição de regras ou regulamentos que lhes disciplinam a implementação.

Os embargos de declaração, uma das espécies de recursos processuais previstos no CPC e em outras leis ordinárias, integram o conjunto de meios necessários à implementação da ampla defesa e do contraditório, garantidos constitucionalmente nos termos do art. 5º, inciso LV, da Constituição de 1988. Essa assertiva se confirma com a previsão dessa

---

[20] BRASIL, 1999.

modalidade de recurso nos regimentos internos de diversos órgãos administrativos colegiados. A título de exemplos citam-se: o Tribunal de Contas da União, art. 277, III, do seu Regimento Interno; o Conselho Superior do Ministério Público Federal, art. 68 do respectivo Regimento Interno; o Conselho Administrativo de Recursos Fiscais, conforme art. 64 do seu Regimento Interno; o Conselho Administrativo de Defesa Econômica, art. 147, do respectivo Regimento Interno.

Com esses exemplos, fica patente que os argumentos de que, nos processos administrativos, os interessados não podem opor embargos de declaração na defesa de seus direitos são frágeis e infundados, viabilizando, noutro ângulo, a construção de argumentação tendente a justificar o manejo dos embargos de declaração. Marques já pontuava, em meados do século XX:

> O devido processo legal, corolário e decorrência, na evolução histórica do direito anglo-saxônico, do princípio da 'lei da terra' (lawoftheland), é expressão que se condensa uma lei genérica, como dizia Webster "lei que ouve antes de condenar", que mantém a vida, a liberdade e a *propriedade* 'sob a proteção das coordenadas que governam a sociedade'[...]. Isto posto, evidente se torna que a administração pública, ainda que exercendo seus poderes de autotutela, não tem o direito de impor aos administrados, gravames e sanções que atinjam, direta ou indiretamente, seu patrimônio, sem ouvi-los adequadamente, preservando-lhes o direito de defesa. Seguem-se, neste passo, vias análogas às do procedimento judicial, através de atos de comunicação procedimental destinados a estabelecer a bilateralidade no processo administrativo, para que, assim, fiquem estendidos os princípios básicos do *due process of law*.[21]

Nesse contexto, obstaculizar o recurso tendente a clarear uma decisão administrativa viciada, em última análise, fere o exercício do direito de petição, garantia constitucional positivada pela Constituição de 1988, cuja eficácia independe de atuação do legislador ordinário.

Os embargos de declaração podem ser aviados em qualquer processo administrativo, presidido por órgãos colegiados ou monocráticos, observado o disposto no art. 1.022 do CPC, de 2015, cujo conteúdo sintetiza-se: obscuridade, contradição, omissão e erro material verificados em decisões no âmbito dos processos ou de procedimentos administrativos.[22]

---

[21] MARQUES, 1968, v. 5, p. 29.
[22] BRASIL, 2015b.

Os recursos judiciais, nos termos dos CPCs, são dotados de efeitos devolutivo e suspensivo. Já nos recursos administrativos, o efeito suspensivo não é regra absoluta. Essa espécie de efeito é atribuído ao recurso, nos casos expressamente previstos em lei ou quando a autoridade administrativa, mediante fundamentação formal, julgar conveniente dar ao recurso o efeito suspensivo. Nos demais casos, o feito será apenas devolutivo.

Feitas essas consideração sobre os recursos administrativos, procura-se em seguida, tecer consideração básicas sobre o processo administrativo.

## 1.3 Apontamentos sobre processo administrativo

A primeira questão a ser posta sobre o tema é a seguinte: A sequência de atos praticados pela Administração pública com a finalidade de chegar a um resultado, "ato administrativo" viabiliza-se por meio de processo ou procedimento?

Existem autores, dentre os quais, Gordillo (2003) que sustentam a tese de que não existe processo administrativo, mas procedimento administrativo. Citado autor sustenta o seu posicionamento baseado no fato de que, em regra, nos procedimentos administrativos não há contenda, não há figura de partes, autor e réu sob a presidência de uma terceira pessoa, o juiz independente. Ao contrário, na via administrativa, a relação envolve, de um lado, a Administração Pública, que atua na condição de parte e de juiz, e do outro, o interessado (servidor público, empresas contratadas, cidadãos e contribuintes em geral). Outro argumento de Gordillo é que a decisão administrativa não faz coisa julgada nem cogita solucionar conflito entre duas ou mais pessoas que não têm vínculo com a Administração em relação ao fato gerador do conflito. A administração somente decide situações em que ela esteja envolvida numa relação jurídica na condição ativa ou passiva. Assim, o autor conclui: *"Por essas razones y por la conveniencia de establecer una unidad terminológica en el conjunto de actos judiciales que versan sobre administración, creemos preferible mantener la designación* de processo *estrictamente para el proceso judicial"*.[23]

A doutrina dominante discorda da corrente que defende a ideia de que não existe processo administrativo, mas procedimento. No Brasil, o ordenamento jurídico acata o processo administrativo.

---

[23] GORDILLO, 2003, t. 2, p. 9.

Carvalho Filho, integrante da corrente majoritária assevera:

> Essa é a razão porque entendemos inadequada a expressão *procedimento administrativo* como substituta de *processo administrativo*, como propõe alguns estudiosos que não aceitam esta última expressão. São coisas inteiramente diversas. Denominar-se o processo administrativo de procedimento administrativo é enfocar apenas um aspecto daquele, qual seja, o relativo à dinâmica do processo. Este instituto, porém, considerado como relação jurídica, ficaria sem a denominação exata. Desse modo, *processo e procedimento* – é importante acentuar – não são coisas antagônicas, mais sim, figuras intrinsecamente ligadas entre si: todo processo demanda um procedimento – que é a tramitação dos atos –, da mesma forma que todo procedimento só tem existência se houver o respectivo processo –, este indicando a relação jurídica firmada entre aqueles que dele participam. (Grifos do autor).[24]

A CR, art. 5º, inciso LV, refere-se ao processo judicial e ao processo administrativo; a Lei nº 9.784/1999 dispõe sobre processo administrativo no âmbito da Administração Pública Federal e leis dos demais entes da Federação também cuidam de processo administrativo.

Ante essas considerações, substituir processo administrativo por procedimento administrativo seria ignorar o ordenamento jurídico pátrio e a doutrina majoritária muito bem fundamentada. Assim, conforme sustenta Carvalho Filho no texto transcrito, *processo e procedimento* não são termos antagônicos. Eles se completam, são interdependentes.

Então, processo administrativo pode ser definido como o conjunto de informações e documentos canalizados ordenadamente segundo regras e procedimentos próprios, em conformidade com a lei, destinado ao pronunciamento de uma decisão final.

O procedimento é o meio que se adota para o encaminhamento ao processo, em todas as suas fases, de documentos, informações, meios e produção de provas, destinados à formação do processo. O processo, por mais simples que seja, não se forma nem se conclui sem os procedimentos próprios e indispensáveis ao seu desenvolvimento até a fase final. Entretanto, na Administração Publica existem procedimentos que não dependem de processo. Mas não há processo independente de procedimento.

O processo gênero divide-se em várias espécies: processo civil, processo penal, processo eleitoral, processo trabalhista, processo

---

[24] CARVALHO FILHO, 2016, p. 1.025.

administrativo, processo administrativo tributário, processo administrativo de licitação e processo legislativo. Cada um é dotado de ritos e procedimentos próprios. Essa diversidade de ritos e procedimentos é necessária para que o processo, em cada área, cumpra efetivamente o seu papel, qual seja, o de obter um resultado, sentença e acórdão na via judiciária, ato administrativo na via administrativa e lei e emenda constitucional no âmbito do Legislativo.

Os processos judiciais são disciplinados por leis emanadas da União (art. 22, inciso I, CR). Assim, cada espécie de processo é regido por uma lei de alcance nacional. Já o processo administrativo é disciplinado por lei de cada ente da Federação. No âmbito da Administração Pública Federal, como informado, o processo administrativo é disciplinado pela Lei nº 9.784/1999.

O processo administrativo, sobretudo depois que alcançou Estado constitucional, é meio destinado à defesa do cidadão contra abusos praticados por autoridades da Administração Pública, que, valendo-se das prerrogativas da Administração praticavam, e ainda praticam, atos com abuso de autoridade em detrimento de direitos e interesses da sociedade, atos restritivos de direitos ou de liberdade sem que o destinatário tivesse a oportunidade de ser previamente ouvido e de exercer seu direito de defesa. Contemporaneamente, com a adoção do Estado Democrático de Direito, concebido pela CR/1988, restaurou-se a democracia no Brasil, que, a despeito de alguns reveses, frutos da cultura autoritária e de condutas ilícitas e corruptas praticadas por alguns políticos, agentes administrativos, dirigentes de empresas estatais e de empresas privadas. Todavia, as garantias constitucionais, dentre elas o direito de petição, o devido processo legal, a liberdade de expressão, a liberdade de manifestação, o direito de informação e de transparência têm contribuído para a apuração dos ilícitos administrativos, civis e penais com a participação, ainda tímida, da sociedade, mas que vem pressionando os poderes instituídos, clamando por melhor segurança pública, por melhor ensino público, por melhor saúde pública, por melhor mobilidade urbana e, ainda, protestando contra a corrupção, que se alastrou em todo o território brasileiro. A título de exemplo, cita-se a operação Lava-Jato.

## 1.3.1 Princípios do processo administrativo

Vários são os princípios que norteiam o processo administrativo previstos na doutrina e na Lei nº 9.784/1999. Os quais serão comentados em breves linhas a seguir:

- Princípio da legalidade – Esse princípio está previsto no art. 37, caput, da CR, na Lei Federal nº 9.784/1999, art. 2º, sobre processo administrativo, dentre outras. Observando-se o princípio da legalidade como está previsto na Constituição e na lei citada, deve-se sustentar que ele consiste no fato de que todos os atos e procedimentos relativos ao processo administrativo devem resultar a estreita observância do disposto no ordenamento jurídico. A inobservância da regra jurídica de regência tornaria o processo nulo. Entretanto, a Constituição contempla princípios-normas que são observados, na composição de conflitos, na edição de ato administrativo na formulação e na execução de políticas públicas.

Essa natureza normativa dos princípios e a aplicação adequada deles levam à reflexão quanto à terminologia e à eficácia do princípio da legalidade. A doutrina, ainda minoritária, vem sustentando entendimento de que mais adequado seria denominar-se princípio da juridicidade, sem ignorar a importância e a necessidade da regra de direito (sistema jurídico compreendendo a Constituição, as leis infraconstitucionais, os regulamentos e os atos administrativos).

A Ministra Cármen Lúcia Antunes Rocha escreveu sobre o princípio da juridicidade, justificando a compreensão desse princípio:

> Por isso, faz-se mister iniciar-se estas observações pelo relevo dos contornos do conceito de Estado de Direito, pois a essência deste se expõe e se cumpre no princípio da juridicidade administrativa combinado com a responsabilidade do Estado. A preferência que se confere à expressão deste princípio da juridicidade, e não apenas ao da legalidade como antes era afirmado, é que, ainda que se entenda esta em sua generalidade (e não na especificidade da lei formal), não se tem a inteireza do Direito e a grandeza da Democracia em seu conteúdo, como se pode e se tem naquela. Se a legalidade continua a participar da juridicidade a que se vincula a Administração Pública – e é certo que assim é –, esta vai muito além da legalidade, pois afirma-se em sua autoridade pela legitimidade do seu comportamento, que não se contém

apenas na formalidade das normas jurídicas, ainda que consideradas na integralidade do ordenamento de Direito.[25]

O Direito brasileiro é positivado. Daí a necessidade de lei formal, editada pelo Legislativo, regrando condutas da Administração Pública no desempenho de suas atividades atribuídas pela Constituição e também as condutas das pessoas naturais e jurídicas, nas relações jurídicas entre si e na relação dessas pessoas com a Administração Pública. Durante o período do positivismo absoluto, foi criada a expressão "o juiz é a 'boca' da lei". Isso porque o magistrado julgava de acordo com a literalidade da lei. O que não estivesse expresso objetivamente na lei, não poderia ser considerado pelo seu aplicador. Em decorrência desse rigor, nem sempre se fazia justiça. Isso porque a lei não contempla todos os fatos geradores de conflitos. Dessa forma, a hermenêutica contemporânea deve considerar a lei não como regra absoluta para a solução de todos os casos concretos que lhe são submetidos, mas moldura que servirá de norte e limites para seu intérprete. Este poderá preencher o espaço vazio no interior da moldura com os princípios jurídicos, tais como: da razoabilidade, da proporcionalidade, da analogia, da equidade, da igualdade, do interesse social e dos costumes; dentre outros.

- *Princípio da publicidade* – A publicidade dos atos emanados da Administração Pública é fundamental no Estado Democrático de direito para que os órgãos de controle se munam de informações e elementos adequados e indispensáveis à efetivação de suas atividades fins e do controle da Administração Pública.

Além de publicar os atos jurídicos, ela tem o dever de dar publicidade aos programas, obras e serviços. Nesses casos, a publicidade tem caráter educativo, informativo ou de orientação social. É vedada publicidade que tenha caráter promocional de autoridades administrativas e de servidores públicos em geral. Por isso, dela não pode constar nomes, imagens de gestores públicos, tampouco símbolos que identificam autoridades públicas (art. 37, §1º, da CR).

Pelo mesmo fundamento, os atos relativos ao processo administrativo são de publicação obrigatória, como também o são os atos jurisdicionais. Assim, serão publicados a portaria que designa comissão processante ou comissão de sindicância administrativa, os despachos

---

[25] ROCHA, 1994, p. 69.

interlocutórios, as decisões finais resultantes do processo, os recursos interpostos e o ato sancionatório, quando for o caso.

- *Princípio da oficialidade* – Esse princípio, nos termos do CPC, confere ao juiz competência para dar início ao processo, mediante provocação formulada pelo interessado por meio da petição inicial. Ao juiz não é conferida a iniciativa para, de ofício, instaurar processo judicial. Mas, uma vez iniciado o processo, o juiz tem a prerrogativa de impulsioná-lo, independentemente das partes. Inclusive determinar a produção de provas, necessárias à instrução do processo, quando as partes não tiverem a iniciativa.

No processo administrativo, o princípio da oficialidade é mais amplo, a autoridade é dotada de competência para, de ofício, iniciar processo administrativo e impulsioná-lo até a decisão final. Uma das atribuições da Administração Pública é zelar pelo interesse público. Por esse motivo, a autoridade competente não pode se condicionar à provocação de terceiros. Nos processos iniciados de ofício ou por iniciativa de interessado, o agente público responsável pela condução do processo reveste-se de poder para determinar ou diligenciar a canalização de provas de que tenha conhecimento e que sejam de interesse do processo. Dentre elas, a realização de perícia, quando necessária para a elucidação dos fatos. De resto, a autoridade tem o dever de promover todas as diligências necessárias para melhor solução da pendência, ainda que as medidas requeridas favoreçam o acusado. Isso porque o fim primordial do processo administrativo é a verdade material, e não a verdade formal, própria do processo judicial.

- *Princípio da informalidade* – A informalidade é uma das características do processo administrativo. Os processos, em geral, são formais, principalmente o judicial. O processo administrativo é menos formal. A legislação pertinente é mais genérica, de modo que à autoridade administrativa é facultado adotar as providências que julgar necessárias para se alcançar o objeto do processo, que, em síntese, é a apuração da verdade material, e, ao final, reconhecer ou não o direito do interessado.

Carvalho Filho assim se posiciona:

[...] Ao administrador caberá seguir um procedimento que seja adequado ao objeto específico a que se destinar. Se um administrado, por exemplo, formula algum requerimento à Administração, e não havendo lei disciplinadora do processo, deve o administrador impulsionar o feito, devidamente formalizado pelos demais órgãos que tenham competência relacionada ao requerimento, e ainda, se for o caso, comunicar ao requerente a necessidade de fornecer outros elementos, ou de trazer novos documentos, e até mesmo o resultado do processo. Enfim, o que é importante no princípio do informalismo é que os órgãos administrativos *compatibilizem os tramites do processo administrativo com o objetivo a que é destinado.*[26]

Na mesma linha, é o entendimento de Ferraz e Dallari, que assim asseveram:

O princípio da informalidade significa que, dentro da lei, sem quebra da legalidade, pode haver dispensa de algum requisito formal sempre que sua ausência não prejudicar terceiros nem comprometer o interesse público. Um direito não pode ser negado em razão da observância de alguma formalidade instituída para garanti-lo, desde que o interesse público almejado tenha sido atendido.[27]

Enquanto no processo judicial há fases próprias para a produção de provas, no processo administrativo a ordem e os momentos de produção de provas não são estanques. Em qualquer de suas fases, admite-se a juntada de provas, o arrolamento de testemunhas e outras providências que tenham por finalidade contribuir para o deslinde da questão em conflito.

Além desses princípios acima examinados, a Lei nº 9.784/1999, no art. 2º, aduz outros princípios: "finalidade, motivação, razoabilidade, proporcionalidade, moralidade, ampla defesa, contraditório, segurança jurídica, interesse público e eficiência".[28]

Esses princípios constitucionais e infraconstitucionais são largamente debatidos na doutrina do Direito Constitucional e, principalmente, na doutrina do Direito Administrativo. A despeito da importância deles, não serão aqui examinados em virtude do recorte proposto para este tópico, qual seja, o de examinar apenas aqueles princípios consagrados na doutrina administrativista relacionada com o processo administrativo. Os constantes do art. 2º da Lei nº 9.784/1999 são aplicáveis em todos os processos judiciais, como se pode constatar

---

[26] CARVALHO FILHO, 2016, p. 1.033.
[27] FERRAZ; DALLARI, 2002, 3. tir, p. 79.
[28] BRASIL, 1999.

na doutrina e na jurisprudência dos tribunais. Além do mais, eles são citados neste estudo como princípios constitucionais.

## 1.3.2 Fases do processo administrativo

As fases do processo administrativo são as seguintes: instauração, instrução, defesa, relatório e julgamento. Adiante, noções básicas de cada uma delas:

- *Instauração* – A instauração do processo administrativo dá-se por meio de ato da autoridade competente, de ofício ou mediante provocação. O ato formal de instauração do processo é normalmente portaria expedida pela autoridade, que abrange dois conteúdos: o primeiro consiste na designação da comissão encarregada de conduzir o processo até a fase do relatório, inclusive; a outra se refere à indicação da pessoa natural ou jurídica que tenha adotado conduta considerada ilícito administrativo, a especificação dos fatos e, quando possível, indicar a base jurídica contrariada.
- *Instrução* – A instrução no processo administrativo assemelha-se à instrução nos processos judiciais civis ou nos processos judiciais penais, quando se tratar de processo administrativo disciplinar. O sindicado é intimado pelo presidente da Comissão para comparecer em local, data e horário, para prestar esclarecimentos, perante a Comissão, sobre os fatos que lhe são imputados, nos termos da respectiva portaria. Ao final da exposição do sindicado ou do acusado, a Comissão lhe assina prazo para arrolar testemunha e juntar documentos e requerer perícia, se julgar necessário. As testemunhas arroladas pela Administração são igualmente intimadas para oitiva. As respostas às perguntas da Comissão e do advogado, se constituído, são reduzidas a termo. Havendo testemunhas arroladas pela Administração, elas devem ser ouvidas antes das testemunhas arroladas pelo acusado. Na hipótese de contradição entre testemunhas ou entre testemunha e acusado, será designada audiência para que se realize a acareação, como se faz no processo judicial, com a finalidade de apurar a verdade material. A Lei nº 9.784/1999, art. 31, estabelece que, quando o assunto que deu origem ao processo for de interesse geral, o órgão competente, mediante despacho devidamente motivado, poderá abrir prazo para consulta pública com o

objetivo de colher manifestação de terceiros, antes da decisão, desde que não haja prejuízo para a parte interessada. E, ainda, se o assunto for relevante, a juízo da autoridade administrativa, pode ser convocada audiência pública para debater a matéria objeto do processo, art. 32, da mesma lei.[29]Nos casos de processo administrativo disciplinar, depois da oitiva de todas as testemunhas e de juntada das provas documentais, o acusado será intimado para o seu interrogatório, semelhante ao interrogatório realizado no processo judicial penal.

• *Indiciamento e defesa* – Concluído o interrogatório e não havendo necessidade de acareação, a Comissão processante verifica se a tipificação da infração disciplinar foi comprovada. Em caso positivo, será expedido o ato de indiciamento do acusado. Nesse documento deve constar, dentre outros quesitos, a indicação dos artigos da Lei nº 8.112/90 que foram violados pelo agora indiciado, e a sanção correspondente a ser aplicada. Formalizado esse documento, o indiciado será citado para apresentar sua defesa escrita, no prazo de dez dias. Se for dois réus ou mais, o prazo será de vinte dias. Em caso de diligências reputadas indispensáveis, o prazo de defesa será prorrogado para o dobro. Se o indiciado estiver em lugar incerto e não sabido, a citação será por edital, publicado no *Diário Oficial da União* e em jornal de grande circulação no último domicílio conhecido do indiciado. Nessa hipótese, o prazo de defesa é de quinze dias, contados da última publicação. Caso o indiciado, regularmente citado, não apresente sua defesa no prazo legal, será considerado revel, por termo nos autos. Nessa situação, a autoridade que instaurou o processo designará um servidor público para apresentar a defesa do indiciado. Esse "defensor dativo" deve ser efetivo e estável, titular de cargo hierarquicamente superior ou do mesmo nível do ocupado pelo indiciado, ou ter nível de escolaridade superior ou igual ao do indiciado.

• *Defesa técnica* – A chamada "defesa técnica" é aquela feita por advogado. É necessária a defesa por advogado em processo disciplinar? A resposta não é simples. Há controvérsia na doutrina e, principalmente, nos tribunais superiores. O Superior

---

[29] BRASIL, 1999.

Tribunal de Justiça (STJ) sumulou a matéria nos seguintes termos: "É obrigatória a presença de advogado em todas as fases do processo administrativo disciplinar" (Súmula nº 343). Posteriormente, o Supremo Tribunal Federal (STF) editou a Súmula Vinculante nº 5, do seguinte teor: "A falta de defesa técnica por advogado no processo administrativo disciplinar não ofende a Constituição". A Súmula Vinculante nº 5 do STF, pela sua natureza e alcance vinculante, revogou a Súmula nº 343 do STJ. Assim, enquanto ela estiver em vigor, a defesa técnica não é obrigatória, a despeito das manifestações no sentido de que a Súmula do STF contraria a Constituição no que se refere ao amplo direito de defesa.

- *Relatório* – Concluída a fase de defesa, a Comissão redige o relatório final em qualquer tipo de processo administrativo. Essa peça deve sintetizar o processo. Embora sintético, o relatório deve ser minucioso e circunstanciado. A peça deve contemplar os dados essenciais contidos no processo. Tais como: documentos probatórios, informações importantes colhidas por meio dos depoimentos das testemunhas e do acusado, síntese da defesa, entre outros que a Comissão julgar necessários para melhor compreensão do julgador. Na conclusão do relatório, a Comissão deve apontar os dispositivos legais que foram infringidos e recomendar a sanção a ser aplicada. Terminado o relatório, findam também as funções da Comissão.

- *Julgamento* – Concluído o relatório, a Comissão encaminha o processo à autoridade para proferir a decisão final condenatória ou, se for o caso, absolutória. As recomendações da Comissão quanto à(às) sansão(ões) a ser(em) aplicada(s), não vincula o julgador, se o relatório estiver em desacordo com as provas dos autos. Na prática, o que é mais comum é o acatamento das sugestões punitivas sugeridas pela Comissão, normalmente, composta por servidores éticos, sérios, zelosos e ciosos dos seus deveres. O prazo para a autoridade proferir a decisão, previsto na Lei nº 9.784/1999, é de trinta dias. Esse prazo pode ser prorrogado por igual período, excepcionalmente, por decisão expressamente fundamentada. Já na Lei nº 8.112/1990, processo disciplinar, o prazo é de vinte dias, sem previsão de prorrogação, salvo na hipótese de a sanção a ser imposta exceder a alçada da autoridade instauradora do processo. Nesse caso, o processo será remetido à autoridade competente, situação em que o prazo começa a fruir a partir da data do recebimento do processo. A decisão desafia recursos administrativos já examinados. Se o apenado não se conformar com a decisão, mesmo depois de se valer dos recursos administrativos, tem legitimidade para postular em juízo a anulação do ato que lhe impôs a sanção, tendo por fundamento o art. 5º, inciso XXXV, da CR, que prevê a impossibilidade de a lei excluir qualquer lesão ou ameaça a direito.

## 1.4 Sindicância administrativa

A sindicância é procedimento cuja finalidade é apurar ilícito administrativo e a autoria dele. Sua natureza é inquisitória. Por essa razão, a regra é de que, nessa fase investigatória, não há contraditório e nem defesa. A sindicância se assemelha ao inquérito policial, indispensável ao indiciamento do acusado. A despeito de não haver contraditório, tampouco fase de defesa nessa espécie de procedimento, é permitida a presença de advogado para acompanhar e evitar coação de testemunhas e do investigado, sem direito de formular perguntas.

Entretanto, a sindicância de que trata a Lei nº 8.112/1990, art. 145, inova ao prever a possibilidade de se apenar servidor público com base na sindicância, nos casos de advertência e suspensão de até trinta dias. O prazo para a conclusão da sindicância é de trinta dias, podendo ser prorrogado por igual período, a critério da autoridade que instituiu a comissão de sindicância. A comissão pode chegar a uma das hipóteses de conclusão: propor o arquivamento do procedimento ou processo, como dispõe a lei em foco; propor a aplicação da sanção de advertência ou de suspensão de até trinta dias; ou propor a instauração de processo administrativo.

A Comissão, no momento em que constatar o fato (materialidade) e identificar o servidor infrator (autoria), deve ter ideia da penalidade a ser aplicada naquele caso. Se for uma das duas mencionadas acima, a observância da ampla defesa e do contraditório se impõe em obediência ao comando constitucional contido no art. 5º, LV, da CR. Nesse caso, a sindicância se aproxima do processo administrativo disciplinar no que tange às fases: instrução, indiciamento, defesa e relatório.

Se a conclusão for pela instauração de processo administrativo disciplinar, as sanções são as seguintes: "advertência; suspensão; demissão; cassação de aposentadoria ou disponibilidade; destituição de cargo em comissão; e destituição de função comissionada". (Art. 127 da Lei nº 8.112/1990).

Pode parecer contradição a previsão de advertência e suspensão, sem dizer que seria acima de trinta dias, considerando que advertência e suspensão de até trinta dias são aplicáveis com base na sindicância. Não, não é contradição pelo fato de que a maioria dos processos administrativos disciplinar independe de prévia sindicância. Ela só é necessária quando não se tem certeza quanto ao fato e muito menos à autoria. Alguns exemplos de condutas de servidor cuja apuração pode ser feita por meio do processo disciplinar, independentemente de sindicância, pois desnecessária: abandono de cargo (o controle de presença do servidor ao trabalho é diário); investidura em dois cargos inacumuláveis; receber ou oferecer propina; insubordinação grave em serviço; ofensa física, em serviço, a servidor ou a terceiro, salvo em legítima defesa ou de outrem. Nesses casos, já se conhece o fato antijurídico e a autoria dele – o servidor transgressor.

Nas hipóteses em que a sindicância apurar que a conduta do servidor sindicado configura ilícito administrativo e penal, a autoridade competente deve encaminhar cópia do processo da sindicância ao Ministério Público. Se no processo administrativo disciplinar ficar confirmado o que foi apurado na sindicância, o processo deve ser trasladado na íntegra para o arquivo da repartição e o original remetido ao Ministério Público para as providências próprias.

## Referências

BRASIL. Constituição (1988). *Constituição da República Federativa do Brasil*, 1988. Texto constitucional de 5 de outubro de 1988, com as alterações adotadas pelas emendas constitucionais até outubro de 2016. Brasília: DF, Senado Federal, 1988. Disponível em: <// www.planalto.gov.br/ccivil_03/constituicao/constituicao.htm>. Acesso em: 03 nov. 2016.

BRASIL. Constituição (1988). Emenda Constitucional nº 45, de 30 de dezembro de 2004. Altera dispositivos dos arts. 5º, 36, 52, 92, 93, 95, 98, 99, 102, 103, 104, 105, 107, 109, 111, 112, 114, 115, 125, 126, 127, 128, 129, 134 e 168 da Constituição Federal, e acrescenta os arts. 103-A, 103B, 111-A e 130-A, e dá outras providências. *Diário Oficial da União*, Brasília, 8 de janeiro de 1932. Disponível em: <http://www.planalto.gov.br/ccivil_03/decreto/Antigos/ D20910.htm>. Acesso em: 03 nov. 2016.

BRASIL. Constituição (1988). Emenda Constitucional nº 86, de 17 de março de 2015a. Altera os arts. 165, 166 e 198 da Constituição Federal, para tornar obrigatória a execução da programação orçamentária que especifica. *Diário Oficial da União*, Brasília, 18 de março de 2015. Disponível em: <http://www.planalto.gov.br/ccivil_03/constituicao/emendas/ emc/emc86.htm>. Acesso em: 03 nov. 2016.

BRASIL. Presidência da República. Decreto nº 20.910, de 6 de janeiro de 1932. Regula a prescrição quinquenal. *Diário Oficial da União*, Rio de Janeiro, 8 de janeiro de 1932. Disponível em: <http://www.planalto.gov.br/ccivil_03/decreto/Antigos/D20910.htm >. Acesso em: 07 dez. 2016.

BRASIL. Presidência da República. Lei nº 4.898, de 9 de dezembro de 1965. Regula o direito de representação e o processo de responsabilidade administrativa civil e penal, nos casos de abuso de autoridade. *Diário Oficial da União*, Brasília, 13 de dezembro de 1965. Disponível em: <http://www.planalto.gov.br/ccivil_03/leis/L4898.htm>. Acesso em: 15 dez. 2016.

BRASIL. Presidência da República. Lei nº 8.112, de 11 de dezembro de 1990. Dispõe sobre o regime jurídico dos servidores públicos civis da União, das autarquias e das fundações públicas federais. *Diário Oficial da União*, Brasília, 19 de abril de 1990. Disponível em: <http://www.planalto.gov.br/ccivil_03/leis/L8112cons.htm>. Acesso em: 17 dez. 2016.

BRASIL. Presidência da República. Lei nº 8.666, de 21 de junho de 1993. Regulamenta o art. 37, inciso XXI, da Constituição Federal, institui normas para licitações e contratos da Administração Pública e dá outras providências. *Diário Oficial da União*, Brasília, 22 de junho de 1993. Disponível em: <http://www.planalto.gov.br/ccivil_03/leis/L8666cons.htm>. Acesso em: 19 dez. 2016.

BRASIL. Presidência da República. Lei nº 9.784, de 29 de janeiro de 1999. Regula o processo administrativo no âmbito da Administração Pública Federal. *Diário Oficial da União*, Brasília, 1 de fevereiro de 1999. Disponível em: <http://www.planalto.gov.br/ccivil_03/leis/L9784.htm>. Acesso em: 20 dez. 2016.

BRASIL. Presidência da República. Lei nº 11.417, de 19 de dezembro de 2006. Regulamenta o art. 103-A da Constituição Federal e altera a Lei nº 9.784, de 29 de janeiro de 1999, disciplinando a edição, a revisão e o cancelamento de enunciado de súmula vinculante pelo Supremo Tribunal Federal, e dá outras providências. *Diário Oficial da União*, Brasília, 20 de dezembro de 2006. Disponível em: <http://www.planalto.gov.br/ccivil_03/_ato2004-2006/2006/lei/l11417.htm>. Acesso em: 09 dez. 2016.

BRASIL. Presidência da República. Lei nº 13.105, de 16 de março de 2015b. Código de processo civil. *Diário Oficial da União*, Brasília, 17 de março de 2015. Disponível em: <http://www.planalto.gov.br/ccivil_03/_ato2015-2018/2015/lei/l13105.htm>. Acesso em: 15 dez. 2016.

BRASIL. Supremo Tribunal Federal. *Súmula 346*, de 13 de dezembro de 1963. Disponível em: http://www.stf.jus.br/portal/jurisprudencia/menuSumarioSumulas.asp?sumula=1602. Acesso em 23 jan. 2017.

BRASIL. Supremo Tribunal Federal. *Súmula 473*, de 3 de dezembro de 1969. Disponível em: http://www.stf.jus.br/portal/jurisprudencia/menuSumarioSumulas.asp?sumula=1602. Acesso em 23 jan. 2017.

CARVALHO FILHO, José dos Santos. *Manual de direito administrativo*. 30. ed. São Paulo: Atlas, 2016.

DI PIETRO, Maria Sylvia Zanella. *Direito administrativo*. 28. ed. São Paulo: Atlas, 2015.

FERRAZ, Sérgio; DALLARI, Adilson Abreu. *Processo administrativo*. 1. ed. 3. tir. São Paulo: Malheiros, 2002.

GORDILLO, Agustín. *Tratado de derecho administrativo*. 5. ed. Belo Horizonte: Del Rey; Buenos Aires: Fundación de Derecho Administrativo, 2003. t. 2.

MARQUES, José Frederico. A garantia do *due process of law* no direito tributário. *Revista de Direito Público*, São Paulo, v. 5, p. 28-33, jul./set. 1968.

MEIRELLES, Hely Lopes. *Direito administrativo brasileiro*. 29. ed. São Paulo: Malheiros, 2004.

ROCHA, Cármen Lúcia Antunes. *Princípios constitucionais da administração pública*. Belo Horizonte: Del Rey, 1994.

---

Informação bibliográfica deste livro, conforme a NBR 6023:2002 da Associação Brasileira de Normas Técnicas (ABNT):

FARIA, Edimur Ferreira de. Autocontrole da administração pública. In: FARIA, Edimur Ferreira de (Coord.). *Controle da Administração Pública Direta e Indireta e das concessões*: autocontrole, controle parlamentar, com o auxílio do Tribunal de Contas, controle pelo Judiciário e controle social. Belo Horizonte: Fórum, 2018. p. 13-37. ISBN 978-85-450-0472-1

CAPÍTULO 2

# O CONTROLE DAS DECISÕES DOS TRIBUNAIS DE CONTAS PELO JUDICIÁRIO: UMA ANÁLISE A PARTIR DA HIPÓTESE DE INELEGIBILIDADE POR REJEIÇÃO DE CONTAS NOS TERMOS DA LEI DA FICHA LIMPA

**RAMON LELES DIMAS**

## 2.1 Introdução

O Tribunal de Contas é um órgão que recentemente vem ganhando destaque na mídia e no debate público de modo geral. Após o parecer prévio recomendando a rejeiçao das contas da Ex-Presidente Dilma (outubro de 2015) em torno das chamadas "pedaladas fiscais", mais e mais se discute sobre a competência desse órgão, ou seja, o que ele pode ou não fazer no Estado Democrático de Direito e qual sua importância. Esse debate fica ainda mais profícuo, considerando os inúmeros casos de corrupção, de malversação do dinheiro público, de obras inacabadas, que diariamente aparecem nas páginas dos jornais.

Para melhor compreender a função do Tribunal de Contas, é auspicioso tratar primeiramente, ainda que em linhas gerais, do controle da Administração Pública. Em termos de controle da Administração, pode-se dizer que a história da humanidade é a história da tentativa de limitação do poder. Por muito tempo, os reis não conheciam praticamente nenhuma limitação legal ao seu poder. Houve, inclusive, um conhecido rei, que disse "o Estado sou eu" (Rei Luís XIV, na França).

O rei, além de governante, detinha funções de legislador e de juiz simultaneamente. Era o tempo do Estado absolutista, centralizador, do início da Idade Moderna, do chamado *Ancien Régime* (Antigo Regime). Paulatinamente, esse estado de coisas foi sendo questionado por diversos setores sociais que não se viam representados nele, e o poder, à custa de muitas lutas e revoluções (inglesa, americana, francesa), foi limitado drasticamente. Buscava-se e, porque não dizer, busca-se até hoje, "o governo das leis e não dos homens". Não se pode esquecer do papel central do *Iluminismo*, um movimento político, intelectual, cultural, que aconteceu no século XVIII, e procurava pela razão, o conhecimento do mundo e dos homens.

Nessa esteira, grandes pensadores, como Locke, Rousseau, Voltaire, Montesquieu, dentre outros, questionaram severamente a fisionomia do Estado absolutista. Discutiu-se, primeiramente, a tese da "origem divina do poder dos reis", muito presente na época absolutista. O poder dos governantes estava agora ligado pela ideia de "contrato social", em que o povo passava a ser visto como titular da soberania do Estado (especialmente com Rousseau), isto é, a origem do poder. O Estado somente tinha razão de existir se proporcionasse segurança e respeitasse os direitos e as garantias individuais do cidadão. Ademais, os poderes (ou funções) tinham que ser divididos, com a conhecida tese de que "somente o poder controla o poder".

Estava, portanto, nascendo também o constitucionalismo, técnica jurídica de tutela de liberdades, surgida nos fins do século XVIII, que possibilitou ao cidadão o exercício, com base em Constituições escritas, dos seus direitos e garantias fundamentais sem que o Estado lhes pudesse oprimir pelo uso da força e do arbítrio.[1]

A ideia de "tripartição dos poderes", tão conhecida de Montesquieu, na verdade, começou a ser fortemente desenhada com Locke (2002), que deu início à ideia de uma separação dos poderes com critério funcional e não apenas social, como em Aristóteles, na sua defesa da "Constituição mista". Locke dividia o poder em *Executivo*, com a tarefa de aplicar as leis em obediência às prescrições do Parlamento; *Legislativo*, visto como Poder Supremo, representante por excelência da sociedade civil, que criava leis, mas também fiscalizava o Executivo; o Poder *Federativo*, que consistia no relacionamento do Estado com indivíduos de fora, ou mesmo com outros Estados; e o Poder *Prerrogativo*, que consistia nas tomadas de decisão em estado de emergência.

---

[1] CANOTILHO, 1998, p. 45-46.

O objetivo era evitar o acúmulo de poder nas mãos de um indivíduo ou de um grupo, bem como proteger a propriedade privada dos indivíduos.

Em certa medida, Montesquieu (2005) apoiou-se nesse trabalho, mas deu-lhe também sistematicidade. Guardadas as proporções, Montesquieu fez como Newton, da física clássica, que declarava que se apoiara em ombros de gigantes (no caso, Galileu e Copérnico) para desenvolver sua teoria do movimento dos corpos e gravitacional. De maneira semelhante, Montesquieu apoiou-se nos trabalhos de Locke.

O objetivo de Montesquieu era manter a liberdade do cidadão, que só ocorreria pelo cumprimento da lei: fazer tudo o que ela permitia e obedecer ao que ela proibia. Mas, para isso, era necessária a divisão das funções do poder, a fim de que estas pudessem ser exercidas de forma independente, pois, se quem elabora e executa as leis for apenas uma só pessoa ou corpo social, a possibilidade de tirania torna-se muito verossímil.

O que foi inovador no pensamento de Montesquieu é que ele fez do poder de julgar, antes identificado como uma espécie de poder executivo, um poder autônomo. Tradicionalmente, concebia-se a separação entre o Legislativo e Executivo, e Montesquieu veio acrescentar a função judicial.

Nesse diapasão, paulatinamente, surgiram, em diversos países do mundo, Constituições limitando o poder, mesmo onde se tivesse conservado a monarquia como forma de governo, como é o caso da Inglaterra. E, também, mais tarde, sistemas de controle de poder, como controladorias, tribunais de contas, controle partidário (URSS).

## 2.2 Breves considerações sobre o controle da administração pública no Brasil

Feito esse necessário escorço histórico, passa-se a analisar como é feito hoje o controle da Administração Pública no Brasil. Atualmente, o controle é exercido pelos três poderes, ou funções, em linguagem mais moderna. São espécies de controle: o *controle administrativo*, (controle interno), o *controle pelo Poder Legislativo* e o controle *judicial* (controle externo).

O *controle administrativo* é aquele feito por meio de procedimentos estipulados por leis e regulamentos sobre os seus próprios órgãos. O controle administrativo, também chamado de "controle interno", conforme o magistério de Faria, é exercido normalmente pelo poder hierárquico e

> consiste no poder-dever da Administração de controlar seus atos. Dessa forma, os órgãos superiores fiscalizam e controlam os inferiores. A Presidência da República controla a cúpula dos Ministérios de Estado. As secretarias-gerais destes controlam os órgãos imediatamente inferiores e, assim por diante, até chegar ao último órgão subalterno. (Grifos nossos).²

Por meio do controle interno ou administrativo, a Administração Pública pode rever seus atos de ofício, ou a requerimento, quando inquinado de vícios. Se esses vícios tornarem os atos administrativos ilegais, devem ser anulados. Já por motivo de conveniência ou oportunidade, a Administração pode revogar seus atos. Se os vícios não forem graves ao Estado, a Administração pode convalidá-los. Rever os próprios atos é um poder-dever da Administração e, no caso da revogação, deve-se observar o devido processo legal dando-se ao interessado a oportunidade de ampla defesa e do contraditório e, ainda, respeitar os direitos adquiridos do cidadão – Súmula nº 473 do STF³ c/c art. 53 da Lei nº 9.784/1999.⁴

Como bem coloca ainda Faria (2015), entendia-se que a Administração poderia unilateralmente, de ofício ou a requerimento, retirar o ato administrativo do mundo jurídico, quando eivado de nulidade. Todavia, o Judiciário, após a vigência da Constituição Cidadã de 1988, tem tornado obrigatória a existência de um processo administrativo próprio, dada a garantia fundamental constitucional do devido processo legal (*due process of law*), prevista no art. 5º inciso LIV, de observância obrigatória também para o processo administrativo.

Ainda sobre o controle interno, o art. 74 da CR aduz que compete à Administração constituir um órgão interno independente, com a competência de exercer o controle interno em cada órgão ou entidade pública. Geralmente, em cada entidade da Federação existe uma Controladoria Geral, que deve ser composta por agentes com capacidade técnica compatível, o que nem sempre ocorre, sobretudo, em pequenos municípios, em que, às vezes, o aspecto político prevalece.

A segunda espécie de controle, isto é, o *controle pelo Legislativo*, subdivide-se em *político, financeiro e jurisdicional*, na classificação de

---
² FARIA, 2015, p. 618.
³ BRASIL, 1969b.
⁴ BRASIL, 1999a.

Fernandes (2008). O controle político do Legislativo se dá pelo desempenho das funções específicas, seja da Câmara dos Deputados, seja do Senado Federal ou do Congresso Nacional, entrando em "discussão da conveniência e oportunidade do ato, no âmago, *in ground of action*".[5][6] Exemplos disso são aqueles listados no art. 49 e incisos da Constituição da República (CR).[7] A necessidade de participação do Parlamento em atos compostos costuma ser lembrada como um tipo importante de controle político – por exemplo, a necessidade de ratificação de tratados por parte do Congresso Nacional assinado pelo chefe do Executivo, dentre outras hipóteses.

O controle financeiro feito pelo Legislativo é de inestimável importância. Conforme o constitucionalista Ferreira Filho,

> *tradicionalmente, o Legislativo é o poder financeiro*. De fato, às câmaras, ditas legislativas, por tradição ou data do medievo, compete autorizar a cobrança de tributos, consentir nos gastos públicos, tomar contas dos que usam o patrimônio geral. Na verdade, o poder financeiro das câmaras é historicamente anterior ao exercício, por elas, da função legislativa. (Grifos nossos).[8]

Basicamente, o Poder Legislativo exerce o controle financeiro sobre si e sobre os outros poderes, a cada vez em que fixa a despesa e estima a receita, por meio de Plano *Plurianual* (PPA), Lei de Diretrizes Orçamentária (LDO), *Lei Orçamentária Anual* (LOA), bem como quando impõe limites financeiros.

Por fim, o *controle jurisdicional exercido pelo Legislativo*. Conforme Fernandes, há três situações do Poder Legislativo Federal que denotam a *juris dictio*: "julgamento das contas anuais do Presidente da República, processo de *impeachment* e sustação dos atos normativos".[9]

As duas primeiras formas de controle ocorrem, a princípio, com a exclusão da revisibilidade judicial pelo Poder Judiciário, que se limita, em tese, quando provocado a verificar se foram cumpridos os requisitos legais extrínsecos do ato.

Na hipótese de sustação de ato normativo do Poder Executivo, que extrapole o poder de regulamentar ou os limites da delegação

---

5    Fundamento do mérito, o ponto central da questão.
6    FERNANDES, 2008, p. 102.
7    BRASIL, 1988.
8    FERREIRA FILHO, 1980, p. 100.
9    FERNANDES, 2008, p. 105.

legislativa, o Congresso Nacional não retira o ato, apenas susta sua eficácia.

Analisa-se a primeira situação, na classificação de Fernandes (2008), que configura exercício de jurisdição pelo Legislativo. Conforme o art. 49, inciso IX, da CR,[10] compete exclusivamente ao Congresso Nacional julgar anualmente as contas prestadas pelo Presidente da República. As contas são julgadas, após o parecer prévio do Tribunal de Contas da União, e, caso rejeitadas pelo Parlamento, poderão implicar a abertura do processo de *impeachment*. Tal julgamento do Congresso encerra a fase do ciclo orçamentário.

Quanto ao auxílio do Tribunal de Contas da União ao Congresso Nacional, será bem descortinado ao longo deste estudo. Cabe apenas dizer, neste momento, que é um auxílio técnico que analisa a execução orçamentária, financeira, contábil, patrimonial ou de pessoal e das contas prestadas pelos demais poderes. O Tribunal de Contas, ao analisar as contas anuais apresentadas pelo Chefe do Executivo, emite parecer prévio, que recomenda a aprovação integral, ou com ressalvas, ou opina pela reprovação das contas (art. 71, I, da CR). Caso o Tribunal de Contas verifique diretamente os responsáveis pela aplicação do dinheiro público, ele estará julgando as contas (art. 71, II, da CR), assunto que será tratado com mais detalhes em tópico próprio.

Em relação ao processo de *impeachment*, segunda forma de controle jurisdicional exercido pelo Legislativo, ele se dá nos casos de crimes de responsabilidade cometidos pelo Presidente da República (art. 85 da CR), cuja admissibilidade da acusação se dá por 2/3 de votos da Câmara dos Deputados e o julgamento no Senado Federal, presidido pelo Presidente do Supremo Tribunal Federal (STF).

Por fim, há o *controle jurisdicional*, expresso no art. 5º, XXXV, da CR, que se assenta na ideia de que a lei não pode excluir da apreciação do Poder Judiciário qualquer lesão ou ameaça a direito. Dentre as hipóteses de controle pelo Judiciário, previstas na Constituição,[11] estão: o *habeas corpus*, o *habeas data*, o mandado de injunção, o mandado de segurança, que pode ser inclusive coletivo (sendo isso uma novidade da CR/1988), a ação popular (que pode inclusive ser preventiva) e a ação civil pública. De modo geral, pelo controle jurisdicional, decisões administrativas e decisões do Poder Legislativo sempre podem ser submetidas ao controle do Judiciário, quando ferem direitos subjetivos.

---

[10] BRASIL, 1988.
[11] BRASIL, 1988.

Por fim, deve-se entender a função moderna de controle, que não tem mais, apenas, o objetivo de "correr atrás do prejuízo". Nas lúcidas reflexões de Fernandes:

> o objeto da função de controle, na atualidade, deve ser compreendido em sua visão mais nobre, enquanto vetor do processo decisório na busca de *redirecionamento das ações programadas*. São assim, instrumentos da função: a revisão dos atos, a anulação, a admoestação e a punição dos agentes, *sempre visando à reorientação do que está em curso, para obter o aperfeiçoamento*. (Grifos nossos).[12]

Em síntese, a função precípua do Tribunal de Contas, a de controle, deve ser prévia, concomitante e *a posteriori*. Nas duas primeiras, o Tribunal deve orientar, prevenir, diligenciar, determinar a obrigação de fazer ou de não fazer. Se essas medidas forem adequadamente adotadas, o controle final não encontrará surpresas e evitará a constatação de erros ou danos irreparáveis.

## 2.3 Breve histórico da competência dos tribunais de contas no Brasil

Antes de adentrar mais especificamente no estudo do Tribunal de Contas, convém elucidar o que já foi dito aqui, *en passant*, que existem dois modelos de controle externo pelo mundo: o modelo da *Controladoria Geral* e o modelo de *Tribunal de Contas*. No modelo de Controladoria adotado principalmente na Inglaterra e nos Estados Unidos da América (EUA), existem câmaras especializadas no Poder Legislativo, que inspecionam as contas públicas, assessoradas por um controlador ou auditor geral, escolhido pelo Presidente da República, após consulta e aprovação do Senado, com um mandato fixo.

Já o modelo do Tribunal de Contas, adotado no Brasil e em inúmeros países, segundo Fernandes, apresenta muitas vantagens em relação ao modelo de Controladoria Geral, os quais ele lista: "a) atuação em colegiado; b) alternância de direção; c) rodízio no controle dos órgãos; d) distribuição impessoal de processos".[13]

Mas quando e como surgiu o modelo de Tribunal de Contas no Brasil? Neste artigo não se tem a preocupação de registrar os mínimos

---

[12] FERNANDES, 2008, p. 31.
[13] FERNANDES, 2008, p. 114.

detalhes históricos sobre o Tribunal de Contas. Todavia, a História sempre pode contribuir com o Direito. Aliás, sua contribuição é, via de regra, inestimável. Por isso, faz-se breve registro histórico sobre o Tribunal de Contas.

Duarte (2014) aponta que a Constituição imperial de 1824[14] previu a criação de um tribunal, denominado "Thesouro Nacional", responsável pela contabilidade das contas públicas. Todavia, esse órgão não seria autônomo em relação ao Poder Executivo. Portanto, não se pode dizer que o órgão Thesouro Nacional tenha sido o primeiro Tribunal de Contas do Brasil.

Ainda no Império, Maranhão recorda que o jurista Pimenta Bueno desenvolveu lúcidas ideias à época:

> É de suma necessidade a criação de um Tribunal de Contas, devidamente organizado, que examine e compare a fidelidade das despesas com os créditos voltados, as receitas com as leis de imposto, que perscrute e siga pelo testemunho de documentos autênticos, em todos os seus movimentos, a aplicação e o emprego de valores do Estado e que, enfim, possa assegurar a realidade e a legalidade das contas. Sem esse poderoso auxiliar, nada conseguirão as Câmaras.[15]

Na verdade, o Tribunal de Contas surgiu com o Decreto nº 966-A, de 7 de novembro de 1890,[16] sob inspiração do jurista Rui Barbosa. Referido diploma legal previu a criação de uma instituição autônoma que averiguasse a despesa pública. Seus membros seriam indicados pelo Presidente da República e deveriam ser confirmados pelo Senado. Mas como recorda Duarte, "não havia, contudo, quaisquer referências às competências do Tribunal, à forma de seu funcionamento ou sua vinculação a outros órgãos constitucionais".[17] O Tribunal de Contas encontrava-se nas Disposições Gerais, art. 89 da primeira Constituição republicana.

Nunca é demais lembrar que na República Velha – como é comumente chamado esse período – a História costuma registrar os fenômenos do coronelismo, da política do café com leite, das oligarquias, de maneira que seria interessante para a história do Direito um estudo de como o incipiente Tribunal de Contas, à época, começou a

---
[14] BRASIL, 1824.
[15] MARANHÃO, 1993, v. 30, n. 119, p. 257.
[16] BRASIL, 1890, v. 11, p. 3.440.
[17] DUARTE, 2014, p. 94.

se articular no exercício de suas funções em um ambiente institucional tão pouco republicano. A República brasileira, na verdade, nasceu pouco republicana. Já sob a égide da Constituição de 1934,[18] o país era um tanto diferente. Já havia passado pela Revolução de 1930, comandada por Getúlio Vargas, quando, teoricamente, começou-se a reduzir o poder das oligarquias e dos fazendeiros. Havia passado, também, pela Revolução de 1932, chamada por alguns, de "Revolução Constitucionalista", feita principalmente por São Paulo, na qual se exigia uma Assembleia Nacional Constituinte. Diante dessa situação, surgiu a Constituição de 1934, que ampliou a competência dos Tribunais de Conta, bem como as garantias de seus ministros. "equiparando-os em garantia aos ministros da Corte Suprema".[19] A competência para julgar as contas do Executivo continuava com o Congresso Nacional, mas agora mediante parecer prévio do Tribunal de Contas. Estabeleceu-se, também, a competência privativa do Tribunal de Contas para julgar diretamente os demais responsáveis pelo dinheiro público. A posição do Tribunal de Contas na Constituição, ao lado do Ministério Público, era como órgão de cooperação nas atividades governamentais (art. 95 a 98).

O desenho institucional conferido ao Tribunal de Contas na Constituição de 1934 tinha alguns aspectos semelhantes ao de hoje, mas com muitas diferenças também, já que funcionava quase como órgão de controle interno do Executivo, alertando ao seu chefe sobre eventual ilegalidade da despesa.[20] Mas havia uma diferença maior ainda entre o Tribunal de Contas de hoje e o de 1934: a importante competência do Tribunal de Contas de fazer o *registro prévio de contratos celebrados pela Administração Pública* – condição indispensável à sua validade –, assim como de qualquer outro ato que indicasse a realização de despesas, conforme o art. 101, §1º, da Constituição de 1934.

Sob a Constituição de 1937,[21] o País vivia tempos sombrios, do ponto de vista democrático: era a ditadura do Estado Novo, com o Presidente da República com poderes exacerbados. Havia o terrível Filinto Müller como chefe de polícia e grande supressão de direitos e garantias fundamentais. Período de pouco transparência da coisa pública. Não sem motivo, a carta nem sequer estabeleceu a competência

---

[18] BRASIL, 1934.
[19] Denominação do STF à época. (DUARTE, 2014, p. 95).
[20] DUARTE, 2014.
[21] BRASIL, 1937.

do Tribunal de Contas para emitir parecer prévio para aprovação das contas do Chefe do Executivo, mas manteve a competência para julgamento das contas dos responsáveis pelo dinheiro público. A posição do Tribunal de contas, bem como do Ministério Público na Constituição era no Poder Judiciário. Todavia, a ausência de efetividade do órgão no período não pode ser esquecida.

Com a Constituição de 1946,[22] mais democrática do que a anterior, o país passou a viver tempos de redemocratização na gestão do Governo Dutra. Não sem razão, a Constituição aumentou as disposições sobre o Tribunal de Contas, elevando de maneira considerável sua competência para o controle da Administração Pública. Foi mantido o mecanismo de escolha dos membros do Tribunal de Contas pelo Presidente da República e aprovação pelo Senado Federal. Garantiu-se ao Tribunal de Contas o exercício de competências administrativas próprias, semelhantes às existentes no Poder Judiciário, fato bem lembrado por Duarte:

> No que concerne a suas competências, o Tribunal de Contas aparece como órgão auxiliar do Congresso Nacional, a quem a Constituição de 1946 atribui expressamente a função de controle externo da Administração Pública. Nesse contexto, *competia ao Tribunal de Contas a elaboração de parecer prévio sobre as contas do Presidente da República, o julgamento sobre as contas dos demais responsáveis por dinheiros e bens públicos e o julgamento da legalidade dos contratos e atos de concessão de aposentadorias, reformas e pensões*. (Grifos nossos).[23]

O desenho institucional conferido ao Tribunal de Contas pela Constituição de 1946 era semelhante àquele conferido pela Constituição atual. Mas havia uma considerável diferença: retoma-se a competência estipulada na Constituição de 1934 para registro prévio de contratos públicos e de atos que redundam em obrigação de despesa pelo Tesouro Nacional.

Já sob a égide da Constituição de 1967,[24] o país novamente viveu tempos de supressão de liberdades democráticas, após a deposição do Governo Goulart (Jango), em 1964. Continua a ser competência do Presidente da República a indicação dos membros do Tribunal de Contas e com a consequente aprovação pelo Senado, que, à época, muito dificilmente não aprovaria, pois o Congresso, quando funcionava,

---

[22] BRASIL, 1946.
[23] DUARTE, 2014, p. 97.
[24] BRASIL, 1967a.

estava sob o controle do governo. Em tese, mantiveram-se as garantias dos Ministros do Tribunal de Contas, equiparadas às dos Ministros do Tribunal Federal de Recursos. Diz-se, em tese, porque não era incomum até Ministro do STF ser aposentado compulsoriamente quando não atuava em consonância com o regime. As garantias administrativas do órgão, também teoricamente, foram mantidas.

Um dado importante sobre esse período é que deixou de existir a competência de registro prévio dos atos de despesa e dos contratos celebrados pela Administração Pública e que se segue até hoje. Isso é fácil de entender: em períodos autoritários, a transparência da Administração Pública tende a arrefecer.

O Presidente da República tinha até mesmo poderes para ordenar a execução da despesa tida como irregular, *ad referendum* do Congresso Nacional. Sobre as irregularidades relacionadas aos contratos, cabia ao Tribunal solicitar que o Congresso Nacional sustasse a execução. Se não houvesse deliberação no prazo de trinta dias, as irregularidades eram consideradas insubsistentes (art. 73, §6º, CF 1967)! É notória como a função de controle dos Tribunais de Conta diminuiu nesse período.

A Emenda Constitucional nº 1, de 1969,[25] alterou profundamente a Constituição de 1967, mas manteve a mesma estruturação do Tribunal de Contas. Segundo Duarte, as "novidades do texto encontram-se apenas nas referências aos Tribunais de Contas dos Estados e dos Municípios, que agora mereceram atenção mais detida".[26]

Com a Constituição de 1988,[27] também chamada de "Constituição Cidadã", fruto da participação de vários setores da sociedade, que puderam até mesmo enviar cartas aos seus constituintes expressando seus desígnios, houve significativo reforço no papel de controle do Tribunal de Contas. O Brasil passou a viver sob o paradigma do Estado Democrático de Direito. Não sem motivo, foi bastante ampliado o rol de atribuições desse órgão de controle. Profunda mudança se refere à forma de indicação dos membros do Tribunal de Contas. Se até então somente o Presidente da República poderia indicar os membros do Tribunal de Contas, agora, dois terços dos membros são indicados pelo Congresso Nacional e um terço pelo Presidente da República, sendo um, obrigatoriamente, dentre os que integram as carreiras do Ministério Público perante o Tribunal de Contas, e o outro, dentre os auditores

---

[25] BRASIL, 1969a.
[26] DUARTE, 2014, p. 98.
[27] BRASIL, 1988.

do respectivo Tribunal, e o restante por livre indicação, consoante o art. 7, inciso I e II, da CR 1988. Os ministros do Tribunal de Contas passaram a contar com garantias como a vitaliciedade, cuja finalidade é assegurar a absoluta desenvoltura aos membros das Cortes de Contas, equiparando-se aos ministros do STJ.

## 2.4 Tribunal de contas: órgão jurisdicional?

Neste estudo, o foco exclusivo não é destrinchar todos os meandros do debate doutrinário a respeito de o Tribunal de Contas ser ou não órgão jurisdicional. As pretensões aqui são um pouco mais modestas. Pretende-se associar esse debate doutrinário com as alterações promovidas pela Lei da Ficha Limpa (LC nº 135/2010) em torno das inelegibilidades.[28]

Não resta dúvida, como se viu até agora nesta pesquisa, sobre a importância do Tribunal de Contas no controle externo da Administração Pública. Seria, então, o caso de se falar em órgão capaz de prolatar decisões soberanas das quais não caberia recurso ao Judiciário? Por enquanto é levantada a hipótese de que não, mas é preciso esclarecer melhor esse relevante assunto.

A pedra de toque das discussões a favor ou contra a sindicabilidade do Poder Judiciário da decisão do Tribunal de Contas é o art. 5º, XXXV da CR, que diz: "a lei não excluirá da apreciação do Poder Judiciário lesão ou ameaça a direito".[29]

Antes de adentrar o debate sobre o caráter jurisdicional ou não do Tribunal de Contas, convém uma análise mais detida do art. 71, I e II, da CR, que tratam das principais atribuições constitucionais conferidas ao Tribunal de Contas, embora alguns esclarecimentos já tenham sido feitos no desenrolar deste estudo.

> Art. 71. O Controle externo, a cargo do Congresso Nacional, será exercido com o auxílio do Tribunal de Contas da União, ao qual compete:
>
> I – *apreciar* as contas prestadas anualmente pelo Presidente da República, mediante parecer prévio que deverá ser elaborado em sessenta dias a contar de seu recebimento;
>
> II – *julgar* as contas dos administradores e demais responsáveis por dinheiros, bens e valores públicos da administração direta e indireta,

---

[28] BRASIL, 2010.
[29] BRASIL, 1988.

[...] e as contas daqueles que derem causa a perda, extravio ou outra irregularidade de que resulte prejuízo ao erário público; [...] (Grifos nossos).[30]

Consoante o art. 71, I, da CR, o chefe do Executivo Federal tem o dever de prestar contas anualmente, de acordo com o princípio republicano. Por força do disposto no art. 75 da CR, os chefes dos Executivos Estaduais, do Distrito Federal e dos Municípios são obrigados a prestar contas anuais aos respectivos Tribunais de Contas, conforme disposto nas Constituições estaduais, art. 75, parágrafo único, da CR.

O Tribunal de Contas de cada esfera federativa, ao analisar as contas anuais apresentadas pelo Chefe do Executivo, emite, como visto, parecer prévio. Ferraz (1999) assevera que o Tribunal de Contas desempenhando as funções de apreciar as contas anuais e emitir parecer prévio, exerce *controle parlamentar indireto,* uma vez que para ele "o controle parlamentar indireto tem previsão no art. 70, *caput,* da Constituição Federal e se efetiva com o auxílio do Tribunal de Contas. Engloba fiscalização contábil, financeira, orçamentária, patrimonial e operacional da Administração Pública".[31]

Essa questão do auxílio prestado pelo Tribunal de Contas ao Poder Legislativo, merece explicação. Talvez a palavra "auxílio" não expresse com riqueza de detalhes o que faz o Tribunal de Contas. Parece indicar mero assessoramento ao Poder Legislativo, o que redunda em apequenamento de funções. É preciso recordar que o Tribunal de Contas fiscaliza os três poderes, inclusive o Poder Legislativo, logo, não pode ser tratado como órgão auxiliar do Poder Legislativo. Nesse sentido, Fernandes alerta:

> No Brasil, estudos superficiais classificam o Tribunal de Contas como mero apêndice auxiliar do Poder Legislativo. Desconhecendo a estrutura técnica dessas Cortes, sua autonomia administrativa e financeira, alguns autores o concebem, erroneamente, como um órgão de assessoramento. Diante desse absurdo descompasso entre a imaginada pequenez das funções e a dimensão da estrutura, o passo seguinte seria sustentar que se trata de órgãos concebidos apenas para acomodar apaniguados.[32]

---

[30] BRASIL, 1988.
[31] FERRAZ, 1999, p. 79.
[32] FERNANDES, 2008, p. 139.

Com o merecido respeito ao conselheiro Fernandes e, principalmente, à maioria de comprometidos servidores do Tribunal de Contas, às vezes este, na prática, acomoda "alguns apaniguados", sobretudo entre alguns conselheiros. Mas nem por isso faz do Tribunal mero apêndice do Poder Legislativo, mesmo porque há, nos Tribunais de Contas de todo o país, eficiente corpo técnico de servidores públicos de carreira comprometidos com suas atribuições decorrentes dos respectivos cargos que respaldam as decisões dos conselheiros.

O art. 71 e seu inciso II, que trata propriamente da competência de julgar atribuída ao Tribunal de Contas, determina que qualquer pessoa que utilizar, arrecadar, guardar, gerenciar ou administrar dinheiros e valores públicos tem o dever de prestar contas ao Tribunal de Contas, a quem compete a prerrogativa de apreciar e de julgá-las. Somente as contas do chefe do Executivo é que estão submetidas ao regime do *parecer prévio* (art. 71, I, combinado com o art. 75 da CR), já explanado no artigo em comento. As demais pessoas e entidades que gerenciarem dinheiro público, incluindo particulares, estarão submetidas ao julgamento direto do Tribunal de Contas (art. 71, II), cuja decisão tem natureza de título executivo extrajudicial.

Como visto, a primeira vez em que aparece o termo "julgar" pelo Tribunal de Contas foi na Constituição de 1934, e hoje é a principal atribuição desse Tribunal, tanto que sua própria estrutura organizacional é preparada, principalmente, para desenvolver essa competência. O espectro de atividades em torno da competência de julgar do Tribunal de Contas é tão amplo que envolve até mesmo as contas das Mesas Diretoras das Câmaras Municipais. A quem compete julgá-las? Castro traz um relato interessante a esse respeito:

> Inicialmente, entendíamos que as contas das Mesas das Câmaras Municipais enfrentavam o mesmo regime de parecer prévio do TC, pois se estava apreciando contas do Legislativo, cuja gestão é confiada à Mesa-Diretora, seu órgão administrativo despersonalizado.[33]

Era comum encontrar dispositivos em Constituições estaduais estipulando o julgamento das contas das Mesas-Diretoras pela Câmara, e não pelo Tribunal de Contas. Todavia, o STF, já em 1994, na Ação Direta de Inconstitucionalidade (ADI) 849-8/MT,[34] suspendeu

---

[33] CASTRO, 2003, p. 61.
[34] BRASIL, 1999b.

a eficácia de dispositivos da Constituição do Estado de Mato Grosso, que atribuíam o julgamento das contas às Mesas Diretoras da Câmara, e não ao Tribunal de Contas, sob o fundamento de que a Constituição de 1988 ampliou de maneira extremamente significativa a esfera de competência dos Tribunais de Contas e que, portanto, cabia somente ao Tribunal de Contas o julgamento das contas da Mesa Diretora. E é esse o entendimento que prevalece até o momento. Em suma: não somente as Mesas Diretoras das Assembleias Legislativas, das Casas Legislativas do Congresso Nacional, das Câmaras Municipais, que têm suas contas julgadas pelos Tribunais de Contas respectivos, mas também as contas do Judiciário (federal e estaduais), cujas presidências, como órgãos despersonalizados do Poder – que são unidades administrativas do Poder – art. 38 da Lei Federal nº 8.443/1992[35] – se enquadram no dispositivo no art. 71, II, da Carta da República. Assim, igualmente, "[...] nas contas do Executivo, os delegatários seus, ordenadores de despesas responderão pelos seus atos de gestão junto ao Tribunal de Contas, que os julgará".[36]

Esse julgamento de contas, como em todo processo, submete-se aos princípios constitucionais e processuais da ampla defesa e do contraditório. Aliás, mesmo as auditorias, inspeções e emissão de pareceres prévios tendem a seguir a mesma lógica processual do julgamento de contas, o que indica também que seguem os princípios da ampla defesa e do contraditório.

Dentre os procedimentos de contas previstos no inciso II do art. 71 da CR, pode-se dizer que se incluem as *prestações de contas anuais*, como dito acima, apresentadas de forma voluntária e no prazo determinado pelas autoridades das entidades ou órgãos da Administração Pública. Ademais, inserem-se as obtidas nos procedimentos de *tomada de contas especial*, instaurados diante de omissão no dever de prestação de contas, ou daqueles que deram causa a perda ou extravio de recursos do erário, conforme a parte final do art. 71, II, da CR.

Importante assinalar, também, que a análise das contas não leva em consideração somente aspectos referentes à estrita legalidade, mas também os relativos à eficácia e à eficiência da aplicação dos recursos. Vale lembrar que o termo "eficiência" tornou-se princípio constitucional com a EC nº 19/1998[37] e o Tribunal de Contas também averigua esse aspecto no julgamento de contas do gestor.

---

[35] BRASIL, 1992b.
[36] CASTRO, 2003, p. 68.
[37] BRASIL, 1998.

Feitos os esclarecimentos a respeito da competência de julgar do Tribunal de Contas, passa-se a verificar os argumentos favoráveis e contrários ao caráter jurisdicional do Tribunal de Contas. Expressa Fernandes:

> A disposição do art. 5 inc. XXXV, da Constituição Federal tem por destinatário o legislador infraconstitucional, mas não veda que a própria Constituição, em dispositivo a ser coordenado, imponha o exercício da função jurisdicional a outro órgão não integrante do Poder Judiciário [...].[38]

A ideia do referido autor é de que o monopólio da jurisdição pelo Poder Judiciário, estabelecido no art. 5, XXXV, não é absoluto. Apesar de o Brasil não contar com o sistema do Contencioso Administrativo, que faz coisa julgada fora dos tribunais, na seara administrativa, nem por isso, segundo o autor, o monopólio do Poder Judiciário sobre a jurisdição não comporta exceções.

A doutrina favorável ao caráter jurisdicional do Tribunal de Contas costuma citar os seguintes exemplos de exceção ao monopólio da Jurisdição pelo Poder Judiciário:

> Art. 49. É da competência exclusiva do Congresso Nacional:
>
> X *Julgar* anualmente as contas prestadas pelo Presidente da República [...].
>
> Art. 52. Compete privativamente ao Senado Federal:
>
> I – *Processar e julgar* o Presidente e o Vice- Presidente da República nos crimes de responsabilidade [...].
>
> Art. 71. O Controle externo, a cargo do Congresso Nacional, será exercido com o auxílio do Tribunal de Contas da União, ao qual compete:
>
> II – *Julgar* as contas dos administradores e dos demais responsáveis por dinheiros, bens e valores públicos da administração direta e indireta [...] e as contas daqueles que derem causa a perda, extravio ou outra irregularidade de que resulte prejuízo ao erário público (grifos nossos).[39]

Nos três exemplos citados, a CR utilizou o verbo "julgar" em situações que não envolvem o Poder Judiciário. Daí o instigante

---

[38] FERNANDES, 2008, p. 129.
[39] BRASIL, 1988.

questionamento de Fernandes: "O desempenho dessas funções não representa também o poder de *dizer* o direito? Não é então uma espécie de jurisdição que os especialistas em direito processual judiciário ignoram?"[40] (Grifos nossos). E mais: argumenta-se que foi utilizado o verbo julgar em sentido técnico, de maneira científica, e não de maneira aleatória.

Os defensores da função jurisdicional da Corte de Contas costumam também fazer uma comparação entre os arts. 73 e 92 da Constituição, nos seguintes termos:

> Art. 73. O *Tribunal de Contas da União* [...] tem sede no Distrito Federal, [...] e *Jurisdição em todo o território nacional* [...].
>
> Art. 92. [...].
>
> Parágrafo único. O *Supremo Tribunal Federal* e os Tribunais Superiores têm sede na Capital Federal e *jurisdição em todo o território nacional*. (Grifos nossos).[41]

Em ambos os artigos, emprega-se o vocábulo "jurisdição", tanto para o Tribunal de Contas, quanto para o Supremo Tribunal Federal, sendo os dispositivos realmente muito semelhantes.

Por outro lado, é necessário lembrar que, embora não existam palavras inúteis na lei, nem sempre ela emprega termos técnicos, sobretudo a Constituição, que tem conteúdo político considerável. Um bom exemplo é dado por Mendes:

> Veja-se, por exemplo, o que acontece com a palavra 'domicílio' e com a palavra 'casa'. [...] No art. 5º, XI, o constituinte proclama o que a doutrina chama de princípio da inviolabilidade do domicílio, ao dispor que 'a casa é o asilo inviolável do indivíduo, ninguém nela podendo penetrar sem consentimento do morador, salvo em caso de flagrante delito ou desastre, ou para prestar socorro, ou, durante o dia, por determinação judicial'.
>
> Sabe-se que, no Direito Civil, domicílio e casa não são noções coincidentes, mas o constituinte as identifica.[42]

O mesmo ocorre quando a CR, no art. 103, usa o verbo "apreciar" referindo-se a casos em que o STF averigua a inconstitucionalidade em

---

[40] FERNANDES, 2008, p. 130.
[41] BRASIL, 1988.
[42] MENDES; BRANCO, 2015, p. 86.

tese de lei. Apesar de não se empregar a palavra "julgar", ninguém duvida que o STF julga inconstitucionalidade em tese de uma lei em uma ação direta de inconstitucionalidade (ADI) ou em uma ação declaratória de inconstitucionalidade (ADC), por exemplo.

Ainda na esteira dos favoráveis ao caráter jurisdicional do Tribunal de Contas quando julga as contas, há o posicionamento de Oliveira sobre o processo de *impeachment* do Presidente e do Vice-Presidente da República, aliás, tema atualíssimo: "As decisões proferidas pelo Senado e Câmara, em tais casos, não são passíveis de revisão pelo Poder Judiciário, pois se trata do exercício de função jurisdicional".[43] Do mesmo modo, segundo Oliveira, o Tribunal de Contas, quando julga, também não é passível como regra a revisão jurisdicional.

Como se vê no cenário político brasileiro, esse argumento em torno do *impeachment* acabou de ser refutado, pois a Ex-Presidente da República, Dilma Roussef, esteve sob um processo de *impeachment* autorizado pelo Presidente da Câmara, mas cujo rito do procedimento foi submetido, apreciado e definido, de algum modo, pelo STF. Assim, por mais importantes que sejam as funções exercidas pela Câmara e pelo Senado, funções soberanas inclusive, ainda cabe a apreciação do Judiciário, principalmente quando se ferem direitos subjetivos ou procedimentos legais. Imagine-se, então, quando se trata de um órgão que não exerce funções soberanas, como o Tribunal de Contas...

Outro argumento bem próximo desse, que costuma ser invocado pelos adeptos do caráter jurisdicional do Tribunal de Contas, é o fato de que a separação de funções em legislativa, administrativa e judiciária não é absoluta, pois não é restrita aos órgãos do respectivo poder. O Poder Executivo exerce, também, funções legislativas quando edita medidas provisória, portarias, regulamenta decretos, e também função judicial, quando comuta penas e concede indulto (art. 84, XII, da CR). O Poder Legislativo, além de exercer funções de propositura de leis, exerce função judicial, quando julga as contas prestadas pelo Executivo, funções executivas, quando dispõe sobre a organização e a criação de cargos (art. 51, IV, da CR). E, por sua vez, o Poder Judiciário, além de julgar, exerce função legislativa, quando tem iniciativa de lei (art. 96, II, da CR), quando declara a inconstitucionalidade de leis (art. 97, 102, I, da CR). Exerce competência administrativa quando, por exemplo, organiza suas secretarias (art. 96, I, *b*, da CR). E, assim, diz Fernandes,

---

[43] OLIVEIRA, 1986, n. 59, p. 61.

"é inegável que há primazia no desempenho das funções que identificam a nominação do "poder", mas, como demonstrado, não há exclusividade ou monopólio de funções".[44]

Ademais, argumenta-se também que a "*lei* não excluirá da apreciação do Judiciário, lesão ou ameaça a direito" como assevera Guerra:

> *a Constituição não é lei, e tampouco não se trata como tal*. Quando prescreve que a lei não excluirá, significa que ela mesma, a Constituição, não só pode, como efetivamente afastou matérias da jurisdição do Poder Judiciário, e o fez expressamente nos art. 52, I e II e 71 II. (Grifos nossos).[45]

Todavia, eis um argumento pouco convincente: ora, a Constituição não simplesmente é uma lei, como é a Lei Maior de um povo. É lei em sentido material inclusive. Para ela se excepcionar, somente por forma expressa.

Fagundes (2005) diz que não era tanto a palavra "julgamento" que denotava o caráter jurisdicional do Tribunal de Contas, e sim, a *definitividade*, que teria de decorrer da manifestação da Corte, porque, caso a regularidade das contas pudesse dar ensejo à nova interpretação pelo Poder Judiciário, seu pronunciamento se tornaria "mero e inútil formalismo".[46]

É comum, também, o argumento de que o Tribunal de Contas é um órgão jurisdicional quando do julgamento de contas, porque a CR lhe conferiu autonomia administrativa, financeira, operacional em face dos órgãos do Legislativo, do Executivo e do Judiciário. Ora, até as universidades públicas, em grau menor quando comparadas ao Tribunal de Contas, possuem autonomia, na qualidade de autarquias, e nem por isso são órgãos soberanos. A autonomia do Tribunal de Contas confere-lhe apenas o poder de decidir de maneira técnica, tendo como referência a moldura normativa colocada pelos órgãos de soberania, sem jamais substituir a vontade desses órgãos pela dele. Além disso, a autonomia também se reveste de garantia para que os membros do Tribunal de Contas possam exercer suas atribuições de maneira desimpedida, sem ameaças ou interferências.[47]

---

[44] FERNANDES, 2008, p. 135.
[45] GUERRA, 2007, p. 122.
[46] FAGUNDES, 2005, p. 170.
[47] É bom lembrar que o Tribunal de Contas julga contas até do Presidente do STF, na qualidade de administrador de contas do órgão, e, nesse sentido, a autonomia desse órgão é muito importante.

Para os defensores do caráter jurisdicional do Tribunal de Contas, quando julga as contas públicas, apenas cabe a "reversibilidade judicial das decisões dos Tribunais de Contas [...] quando estiverem elas contaminadas pelo *abuso de poder*, em qualquer de suas espécies, excesso de poder ou manifesta ilegalidade". (Grifo nosso).[48]

Todavia, tal posição é simplista, primeiro, porque o Tribunal de Contas não está listado no art. 2º da CR entre os "poderes da União".[49] Segundo, mesmo ele não tendo função jurisdicional capaz de fazer coisa julgada, o que se afirma aqui, e o que essa corrente defensora do caráter jurisdicional do Tribunal de Contas nega, a discricionariedade da Administração Pública é cada vez menor na atualidade, por se constatar que o administrador público está juridicamente sujeito a realizar a melhor escolha que atender ao interese público. Portanto, cabe maior análise do Judiciário do ato administrativo, mesmo que o Tribunal de Contas não tenha função jurisdicional para além do abuso de poder ou manifesta ilegalidade.

Não existem dificuldades em perceber que o Tribunal de Contas é um órgão do Estado, todavia, como muito bem vislumbrado por Duarte, em copiosa dissertação, "tal fato não o torna um novo Poder, equiparável aos previstos no art. 2º da Constituição da República, uma vez que suas funções não se encontram entre aquelas capazes de realizar opções políticas fundamentais".[50] Isso porque o Tribunal de Contas tem competência estritamente técnica.

Como bem ressaltado pela CR, no art. 71, VII, compete ao Tribunal de Contas a fiscalização contábil, financeira, orçamentária, operacional e patrimonial sobre resultados de auditorias e inspeções realizadas. Repare-se: são matérias com conteúdo que exigem alta qualificação de seus membros, não necessariamente jurídica e que não se relacionam diretamente com os rumos da nação, tampouco com a conveniência e a oportunidade das políticas públicas, não sendo, portanto, a realização de opções políticas fundamentais. Consequentemente, o Tribunal de Contas não se trata de um órgão jurisdicional, por mais relevante que ele o seja no desenho institucional do país, para o controle da administração pública.

---

[48] COSTA JÚNIOR, 2001, ano 19, n. 2, p. 110.
[49] A expressão "Poderes da União" merece melhor elucidação. Na verdade, o poder é uno, isto é, do povo. No lugar de poderes, cabe melhor a palavra "função".
[50] DUARTE, 2014, p. 101.

Medauar, por exemplo, entende que "[...] qualquer decisão do Tribunal de Contas, mesmo no tocante à apreciação de contas de administradores, pode ser submetida ao reexame do Poder Judiciário, se o interessado considerar que seu direito sofreu lesão".[51] O argumento da autora é razoável, porque se percebe não apenas no Brasil, mas em muitos países do mundo, que cada vez mais o Poder Judiciário é visto como "última trincheira do cidadão", "última trincheira da cidadania", e que, portanto, mesmo a decisão do Tribunal de Contas cabe revisão judicial, se ferir direitos fundamentais do administrador público ou do gestor.

Isso não quer dizer que o Judiciário está legitimado a fazer tábula rasa das decisões do Tribunal de Contas. Como bem ressalta Duarte,

> na interpelação da decisão das Cortes de Contas em sede judicial, deve o órgão jurisdicional encarar a decisão como válida e a interpretação da norma como razoável, limitando-se a declaração de sua invalidade apenas a casos excepcionais, o que decorre tanto da respeitabilidade do órgão com assento constitucional, quanto do grau de especialização técnico dos Tribunais de Contas. Contudo, essa deferência não anula a possibilidade de revisão das decisões, inclusive do julgamento de contas, mesmo que apenas em casos excepcionais.[52]

Assim, o Tribunal de Contas é importante órgão constitucional autônomo, mas não um órgão constitucional de soberania, podendo-se, com cuidado, discutir sobre as decisões que ele profere e, se preciso for, discutir sobre o mérito, por serem atos administrativos. Essa discussão será contextualizada com mais detalhes no tópico a seguir.

## 2.5 Inelegibilidade por rejeição de contas trazida pela LC nº 135/2010 (Lei da Ficha Limpa)

O intuito deste tópico é permitir, mediante uma discussão cotejada com casos práticos da participação do Tribunal de Contas no processo eleitoral, maior *visualização/contextualização do debate até então feito nesta pesquisa, que é se o Tribunal de Contas é ou não um* órgão *jurisdicional, quando no exercício do julgamento de contas*. Ou, mais especificamente, analisando as alterações promovidas pela Lei da Ficha Limpa – Lei

---

[51] MEDAUAR, 2012, p. 45.
[52] DUARTE, 2014, p. 16.

Complementar (LC) nº 135/2010[53] e pela Lei de Inelegibilidades – LC nº 64/1990,[54] busca-se ver, de maneira prática, se faz sentido ou não dizer que o Tribunal de Contas exerce jurisdição. Para isso, será necessário mostrar brevemente o impacto da Lei da Ficha Limpa sob a função de controle no Tribunal de Contas.

Passa-se, então, a abordar, sucintamente, a Lei da Ficha Limpa, a começar por seu histórico. Há muito tempo se discute a respeito da viabilidade da candidatura de réu em processo criminal, uma vez que o art. 14, §9º, da Carta Magna diz que "Lei complementar estabelecerá outros casos de inelegibilidade e os prazos de sua cessação, a fim de proteger a probidade administrativa, a moralidade para exercício de mandato considerada a vida pregressa do candidato, [...]".[55] Ademais, é importante considerar que "a moralidade constitui, a partir da Constituição de 1988, pressuposto de validade de todo o ato da Administração pública",[56] permitindo até mesmo a anulação de atos administrativos aparentemente válidos, por *desvio de finalidade,* bem como a *ação popular* (art. 5º, LXXIII, CR), além das penalidades previstas para quem incorre em improbidade administrativa.

Surgiu, então, primeiramente, a LC nº 64/1990 (Lei de Inelegibilidades), disciplinando os casos de inelegibilidade dos candidatos a cargos públicos. Referida lei já albergava a rejeição das contas prestadas pelos administradores públicos como causa excludente do direito a participar das eleições como candidato. Mas em todas as hipóteses exigia-se trânsito em julgado da sentença condenatória para se declarar um candidato inelegível ou não. E, como será visto, bastava um simples ajuizamento de ação para se suspender todo o trabalho do Conselho de Contas. Por conseguinte, essa lei não foi suficiente, pois a corrupção no Brasil, às vezes, parece "uma erva daninha a devorar o país", tal o grau de sua disseminação e profissionalização que ela tem atingido.

Gomes, importante comentador de Direito Eleitoral, traz à rememoração os seguintes fatos:

> Ante a resistência às ações moralizadoras da vida pública brasileira, desenvolveu-se amplo movimento nacional denominado 'Movimento de Combate à Corrupção Eleitoral (MCCE)'. Aliando-se a diversas

---

[53] BRASIL, 2010.
[54] BRASIL, 1990.
[55] BRASIL, 1988.
[56] BASTOS, 1998, ano 6, n. 22, p. 44.

entidades, tal Movimento organizou a coleta de assinaturas em todo o país para apresentação ao Congresso Nacional de Projeto de Lei de Iniciativa Popular que impedisse a candidatura de pessoas inidôneas para ocupar cargo público, mormente as que tivessem contra si sentença penal condenatória em determinados delitos. Após recolher mais de 1,3 milhão de assinaturas, tal Projeto foi apresentado ao Congresso no dia 29 de setembro de 2009.[57]

Daí surgiu a LC nº 135/2010 (Lei da Ficha Limpa), que conferiu nova redação ao art. 1º da LC nº 64/1990 (Lei de Inelegibilidades), prevendo a hipótese de inelegibilidade de oito anos para quem tiver contra si processo criminal pendente, ainda que a sentença ou o acórdão não tenha transitado em julgado em vários crimes, como aqueles contra a economia popular, a fé pública, a administração pública, o patrimônio público, o sistema financeiro, o meio ambiente, a lavagem ou a ocultação de bens, a redução à condição análoga de escravidão, dentre outros delitos e situações, bem como a alínea g, objeto deste trabalho:

> Art. 1º São inelegíveis:
> I – para qualquer cargo:
> [...];
> g) os que tiverem suas contas relativas ao exercício de cargos ou funções públicas rejeitadas por irregularidade insanável que configure ato doloso de improbidade administrativa, e por decisão irrecorrível do órgão competente, salvo se esta houver sido suspensa ou anulada pelo Poder Judiciário, para as eleições que se realizarem nos 8 (oito)anos seguintes, contados a partir da data da decisão, aplicando-se o disposto no inciso II do art. 71 da Constituição Federal, a todos os ordenadores de despesa, sem exclusão de mandatários que houverem agido nessa condição.[58]

Referida inelegibilidade da alínea g atinge, portanto, os mandatários de cargos no Executivo (nesse caso, o julgamento da irregularidade é pelo Parlamento), bem como aqueles que são responsáveis pelo gerenciamento e aplicação dos recursos públicos, conhecidos como *ordenadores de despesas*. Conforme dicção do art. 80, §1º, do Decreto-Lei nº 200, de 25 de fevereiro de 1967,[59] *ordenador de despesa* é toda e qualquer autoridade de cujos atos resultarem emissão de empenho, autorização de pagamento, suprimento ou dispêndio de recursos públicos.

---

[57] GOMES, 2013, p. 196.
[58] BRASIL, 2010.
[59] BRASIL, 1967b.

Como se vê, um candidato torna-se inelegível se configurados os seguintes requisitos cumulativamente: a) ter suas contas rejeitadas por órgão competente (Tribunal de Contas ou Poder Legislativo, dependendo do caso); b) por irregularidade insanável, que configure ato doloso de improbidade administrativa e que não comporte mais recurso no âmbito dos Tribunais de Contas.

Irregularidades insanáveis são "irregularidades graves, decorrentes de condutas perpetradas com dolo ou má-fé, contrárias ao interesse público; podem causar dano ao erário, enriquecimento ilícito, ou ferir princípios constitucionais reitores da Administração Pública".[60] Tais irregularidades, como vimos, são aferidas pelo Conselho de Contas, principalmente, no seu trabalho de inspeção orçamentária, financeira, contábil, etc. Não se confundem com pequenos erros formais, os quais não se enquadram no tipo legal.

Ato doloso, de acordo com o Código Penal,[61] configura-se quando o agente quer o resultado ou assume o risco de produzi-lo (art. 18, I, CP). Então, ato doloso de improbidade administrativa é aquele em que o agente, de maneira intencional ou assumindo o risco de produzir um resultado lesivo, obtém *enriquecimento ilícito* – art. 9, Lei nº 8.429/1992;[62] *cause prejuízo ao erário* – art. 10 da Lei nº 8.429/1992, com as alterações introduzidas pela Lei nº 13.019/2014;[63] ou que *atente contra os princípios da Administração Pública* – art. 11 da Lei nº 8.429/1992, com as alterações introduzidas também pela Lei nº 13.019/2014.

Os tribunais, de modo geral, entendem que para a configuração da inelegibilidade não se exige o dolo específico, bastando para tal o dolo genérico ou eventual, que se apresenta quando o administrador assume os riscos de não atender aos comandos constitucionais e legais, que vinculam e contornam os gastos públicos.

Quanto à ausência de provimento jurisdicional que suspenda ou anule os efeitos da decisão da Corte de Contas, percebe-se que *a Lei da Ficha Limpa, de algum modo, reforçou o controle externo exercido pelo Tribunal de Contas na Administração Pública.* Isso porque, antes dessa lei, quando somente vigorava a Lei de Inelegibilidades, bastava o ajuizamento na Justiça comum, *da ação de desconstituição (ou anulação) da decisão de rejeição de contas,* para que o candidato se tornasse elegível. Com isso, no final

---

[60] GOMES, 2012, p. 186.
[61] BRASIL, 1940.
[62] BRASIL, 1992a.
[63] BRASIL, 2014.

das contas, pouco valia o trabalho técnico do Tribunal de Contas, que embasava a rejeição de contas do candidato. Agora, será preciso que o candidato obtenha *uma medida liminar ou uma antecipação de tutela na Justiça Comum*, até o registro da sua candidatura (há divergências, se depois do registro da candidatura é possível) para que se suspenda a decisão de rejeição de contas do Tribunal de Contas ou do Poder Legislativo, se for o caso.

Havia, antes da alteração promovida pela Lei da Ficha Limpa, a Súmula nº 1 do TSE (cancelada), que dispunha: "Proposta a ação para desconstituir a decisão que rejeitou as contas, anteriormente à impugnação, fica suspensa a inelegibilidade (Lei Complementar nº 64/90, art. 1º, I, *g*)".

Somente por essa hipótese de inelegibilidade alterada pela Lei da Ficha Limpa, embora prestigie o Tribunal de Contas ao dificultar a desconstituição de sua decisão, ainda assim, mostra que quem dá a palavra final em matéria de inelegibilidade é o Judiciário. Dessa forma, o Tribunal de Contas é um órgão constitucional autônomo e o Judiciário, um órgão constitucional soberano, conforme a classificação usada neste estudo, não cabendo, portanto, atribuir ao Tribunal de Contas, quando do julgamento das contas de gestão, caráter *jurisdicional. Se o fosse, essa possibilidade de desconstituição pelo Judiciário da decisão do Conselho de Contas, ainda que em caráter provisório, prevista na alínea 'g' do art. 1º da Lei nº 64/1990, seria inconstitucional, o que não faz sentido.*

Outro aspecto em que o Tribunal de Contas saiu reforçado em sua função de controle externo pela Lei da Ficha Limpa foi a possibilidade, ou até mesmo o poder-dever, que essa lei deu ao Tribunal de Contas de julgar diretamente os chefes do Executivo, principalmente municipais, quando eles atuam como ordenadores de despesa, por se tratar aí, de contas de gestão, conforme a parte final do art.1º, I, *g*, da Lei de Inelegibilidades.

É que na sistemática das contas públicas existem dois tipos: 1) *contas de governo*, aquelas julgadas pelo Poder Legislativo com o auxílio do Tribunal de Contas e que envolvem funções de soberania estatal; 2) *contas de gestão*, aquelas julgadas diretamente pelo Tribunal de Contas, oriundas do exercício de administrador público.

O Tribunal Superior Eleitoral (TSE),[64] todavia, parece que ainda não deu todo o valor ao trabalho do Conselho de Contas, tampouco

---

[64] E em decisão recente (10 ago. 2016) o STF, no julgamento conjunto dos Recursos Extraordinários (REs) nº 848.826 e 729.744, também na mesma linha do TSE, a nosso ver,

a inovação trazida pela lei da Ficha Limpa, pois decidiu na REspe nº 12.061/PE:

> A ressalva final constante da nova redação da alínea g do inciso I do art. 1º da Lei Complementar nº 64/90, introduzida pela Lei Complementar nº 135/2010 – de que se aplica 'o disposto no inciso II do art. 71 da Constituição Federal, a todos os ordenadores de despesa, sem exclusão de mandatários que houverem agido nessa condição'–, não alcança os chefes do Poder Executivo.[65]

A jurisprudência do TSE só tem aceitado o julgamento direto pelo Conselho de Contas das contas de gestão do Chefe do Executivo, quando ele recebe recursos públicos de outro ente federativo, mediante *convênio*, conforme art. 71, VI, CR, como se pode ver na REspe nº 101-82/MS: "Compete ao TCE julgar as contas de recursos do Fundef aplicados pelo refeito, sendo desnecessário o julgamento dessas contas pelo Parlamento".[66]

Nesse caso, o Superior Tribunal de Justiça (STJ), no ROMS nº 11.060/GO,[67] entendeu que o prefeito se submete a um duplo julgamento: um político perante o Parlamento, o qual é precedido por um parecer emitido pelo Tribunal de Contas; outro técnico, a cargo da Corte de Contas.

Conforme Ferraz (1999), o regime jurídico-fiscalizatório da tomada de contas dos Prefeitos demanda a leitura sob um viés material, referente ao conteúdo das contas prestadas (se anuais ou de gestão), e não meramente formal e subjetivo (pelo simples fato de ser o chefe do Poder Executivo).

Tratar do impacto da Lei da Ficha Limpa sobre a atuação do Tribunal de Contas, no exercício do controle externo da Administração Pública, demandaria, talvez, um artigo próprio, e não um tópico específico apenas. Por ora, fique-se apenas com a possibilidade, como dito, de, por meio do estudo da alínea 'g' do inciso I do art. 1º da Lei

---

não deu a máxima efetividade à Lei da Ficha Limpa, permitindo que o prefeito, mesmo como ordenador de despesas, não se submetesse ao julgamento do Tribunal de Contas, e sim da Câmara Municipal. O fundamento invocado nos votos vencedores é que, de acordo com a Constituição, são os vereadores que detêm o direito de julgar as contas do chefe do Executivo municipal, uma vez que representam os cidadãos, e não o Tribunal de Contas, cuja função é somente de apreciação técnica.

[65] BRASIL, 2012b.
[66] BRASIL, 2013.
[67] BRASIL, 2002.

Complementar nº 64/1990, alterada pela Lei Complementar nº 135/2010, em comento, *clarear de maneira mais prática ao estudioso e operador do Direito de como não se confundem as funções do Tribunal de Contas e do Poder Judiciário e, portanto, como o primeiro é órgão constitucional autônomo e o segundo, órgão constitucional de soberania.*

Em breves linhas, conforme doutrina e jurisprudência, cabe ao Tribunal de Contas, no caso desse inciso, julgar as contas dos gestores públicos e classificá-las como regulares ou irregulares, que podem ser insanáveis ou sanáveis. E como será visto, quando o Tribunal de Contas classifica as contas como irregulares insanáveis, deve remeter a decisão ou o processo ao competente Ministério Público Eleitoral, surgindo a chamada "lista dos inelegíveis". Cabe à Justiça Comum, em caráter liminar, ou definitivo, se preciso, e provocada, até adentrar no mérito e desconstituir a decisão do Conselho de Contas. Por sua vez, cabe à Justiça Eleitoral, de novo avaliar se as irregularidades são sanáveis ou não e, portanto, definir se o candidato é elegível ou não, com base no trabalho técnico do venerando Tribunal de Contas e considerando se houve ou não ato doloso de improbidade administrativa.

Os casos que comumente são julgados pelos Tribunais de Contas como irregularidades insanáveis e geralmente mantidos pela Justiça Eleitoral como tal são, conforme Macedo (2013), professor e assessor jurídico do Tribunal de Contas da Bahia: a) abertura de créditos adicionais sem respaldo legal; b) descumprimento do art. 42 da Lei de Responsabilidade Fiscal (LC nº 101/2000),[68] que obriga, a partir do dia 1º de maio, no último ano de mandato, que os poderes e respectivos órgãos não assumam obrigações ou contraiam despesas que não possam ser pagas integramente até o fim do mandato; c) não aplicação dos percentuais mínimos, previstos constitucionalmente, em educação e saúde. Podem ser acrescentadas, também, d) ilicitudes em processo licitatório, dentre outras situações.

O embasamento legal para o que foi explanado acima, isto é, que delimita as funções de cada órgão, encontra-se no art. 11 da Lei nº 9.504/1997, que estabelece as normas para as eleições:

> Art. 11. Os partidos e coligações solicitarão à Justiça Eleitoral o registro de seus candidatos até as dezenove horas do dia 5 de julho do ano em que se realizarem as eleições.
>
> [...].

---

[68] BRASIL, 2000.

§5º Até a data a que se refere este artigo, *os Tribunais e Conselhos de Contas deverão tornar disponíveis* à *Justiça Eleitoral relação dos que tiveram suas contas relativas ao exercício de cargos ou funções públicas rejeitadas por irregularidade insanável e por decisão irrecorrível do órgão competente,* ressalvados os casos em que a questão estiver sendo submetida à apreciação do Poder Judiciário, ou que haja sentença judicial favorável ao interessado. (Grifos nossos).[69]

A parte do artigo que diz "ressalvados os casos em que a questão estiver sendo submetida à apreciação do Poder Judiciário", como visto, foi revogada. Mais do que apreciação, exige-se agora decisão do Judiciário, ainda que em caráter liminar, que dê provimento ao candidato. Mas, no restante, o artigo continua em vigência.

Os atores (Tribunal de Contas/Poder Judiciário, dividido em Justiça Comum e Justiça Eleitoral), nessa "peça do Direito Público", para ficar com uma metáfora teatral, devem atuar em sintonia, interatividade, mas não se esquecerem de que os papéis de ambos a desempenharem não se confundem. *Uma conta pode ser julgada irregular pelo Tribunal de Contas e por algum tipo de vício (processual ou material), ser desconstituída pela Justiça Comum, antes do pedido do registro da candidatura do candidato e o candidato ser declarado elegível pela Justiça Eleitoral, o que mostra que o Poder Judiciário acaba adentrando de algum modo no mérito da decisão do Tribunal de Contas.* Isso porque o Conselho de Contas, como abordado, exerce função técnica de apreciação e julgamento das contas públicas, e tanto a Justiça Comum, quanto a Justiça Eleitoral, ao analisarem a situação de um candidato e averiguar se ele pode ou não concorrer às eleições, estão transformando opções políticas em decisões jurídicas, atributo que o Tribunal de Contas não detém. Veja-se o Agravo Regimental em Recurso Especial Eleitoral (AgR-REspe) nº 30.169:

> Agravos regimentais. Recurso especial. Decisão agravada alinhada com a jurisprudência do TSE.
>
> 1. *A falta de aplicação do percentual mínimo em educação não gera inelegibilidade.* Precedentes. maio/ago. 2010.
>
> 2. Decisão agravada que se mantém pelos seus próprios fundamentos.
>
> 3. Agravos regimentais desprovidos. (Grifos nossos).[70]

---

[69] BRASIL, 1997.
[70] BRASIL, 2009.

Na aludida decisão, o Tribunal de Contas julgou irregulares as contas do gestor público, mas o TSE, em seu poder de *juris dicere*, assim não o entendeu.

Repare-se o quão fundamental é para os rumos da nação a competência da Justiça para averiguar quem é elegível ou não e como isso transcende o exercício de definir se uma conta é irregular ou não, pelo Tribunal de Contas, embora essa seja a base de toda a sequência processual posterior. Nessa toada, o julgado do STF, MS nº 22.087:

[...].

III. À *Justiça Eleitoral compete formular juízo de valor a respeito das irregularidades apontadas pelo Tribunal de Contas*, vale dizer, se as irregularidades configuram ou não inelegibilidade.

IV. Mandado de segurança indeferido. (Grifos nossos).[71]

Os papéis do Tribunal de Contas e do Judiciário são tão diferentes nesse aspecto que não se pode falar em jurisdição do Tribunal de Contas, pois a última palavra continua com o Judiciário. Tanto é assim que a jurisprudência do TSE se mostra inclinada no sentido da inelegibilidade, *ainda que haja quitação dos débitos imputados pelos Tribunais de Constas, a título de saneamento de irregularidade*, ao argumento de que a inelegibilidade decorre das irregularidades cometidas, e não da multa/débito cominada. Ou seja, mesmo que no Tribunal de Contas, a situação do administrador não esteja mais irregular, com o pagamento das multas, para a Justiça Eleitoral ainda está. Assim, "a quitação de multa imposta pelo Tribunal de Contas estadual, em razão de tal ato, não exclui a sanção de inelegibilidade cominada ao candidato".[72]

Nem por isso se reduz o papel técnico exercido pela Corte de Contas, tampouco se está a pregar a imposição do Judiciário, seja o comum, seja o eleitoral, sobre *decisium* do órgão auxiliar do controle externo. Muito pelo contrário, o que se percebe, geralmente, por parte do Judiciário é uma deferência muito grande à decisão do órgão de contas. Veja o entendimento do TSE, por esses dois julgados:

REspe nº 259-86/SP:

Não compete à Justiça Eleitoral analisar o acerto ou não da decisão que julgou irregulares as contas do responsável.[73]

---

[71] BRASIL, 1996.
[72] BRASIL, 2006.
[73] BRASIL, 2012a.

REspe nº 115-43/SP:

Não cabe à Justiça Eleitoral analisar o nível de responsabilidade do administrador, mas sim, ao órgão julgador das contas. À Justiça Eleitoral compete aferir apenas a incidência da inelegibilidade.[74]

Todavia, por mais importante que seja a função do Conselho de Contas, conforme afirma o próprio Conselheiro do Tribunal de Contas da União (TCU), em uma palestra no 5º Fórum de Contabilidade Pública em Cuiabá, realizado em 2015,

> [...] havendo decisão de rejeição de contas que seja irrecorrível e que aponte vícios de natureza insanável, *somente o Poder Judiciário pode suspender a incidência da cláusula de inelegibilidade, nos exatos termos da parte final da alínea 'g', do inciso I do art. 1 da LC/90.* (Grifos nossos).[75]

E, ademais, o Conselheiro explana ao final de sua palestra:

> Com espeque nas considerações efetuadas nesta palestra, *concluo que a Justiça Eleitoral exerce o papel de protagonista na decisão sobre a inelegibilidade decorrente da suposta prática de atos dolosos de improbidade administrativa.* A ela cabe analisar os casos concretos e, com base nas peculiaridades de cada um deles, definir se restou ou não configurada a conduta tipificada na alínea 'g' do inciso I do art. 1º da Lei Complementar nº 64/1990. (Grifos nossos).[76]

O próprio ministro do TCU reconheceu o atributo da coisa julgada ao Judiciário no julgamento das contas públicas e em torno das inelegibilidades, e não ao Tribunal de Contas, por mais relevante que ele o seja no Controle da Administração Pública.

## 2.6 Considerações finais

Como visto, o Tribunal de Contas é órgão de controle externo importantíssimo para a sociedade brasileira. Sua importância é realçada ainda mais quando se vê o menoscabo com que o dinheiro público é tratado por vários agentes públicos no Brasil. Aqui, muitas vezes, "o que é de todos, como um bem público, por exemplo, é visto como de

---

[74] BRASIL, 2012c.
[75] ZYMLER, 2015, p. 62.
[76] ZYMLER, 2015, p. 6.

ninguém". Para essa lógica que confunde a todo instante o público com o privado, chamada na literatura sociológica de patrimonialista, para ser pelo menos parcialmente revertida, é preciso profunda mudança cultural/educacional na conduta das pessoas, bem como de uma pronta atuação dos órgãos de controle da Administração Pública. E é sobre isso que se procurou elucidar neste artigo, especialmente no que tange ao Tribunal de Contas.

Esse Tribunal surgiu com a primeira Constituição (1891),[77] sob os auspícios de Rui Barbosa e sua posição institucional foi mudando ao longo da história brasileira. Ora classificado como órgão de cooperação, ora dentro do Judiciário ou do Legislativo, o certo é que nunca se pacificou qual é a posição institucional do venerando órgão. Paralelamente, surgiu o intenso debate doutrinário a respeito de o Tribunal de Contas deter ou não função jurisdicional. Há bons argumentos de ambos os lados. Mas parece mais acertado o entendimento de que o Tribunal de Contas *não deve deter função jurisdicional*, pois, na esteira dos argumentos desenvolvidos por Duarte (2014) em copiosa dissertação, o Tribunal de Contas não detém o poder de traduzir opções políticas em jurídicas. Sua função, ainda que possa influenciar o cenário político de um país, como se presenciou com a Ex-Presidente da República, não é política. É estritamente técnica: avalia por meio de uma análise contábil e legal, principalmente, se a norma foi ou não cumprida pelo administrador público e assim, suas decisões podem perfeitamente ser controladas pelo Poder Judiciário.

Alguns autores, como Faria (2015), acham que é possível o controle do mérito do ato administrativo e, portanto, do mérito da decisão da Corte de Contas também, por ser administrativa. Conforme esse autor, o Judiciário pode até exercer o controle do ato administrativo, já que a discricionariedade do gestor está vinculada a escolher a melhor opção possível no campo de interpretação permitido pelo texto normativo. Nesse sentido, se o administrador público faz tábula rasa do interesse público e não adota a melhor opção, cabe ao Judiciário alterar sua decisão, ainda que no mérito.

Polêmicas à parte é o que se viu, por exemplo, no estudo das inelegibilidades do art. 1º da LC nº 64/1990 (Lei de Inelegibilidades), alterada pela LC nº 135/2010 (Lei da Ficha Limpa). Neste estudo, viu-se que a Justiça Comum e a Justiça Eleitoral podem, com o devido

---

[77] BRASIL, 1891.

cuidado, desconstituir a decisão do Tribunal de Contas, que julgou irregulares as contas do administrador público, inclusive em caráter liminar. E mais: viu-se que quem declara se um candidato é elegível ou não, com base na rejeição das Contas do Conselho de Contas, é o Judiciário (especialmente o eleitoral), e não o Tribunal de Contas, que pode rejeitar as contas de um candidato, mas não detém a competência final de dizer se ele pode ou não concorrer a eleições, quer dizer, se ele é elegível ou não. Tal prerrogativa, ligada a direito fundamental, só pode ser desempenhada pelo Judiciário.

Como também abordado, a Lei de Inelegibilidades (Lei nº 64/1990) e mais ainda a lei da Ficha Limpa (LC nº 135/2010) são muito importantes no cenário político-jurídico brasileiro. Esta última veio por meio de iniciativa popular e acabou reforçando o papel de controle do Tribunal de Contas, uma vez que não mais é possível o simples ajuizamento de uma ação na Justiça Comum para desconstituir um trabalho técnico do Conselho de Contas. É preciso, ao menos, uma medida judicial em caráter liminar.

Com este estudo de caráter, em parte teórico e em parte prático, espera-se ter cumprido o propósito de melhor visualização do tema de modo a esclarecer ao operador do Direito que o Tribunal de Contas é órgão constitucional autônomo, mas não soberano.

## Referências

BASTOS, Celso Ribeiro. O princípio da moralidade no direito público. *Cadernos de Direito Constitucional e Ciência Política*, São Paulo, Revista dos Tribunais, ano 6, n. 22, p. 44, jan./mar. 1998.

BRASIL. Câmara dos Deputados. Decreto nº 966-A, de 7 de novembro de 1890. Crêa um Tribunal de Contas para o exame, revisão e julgamento dos actos concernentes á receita e despeza da Republica. *Coleção de Leis do Brasil*, Rio de Janeiro, 1890. v. 11, p. 3.440. Disponível em: <http://www2.camara.leg.br/legin/fed/decret/1824-1899/decreto-966-a-7-novembro-1890-553450-norma-pe.html>. Acesso em: 24 jan. 2015.

BRASIL. Constituição (1824). Constituição política do Império do Brazil, 1824. *Coleção das Leis do Império do Brasil*, Rio de Janeiro, 22 de abril de 1824. Disponível em: <http://www.planalto.gov.br/ccivil_03/constituicao/constituicao24.htm>. Acesso em: 2 ago. 2015.

BRASIL. Constituição (1891). Constituição da República dos Estados Unidos do Brasil, 1891. *Diário Oficial da União*, Rio de Janeiro, 24 de fevereiro de 1891. Disponível em: <http://www.planalto.gov.br/ccivil_03/constituicao/constituicao91.htm>. Acesso em: 2 ago. 2015.

BRASIL. Constituição (1934). Constituição da República dos Estados Unidos do Brasil,1934. *Diário Oficial da União*, Rio de Janeiro, 16 de julho de 1934. Disponível em: <http://www.planalto.gov.br/ccivil_03/constituicao/constituicao34.htm>. Acesso em: 2 ago. 2015.

BRASIL. Constituição (1937). Constituição dos Estados Unidos do Brasil, 1937. *Diário Oficial da União*, Rio de Janeiro, 10 de novembro de 1937. Disponível em: <https://www.planalto.gov.br/ccivil_03/constituicao/constituicao37.htm>. Acesso em: 12 ago. 2015.

BRASIL. Constituição (1946). Constituição dos Estados Unidos do Brasil, 1946. *Diário Oficial da União*, Rio de Janeiro, 19 de setembro de 1946. Disponível em: <https://www.planalto.gov.br/ccivil_03/constituicao/constituicao46.htm>. Acesso em: 12 ago. 2015.

BRASIL. Constituição (1967). Constituição da República Federativa do Brasil. *Diário Oficial da União*, Brasília, 24 de janeiro de 1967a. Disponível em: <http://www.planalto.gov.br/ccivil_03/constituicao/constituicao67.htm>. Acesso em: 30 ago. 2015.

BRASIL. Constituição (1988). *Constituição da República Federativa do Brasil*, 1988. Texto constitucional de 5 de outubro de 1988, com as alterações adotadas pelas emendas constitucionais até outubro de 2016. Brasília, DF, Senado Federal, 1988. Disponível em: <//www.planalto.gov.br/ccivil_03/constituicao/constituicao.htm>. Acesso em: 24 jan. 2015.

BRASIL. Constituição (1988). Emenda constitucional nº 1, de 17 de outubro de 1969. Edita o novo texto da Constituição Federal de 24 de janeiro de 1967. *Diário Oficial da União*, Brasília, 20 de outubro de 1969a. Disponível em: <http://www.planalto.gov.br/ccivil_03/Constituicao/Emendas/Emc_anterior1988/emc01-69.htm>. Acesso em: 24 jan. 2015.

BRASIL. Constituição (1988). Emenda constitucional nº 19, 4 de junho de 1998. Modifica o regime e dispõe sobre princípios e normas da Administração Pública, servidores e agentes políticos, controle de despesas e finanças públicas e custeio de atividades a cargo do Distrito Federal, e dá outras providências. *Diário Oficial Eletrônico*, 5 de junho de 1998. Disponível em: <http://www.planalto.gov.br/ccivil_03/constituicao/emendas/emc/emc19.htm>. Acesso em: 24 jan. 2015.

BRASIL. Presidência da República. Decreto-Lei nº 2.848 de 7 de dezembro de 1940. Código penal. Texto com as alterações até 2016. *Diário Oficial da União*, Rio de Janeiro, 31 de dezembro de 1940. Disponível em: <http://www.planalto.gov.br/ccivil03/decreto-lei/Del2848compilado.htm>. Acesso em: 24 jan. 2015.

BRASIL. Presidência da República. Decreto-Lei nº 200, de 25 de fevereiro de 1967. Dispõe sôbre a organização da Administração Federal, estabelece diretrizes para a Reforma Administrativa e dá outras providências. *Diário Oficial da União*, Brasília, 27 de março de 1967b. Disponível em: <http://www.planalto.gov.br/ccivil_03/decreto-lei/Del0200.htm>. Acesso em: 24 jan. 2015.

BRASIL. Presidência da República. Lei Complementar nº 64, de 18 de maio de 1990. Estabelece, de acordo com o art. 14, §9º da Constituição Federal, casos de inelegibilidade, prazos de cessação, e determina outras providências. *Diário Oficial da União*, Brasília, 21 de maio de 1990. Disponível em: <http://www.planalto.gov.br/ccivil_03/leis/lcp/lcp64.htm>. Acesso em: 24 jan. 2014.

BRASIL. Presidência da República. Lei nº 9.504, de 30 de setembro de 1997, Estabelece normas para as eleições, Disponível em: <www.planalto.gov.br/ccvil03/leis/L9504.htm>. Acesso em: 10 fev. 2018.

BRASIL. Presidência da República. Lei Complementar nº 101, de 4 de maio de 2000. Estabelece normas de finanças públicas voltadas para a responsabilidade na gestão fiscal e dá outras providências. *Diário Oficial da União*, Brasília, 5 de maio de 2000. Disponível em: <http://www.planalto.gov.br/ccivil_03/leis/LCP/Lcp101.htm>. Acesso em: 20 jan. 2016.

BRASIL. Presidência da República. Lei Complementar nº 135, de 4 de junho de 2010. Altera a Lei Complementar nº 64, de 18 de maio de 1990, que estabelece, de acordo com o §9º do art. 14 da Constituição Federal, casos de inelegibilidade, prazos de cessação e determina outras providências, para incluir hipóteses de inelegibilidade que visam a proteger a probidade administrativa e a moralidade no exercício do mandato. *Diário Oficial da União*, Brasília, 7 de junho de 2010. Disponível em: <http://www.planalto.gov.br/ccivil_03/Leis/LCP/Lcp135.htm>. Acesso em: 20 jan. 2014.

BRASIL. Presidência da República. Lei nº 8.429, de 2 de junho de 1992. Dispõe sobre as sanções aplicáveis aos agentes públicos nos casos de enriquecimento ilícito no exercício de mandato, cargo, emprego ou função na administração pública direta, indireta ou fundacional e dá outras providências. *Diário Oficial da União*, Brasília, 3 de junho de 1992a. Disponível em: <http://www.planalto.gov.br/ccivil_03/leis/L8429.htm>. Acesso em: 24 jan. 2014.

BRASIL. Presidência da República. Lei nº 8.443, de 16 de julho de 1992. Dispõe sobre a Lei Orgânica do Tribunal de Contas da União e dá outras providências. *Diário Oficial da União*, Brasília, 17 de julho de 1992b. Disponível em: <http://www.planalto.gov.br/ccivil_03/Leis/L8443.htm>. Acesso em: 24 jan. 2014.

BRASIL. Presidência da República. Lei nº 9.784, de 29 de janeiro de 1999. Regula o processo administrativo no âmbito da Administração Pública Federal. *Diário Oficial da União*, Brasília, 1 de fevereiro de 1999a. Disponível em: <http://www.planalto.gov.br/ccivil_03/leis/L9784.htm>. Acesso em: 24 jan. 2014.

BRASIL. Presidência da República. Lei nº 13.019, de 31 de julho de 2014. Estabelece o regime jurídico das parcerias entre a administração pública e as organizações da sociedade civil, em regime de mútua cooperação, para a consecução de finalidades de interesse público e recíproco, mediante a execução de atividades ou de projetos previamente estabelecidos em planos de trabalho inseridos em termos de colaboração, em termos de fomento ou em acordos de cooperação; define diretrizes para a política de fomento, de colaboração e de cooperação com organizações da sociedade civil; e altera as Leis nº 8.429, de 2 de junho de 1992, e nº 9.790, de 23 de março de 1999. *Diário Oficial da União*, Brasília, 1 de agosto de 2014. Disponível em: <http://www.planalto.gov.br/ccivil_03/_ato2011-2014/2014/lei/l13019.htm>. Acesso em: 24 jan. 2014.

BRASIL. Superior Tribunal de Justiça. Súmula nº 473. A administração pode anular seus próprios atos, quando eivados de vícios que os tornam ilegais, porque dêles não se originam direitos; ou revogá-los, por motivo de conveniência ou oportunidade, respeitados os direitos adquiridos, e ressalvada, em todos os casos, a apreciação judicial. *Diário da Justiça*, 10 de dezembro de 1969b. Disponível em: <http://www.stf.jus.br/portal/cms/verTexto.asp?servico=jurisprudenciaSumula&pagina=sumula_401_500>. *Acesso em: 29 jan. 2015.*

BRASIL. Tribunal Superior Eleitoral. Constitucional. Eleitoral. Inelegibilidade. Contas do administrador público: rejeição. Mandado de Segurança (MS) nº 22.087, Rel. Min. Carlos Velloso, Tribunal Pleno, julg. 28 de março de 1996. *Diário da Justiça*, Brasília, 10 de maio de 1996. Disponível em: <http://stf.jusbrasil.com.br/jurisprudencia/14702239/mandado-de-seguranca-ms-22087-df>. Acesso em: 29 jan. 2015.

BRASIL. Supremo Tribunal Federal. Tribunal de Contas dos Estados: competência: observância compulsória do modelo federal: inconstitucionalidade de subtração ao Tribunal de Contas da competência do julgamento das contas da Mesa da Assembleia Legislativa – compreendidas na previsão do art. 71, II, da Constituição Federal, para submetê-las ao regime do art. 71, c/c. art. 49, IX, que é exclusivo da prestação de contas do Chefe do Poder Executivo. Ação Direta de Inconstitucionalidade (ADI) 849-8/MT. Rel. Min. Sepúlveda Pertence, julg. 11 de fev. 1999. *Diário da Justiça*, Brasília, 23 de abril de 1999b. Disponível em: <http://stf.jusbrasil.com.br/jurisprudencia/739843/acao-direta-de-inconstitucionalidade-adi-849-mt>. Acesso em: 29 jan. 2015.

BRASIL. Superior Tribunal de Justiça. Constitucional e administrativo. Controle externo da administração pública. Atos praticados por prefeito, no exercício de função administrativa e gestora de recursos públicos. Julgamento pelo Tribunal de Contas. Não sujeição ao *decisum* da Câmara Municipal. Competências diversas. Exegese dos arts. 31 e 71 da Constituição Federal. Recurso Ordinário em Mandado de Segurança (ROMS) nº 11.060/GO. 2ª Turma, Relª Minª. Laurita Vaz. Rel. para acórdão Min. Paulo Medina. *Diário da Justiça*, Brasília, 16 de setembro de 2002. Disponível em: <http://stj.jusbrasil.com.br/jurisprudencia/3609285/recurso-ordinario-em-mandado-de-seguranca-rms-11060-go-1999-0069194-6>. Acesso em: *29 jan. 2015*.

BRASIL. Tribunal Superior Eleitoral. [...] Inelegibilidade. Art. 1º, I, *g*, da Lei Complementar nº 64/90. Agravo Regimental no Recurso Ordinário (AgRGRO) nº 1.208. Rel. Min. Caputo Bastos. *Diário da Justiça Eletrônico*, Brasília. 31 de outubro de 2006. Disponível em: <http://temasselecionados.tse.jus.br/temas-selecionados/inelegibilidades-e-condicoes-de-elegibilidade/parte-i-inelegibilidades-e-condicoes-de-elegibilidade/rejeicao-de-contas/irregularidade-insanavel>. Acesso em: *29 jan. 2015*.

BRASIL. Tribunal Superior Eleitoral. Agravos regimentais. Recurso especial. Decisão agravada alinhada com a jurisprudência do TSE. Agravo Regimental em Recurso Especial Eleitoral (AgR-REspe) nº 30.169/MG, acórdão de 28 mar. 2009. Rel. Min. Eros Roberto Grau. *Diário da Justiça Eletrônico*, Brasília, 19 de maio de 2009. Disponível em: <http://tse.jusbrasil.com.br/jurisprudencia/14632099/agravo-regimental-em-recurso-especial-eleitoral-agr-respe-30169-mg>. Acesso em: *29 jan. 2015*.

BRASIL. Tribunal Superior Eleitoral. Eleições 2012. Recurso Especial Eleitoral. Exercício financeiro de 2004. Prefeito. Exame das contas públicas pela Câmara Municipal. Decreto legislativo. Desaprovação. Irregularidades. Insanabilidade. Ato doloso de improbidade administrativa. Inelegibilidade configurada. Prazo de oito anos. Art. 1º, I, *g*, da Lei Complementar nº 64/90. Recurso não provido. Recurso Especial Eleitoral (REspe) nº 259-86/SP. Relª Min. Luciana Lóssio. *Diário da Justiça*, Brasília, 11 de outubro de 2012a. Disponível em: <http://www.buscaoficial.com/c/diario/cD3xft7Iq/>. Acesso em: 1º fev. 2017.

BRASIL. Tribunal Superior Eleitoral. Inelegibilidade. Rejeição de contas. Órgão competente. Recurso Especial Eleitoral (REspe) nº 12.061/PE, Rel. Min. Arnaldo Versiani, 25 set. 2012. *Diário da Justiça*, Brasília, 25 de setembro de 2012b. Disponível em: <http://tse.jusbrasil.com.br/jurisprudencia/22614493/recurso-especial-eleitoral-respe-12061-pc-tse>. Acesso em: 1º fev. 2017.

BRASIL. Tribunal Superior Eleitoral. Realização de despesas previstas em lei orçamentária e desaprovação de contas por violação a limite constitucional. Recurso Especial Eleitoral (REspe) nº 115-43/SP. Rel. Min. Dias Toffoli. *Diário da Justiça*, Brasília, 9 de outubro de 2012c. Disponível em: <http://www.justicaeleitoral.jus.br/arquivos/tse-informativo-do-tse-29-ano-xiv-do-periodo-de-8-a-14-de-outubro-de-2012>. Acesso em: 1º fev. 2017.

BRASIL. Tribunal Superior Eleitoral. Eleições 2012. Candidato a prefeito. Inelegibilidade. Rejeição de contas. Recurso Especial Eleitoral (REspe) nº 101-82/MS. Rel. Min. Henrique Neves da Silva. *Diário da Justiça*, Brasília, 25 de março de 2013. Disponível em: <http://www.tre-rj.jus.br/site/webtemp/arq_081404.pdf>. Acesso em: 1º fev. 2017.

BRASIL. Supremo Tribunal Federal. Direito constitucional e eleitoral. Recurso extraordinário. Julgamento das contas do chefe do Poder Executivo como ordenador de despesas. Competência: Poder Legislativo ou Tribunal de Contas. Repercussão geral. Repercussão geral no Recurso Extraordinário (RE) nº 848.826. Rel. Min. Luís Roberto Barroso. Julgamento 27 ago. 2015. *Plenário*, 10 de agosto de 2016. Disponível em: <https://stf.jusbrasil.com.br/jurisprudencia/311628752/repercussao-geral-no-recurso-extraordinario-rg-re-848826-df-distrito-federal-0000879-4520146060000/inteiro-teor-311628761?ref=juris-tabs>. Acesso em: 6 fev. 2017.

BUENO José Antônio Pimenta. *Direito público brasileiro e análise da Constituição do Império*. Prefácio do Ministro M. Seabra Fagundes. Brasília: Senado Federal; Ed. Universidade de Brasília, 1978 (Coleção Bernardo Pereira de Vasconcelos. Série Estudos jurídicos, 5).

CANOTILHO, José Joaquim Gomes. *Direito constitucional e teoria da Constituição*. Coimbra: Almedina, 1998.

CASTRO, José Nilo de. *Julgamento das contas municipais*. 3. ed. Belo Horizonte: Del Rey, 2003.

COSTA JÚNIOR, Eduardo Carone. As funções jurisdicional e opinativa do Tribunal de Contas: distinção e relevância para a compreensão da natureza jurídica do parecer prévio sobre contas anuais dos prefeitos. *Revista do Tribunal de Contas do Estado de Minas Gerais*, Belo Horizonte, Ano 19, n. 2, 2001. p. 110. Disponível em: <http://200.198.41.151:8081/tribunal_contas/2001/02/-sumario?next=5>. Acesso em: 1 fev. 2017.

DUARTE, Fabrício. *Controle das decisões dos Tribunais de Contas pelo Judiciário*: uma análise da estrutura da distribuição das funções da soberania na Constituição da República de 1988. Dissertação (Mestrado em Direito) – PUC Minas, Programa de Pós-Graduação em Direito Público. 2014. Orientador: Professor Edimur Ferreira Faria.

FAGUNDES, Miguel Seabra. *O controle dos atos administrativos pelo Poder Judiciário*. 7. ed. Rio de Janeiro: Forense, 2005.

FARIA, Edimur Ferreira. *Curso de direito administrativo positivo*. 8. ed. Belo Horizonte: Fórum, 2015.

FERNANDES, Jorge Ulisses Jacoby. *Tribunais de Contas do Brasil*: jurisdição e competência. 2. ed. Belo Horizonte: Fórum, 2008.

FERRAZ, Luciano. *Controle da administração pública*: elementos para a compreensão dos Tribunais de Contas. Belo Horizonte: Mandamentos, 1999.

FERREIRA FILHO, Manoel Goncalves. *Curso de direito constitucional*. 18. ed. São Paulo: Saraiva, 1980.

GOMES, José Jairo. *Direito eleitoral*. 8. ed. São Paulo: Atlas, 2012.

GUERRA, Evandro Martins Guerra. Os controles externo e interno da administração pública. 2. ed. Belo Horizonte: Fórum, 2007.

LOCKE, John. *Segundo tratado sobre o governo civil*. Tradução Alex Marins. São Paulo: Martin Claret, 2002. (Coleção A obra-prima de cada autor).

MACEDO. Alessandro Prazeres. "Irregularidade insanável" e a inelegibilidade à luz da jurisprudência do TSE. Revista Jurídica Consulex, Brasília, v. 17, n. 393, p. 48-50, jun., 2013.

MARANHÃO, Jarbas. A Constituição de 1988 e o Tribunal de Contas: seus primórdios, normas e atribuições. *Revista de Informação Legislativa*, Brasília, v. 30, n. 119, p. 255-268, jul./set. 1993. Disponível em: <http://www2.senado.leg.br/bdsf/bitstream/handle/id/176182/000483915.pdf?sequence=3>. Acesso em: 29 jan. 2015.

MARANHÃO, Jarbas. Tribunal de Contas e Poder Judiciário. *Revista de Informação Legislativa*, Brasília, v. 27, n. 107, p. 161-164, jul./set. 1990.

MEDAUAR, Odete. *Controle parlamentar da administração.* Revista de Informação Legislativa, Brasília, v. 27, n. 107, p. 111-130, jul./set. 1990. Disponível em: <https://www2.senado.leg.br/bdsf/bitstream/handle/id/175795/000450842.pdf?sequence=1>. Acesso em: 1º fev. 2017.

MENDES, Gilmar Ferreira; BRANCO, Paulo Gustavo Gonet. *Curso de direito constitucional.* 10. ed. São Paulo: Saraiva, 2015.

MONTESQUIEU, Charles de Secondat. *O espírito das leis.* Tradução de Cristina Muracho. 3. ed. São Paulo: Martins Fontes, 2005.

OLIVEIRA, Eduardo Ribeiro de. *O conceito de jurisdição.* Revista Brasileira de Direito Processual, Porto Alegre, n. 59, ago./set. 1986.

ZYMLER, Benjamin. *Lei da Ficha Limpa e o poder-dever dos Tribunais de Contas.* 2015. Disponível em: <https://ead.tce.mt.gov.br/pluginfile.php/261/mod_resource/content/1/Lei%20da%20ficha%20limpa.pdf>. Acesso em: 29 jan. 2015.

---

Informação bibliográfica deste livro, conforme a NBR 6023:2002 da Associação Brasileira de Normas Técnicas (ABNT):

DIMAS, Ramon Leles. O controle das decisões dos tribunais de contas pelo judiciário: uma análise a partir da hipótese de inelegibilidade por rejeição de contas nos termos da Lei da Ficha Limpa. In: FARIA, Edimur Ferreira de (Coord.). *Controle da Administração Pública Direta e Indireta e das concessões:* autocontrole, controle parlamentar, com o auxílio do Tribunal de Contas, controle pelo Judiciário e controle social. Belo Horizonte: Fórum, 2018. p. 39-75. ISBN 978-85-450-0472-1

# CAPÍTULO 3

# O CONTROLE POLÍTICO DA ADMINISTRAÇÃO PÚBLICA NO DIREITO BRASILEIRO E BREVE ESTUDO SOBRE O DIREITO BELGA

CÍNTYA APARECIDA MARTINS MOREIRA

## 3.1 Introdução

O controle político da Administração Pública, sujeito ao regime jurídico constitucional, é tema de grande relevância no âmbito da sociedade, pelo fato de assegurar o bom gerenciamento dos negócios públicos e zelar pelo interesse público. Contudo, frequentemente, a sociedade brasileira é surpreendida por um novo escândalo de corrupção. Essas constantes condutas antijurídicas fazem imperar a descrença quanto à eficácia ou mesmo a operacionalidade da atividade fiscalizatória do Legislativo.

Diante do atoleiro político, é necessário compreender a relevância desse instituto jurídico do controle parlamentar no Estado Democrático de Direito, para que com o envolvimento coletivo da sociedade possa se alcançar a moralidade administrativa.

Para tanto, este estudo é baseado, fundamentalmente, em pesquisa bibliográfica, em construções teóricas e em jurisprudências, tendo como marco teórico o Estado Constitucional de Direito.

Este estudo é subsidiado, ainda, por pensamentos de autores como Aristóteles, Jonh Locke e Montesquieu, cujas teorias servem de referencial teórico, uma vez que são responsáveis pela atual concepção da "teoria da separação dos poderes".

Por fim, na elaboração deste trabalho objetivou-se, com base na Constituição da República (CR) de 1988 e da Constituição belga de 1831, na doutrina, assim como na análise jurisprudencial, descrever e analisar o controle político e os mecanismos constitucionais, precipuamente a atividade investigatória das Comissões Parlamentares de Inquérito.

## 3.2 Aspectos preliminares ao controle político

Importante mencionar os aspectos preliminares do controle político, para compreender a origem e as características desse instituto. Consoante esta premissa, a seguir faz-se breve releitura dos antecedentes ao instituto do controle.

### 3.2.1 Breve releitura dos antecedentes

O princípio da separação dos poderes constitui base angular da democracia moderna. Importante salientar que a distinção entre as três funções estatais remonta à época de Aristóteles (1998), que já na Grécia Antiga as distinguia da seguinte forma: a que delibera acerca dos negócios públicos, a que exerce a magistratura (uma espécie de função executiva) e a que administra a justiça.

Novas contribuições para a Teoria da Separação dos Poderes advieram de Locke (2003), que escreveu sobre a existência de três poderes, os quais seriam exercidos pelas funções do governo: Poder Legislativo, Poder Executivo e Poder Federativo. Uma peculiaridade de sua teoria foi considerar o Parlamento superior aos demais poderes.

Contudo, o alcance da consagração da teoria da separação dos poderes ocorreu por intermédio da célebre obra de Montesquieu (1998) *O espírito das leis*, publicada originalmente em 1748, que traz a ideia de três poderes harmônicos e independentes entre si, denominados Poder Legislativo, Poder Executivo e Poder Judiciário.

Na teoria da separação dos poderes elaborada por Montesquieu foi redefinido o poder do Estado, ao estabelecer autonomia e limites para os respectivos Poderes, criando o sistema de freios e contrapesos.

Esse sistema caracteriza-se pela influência mútua de controle recíproco entre o Poder Executivo e o Poder Legislativo. Assim, permitiria ao Legislativo verificar como foram executadas as leis que elaborou, bem como autorizaria ao Executivo o poder de frear iniciativas do Legislativo que pudesse torná-lo um poder despótico.[1]

---

[1] MONTESQUIEU, 1998.

De fato, após a queda do Antigo Regime, na transição do Estado Absolutista para o Estado Liberal, os Estados soberanos adotaram sua corrente tripartite como garantia dos direitos fundamentais e limitação do Poder Estatal, fazendo-a constar hodiernamente nos textos constitucionais dos países democráticos.

Dias enumera as três funções jurídicas essenciais ou fundamentais do Estado (a legislativa, a governamental ou administrativa e a jurisdicional):

> a) a função legislativa consiste na edição de normas obrigatórias de caráter geral e abstrato, as quais compõem o ordenamento jurídico vigente, criando o Estado, assim, o direito positivo, com o objetivo de disciplinar as suas próprias atividades e as condutas das pessoas na vida em sociedade; b) a função governamental, administrativa ou executiva compreende todas as manifestações concretas das diversas atividades desenvolvidas pelo Estado que visem à concretização dos interesses e negócios públicos correspondentes às necessidades coletivas prescritas no ordenamento jurídico vigente; c) a função jurisdicional permite ao Estado, quando provocado, pronunciar o direito de forma imperativa e em posição imparcial, tendo por base um processo legal e previamente organizado, segundo o ordenamento jurídico constituído pelas normas que o Estado edita, nas situações concretas da vida social em que essas normas são descumpridas.[2]

Cumpre ressaltar que a moderna posição doutrinária – Loewenstein, Carré de Malberg, dentre outros – entende que o poder é uno, indivisível e soberano, sendo prudente a substituição da expressão "separação dos poderes do Estado" (Poder Executivo, Poder Legislativo e Poder Judiciário) pela locução "separação das funções de Estado" (função executiva, função legislativa e função jurisdicional), conforme ressalta Dias.[3]

Nesse sentido, a organização do Estado Federal do Brasil, alicerçada na CR, adapta-se à tripartição das funções, submetendo a Administração Pública a uma série de controles, tendo em vista o sistema de freios e contrapesos.

---

[2] DIAS, 2004, p. 75-76.
[3] *Ibidem*, p. 71.

## 3.2.2 Definição de controle

Pacce, com lastro na lição de Medauar,[4] assevera:

> A palavra controle pode assumir uma diversidade de significados, tais como verificação, inspeção, fiscalização, registro ou dominação. Entretanto, o conceito utilizado para definir o controle de um poder sobre o outro teve origem no 'latim fiscal medieval', traduzido pela expressão *contra rotulum*, que designava a lista ('rol') de contribuintes, dos tributos e dos censos administrados pelo coletor de tributos [...]. Dito de outra forma, o termo controle assume o sentido de mecanismo dialético de revisão ou reexame de uma atividade ou ato exercido por outro ente ou pessoa.[5]

O controle tem por escopo assegurar "a boa e eficiente gerência do negócio, ainda que doméstico; evitar desperdício de recursos materiais, financeiros e humanos; aprimorar os meios de produção, comercialização, execução ou prestação, quando se tratar de serviços".[6]

O controle, no âmbito da Administração Pública, é obrigatório, pois se trata de um dever decorrente da CR, consoante o princípio da legalidade, no qual o controle deve ser exercido no limite exato traçado pela norma constitucional.[7]

"A ordem jurídica instituiu três espécies de controle: um pela própria Administração, denominada controle administrativo, outra pelo Legislativo e a última pelo Judiciário".[8] Neste estudo, será tratado apenas o controle exercido pelo Legislativo, no que concerne à sua espécie política.

## 3.3 Controle político

Os indícios do controle político remontam à Antiguidade, conforme Andrada citando Alves:[9]

> A exigência de prestação de contas, permitindo à população fiscalizar a aplicação de recursos públicos, surgiu há milhares de anos, como se

---

[4] MEDAUAR, 2012, p. 9.
[5] PACCE, 2014, v. 1, n. 2, p. 380.
[6] FARIA, 2015, p. 618.
[7] CARVALHO FILHO, 2014, p. 1.040.
[8] FARIA, 2015, p. 617.
[9] ALVES, 2004, p. 79.

constata nas ordenações de Drácon, editadas por volta de 621 a.c., no arcondato de Aristecmo. Do mesmo modo, aparece nas ordenações de Sólon, editadas em 594-593 a.c., nas quais era reconhecido o direito de o povo cobrar prestação de contas dos funcionários eleitos. Políbios noticia que, em Roma, entre os séculos III e II a.c., os cônsules, ao deixarem seus cargos, eram obrigados a prestar contas de sua atuação ao povo.[10]

Segundo Medauar,[11] com arrimo em Ferreira Filho,[12] o poder de fiscalização ou controle do legislativo "é uma conquista histórica, de há muito consagrada; [...] no Estado Contemporâneo parece ser o poder por excelência dos parlamentos, o único que está em condições de exercer eficientemente".

O controle político na CR dispõe sobre "a possibilidade de fiscalização e decisão do Poder Legislativo sobre atos ligados à função administrativa e de organização do Executivo [...]".[13]

Acrescente-se que o controle abrange "aspectos ora de legalidade, ora de mérito, apresentando-se, por isso mesmo, como de natureza política, já que vai apreciar as decisões administrativas sob o aspecto inclusive da discricionariedade, ou seja, da oportunidade e conveniência diante do interesse público".[14]

Nesse sentido, o ordenamento jurídico brasileiro dispõe sobre mecanismos constitucionais que possibilitam a concretização do controle pelo Legislativo. Destaca-se que os meios e o controle são aplicados aos Estados, ao Distrito Federal e aos Municípios, por meio do Legislativo e nos limites das competências de cada ente federativo mencionado.[15]

Os instrumentos específicos de controle político pelo Legislativo, disponibilizados pela CR são estudados a seguir.

## 3.3.1 Instrumentos constitucionais de controle político

A CR prevê sucessão de hipóteses nas quais se atribui ao Legislativo o exercício do controle político, essenciais para fiscalização, eficiência e probidade da Administração Pública.

---

[10] ANDRADA, 2006, p. 11.
[11] MEDAUAR, 1990, v. 27, n. 107, p. 112.
[12] FERREIRA FILHO, 1977, v. 1, p. 244.
[13] CARVALHO FILHO, 2014, p. 1.040.
[14] DI PIETRO, 2014, p. 823.
[15] FARIA, 2015, p. 633.

### 3.3.1.1 Mecanismos de solicitação de informação

A convocação para o comparecimento de autoridades e pedidos escritos de informação aos Ministros de Estado são mecanismos de solicitação de informações ou esclarecimentos relativos ao exercício da atividade administrativa. O atendimento a essa convocação é obrigatório, podendo configurar crime de responsabilidade se não houver justificação adequada.

De acordo com o art. 50 da CR, qualquer das duas Casas Legislativas ou qualquer uma das comissões poderá convocar Ministro de Estado ou quaisquer titulares de órgãos diretamente subordinados à Presidência da República com a finalidade de obtenção de determinadas informações relacionadas com o exercício das atribuições da Administração Pública. Cumpre ressaltar que o Ministro de Estado pode comparecer voluntariamente a uma das Casas.[16]

Há, ainda, a hipótese do §2º do mesmo art. 50 em que

> o encaminhamento de pedidos escritos de informação, pelas Mesas da Câmara dos Deputados e do Senado, dirigidos aos Ministros de Estado ou a quaisquer titulares de órgãos diretamente subordinados à Presidência da República, que deverão responder no prazo de trinta dias, sob pena de crime de responsabilidade (art. 50, §2º, alterado pela Emenda Constitucional de Revisão nº 2/94).[17]

Observe-se, assim, uma inovação com a Emenda Constitucional de Revisão nº 2, de 7 de junho de 1994,[18] uma vez que com essa mudança permite-se a sanção ao Ministro de Estado ou a quaisquer titulares de órgãos diretamente subordinados à Presidência da República.

### 3.3.1.2 Aprovação ou autorização do Congresso Nacional e do Senado Federal para atos concretos do Poder Executivo

A CR prevê diversas hipóteses nas quais o Poder Legislativo (Congresso Nacional: Câmara e Senado Federal) interfere, necessariamente, para controlar a atividade administrativa.

---

[16] *Ibidem*, 636.
[17] DI PIETRO, 2014, p. 823.
[18] BRASIL, 1994.

Consoante os dizeres de Di Pietro,

a competência exclusiva do Congresso Nacional e do Senado para apreciar a priori ou a posteriori os atos do Poder Executivo (art. 49, incisos I, II, III, IV, XII, XIV, XVI, XVII, e 52, incisos III, IV, V e XI); a decisão, nesses casos, expressa-se por meio de autorização ou aprovação contida em Decreto-Legislativo ou resolução.[19]

Nesse sentido, é de competência exclusiva do Congresso Nacional, consoante o art. 49 e incisos da CR, as seguintes atribuições de controle:

Art. 49. É da competência exclusiva do Congresso Nacional: I – resolver definitivamente sobre tratados, acordos ou atos internacionais que acarretem encargos ou compromissos gravosos ao patrimônio nacional; II – autorizar o Presidente da República a declarar a guerra, a celebrar a paz, a permitir que forças estrangeiras transitem pelo território nacional ou nele permaneçam temporariamente, ressalvados os casos previstos em lei complementar; III – autorizar o Presidente e o Vice-Presidente da República a se ausentarem do País, quando a ausência exceder a quinze dias; IV – aprovar o estado de defesa e a intervenção federal, autorizar o estado de sítio, ou suspender qualquer uma dessas medidas; V – sustar os atos normativos do Poder Executivo que exorbitem do poder regulamentar ou dos limites de delegação legislativa; XII – apreciar os atos de concessão e renovação de concessão de emissoras de rádio e televisão; XIV – aprovar iniciativas do Poder Executivo referentes a atividades nucleares; XVI – autorizar, em terras indígenas, a exploração e o aproveitamento de recursos hídricos e a pesquisa e a lavra de riquezas minerais; XVII – aprovar, previamente, a alienação ou a concessão de terras públicas com área superior a dois mil e quinhentos hectares.[20]

Tendo em vista o Senado Federal, compete-lhe, como prevê o art. 52 e incisos, competências para relevantes funções de controle ao exercício do Executivo. Os incisos III, IV, VI, VII, VIII, IX e XI desse dispositivo revelam as atribuições desse controle.[21] Destarte, além do Congresso, como órgão controlador político, "o Senado Federal também recebeu algumas funções pertinentes a esse tipo de controle. Como exemplo, cite-se a competência do Senado para autorizar operações externas de natureza financeira, de interesse das pessoas federativas (art. 52, V)".[22]

---

[19] DI PIETRO, 2014, p. 823.
[20] BRASIL, 1988.
[21] BRASIL, loc. cit.
[22] CARVALHO FILHO, 2014, p. 1.041.

Além das competências constantes dos incisos acima mencionados, ao Senado Federal compete processar e julgar, mediante prévia autorização da Câmara dos Deputados, por dois terços de seus membros, o Presidente e o Vice-Presidente da República nos casos de crimes de responsabilidade e também os Ministros de Estado, os Comandantes do Exército, da Marinha e da Aeronáutica pelos mesmos crimes, conexos com os dos primeiros citados (CR, art. 51, I; art. 52, I).

### 3.3.1.3 Sustação dos atos normativos do Poder Executivo

Observe-se que o art. 84, IV, da Constituição da República permite ao chefe do Executivo, regulamentar as leis ordinárias e as complementares. Contudo, os regulamentos não podem inovar no sistema jurídico brasileiro, cabendo-lhe apenas a função de clarificar a lei para sua implementação.[23]

Assim, o art. 49, V, deve ser interpretado consoante o art. 84, IV, da Constituição, pelo fato de competir ao Congresso Nacional controlar essa atividade regulamentadora do Chefe do Executivo, "podendo, com efeito, suspender os atos normativos, quando esses extrapolarem os limites do poder regulamentar ou da delegação legislativa, quando for o caso".[24]

Faria salienta:

> a Constituição Federal de 1988 inovou nesse particular. Ela atribuiu ao Judiciário, pela via concentrada ou pela via difusa, declarar a inconstitucionalidade das leis e ao Congresso Nacional suspender os atos normativos ilegais expedidos pelo Presidente da República, independentemente da manifestação do Poder Judiciário.[25]

Assim, não sendo observadas as regras dos artigos acima mencionados, poderá ocorrer a sustação do ato normativo, em razão da sua ilegalidade.

---

[23] FARIA, 2015, p. 634.
[24] FARIA, *loc. cit.*
[25] FARIA, 2015, p. 634.

## 3.3.1.4 Comissões permanentes e temporárias do Congresso Nacional

As comissões permanentes e temporárias estão previstas no art. 58 da CR, estando consubstanciadas as suas atribuições genéricas no §2º da referida norma: serão "constituídas na forma e com as atribuições previstas no respectivo regimento ou no ato que resultar sua criação". Consoante determinação da CR, as comissões devem ter "representação proporcional à dos partidos ou à dos blocos partidários das respectivas casas legislativas" (CR, art. 58, §1º).

As CPIs podem ser classificadas, quanto à sua duração, em temporárias ou permanentes, ou ainda em razão da sua formação, quando podem ser denominadas exclusivas ou mistas. As comissões permanentes não possuem prazo de duração determinado, enquanto as comissões temporárias "devem ser extintas com a conclusão de seus trabalhos, ao término do prazo estabelecido para sua duração ou da sessão legislativa".[26] As comissões exclusivas são compostas apenas por membros da Câmara ou do Senado. Já as comissões mistas "são formadas por Deputados e Senadores para tratar de assuntos a serem decididos pelo Congresso Nacional, como o exame e a emissão de parecer sobre as medidas provisórias ou sobre os projetos de leis financeiras".[27]

## 3.3.1.5 Comissões parlamentares de inquérito

Relevante mecanismo da atuação fiscalizatória do Poder Legislativo reside nas CPIs, cuja disciplina encontra-se prevista no art. 58, §3º, CR, *in verbis*:

> as comissões parlamentares de inquérito, que terão poderes de investigação próprios das autoridades judiciais, além de outros previstos nos regimentos das respectivas Casas, serão criadas pela Câmara dos Deputados e pelo Senado Federal, em conjunto ou separadamente, mediante requerimento de um terço de seus membros, para a apuração de fato determinado e por prazo certo, sendo suas conclusões, se for o caso, encaminhadas ao Ministério Público, para que promova a responsabilidade civil ou criminal dos infratores.[28]

---

[26] NOVELINO, 2015, p. 661.
[27] NOVELINO, *loc. cit.*
[28] BRASIL, 1988.

As CPIs são comitês temporários compostos por membros da Câmara ou do Senado para investigar alegações específicas de improbidade, corrupção, dentre outras.

Desse modo, "[...] a investigação parlamentar é realizada hoje fundamentalmente com o objetivo de apontar irregularidades na Administração Pública, cuja prática de atos é cada vez mais crescente em virtude da ampliação do campo de atuação estatal".[29]

### 3.3.1.5.1 Requisitos para a criação de CPIs

As CPIs encontram previsão constitucional no art. 58, §3º. Na sua criação "devem ser observados três requisitos: requerimento de um terço dos Membros da Casa; apuração de fato determinado; e prazo certo de duração".[30]

As CPIs podem ser criadas pela Câmara dos Deputados, pelo Senado Federal ou pelas duas Casas conjuntamente, mediante requerimento de, pelo menos, um terço de seus membros.

De acordo com a legislação em vigor, é necessário que o fato a ser apurado seja determinado, preciso, concreto e individualizado.

O Regimento Interno da Assembleia Legislativa do Estado de Minas Gerais, no §1º do art. 112, seguindo as diretrizes do regimento da Câmara dos Deputados, considera fato determinado "o acontecimento de relevante interesse para a vida pública e para a ordem constitucional, legal, econômica e social do Estado, que demanda investigação, elucidação e fiscalização e que esteja devidamente caracterizado no requerimento que deu origem à comissão".[31]

Cumpre ressaltar que o requisito de o fato ser determinado não impossibilita o aditamento de outros fatos conexos ao principal que antes eram desconhecidos. Nesse sentido é a jurisprudência do Supremo Tribunal Federal (STF), Inquérito nº 2.245/MG, no qual o Ministro Relator Joaquim Barbosa asseverou: "[...] Não há ilegalidade no fato de a investigação da CPMI dos Correios ter sido ampliada em razão do surgimento de fatos novos, relacionados com os que constituíam o seu objeto inicial. [...]".[32]

---

[29] SALGADO, 2001, p. 12.
[30] NOVELINO, 2015, p. 662.
[31] ALMG, 2015.
[32] BRASIL, 2007.

Nas palavras de Novelino,

> no Senado, o Regimento Interno estabelece que o prazo de duração da Comissão seja determinado no requerimento de criação (RISF, art. 145, §1º). O Regimento Interno da Câmara dos Deputados, por sua vez, dispõe que a Comissão terá prazo de cento e vinte dias, prorrogável por até metade, mediante deliberação do Plenário, para conclusão de seus trabalhos (RICD, art. 35, §3º).[33]

Destarte, as CPIs, por terem caráter temporário, devem possuir prazo determinado, sendo que somente em caráter excepcional poderá ser prorrogado uma vez, mediante requerimento fundamentado do seu presidente. Contudo, a aprovação e a constituição de uma CPI não significa que a investigação será concluída. Na realidade, o que se verifica é que a maioria das CPIs jamais chegaram a concluir suas investigações, outras nem sequer chegaram a ser instaladas.

Observa-se, assim, desvirtuamento dos objetivos reais das CPIs, tendo em vista que por diversas vezes existe jogo político, em que elas são utilizadas como moeda de troca política. Conforme pontua, acertadamente, Figueiredo,

> todo o processo de constituição e operação das CPIs é permeado de conflitos políticos e manobras estratégicas, tanto de parlamentares, agindo individualmente, como dos líderes partidários. Vários fatores institucionais e políticos são responsáveis pela implantação e eventual sucesso ou fracasso das diversas CPIs.[34]

Em virtude da atual descredibilização do Poder Legislativo, precipuamente em relação às CPIs, na tabela seguinte demonstra-se a insuficiência na instalação e na conclusão das investigações:

---

[33] NOVELINO, 2015, p. 663.
[34] FIGUEIREDO, 2001, v. 44, n. 4, p. 696.

Comissões Parlamentares de Inquérito (CPIs)
por Resultados — 1946-1999

| | CPIs | | |
|---|---|---|---|
| Propostas (392) | Instaladas (303) 77% | Concluídas<br>Não concluídas<br>Em andamento | (207) 53%<br>(91) 23%<br>(5) 1,3% |
| | Não instaladas (89) 23% | | |

Fontes: Departamento de Comissões, Coordenação de Comissões Temporárias, Comissões Parlamentares de Inquérito — 1946-1982. Brasília, DF, Centro de Documentação e Informação, Coordenação de Publicações, 1983; Coordenação de Comissões Temporárias e PRODASEN; Banco de Dados Legislativos, CEBRAP.

Diante do exposto na tabela, comprova-se que um quarto das CPIs jamais foi instalado e 32% das instaladas não chegaram a ser concluídas.

Além disso, quando há políticos envolvidos em acusações, são instaladas CPIs com a finalidade única de nada provar contra eles. A título de exemplo dessa farsa, cita-se a CPI da Petrobrás, totalmente desnecessária, visto que a Operação Lava Jato já estava apurando, com eficiência e isenção, todos os casos de corrupção, lavagem de dinheiro, dentre outros, envolvendo doleiros, dirigentes da Petrobrás, empresários da construção pesada e políticos.

Entretanto, a Comissão chegou à seguinte conclusão:

> A CPI da Petrobrás chegou ao fim depois de oito meses sem pedir indiciamento de políticos. Por 17 votos a 9, os deputados aprovaram o parecer do relator, Luiz Sérgio, do PT, que isentou políticos de participação nos desvios na Petrobrás. O relator apenas sugeriu o indiciamento de 69 pessoas, como ex-diretores da Petrobrás, ex-funcionários e operadores. O nome do ex-tesoureiro do PT, *João Vaccari Neto*, que estava preso na Lava Jato, foi incluído de última hora por pressão de outros parlamentares. (Grifo no original).[35]

O relator Luiz Sérgio (PT-RJ) tentou explicar a conclusão do parecer: "Tenho minha consciência tranquila que trabalhei um relatório dentro de uma ótica, principalmente de uma ótica propositiva".[36]

---

[35] CPI, 2016.
[36] CPI, 2016.

Entretanto, somente em 6 de março de 2015, o Ministro Teori Zavascki, do Supremo Tribunal Federal, autorizou a abertura de inquérito para investigar 47 políticos.[37]

### 3.3.1.5.2 Âmbito de atuação das CPIs

Consoante o âmbito de atuação das CPIs, estas devem ficar restritas a assuntos que envolvam o interesse público, ou seja, elas não podem ser constituídas no afã de conhecer ou informar por curiosidade ou ainda para prejudicar alguém, averiguando a vida privada dos indivíduos.

Comparato afirma:

> Seria, assim, inadmissível que se instalasse comissão parlamentar de inquérito para apurar fatos ligados à vida familiar de um cidadão, que não ocupa cargos públicos nem mantém ligações com entidades de Direito Público. Estaríamos, nessa hipótese, diante de um abuso de poder caracterizado.[38]

No mesmo sentido é o ensinamento do constitucionalista português Canotilho:

> Parece também que as comissões de inquérito não podem incidir sobre a esfera privada do cidadão: a protecção dos direitos fundamentais constitucionais consagrada vale perante os inquéritos parlamentares, não devendo estes inquéritos transformar-se em processos penais apócrifos sem a observância dos princípios constitucionais e legais vinculativos destes. Os limites entre esfera privada e interesse público é difícil de estabelecer, designadamente quando, por vezes, os inquéritos se referem a deputados e o comportamento destes ameaça o prestígio e a reputação do parlamento.[39]

Destarte, não cabe às CPIs investigar "os negócios privados que não guardem relação com propósito legislativo válido ou que não possuam nexo causal com a gestão da coisa pública".[40]

---

[37] MINISTRO do STF, 2015.
[38] COMPARATO, 1994, v. 5, p. 70.
[39] CANOTILHO, 1993, p. 742.
[40] NOVELINO, 2015, p. 663.

### 3.3.1.5.3 Poderes e limites das CPIs

As CPIs possuem amplos poderes de investigação, assim como instrumentos necessários para concretizá-los, devendo atuar de forma a observar os direitos e as garantias individuais. Insta dizer que os poderes concedidos pela Constituição às CPIs, embora amplos, não são ilimitados nem absolutos, restringidos pela própria Constituição da República. Nesse sentido, no caso de atos praticados pelas Comissões em desconformidade com o ordenamento jurídico, serão submetidos ao controle jurisdicional, de acordo com o art. 5º, inciso XXXV, da CR, sem haver qualquer ofensa ao princípio da separação dos poderes.

As CPIs são dotadas de poderes instrutórios e investigatórios. Segundo Novelino,[41] os Regimentos Internos da Câmara dos Deputados – art. 36, II[42] – e do Senado Federal – art. 148[43] confere-lhes poder para:

> requerer diligências; tomar depoimentos de autoridades Federais, Estaduais e Municipais; requisitar de quaisquer órgãos ou entidades da administração pública informações e documentos, bem como realizar levantamentos com livre ingresso e permanência; requerer ao Tribunal de Contas da União inspeções e auditorias; requisitar serviços de quaisquer autoridades, inclusive policiais; requerer a convocação de Ministros de estado, deputados e senadores; e ouvir indiciados e inquirir testemunhas sob compromisso.

Nesse diapasão, segundo jurisprudência dominante no Supremo Tribunal Federal, as CPIs estão autorizadas a determinar, por ato próprio, a oitiva de testemunhas, com a prerrogativa de conduzi-las coercitivamente em caso de recalcitrância ou recusa sem justificação adequada; a convocação de investigados e testemunhas para depor, inclusive autoridades públicas federais, estaduais, distritais e municipais, com o devido respeito ao direito ao silêncio do investigado, que poderá deixar de responder às perguntas que possam incriminá-lo.[44]

Sabe-se que as CPIs se revestem de poderes próprios de autoridades judiciais (CR, art. 58, §3º). A CPI possui função meramente inquisitória, não apresentando poder sancionatório. A apuração dos fatos pelas CPIs pode configurar hipóteses de crime de responsabilidade, nesse

---

[41] NOVELINO, 2015, p. 664.
[42] BRASIL, 2016.
[43] BRASIL, 2015.
[44] STF, 2006.

caso, compete à Comissão enviar o processo ao Senado. Tratando-se de crime comum ou de responsabilidade civil, remete-se o processo ao Ministério Público.

No que tange às Comissões determinarem a busca e a apreensão de documentos ou equipamentos, o STF proclamou, na decisão do *Habeas Corpus* nº 71.039, cuja relatoria coube ao Ministro Paulo Brossard:

> A comissão pode, em princípio, determinar buscas e apreensões, sem o que essas medidas poderiam tornar-se inócuas e quando viessem a ser executadas cairiam no vazio. Prudência, moderação e adequação recomendáveis nessa matéria, que pode constituir o *'punctum dollens'* da comissão parlamentar de inquérito no exercício de seus poderes, que, entretanto, devem ser exercidos, sob pena de investigação tornar-se ilusória e destituída de qualquer sentido útil.[45]

Desse modo, "as Comissões podem determinar a busca e a apreensão de documentos ou equipamentos, desde que não seja necessária a violação do domicilio (CF. art. 5º, XI), também submetida à reserva de jurisdição".[46]

Acerca dos sigilos de dados, Barros entende que a ruptura de sigilo de "[...] dados pessoais somente pode ocorrer mediante exercício do poder jurisdicional. Estamos diante de matéria reservada, exclusivamente, ao Poder Judiciário, a quem cabe dizer, na feliz frase de Canotilho, a primeira e a última palavra".[47]

Em sentido diverso, Salgado entende que está autorizada a requisição, pelas CPIs, de informações às instituições financeiras, especificamente de extratos de contas:

> Essas exceções [da Lei nº 4595/64] não se opõem ao princípio do art. 5º, inciso X, da Constituição da República, sendo recepcionadas pelo texto constitucional, porque, como assinalado, a serem exercitados sempre em nome do interesse público, cuja tutela incumbe ao Estado, ante situações concretas, é obvio, revestidas desse teor.[48]

O Supremo Tribunal Federal, apreciando a questão, deliberou no Mandado de Segurança nº 23.652, cujo relator foi o Ministro Celso de Mello:

---

[45] BRASIL, 1995, v. 199, p. 209-226.
[46] NOVELINO, 2015, p. 665.
[47] BARROS, 2001, p. 114.
[48] SALGADO, 2001, p. 151.

A quebra do sigilo bancário e telefônico de qualquer pessoa sujeita à investigação legislativa pode ser legitimamente decretada pela Comissão Parlamentar de Inquérito, desde que esse órgão estatal o faça mediante deliberação adequadamente fundamentada e na qual indique a necessidade objetiva da adoção dessa medida extraordinária.[49]

Verifica-se, portanto, que de acordo com o STF, as Comissões podem requisitar informações bancárias, fiscais e telefônicas diretamente à instituição responsável pelo registro. Cumpre ressaltar que entre os poderes da Comissão não se inclui a interceptação telefônica.

Por fim, "não podem decretar medidas acautelatórias, tais como indisponibilidade de bens de particulares, proibição de ausentar-se do país, arresto, sequestro ou hipoteca judiciária".[50]

Diante do exposto, verifica-se que a pretensão do legislador constituinte foi a de atribuir à CPI a função de investigação e controle para a defesa da moralidade administrativa. Contudo, na maioria das vezes, o que se constata, na prática, é a inobservância dos regramentos constitucionais e infraconstitucionais nas instalações e, principalmente, na condução dos trabalhos investigatórios das CPIs impregnadas de conflitos políticos e de manobras estratégicas.

## 3.4 Organização do estado Belga

Antes de adentrar o tema propriamente dito - o controle político na Bélgica - parece oportuno compreender, *a priori*, a estrutura do Estado belga, cujas diversas características são peculiares em relação às do Brasil.

A Bélgica é um Estado federal que compreende três comunidades: a Comunidade francesa, a Comunidade flamenca e a Comunidade germanófona. Assim como abrange três regiões: a Região valona, a Região flamenca e a Região de Bruxelas.[51]

Diante dessa divisão geográfica e cultural, o país possui, ainda, quatro regiões linguísticas: a região de língua francesa, a região de língua holandesa, a região bilíngue de Bruxelas-Capital e a Região de língua alemã.[52]

---

[49] BRASIL, 2001.
[50] NOVELINO, 2015, p. 667.
[51] BÉLGICA, 1831.
[52] BÉLGICA, *loc. cit.*

A pluralidade linguística, além de conflitos culturais e políticos deram origem a várias reformas do Estado, desde a entrada em vigor da Constituição belga, em 25 de fevereiro de 1831.

A Bélgica é uma monarquia constitucional parlamentar federal: *"De grondwet bepaalt in grote lijnen hoe de staat wordt bestuurd em dus hoe de instellingen georganiseerd zijn em hoe de burguer zich tot die instellingen verhoudt"*.[53]

O constituinte belga atribuiu ao princípio da soberania popular valor expresso: nos termos do art. 33 da Constituição, todos os poderes emanam da Nação e devem ser exercidos na maneira estabelecida na Constituição. Conforme afirma Pinto (1948), introduziu-se um regime parlamentar de espirito democrático.

Importante sublinhar que o princípio da separação de poderes não é explicitamente mencionado na Constituição belga e não é absoluto.[54]

Em consonância com a teoria de separação dos poderes, de Montesquieu (1998), *"Belgie kent geen zuivere scheiding der machten, maar een system waarbij de machten samenwerken em elkaar aanvullen doordat ze elk eigen taken uitoefenen"*.[55]

Nesse contexto, o Poder do Estado belga é dividido em três funções: Legislativa, Executiva e Judicial. Assim, embora cada Poder seja independente e autônomo, submetem-se ao controle dos demais Poderes.

O Poder Judiciário é exercido pelas Côrtes e Tribunais. Na Bélgica, a organização dos tribunais é de competência exclusiva do Poder Federal. "O Sistema Jurídico belga é um sistema de tradição civilista que engloba um conjunto de normas codificadas, aplicadas e interpretadas pelos Juízes".[56]

O Poder Legislativo federal na Bélgica exerce-se coletivamente pelo Rei, pela Câmara de Representantes e pelo Senado. Na Câmara, os representantes são eleitos por sufrágio universal, conforme art. 61 da

---

[53] "A Constituição prevê, em termos gerais, como o Estado é governado e, assim, como as instituições estão organizadas e como o público se relaciona com essas instituições". (Tradução nossa). (SCHRAM, 2011, p. 29).
[54] SCHRAM, 2011, p. 53.
[55] "Na Bélgica, não há separação pura de poderes, mas um sistema de cooperação que complementa um ao outro, possuindo cada um suas próprias tarefas". (Tradução nossa). (SCHRAM, 2011, p. 53).
[56] JUDICIAL, 2016.

Constituição,[57] enquanto no Senado, de acordo com o art. 67 da referida Carta, a situação é muito mais complexa. No total, são 71 (sem contar os Senadores de direito). Compõe-se, dessa forma, de três categorias: 40 eleitos diretamente, 21 designados e 10 cooptados. "O Senado aparece, pois, como sendo o lugar privilegiado do diálogo comunitário".[58]

Após a última reforma de Estado, em 1993, o Parlamento passou a compor-se de Câmaras, possuindo competências distintas. Dentre essas competências existem três espécies: bicameral, bicameral opcional e monocameral. Contudo, há certos domínios da atividade parlamentar nos quais elas são exercidas no mesmo nível de igualdade (bicameral). Cumpre ressaltar que, "à exceção das competências ditas 'bicamerais' acima mencionadas, é a Câmara que tem maior peso quando do voto das leis, mas o Senado detém a voz na matéria".[59]

Na esfera do Poder Executivo, quem controla é o Rei, sendo encarregado de nomear e demitir ministros, de acordo com os arts. 37 e 96 da Constituição belga. Segundo a norma do art. 105, o Rei não possui outros poderes senão aqueles que lhe atribuem formalmente a Constituição. O art. 106 prescreve que nenhum ato do Rei pode ter efeito sem que seja referendado por um ministro, que se torna responsável. Confere-se ao Rei um poder regulamentar para execução das leis, sem que ele possa jamais suspendê-los ou dispensar-se de sua execução. Portanto, observa-se que diversos dispositivos constitucionais delimitam estritamente os poderes do Chefe de Estado e o submetem a ação predominante do legislador.[60]

Feitas essas breves considerações sobre a organização político-administrativa da Bélgica, passa-se, a seguir, ao exame do sistema de controle da atividade pública na Bélgica pelo Parlamento.

## 3.5 Controle do parlamento sobre o governo na Bélgica

A partir da reforma Constitucional de 1993, o exercício do controle político foi redistribuído para ambas as Câmaras.[61]

Embora a Câmara dos Representantes seja a única competente (sistema monocameral) pela qual os ministros federais devem responder

---
[57] BÉLGICA, 1831.
[58] BÉLGICA, loc. cit.
[59] A BÉLGICA, 2005.
[60] BÉLGICA, 1831.
[61] DAMME, 2008, p. 222.

às interpelações e sofrer eventual moção de desconfiança ou recolher, ou ainda pelo contrário, moção de confiança, o Parlamento possui inúmeros outros meios de controle – sistema bicameral.[62]

Nesse sentido, o Senado é dotado de faculdade legal para utilizar diversos instrumentos de controle, como: a prestação oral, perguntas escritas e o direito de Inquérito, como prevê o art. 56 da Constituição belga.[63]

Em determinados casos, o Senado pode ainda exigir a presença de membros do governo, conforme art. 100 da Constituição belga.[64]

Os mecanismos de controle previstos no Direito belga são essencialmente: a questão escrita, a questão oral e a interpelação. Há, ainda, o direito de inquérito e a sanção suprema, a faculdade de recusar confiança ao Governo.

## 3.5.1 Questão escrita

As questões escritas podem ser: pedidos de esclarecimento acerca de um ato do Ministro, possuindo caráter político, ou ainda, pedidos de informação, que fornecem dados para o efetivo controle do Parlamento.[65]

Segundo prescreve o art. 123 do Regimento Interno da Câmara dos Representantes, um membro que deseja fazer pergunta ao Governo, deverá entregar o texto escrito ao Presidente da Câmara para que, então, este o encaminhe ao Ministro. A resposta é enviada ao Presidente em um período de vinte dias. Decorrido o prazo sem a resposta, a primeira sanção consiste na publicação no *Boletim de Questões e Respostas*, que deveria conter a resposta ministerial indicando que o Ministro não respondeu no prazo. As respostas dos Ministros não são objeto de qualquer réplica ou discussão.[66]

A questão escrita, na prática corrente, é excelente meio de controle da ação governamental. Em uma pesquisa realizada ao sítio da *internet* da Câmara dos Representantes, verificou-se que a estatística revela-se favorável, já que apenas 11% das questões escritas não foram respondidas no período de 14 de outubro de 2014

---

[62] SCHRAM, 2011, p. 118.
[63] SCHRAM, *loc. cit.*
[64] BÉLGICA, 1831.
[65] DAMME, 2008, p. 229.
[66] BÉLGICA, 2016a.

a 1º de agosto de 2016, demostrando que os Ministros são muito atentos a esse meio de controle político.[67]

### 3.5.2 Questão oral

As perguntas orais em sessão plenária são realizadas pelo menos uma vez por semana, de preferência às quintas-feiras, ocasião em que os membros podem fazer perguntas orais ao Governo, conforme prevê o art. 124 do Regimento Interno da Câmara dos Representantes.[68]

O conteúdo das perguntas deve apresentar caráter contemporâneo e de interesse geral e sua admissibilidade será feita pelo presidente da Câmara de Justiça. Os membros que desejam fazer perguntas devem informar ao presidente da Câmara, por meio do seu presidente do grupo, onze horas antes do dia previsto. Se o autor estiver ausente, a questão será retirada.

Quando se tratar de questão urgente, o membro da Câmara deve encaminhar à Comissão. O prazo estipulado é de 2 minutos para a pergunta, 2 minutos para a resposta do membro do governo e 1 minuto para eventual resposta do autor da pergunta.

### 3.5.3 Interpelações

O termo "interpelação" significa que um ministro é chamado por um ou mais membros do Parlamento para explicar sua política ou qualquer aspecto desta. O interpelante, geralmente, apresenta uma crítica a qual o Ministro deve responder.[69]

O membro que tiver a pretensão de interpelar o governo deve informar ao Presidente da Câmara o objeto da interpelação por meio de uma declaração escrita, acompanhada de nota, de forma precisa, qual será a pergunta e os fatos sobre os quais serão pedidas explicações, bem como as principais considerações que deseja desenvolver. O pedido de interpelação pode ser apresentado por um único membro. (art. 130, nº 1 e 2).[70]

O assunto e o âmbito da interpelação são levados ao Ministro em questão, para que ele possa preparar para responder. Geralmente,

---

[67] BÉLGICA, 2016b.
[68] BÉLGICA, 2016a.
[69] DAMME, 2008, p. 226.
[70] BÉLGICA, 2016a.

depois, segue-se um debate em que vários grupos participam. Na sequência do debate, um movimento pode ser apresentado e deve ser votado. O movimento que pode, eventualmente, advir de uma interpelação, fazendo um controle parlamentar de peso, é a demissão.[71] Cumpre ressaltar os aspectos em que diferem a questão da interpelação: a interpelação é competência exclusiva da Câmara dos Representantes, e não do Senado; uma interpelação pode ser seguida por um movimento a ser votado e que pode trazer a responsabilidade política do Governo, enquanto as perguntas não colocam um membro em risco; as interpelações, frequentemente, referem-se a questões políticas atuais ou importantes, enquanto as perguntas possuem caráter informativo-técnico.[72]

O debate sobre as interpelações termina, muitas vezes, pela votação de moções chamadas "ordem do dia". Isso significa que uma ordem do dia pode ser motivada (que pode implicar a confiança ou a censura), todavia, verifica-se que habitualmente ocorre uma "ordem do dia pura e simples", não implicando a aprovação ou a desaprovação do Ministério.

### 3.5.4 Confiança/desconfiança

Com a reforma constitucional de 1993, foi introduzido o sistema do voto construtivo de confiança. Anteriormente a essa mudança, o Governo não podia agir sem a confiança das Câmaras e, consequentemente, cairia muito facilmente.[73]

Na prática, observa-se que um governo que não conta com o apoio da maioria dos membros do Parlamento, não tem longa duração.

Verifica-se que o Poder Executivo e o Poder Legislativo conjugam seus esforços para o desempenho de uma ação política eficaz.

Logo após a nomeação dos Ministros pelo Rei, eles gozam de plenos poderes, contudo, na prática, até o momento do voto de confiança, o Governo permanece relutante em exercer seus poderes.[74]

A Câmara dos Representantes possui a prerrogativa, por meio do voto de desconfiança, de forçar o governo a demitir-se, conforme dispõe o art. 96 da Constituição belga.

---

[71] DAMME, 2008, p. 227.
[72] Ibidem, p. 228.
[73] LANOTTE; GOEDERTIER, 2007, p. 740.
[74] Ibidem, p. 739.

Nos termos do artigo mencionado, o Governo é obrigado a oferecer sua demissão em dois casos: 1) quando a Câmara de Representantes, por maioria absoluta de seus membros, adota uma moção de censura ao Governo e ao mesmo tempo apresenta um sucessor para o cargo de primeiro Ministro; 2) quando a Câmara rejeita, por maioria absoluta dos seus membros, um voto de confiança ao Governo e propõe ao Rei a nomeação de um sucessor no prazo de três dias.

### 3.5.5 Comissão de inquérito

As CPIs surgiram na Carta Constitucional de 1831 da Bélgica, cujo art. 40 consagra o "direito de inquérito" para cada Câmara.

A figura da CPI tem como suporte legal o art. 56 da Constituição belga, os arts. 15 e 147 do Regimento Interno da Câmara dos Representantes, os arts. 76 e 77 do Regimento Interno do Senado e a Lei nº 3, de 3 de maio de 1880.[75]

O poder de iniciativa de constituição das CPIs pertence aos Deputados e aos grupos parlamentares, sendo que deve ser aprovada pela Câmara, conforme preceitua o art. 56 da Constituição belga.

Os objetivos precípuos das CPIs são zelar pelo cumprimento da Constituição e das leis e fiscalizar os atos do Governo e da Administração Pública.[76]

As CPIs possuem poderes de investigação idênticos aos dos Tribunais (art. 4º, §1º da Lei de 3 de maio de 1880).

A presidência da CPI é objeto de uma repartição global entre os diferentes grupos políticos, em função da representação proporcional.[77]

A duração do mandato das Comissões de Inquérito é fixada pela Câmara (ou Senado) quando da sua constituição; geralmente, o prazo é de seis meses, mas esse limite de tempo pode ser prorrogado.[78]

As CPIs têm apoio de autoridades e ainda podem solicitar informações e documentação:

> Para o desempenho das suas funções as CPI dispõem de apoio parlamentar, de apoio de assessores exteriores ao parlamento, de apoio das autoridades judiciais, de acordo com condições definidas na lei, e de

---

[75] BÉLGICA, 2004.
[76] CAMPOS, 2004, p. 12.
[77] Ibidem, p. 33.
[78] Ibidem, p. 38.

apoio da polícia criminal – a CPI pode encarregar os 'comités permanents de controle de services de police et de enseignement' de efectuar as investigações necessárias. 12. Na prossecução da investigação, as CPI podem solicitar informação e documentação necessária ao Governo, às autoridades judiciais de acordo com os limites definidos na lei, às autoridades administrativas através de um pedido escrito dirigido ao ministro ou ao secretário de Estado competente e a entidades privadas pela via da audição de testemunhas e da detenção de documentos. 13. Se as entidades referidas no número anterior não colaborarem na prestação da informação estão sujeitas a sanções. 14. É, apenas, exigido quórum de deliberação com a maioria absoluta dos membros presentes. 15. As CPI podem convocar para depor, responsáveis de entidades públicas ou qualquer cidadão. 16. A recusa ou a falta de comparência destas entidades para depor junto à CPI estão sujeitas a sanções penais de acordo com as normas estabelecidas no Código Penal.[79]

Na Câmara dos Representantes, a elaboração de relatório final é obrigatória, o qual será sujeito à apreciação parlamentar e publicado nos respectivos Diários Oficiais. No Senado não é exigido o relatório, mas, quando elaborado, é também alvo de apreciação parlamentar e publicação. Do relatório final devem constar as conclusões sobre as responsabilidades políticas e recomendações estruturais.[80]

De acordo com o art. 10 da Lei de Inquérito Parlamentar,[81] se durante ou ao final da investigação a CPI considerar que alguém incorreu em atividade criminal, o relatório será submetido ao Procurador-Geral, junto ao Tribunal, para pronunciar a tramitação judicial.

As implicações decorrentes dos trabalhos da CPIs são de caráter político e, eventualmente, podem conduzir à elaboração de uma resolução que vise censurar a ação política de um Ministro.[82]

Tendo em vista a tabela apresentada dos resultados obtidos com as CPIs no Brasil, objetivou-se como via de comparação realizar uma pesquisa estatística, na qual, por meio de consultas ao sítio da *internet* da Câmara dos Representantes e do Senado da Bélgica, verificou-se que das 29 CPIs instaladas, foram concluídas 28; em andamento encontra-se uma Comissão de Inquérito denominada "Optima" e não concluídas um total de 0.[83]

---

[79] CAMPOS, 2004, p. 34.
[80] *Ibidem*, p. 13.
[81] BÉLGICA, 1880.
[82] DAMME, 2008, p. 231.
[83] BÉLGICA, 2016b.

Cumpre ressaltar que o período utilizado para a pesquisa data de 1882 a 2016. Verifica-se, portanto, que houve 100% de êxito nas comissões investigativas, levando em conta que a Comissão em andamento foi instalada em 28 de junho de 2016.[84]

A pesquisa revela o comprometimento dos Parlamentares belgas com a fiscalização dos atos do Governo e da Administração Pública, zelando até mesmo pelo cumprimento da Constituição e das leis, concretizando o controle político e o sistema de freios e contrapesos.

## 3.6 Conclusão

Objetivou-se, nesta pesquisa, realizar um estudo a respeito do controle político sobre a Administração Pública no Brasil e na Bélgica, enfatizando os mecanismos constitucionais que dispõem sobre a concretização da atividade fiscalizatória.

No que tange aos mecanismos previstos para a realização do controle político, verificou-se que a sucessão de hipóteses atribuídas ao Legislativo visa atender ao sistema de freios e contrapesos, além de procedimentos de defesa da moralidade administrativa e do interesse público. Contudo, constatou-se que, no Brasil, apesar de teoricamente os mecanismos serem eficazes, na prática, sofrem desvirtuamento de seus objetivos. Na Bélgica, observou-se que há os instrumentos de controle, assim como há a efetiva utilização desses instrumentos para se alcançar o fim a que se propõe: zelar pelo cumprimento da Constituição e obter eficácia no âmbito da política.

Considerando os resultados das CPIs no Brasil, conclui-se que os membros do Governo e os políticos, em geral, usufruem desse instituto constitucional no afã de satisfazer interesses partidários, particulares, em um jogo político corrupto, no qual são desperdiçados tempo e verba pública. Assim, há desvirtuamento de suas finalidades e consequente ineficácia na consecução de suas funções constitucionalmente previstas.

Na Bélgica, no que tange ao aspecto teórico das CPIs, observou-se que há algumas peculiaridades em relação ao Brasil, justificável pelo próprio sistema de governo. Assim, nesta pesquisa não se defende a transposição dos sistemas políticos e jurídicos. O intuito foi demonstrar o comprometimento com as normas de controle político e a ética dos parlamentares belgas, a fim de instigar a consciência política, visto

---

[84] BÉLGICA, 2016b.

que o atraso do Brasil não é originado pela política, mas pela falta de ética na política.

Destarte, conclui-se que, apesar dos instrumentos disponíveis na CR de 1988, para que haja o devido controle político da Administração Pública, o que há, na realidade, nessa seara, é a banalização do interesse público, o mau funcionamento das instituições públicas e a descrença da sociedade quanto à fiscalização pelo Legislativo.

Diante dessa situação, para que haja maior eficácia do controle político da Administração Pública, será necessária a conscientização da sociedade, assim como a criação de instrumentos que permitam o diálogo, por meio da participação popular, garantindo, assim, o exercício da cidadania, a eficiência e a probidade administrativa.

## Referências

A BÉLGICA, um Estado Federal. Texto da Chancelaria do Primeiro Ministro. São Paulo, 2005. Disponível em: <http://www.belgica.org.br/estado_federal.html>. Acesso em: 15 set. 2016.

ALVES, José Wanderley Bezerra. *Comissões parlamentares de inquérito*: poderes e limites de atuação. Porto Alegre: Fabris, 2004.

ANDRADA, Antonio Carlos Doorgal de. *O Parlamento e o controle político da Administração Pública*. 2006. Disponível em: <http://docplayer.com.br/10842971-O-parlamento-e-o-controle-politico-da-administracao-publica.html>. Acesso em: 5 fev. 2016.

ARISTÓTELES. *A política*. São Paulo: Martins Fontes, 1998.

ASSEMBLEIA LEGISLATIVA DE MINAS GERAIS (ALMG). *Regimento interno*. 2015. Disponível em: <https://www.almg.gov.br/opencms/export/sites/default/consulte/legislacao/Downloads/pdfs/RegimentoInterno.pdf>. Acesso em: 5 fev. 2016.

BARROS, Ovídio Rocha. *CPI ao pé da letra*. Campinas, SP: Millennium, 2001.

BÉLGICA. *Belgische Senaat*. Disponível em: <https://www.senate.be/www/?MIval=/index_senate&MENUID=14110&LANG=nl&PAGE=/doc/right-to-control_nl.html>. Acesso em: 15 set. 2016.

BÉLGICA. Chambre des Représentants. *Règlement de la Chambre des Représentants* (Regimento interno da Câmara dos Representantes da Bélgica). 2016a. Disponível em: <https://www.lachambre.be/kvvcr/pdf_sections/publications/reglement/reglementFR.pdf>. Acesso em: 20 set. 2016.

BÉLGICA. Constituição (1831). *Constituição belga*. Disponível em: <http://www.senate.be/doc/const_fr.html#s312>. Acesso em: 3 out. 2016.

BÉLGICA. *De Kamer*. BE. Disponível em: <https://www.lachambre.be/kvvcr/showpage.cfm?section=/searchlist&language=nl&html=/site/wwwroot/searchlist/searchN.html#item0-researchcomm>. Acesso em: 15 set. 2016.

BÉLGICA. Lei nº 3, de 3 de maio de 1880. Lei de inquérito parlamentar. In: GRAVITO, Lisete; RUAS, Joaquim (Coord.). *Inquéritos parlamentares*. Lisboa: Assembleia da República, Divisão de Informação Legislativa e Parlamentar (DILP), 2004. p. 33-52. Disponível em: <http://www.asg-plp.org/upload/cadernos_tematicos/doc_64.pdf>. Acesso em: 4 out. 2016.

BÉLGICA. *Statistieken. Brussel*. 2016b. Disponível em: <https://www.lachambre.be/QRVA/pdf/statistics/antwoorden84.pdf>. Acesso em: 12 out. 2016.

BRASIL. Congresso Nacional. Câmara dos Deputados. *Regimento interno da Câmara dos Deputados*. 17. ed. Brasília: Edições Câmara, 2016. Disponível em: <http://bd.camara.gov.br/bd/handle/bdcamara/18847>. Acesso em: 4 out. 2016.

BRASIL. Congresso Nacional. Senado Federal. Resolução nº 93, de 1970. Regimento interno do Senado Federal. Texto editado em conformidade com a Resolução nº 18, de 1989, consolidado com as alterações decorrentes de emendas à Constituição, leis e resoluções posteriores, até julho de 2016. Brasília: Senado Federal, 2015. Disponível em: <http://www25.senado.leg.br/documents/12427/45868/RISFCompilado.pdf/cd5769c8-46c5-4c8a-9af7-99be436b89c4>. Acesso em: 4 out. 2016.

BRASIL. Constituição (1988). *Constituição da República Federativa do Brasil*, 1988. Texto constitucional de 5 de outubro de 1988, com as alterações adotadas pelas emendas constitucionais até 2016. Brasília: Senado Federal, 1988. Disponível em: <http://www.planalto.gov.br/ccivil_03/constituicao/constituicaocompilado.htm>. Acesso em: 23 fev. 2016.

BRASIL. Constituição (1988). Emenda constitucional de revisão nº 2, de 7 de junho de 1994. Altera o *caput* do art. 50 e seu §2º, da Constituição Federal. *Diário Oficial da União*, 9 de junho de 1994. Disponível em: <https://www.planalto.gov.br/ccivil_03/constituicao/Emendas/ECR/ecr2.htm>. Acesso em: 4 out. 2016.

BRASIL. Supremo Tribunal Federal (STF). Comissão Parlamentar de Inquérito – Quebra de sigilo adequadamente fundamentada [...]. Mandado de segurança nº 23.652. Rel. Min. Celso de Mello. *Diário da Justiça*, Brasília, 16 de fevereiro de 2001. Disponível em: <http://www.jusbrasil.com.br/jurisprudencia/busca?q=QUEBRA+DE+SIGILO+ADEQUADAMENTE+FUNDAMENTADA>. Acesso em: 4 out. 2016.

BRASIL. Supremo Tribunal Federal (STF). Inquérito nº 2.245/MG. Rel. Min. Joaquim Barbosa. Julg. 28 ago. 2007. *Diário da Justiça*, Brasília, 9 de novembro de 2007. Disponível em: <http://stf.jusbrasil.com.br/jurisprudencia/756199/inquerito-inq-2245-mg>. Acesso em: 4 out. 2016.

BRASIL. Supremo Tribunal Federal. Ao Supremo Federal compete exercer, originariamente, o controle jurisdicional sobre atos de comissão parlamentar de inquérito que envolvam ilegalidade ou ofensa a direito individual [...]. *Habeas corpus* nº 71.039. Tribunal Pleno. Julg. 7 de abril de 1994. Relator: Min. Paulo Brossard. *Revista de Direito Administrativo*, Rio de Janeiro, v. 199, p. 209-226. jan./mar. 1995.

CAMPOS, Rosário. *Inquéritos parlamentares*. Lisboa, 2004. Disponível em: <http://www.asg-plp.org/upload/cadernos_tematicos/doc_64.pdf>. Acesso em: 9 out. 2016.

CANOTILHO, José Joaquim Gomes. *Direito constitucional*. 6. ed. Lisboa: Almedina, 1993.

CARVALHO FILHO, José dos Santos. *Manual de direito administrativo*. 28. ed. São Paulo: Atlas, 2014.

CENTRO BRASILEIRO DE ANÁLISE E PLANEJAMENTO (CEBRAP). *Comissões Parlamentares de Inquérito (CPIs) por resultados*: 1946-1999. Brasília, DF: Centro de Documentação e Informação, Coordenação de Publicações, 1983

COMPARATO, Fábio Konder. Comissões Parlamentares de inquérito: limites. *Revista Trimestral de Direito Público*, São Paulo: Malheiros, v. 5, 1994.

CPI da Petrobras. *Wikipedia*: a enciclopédia livre. 2016. Disponível em: <https://pt.wikipedia.org/wiki/CPI_da_Petrobras>. Acesso em: 16 out. 2016.

DAMME, Marnix Van. *Overzicht van het*: Grondwettelijk Recht. Brugge: die keure, 2008.

DI PIETRO, Maria Sylvia Zanella. *Direito administrativo*. 27. ed. São Paulo: Atlas, 2014.

DIAS, Ronaldo Brêtas de Carvalho. *Responsabilidade do Estado pela função jurisdicional*. Belo Horizonte: Del Rey, 2004.

FARIA, Edimur Ferreira de. *Curso de direito administrativo positivo*. 8. ed. Belo Horizonte: Fórum, 2015.

FERREIRA FILHO, Manoel Gonçalves. *Comentários à Constituição brasileira*. São Paulo: Saraiva, 1977, vol. 1.

FIGUEIREDO, Argelina Cheibub. Instituições e política no controle do Executivo. *Revista de Ciências Sociais*, Rio de Janeiro, v. 44, n. 4, p. 689-727, 2001.

JUDICIAL. Systems in member states. *Europeane-Justice*. 2016. Disponível em: <https://e-justice.europa.eu/content_judicial_systems_in_member_states-16-be-pt.do?member=1>. Acesso em: 5 set. 2016.

LANOTTE, Johan Vande; GOEDERTIER, Geert. *Overzicht publiekrecht*. Brugge: die keure, 2007.

LOCKE, John. *Segundo tratado sobre o governo civil*. Tradução de Alex Marins. São Paulo: Martin Claret, 2003.

MEDAUAR, Odete. *Controle da Administração pública*. 2. ed. rev., atual. e ampl. São Paulo: Ed. Revista dos Tribunais, 2012.

MEDAUAR, Odete. Controle parlamentar da Administração. *Revista de Informação Legislativa*, Brasília, v. 27, n. 107, p. 111-130, jul./set. 1990. Disponível em: <http://www2.senado.leg.br/bdsf/bitstream/handle/id/175795/000450842.pdf?sequence=1>. Acesso em: 15 out. 2016.

MINISTRO do STF autoriza investigação de 47 políticos na Lava Jato. *G1*, Brasília, 8 de março de 2015. Disponível em: <http://g1.globo.com/politica/noticia/2015/03/ministro-do-stf-autoriza-investigacao-de-politicos-na-lava-jato.html>. Acesso em: 16 out. 2016.

MONTESQUIEU, **Charles-Louis de Secondat**. *O espírito das leis*: as formas de governo, a federação, a divisão dos poderes, presidencialismo *versus* parlamentarismo. São Paulo: Saraiva, 1998.

NOVELINO, Marcelo. *Curso de direito constitucional*. 10. ed. Salvador: Jus Podivm, 2015.

PACCE, Carolina Dalla. Controle parlamentar da administração pública na legislação brasileira: a eficácia dos mecanismos de solicitação de informação. *Revista Digital de Direito Administrativo*, v. 1, n. 2, p. 377-391, 2014. Disponível em: <www.revistas.usp.br/rdda/article/download/77949/84870>. Acesso em: 5 fev. 2016.

PINTO, Roger. *Eléments de droit constitutionnel*. Lille: Morel, 1948.

SALGADO, Plínio. *Comissões parlamentares de inquérito*: doutrina, jurisprudência e legislação. Belo Horizonte: Del Rey, 2001.

SCHRAM, Dr. Frankie. *Belgie een Handleiding*. Brussel: Politeia, 2011.

SENADO DA BÉLGICA. *Regimento interno*. Disponível em: <https://www.senate.be/www/?MIval=/index_senate&MENUID=10000&LANG=nl>. Acesso em: 20 set. 2016.

SUPREMO TRIBUNAL FEDERAL (STF). *O Supremo Tribunal Federal e as comissões parlamentares de inquérito*. Brasília: Supremo Tribunal Federal, 2006. Disponível em: <http://www.stf.jus.br/arquivo/cms/publicacaopublicacaotematica/anexo/cpi.pdf>. Acesso em: 5 fev. 2016.

---

Informação bibliográfica deste livro, conforme a NBR 6023:2002 da Associação Brasileira de Normas Técnicas (ABNT):

MOREIRA, Cíntya Aparecida Martins. O controle político da administração pública: no direito brasileiro e breve estudo no direito belga. In: FARIA, Edimur Ferreira de (Coord.). *Controle da Administração Pública Direta e Indireta e das concessões*: autocontrole, controle parlamentar, com o auxílio do Tribunal de Contas, controle pelo Judiciário e controle social. Belo Horizonte: Fórum, 2018. p. 77-104. ISBN 978-85-450-0472-1

CAPÍTULO 4

# FUNDAMENTOS PARA O CONTROLE DO MÉRITO DO ATO ADMINISTRATIVO PELO JUDICIÁRIO: OS ATOS DISCRICIONÁRIOS E OS CONCEITOS JURÍDICOS INDETERMINADOS

ÉRICA PATRÍCIA MOREIRA DE FREITAS ANDRADE

## 4.1 Introdução

De modo geral, a doutrina majoritária ensina que não cabe ao Poder Judiciário analisar o mérito do ato administrativo em atendimento à independência que deve existir entre os Poderes da Nação, sob pena de limitar os poderes atribuídos à Administração Pública, que é a responsável pela realização e pelo desenvolvimento dos objetivos elaborados pelo Estado.

Nesse passo, importante observar que a teoria da tripartição dos Poderes, idealizada inicialmente por Aristóteles,[1] vislumbrava a existência de três funções distintas exercidas pelo soberano, consistente nas funções de editar normas gerais e de aplicá-las ao caso concreto, bem como de julgar.

No entanto, ele apenas identificou a existência de três poderes distintos, percebendo que o fato de os poderes serem exercidos por uma única pessoa resultaria na concentração do exercício de tais funções, uma vez que caberia ao soberano editar o ato, aplicá-lo ao caso concreto e, por fim, subsumi-lo.

---

[1] ARISTÓTELES, 1998.

Posteriormente, Montesquieu[2] lapidou a ideia aristotélica, percebendo que as três funções estariam intimamente ligadas a três órgãos distintos, autônomos e independentes entre si, devendo cada função ser exercida por um órgão, e não mais por uma única pessoa.[3]

Atualmente, cada poder tem sua função típica, principal, mas, atipicamente, exerce atos nitidamente de outros poderes. Ressalte-se, entretanto, que o exercício das funções atípicas é excepcional, devendo ocorrer, exclusivamente, nos casos previstos em lei.

Saliente-se: o que se divide são as funções, até porque o poder é único e indivisível e, na democracia, como preferem alguns teóricos, como Locke, Montesquieu e Rousseau, todo poder emana do povo, sendo que nem sempre o povo é, verdadeiramente, o destinatário das ações que são desenvolvidas.

A Constituição da República (CR) de 1988 estabeleceu, no art. 5º, inciso XXXV, que nenhuma ameaça ou lesão a direito deixará de ser apreciada pelo Poder Judiciário.[4] Nesse sentido, percebe-se que qualquer lesão sofrida pelo jurisdicionado e que por ele seja levada ao conhecimento do Judiciário poderá ser analisada por esse Poder.

O ato administrativo é prerrogativa da Administração Pública, ou, como ensina Meirelles,[5] é manifestação unilateral de vontade da Administração Pública, com os seus requisitos e pressupostos, que produzem todos os seus efeitos quando é editado. Por força desse entendimento, o Poder Judiciário somente poderá (em tese) analisar os aspectos formais do ato administrativo, como competência, finalidade e forma, vedando-se a análise do objeto.

O sistema adotado pelo Brasil foi o de jurisdição única, em que todas as ações, independentemente de sua natureza, devem ser levadas ao conhecimento do Poder Judiciário, o qual não pode e não deve se afastar do exercício da prestação jurisdicional, uma garantia fundamental de todas as pessoas que vivem no território nacional.

---

[2] MONTESQUIEU, 1998.
[3] Há muito, desde os tempos remotos de Aristóteles, passando por John Locke e se consagrando com a ilustre obra "O Espírito das leis" de Montesquieu, adota-se a forma tripartida de governo. Sendo essa a maneira mais apropriada para evitar o absolutismo. Com isso, verifica-se que existem três funções distintas no Estado: legislar, administrar e julgar. Cada uma delas é exercida por um dos ditos "poderes", respectivamente, Legislativo, Executivo e Judiciário. Convém relembrar que esses são poderes independentes e harmônicos entre si, assim afirmado através de nossa Carta Magna, em seu art. 2º. (BRASIL, 1988).
[4] BRASIL, 1988.
[5] MEIRELLES, 2010.

Assim, se tomarmos por base o preceito exarado pela Constituição, o Poder Judiciário poderá analisar o mérito do ato administrativo para verificar se a decisão adotada pela Administração Pública foi correta, em conformidade com o ordenamento jurídico, pautada pelos princípios expressamente estabelecidos no art. 37, *caput*, da Constituição Federal.

Vale pontuar que o juiz, em nenhum momento, deve substituir o administrador, mas também não pode e não deve deixar de analisar o ato praticado sob o fundamento de que este se encontra protegido pelo manto da conveniência e da oportunidade. Meirelles[6] ensina que discricionariedade não é arbitrariedade, e que o administrador deve reger sua conduta em conformidade com os preceitos legais.

Desse modo, este estudo inicia-se com a pretensão de verificar o *modus operandi*[7] e os limites do controle da discricionariedade administrativa pelo Poder Judiciário, adentrando-se no mérito administrativo e, por fim, no controle desse mérito pelo Judiciário. É imperioso identificar a distinção entre atos administrativos vinculados e atos administrativos discricionários, sobretudo quando se leva em conta o pacífico entendimento legal, doutrinário e jurisprudencial no sentido de que os atos administrativos vinculados estão sempre sujeitos ao controle jurisdicional, notadamente pela sua precípua vinculação à estreita limitação da legalidade *stricto sensu*. A correta distinção entre tais atos é que conduzirá efetivamente à compreensão do controle jurisdicional deles, sobretudo quando se considera que "o conceito de discricionariedade é um dos mais plurissignificativos e difíceis da teoria do Direito", como assevera English.[8]

A rigor, qualquer ato administrativo, seja vinculado, seja discricionário, não escapa da dimensão dos princípios da Administração Pública traçados pelo art. 37 da CR, uma vez que qualquer atividade administrativa deve sempre estar voltada para a satisfação de um interesse público, pouco importando a vontade ou a opinião pessoal do administrador.

No Brasil, a análise do mérito do ato administrativo tornou-se dogma. Busca-se limitar a ação do Poder Judiciário, o qual sofre críticas desprovidas de fundamento, que têm como base as dificuldades enfrentadas pelo País. A doutrina criou a teoria segundo a qual a análise do mérito do ato administrativo não cabe ao Poder Judiciário.

---

[6] MEIRELLES, 2010.
[7] Expressão latina que significa "modo de operação".
[8] ENGLISH, 1996.

Pode-se, entretanto, verificar se o ato praticado pela Administração Pública por meio de agente competente foi proporcional, razoável, em conformidade com a moralidade administrativa, que se tornou um princípio constitucional.

Ainda que a maioria da doutrina seja contrária ao entendimento de que o mérito do ato administrativo pode e deve ser analisado pelo Poder Judiciário, é preciso que o art. 5º, inciso XXXV, da CR não seja esquecido e, pela análise tecida neste estudo, restará demonstrado que a análise do mérito do ato administrativo não infringe a competência, tampouco viola os limites dos Poderes, pelo contrário, só vai ao encontro de preceitos proclamados pela Constituição da República.

## 4.2 A materialização das atividades da administração pública: o ato administrativo

A administração pressupõe atos por meio dos quais exerce ou materializa suas atividades. Portanto, havendo administração, haverá atos.

Nas lições de Meirelles,

> ato administrativo é toda manifestação unilateral de vontade da Administração Pública que, agindo nessa qualidade, tenha por fim imediato adquirir, resguardar, transferir, modificar, extinguir e declarar direitos, ou impor obrigações aos administrados ou a si própria.[9]

Cretella Júnior apresenta uma definição partindo do conceito de ato jurídico. Para o autor, ato administrativo é

> [...] a manifestação de vontade do Estado, por seus representantes, no exercício regular de suas funções, ou por qualquer pessoa que detenha, nas mãos, fração de poder reconhecido pelo Estado, que tem por finalidade imediata criar, reconhecer, modificar, resguardar ou extinguir situações jurídicas subjetivas, em matéria administrativa.[10]

Bandeira de Mello afirma que o ato administrativo é a

> [...] declaração do Estado (ou de quem lhe faça às vezes - como, por exemplo, um concessionário de serviço público) no exercício de

---
[9] MEIRELLES, 2010, p. 47.
[10] CRETELLA JÚNIOR, 2002, p. 88.

prerrogativas públicas, manifestada mediante providências jurídicas complementares da lei, a título de lhe dar cumprimento, e sujeitos a controle de legitimidade por órgão jurisdicional.[11]

Assim, se um ato é considerado administrativo (declaração jurídica, proveniente da Administração Pública no exercício das prerrogativas do Estado, que traga em seu conteúdo uma providência jurídica), deve submeter-se aos requisitos, pressupostos e princípios aplicados ao ato administrativo. Logo, a aplicação do art. 37 da CR/88 é imperiosa.

Diante do objetivo deste estudo, a definição mais adequada para o conceito de ato administrativo é a apresentada por Di Pietro: "*É a declaração do Estado ou de quem o represente, que produz efeitos jurídicos imediatos, com observância da lei, sob o regime jurídico de direito privado e sujeita o controle pelo Poder Judiciário*".[12]

No mesmo sentido, complementa Medauar:

O ato administrativo constitui, assim, um dos modos de expressão das decisões tomadas por órgãos e autoridades da Administração Pública, que produz efeitos jurídicos, em especial no sentido de reconhecer, modificar, extinguir direitos ou impor restrições e obrigações, com observância da legalidade.[13]

Diante do conceito aqui adotado para ato administrativo, faz-se necessário, ainda, pontuar os elementos constitutivos do ato, requisitos necessários à produção de efeitos válidos.

## 4.2.1 Elementos do ato administrativo

Existem alguns elementos constitutivos do ato administrativo necessários para melhor examiná-lo: a competência, a finalidade, a forma, o motivo e o objeto. Ausentes qualquer um desses elementos, o ato administrativo não produzirá efeitos e, consequentemente, será nulo.

Ao analisar tais elementos, inicia-se a abordagem pela *competência*, que, nas palavras de Meirelles (2011), é o poder legalmente autorizado ao agente administrativo para executar aquilo que se constituirá em ato administrativo. Entende-se por competência administrativa o

---

[11] BANDEIRA DE MELLO, 2011, p.134.
[12] DI PIETRO, 2011, p. 189.
[13] MEDAUAR, 2010, p. 164.

poder atribuído ao agente da Administração Pública para o desempenho específico de suas funções. A competência resulta da lei e por ela é determinada.

Di Pietro[14] vai mais a fundo na análise da competência, elencando como requisito ou elemento do ato administrativo a capacidade do agente, sem abrir mão do requisito da competência, pois, no Direito Administrativo não basta a capacidade, é necessário também que o sujeito tenha competência.

Por mais que a autora admita a possibilidade de delegar ou de avocar a competência em certos casos autorizados pela lei, ela chama a atenção também para a redação do art. 11 da Lei nº 9.784, de 29 de janeiro de 1999, nos seguintes termos: "A competência é irrenunciável e se exerce pelos órgãos administrativos a que foi atribuída como própria, salvo os casos de delegação e avocação legalmente admitidos".[15]

Além dessa observação sobre a irrenunciabilidade da competência, é possível perceber que o foco da autora não é tão somente na competência, mas sim, no sujeito ao qual a competência é atribuída.

Em uma vertente pouco mais extremada é possível encontrar autores que quase ignoram a competência como elemento do ato administrativo, focando tão somente na capacidade do agente que pratica o ato administrativo. É o caso de Cretella Júnior, que descreve como parte da estrutura do ato administrativo a capacidade do agente administrativo "[...] a falta da capacidade, ou a incapacidade do agente, quer absoluta, quer relativa, torna o ato ilegal e, portanto, passível de consequências que podem culminar com seu total aniquilamento".[16] No entendimento do autor, o agente incapaz não produz ato válido. A capacidade civil plena é indispensável à prática de qualquer ato jurídico nas esferas privada e pública, sendo que na pública, além da capacidade, é indispensável a competência.

Outro elemento importante do ato administrativo é o chamado pela doutrina administrativista de *finalidade*, que não encontra controvérsias significativas entre os doutrinadores. O que se observa é que a finalidade do ato administrativo não é mutável de acordo com o desejo do agente público. Nesse sentido, Di Pietro[17] procura estabelecer dois

---

[14] DI PIETRO, 2011, p. 205.
[15] BRASIL, 1999.
[16] CRETELLA JÚNIOR, 2002, p. 145.
[17] DI, PIETRO, 2011.

sentidos para o elemento finalidade, a ser atendido para conferência dos elementos do ato administrativo válido.

De acordo com a autora, é possível enxergar a finalidade em sentido amplo e em sentido estrito. Em sentido amplo, a finalidade do ato administrativo é a própria finalidade pública, ou seja, sempre se buscará com atos administrativos resultado que alcance o interesse público. Já em sentido estrito, analisando-se caso a caso, o ato administrativo deve atender ao fim específico, quando da confecção da lei que estabelece a competência para determinado ato que, por sua vez, não foge do primeiro conceito, pois não é possível conceber legislação administrativa que autorize ato administrativo para atingir fim diferente do interesse público.

Dessa forma, em ambos os casos, se for editado ato em desconformidade com a finalidade, quer seja analisado em sentido amplo, quer seja em sentido estrito, estar-se-á diante de caso de desvio de poder, sendo considerado o ato ilegal.[18]

O desvio de poder, ou ainda desvio de finalidade, para Bandeira de Mello (2011), traduz-se em dupla violação de elementos do ato administrativo. O agente que age em desvio de poder viola não somente a finalidade do ato administrativo, mas também faz "mau uso da competência" que lhe foi atribuída.

A *forma* é, também, elemento relevante do ato administrativo, necessário à sua validade. Nas palavras de Meirelles, a forma é "o revestimento exteriorizador do ato administrativo" e "constitui requisito vinculado e imprescindível à sua perfeição".[19]

Tal é a importância da observância da forma dos atos administrativos prevista em lei que, em caso de produção de um ato administrativo em forma diferente da predita, o ato se tornará passível de anulação por vício em sua constituição.[20]

Outro elemento do ato administrativo a ser ressaltado é o *motivo*, que, para Di Pietro, é "o pressuposto de fato e de direito que serve de fundamento ao ato administrativo".[21]

Todo ato administrativo deve, como exposto, ter fundamento legal para sua existência, pois, em decorrência do princípio da legalidade, não poderá a Administração Pública praticar ato que não seja

---

[18] DI PIETRO, 2011.
[19] MEIRELLES, 2011, p. 13.
[20] MEIRELLES, 2011.
[21] DI PIETRO, 2011, p. 212-213.

previsto no ordenamento jurídico. Dessa forma, é possível concluir que o pressuposto de direito será a própria norma autorizadora do ato administrativo. O pressuposto de fato, por sua vez, será o conjunto de acontecimentos do mundo natural que levaram a Administração, na busca pelo interesse público, a tomar a decisão de praticar aquele determinado ato.[22]

Por fim, tem-se o elemento do ato administrativo conhecido por *objeto*. Di Pietro (2011) tem o cuidado de diferenciar esse elemento de finalidade, pois, enquanto este se traduz no fim mediato ao qual se quer alcançar com o ato – em suma, a finalidade pública –, o objeto do ato administrativo é o efeito jurídico imediatamente desejável, é o conteúdo do ato no caso concreto.

Com o estudo dos elementos do ato administrativo, a análise da discricionariedade ou não do ato administrativo pode ser realizada de forma mais acertada. Para tanto, necessária é a classificação dos atos administrativos em atos vinculados e atos discricionários.

## 4.2.2 Ato administrativo vinculado

Determinadas atividades administrativas possuem sua execução inteiramente predefinida em leis que limitarão o agir a ser praticado pelo agente. A ele não é concedida qualquer liberdade quanto à atividade a ser desempenhada e, por isso, deve se submeter por inteiro ao mandamento legal. Seu fundamento constitucional é o princípio da legalidade, que requer da Administração a obediência estrita aos termos da lei.

No ato vinculado, não há margem para opções ou escolhas. Diante de determinados requisitos, a Administração deve agir de tal ou qual forma. Assim, a atuação da Administração se restringe a uma única possibilidade de conduta ou a uma única solução possível diante de determinada situação de fato, qual seja, aquela solução que já se encontra previamente delineada na norma, sem qualquer margem de apreciação subjetiva.

Insta pontuar, todavia, que a regra não é absoluta, pois no agir da Administração, a vinculação é relativizada, sendo mínimas as situações de vinculação extrema sem a presença da competência discricionária. A distinção rígida à classificação não subsiste; essa relação deve-se deter na análise do comando legal para auferir a predominância do poder

---

[22] DI PIETRO, 2011.

vinculado ou discricionário, a fim de caracterizar o ato resultante deste como vinculado – aquele que sofre a influência determinante do poder vinculado –, ou discricionário, como será estudado na sequência. Medauar faz considerações importantes sobre a insubsistência da distinção rígida entre os atos citados, referendando que

> a doutrina contemporânea vem afirmando que, no geral, no cotidiano das atividades administrativas, são poucas as situações de vinculação pura e de discricionariedade pura, daí ser insustentável a oposição rígida entre poder vinculado e poder discricionário.[23]

O ato vinculado como expressão material da competência vinculada é dotado das características supra, observando as peculiaridades de *praxe* dos atos administrativos. É possível definir o ato vinculado como aquele que a lei expressamente prevê qual solução possível a ser adotada, especificando em regra "como" e "quando" o administrador deve editar o ato.

Sobre o assunto, explica:

> Atos vinculados seriam aqueles em que, por existir prévia e objetiva tipificação legal do único possível comportamento da Administração em face de situação igualmente prevista em termos de objetividade absoluta, a Administração, ao expedi-los, não interfere com apreciação subjetiva alguma.[24]

Em síntese, nos atos vinculados, as leis estreitam a atuação da Administração Pública, precisamente do gestor, que deve respeitar o estatuído na norma. A doutrina não estende longas considerações sobre esses atos, reservando-se em demonstrar o antagonismo aos atos discricionários. Assim, como nos atos vinculados, no Direito Administrativo atual, a doutrina vem incorporando a teoria dos conceitos jurídicos indeterminados, que também estreitam a atuação administrativa, limitando a ação discricionária. Tema a ser analisado a seguir.

---

[23] MEDAUAR, 2010, p. 130.
[24] BANDEIRA DE MELLO, 2011, p. 399.

## 4.2.3 Ato administrativo decorrente do poder discricionário

Ensina Bandeira de Mello[25] que atos discricionários são aqueles que a Administração pratica com certa margem de liberdade de avaliação ou decisão, segundo critérios de conveniência e oportunidade formulados por ela mesma, ainda que adstrita à lei reguladora da expedição deles.

Os denominados atos discricionários permitem que a Administração pratique com certa liberdade de escolha seu conteúdo, sua conveniência, sua oportunidade, seu destinatário e, também, um modo de realização.

Na verdade, não existe ato discricionário. A discricionariedade é o poder, a faculdade ou o dever-poder, defendido por Bandeira de Mello,[26] conferido ao agente público para, diante do caso concreto, adotar a melhor conduta, por meio de um ato administrativo. Dessa maneira, neste estudo, sustenta-se como correto tratar-se de ato decorrente do poder discricionário, e não apenas de atos discricionários.

Ao contrário dos atos administrativos vinculados, em que a liberdade é quase que totalmente tolhida pela imposição legal, nos atos emanados do poder discricionário existe certa liberdade de atuação nos limites legais. Esses limites constituem balizas para que a Administração atue na execução do ato, admitindo-o na medida de sua viabilidade.

A discricionariedade como poder da Administração deve ser exercida consoante determinados limites, não se constituindo em opção arbitrária para o gestor público. Essa é a razão por que, desde há muito, doutrina e jurisprudência repetem que os atos de tal espécie são vinculados em vários de seus aspectos, tais como a competência, a forma e a finalidade.

A noção de discricionariedade, historicamente, remonta às antigas monarquias europeias e a seus Estados de Polícia, em que o soberano era o detentor de todas as funções estatais: editava, fiscalizava e executava leis. Quando da separação dos poderes, após a Revolução Francesa, as prerrogativas monárquicas não foram de todo conferidas ao Poder Executivo, asseverando, assim, a distinção entre o conceito embrionário de Governo e de Administração Pública.

Aliava-se à separação dos poderes a crescente ideia de limitar o agir administrativo, reduzindo ao máximo as liberdades de opção do

---

[25] BANDEIRA DE MELLO, 2011.
[26] BANDEIRA DE MELLO, 2011.

gestor na lida da coisa pública. As ações administrativas deveriam ser reguladas quase que, plenamente, prevendo todas as situações e, ainda, sujeitas ao controle jurisdicional. Esse contexto aumenta a confusão gerada pela falta de um conceito preciso de discricionariedade, a ponto de muitos a julgarem semelhante à arbitrariedade imposta pelos déspotas. Embora distante do ambiente histórico, cumpre analisar as distinções estabelecidas por Bandeira de Mello acerca do agir discricionário e do agir arbitrário:

> Não se confundem discricionariedade e arbitrariedade. Ao agir arbitrariamente o agente está agredindo a ordem jurídica, pois terá se comportado fora do que lhe permite a lei. Seu ato, em consequência, é ilícito e por isso mesmo corrigível judicialmente. Ao agir discricionariamente o agente estará, quando a lei lhe outorgar tal faculdade (que é simultaneamente um dever), cumprindo a determinação normativa de ajuizar sobre o melhor meio de dar satisfação ao interesse público por força da indeterminação quanto ao comportamento adequado à satisfação do interesse público no caso concreto.[27]

Durante décadas houve debates, tanto no plano jurídico, quanto no plano político, tendendo sempre à exclusão da discricionariedade. Todavia, restou reconhecida a necessidade dela para um sistema administrativo com mais agilidade e presteza nos serviços públicos. Esse reconhecimento é fruto da modernidade, pois é impossível ao legislador, mesmo o mais árduo e capacitado – raramente encontrado –, consignar na norma, todas as situações do cotidiano detalhadamente.

Nesse sentido, Locke (1994) citado por Krell, afirma: "Muitas questões há que a lei não pode em absoluto prover e que devem ser deixadas à discrição daquele que detenha nas mãos o poder executivo, para serem por ele reguladas, conforme o exijam o bem e a vantagem do público".[28] Esse é o fundamento para a existência da discricionariedade, que se caracteriza por uma parcela de liberdade concedida à Administração para realizar a melhor opção no caso concreto, em nome do interesse público.

À luz das ideias de Locke,[29] o Estado foi evoluindo, primeiramente, para um Estado de Direito, em que a Administração norteava suas ações baseadas na lei. Porém, mesmo ao abrigo legal, o individualismo

---

[27] BANDEIRA DE MELLO, 2011, p. 401.
[28] KRELL, 2004, p. 18.
[29] LOCKE, 1994.

se sobrepunha ao interesse público e o agir administrativo-estatal nas questões sociais era ínfimo. Nesse momento histórico, o princípio da legalidade recebia a interpretação conforme a orientação de um Estado Liberal, por consequência, afastava-se do controle jurisdicional.[30]

Os problemas decorrentes dessa postura estatal logo foram sentidos pela parte desfavorecida, dando início ao conflito de classes e ao reconhecimento da ineficiência estatal. Desse modo, emergiu a necessidade de um Estado Social de Direito como forma de evitar as desigualdades entre ricos e pobres, estabelecendo-se em áreas consideradas de interesse relevante, assumindo o papel de prestador de serviço. É dado novo sentido ao princípio da legalidade, limitando a discricionariedade, estabelecendo certo controle.

Destarte, mesmo diante de enormes evoluções sociais, esse modelo de Estado coincidiu com as chamadas ditaduras populares, principalmente no Brasil. Buscou-se maior participação popular no cenário político e a consequente expressão da sociedade na gestão da coisa pública, acrescendo, assim, controle mais efetivo sobre a máquina administrativa.

Esse anseio foi aperfeiçoado com a promulgação da Constituição Federal de 1988, que estabeleceu, em seu art. 1º, a predileção brasileira de guiar-se como um Estado Democrático de Direito.[31] Daí decorreu, obrigatoriamente, o conceito atual do princípio da legalidade e sua obediência estrita no agir administrativo, que estabeleceu, em regra, os limites da Administração, seja vinculando-a, seja conferindo certa flexibilidade ao administrador.

Debruçados nesse sumaríssimo resgate histórico, pode-se entender o significado atual da discricionariedade administrativa, não sendo possível confundi-la com as arbitrariedades anteriores, bem como com a inexistência preconizada por alguns pensadores.

Desse modo, a discricionariedade administrativa nunca será absoluta e a liberdade conferida estará sempre circunscrita aos limites da lei e dos princípios.

Nas palavras de Faria,

a discricionariedade é legal, em oposição à arbitrariedade, que é ilegal. Significa que a lei, embora conceda ao administrador o poder para agir na ocorrência de casos concretos, estabelece-lhe parâmetros a serem

---

[30] KRELL, 2004.
[31] BRASIL, 1988.

observados. Esses parâmetros são previstos na própria lei em que se fundamenta o ato ou o comportamento, no sistema jurídico como um todo, nos princípios gerais do direito, na justiça, na ética, na moral, na probidade, na boa-fé, nos costumes, no direito natural e nos princípios jurídicos.[32]

Sintetizando, em conformidade com o contexto apresentado e reafirmando o pensamento de Locke, identifica-se o poder discricionário como uma necessidade da Administração Pública moderna, visto que não é possível detalhar todos os aspectos da vida cotidiana na qual o Estado atua.

### 4.2.4 Discricionariedade administrativa e conceitos jurídicos indeterminados

A doutrina nacional, até recentemente, não costumava tratar o tema com muita intensidade, consequência de não existir, por hora, um posicionamento unânime ou pelo menos majoritário.

Diferentemente ocorre no Direito alemão, que utiliza a teoria dos conceitos jurídicos indeterminados, mas não como antagonismo à discricionariedade como afirmam alguns doutrinadores nacionais.

Moraes (2004), citada por Faria, esclarece que "a teoria dos conceitos jurídicos indeterminados surgiu associada à ideia de ilimitado controle jurisdicional de sua interpretação e aplicação, em contraposição ao controle jurisdicional limitado à discricionariedade".[33]

Os doutrinadores brasileiros desenvolveram, inicialmente, duas linhas de pensamento em relação ao exercício da discricionariedade e à interpretação dos conceitos jurídicos indeterminados. A primeira corrente defende que não existe distinção alguma entre as atividades, considerando que quando se está na presença de um conceito impreciso, este levará à competência discricionária.

A segunda corrente estabelece a distinção rígida entre ambos, pois não haveria margem alguma de escolha para o administrador quanto à interpretação dos conceitos legais, pois este ficaria adstrito como ocorre nos atos vinculados. Nessa linha de pensamento ficaria afastada a ideia de que há discricionariedade na interpretação dos

---

[32] FARIA, 2016, p. 164.
[33] FARIA, 2016, p. 181.

conceitos imprecisos, devendo esta derivar de construções intelectuais ou cognitivas, enquanto àquela de atuação volitiva. García de Enterría explica que,

> [...] a discricionariedade é essencialmente uma liberdade de eleição entre alternativas igualmente justas, ou seja, entre critérios extrajurídicos (de oportunidade, econômicos, etc.), não previstos na lei, e conferidos ao critério subjetivo do administrador. Os conceitos jurídicos indeterminados constituem-se em um caso de aplicação da lei, já que se trata de subsumir em uma categoria legal.[34]

Em sentido contrário, Krell afirma:

> Parece mais coerente, entretanto, ver o uso de conceitos jurídicos indeterminados, bem como a concessão de discricionariedade, como manifestações comuns da técnica legislativa de abertura das normas jurídicas, carecedoras de complementação. Na verdade, conceitos indeterminados e discricionariedade são fenômenos interligados, visto que, muitas vezes, o órgão administrativo deve lançar mão desta para poder preencher aqueles. A extensão da liberdade discricionária atribuída à Administração mediante o uso de conceitos indeterminados depende, preponderantemente, do tipo de conceito utilizado pelo texto legal [...].[35]

E, sintetizando o tema, Medauar explica:

> [...] Havendo parâmetros de objetividade para enquadrar a situação fática na fórmula ampla, ensejando uma única solução, não há que se falar em discricionariedade. Se a fórmula ampla, aplicada a uma situação fática, admitir margem de escolha de soluções, todas igualmente válidas e fundadas na noção, o poder discricionário se exerce.[36]

Dessa análise vestibular sobre os conceitos imprecisos depreende-se que, embora o tema seja ainda controverso, tanto na doutrina nacional, quanto na estrangeira, parece acertada a posição temperada da doutrinadora em tela. Isso porque a presença dessa teoria no Direito brasileiro é cada vez mais expressiva, extravasando até mesmo o limite do Direito Administrativo.

---

[34] GARCÍA DE ENTERRÍA; FERNANDEZ, 2014, p. 111.
[35] KRELL, 2004, p. 35.
[36] MEDAUAR, 2010, p. 138-139.

Analisando os posicionamentos trazidos até aqui, resta claro que a presença dos conceitos jurídicos indeterminados está relacionada intimamente à discricionariedade, contudo, é prudente e salutar estabelecer o elo entre esses dois conceitos e o conceito de interesse público. Tendo em vista que o Estado deve voltar-se para o atendimento do bem comum, conforme previsto na CR de 1988, a fim de manter a coerência, obviamente, os atos emanados do poder discricionário, diante da realidade de um conceito jurídico indeterminado previsto em lei, deve atingir a noção de interesse público.

Nas palavras de Alexandrino,

[...] quando a lei emprega conceitos jurídicos indeterminados na descrição do motivo determinante da prática de um ato administrativo e, no caso concreto, a administração se depara com uma situação em que não existe possibilidade de afirmar, com certeza, se o fato está ou não abrangido pelo conteúdo da norma; nessas situações, a administração, conforme o seu juízo privativo de oportunidade e conveniência administrativas, tendo em conta o interesse público, decidirá se considera, ou não, que o fato está enquadrado no conteúdo do conceito indeterminado empregado no descritor da hipótese normativa e, conforme essa decisão praticará, ou não, o ato previsto no comando legal.[37]

Noutro norte, insta pontuar que, tal como expresso por Faria,

a indefinição dos conceitos jurídicos indeterminados não significa a existência de vazio na norma, que permita qualquer solução com o caráter de validade. Pelo contrário, a lei depende de interpretação para que possa, com maior exatidão, se aplicar segundo o seu espírito e finalidade.[38]

Assim, a atuação da Administração Pública está restrita à submissão das normas, podendo realizar apenas o que está parametrado em lei. Nesse contexto, algumas normas permitem pequena margem de liberdade para o administrador público na tomada de decisões diante dos casos concretos do dia a dia administrativo, o que se denomina "discricionariedade". Entretanto, a norma pode apresentar escolhas claras e definidas ou aquelas que abrangem conceitos jurídicos indeterminados.

---

[37] ALEXANDRINO; PAULO, 2011, p. 217.
[38] FARIA, 2016, p. 191.

Nesse sentido, Faria expõe com precisão que

> conceitos jurídicos indeterminados não são sinônimos de discricionariedade. Esta é a faculdade atribuída ao administrador público pela lei para que ele, na situação fática, faça a escolha adequada segundo a vontade da lei. Portanto, discricionariedade e conceitos jurídicos indeterminados são realidades distintas.[39]

Ao se deparar com os mencionados conceitos, o administrador deve agir calcado nos princípios inerentes à Administração Pública, explícitos no art. 37 da CR, em outros princípios implícitos no texto constitucional e nas leis que amparam a atividade administrativa, com a finalidade única de atender ao interesse público, objetivo maior de atuação da Administração Pública.

## 4.3 Mérito administrativo e controle jurisdicional

Examinados a discricionariedade administrativa e os conceitos jurídicos indeterminados, passa-se a considerar o mérito do ato administrativo, que, *in casu*, é retratado como o juízo de conveniência e oportunidade de adequação, efetuado pelo agente da Administração Pública, a quem se conferiu o poder discricionário, no estrito atendimento do interesse público. Assim, torna-se cristalino que somente haverá o chamado "mérito do ato administrativo" nos atos decorrentes do poder discricionário, campo de liberdade suposto na lei para que o administrador público, diante da impossibilidade objetiva de determinada ação aplicada ao caso concreto, escolha entre duas ou mais opções, para o atendimento do fim esperado.

A Administração Pública tem o dever, por força imperativa dos princípios constitucionais, de não realizar a "escolha" *a bel prazer* do agente competente, mas norteada pelo comando constitucional.

> Como a Carta Republicana de 1988 prevê, em seu art. 5º, XXXV, que a lei não excluirá da apreciação do Poder Judiciário, lesão ou ameaça a direito, não há que se discutir o cabimento do controle jurisdicional do ato administrativo tido como ilegal. Além disso, a súmula nº 473, do STF, enfatiza que a administração pode anular seus próprios atos, quando eivados de vícios que os tornem ilegais, porque deles não se originam direitos, ou revogá-los, por motivo de conveniência ou oportunidade,

---
[39] *Ibidem*, p. 192.

respeitados os direitos adquiridos, e ressalvada, em todos os casos, a apreciação judicial.[40]

Tais apontamentos já são fartamente conhecidos, todavia, ao abordar a possibilidade de o Poder Judiciário controlar o mérito administrativo, vislumbra-se uma zona cinzenta que ainda oferece dificuldades à doutrina e à jurisprudência. Ambas nem sempre trilham na mesma direção, nesse particular.

Por um lado, tal procedimento implica, necessariamente, a violação da independência dos poderes e macula o modelo de tripartição idealizado pelo Barão de Montesquieu e instituído há mais de duzentos anos. Em contrapartida, por outro, o controle jurisdicional do mérito administrativo é perfeitamente justificável, com base em argumentos que refletem as alterações paradigmáticas hoje vivenciadas.

É bem verdade que, diante de uma visão conservadora, essa possibilidade inexiste, pois restringe-se ao Direito, enfoque estritamente positivo e formal. Mas, considerando o paradigma do Estado Democrático de Direito, é necessário expandir esses horizontes.

Pertinentemente, sob esse prisma, delimita Faria:

> O exame do mérito do ato administrativo pelo Judiciário, com o propósito de verificar a sua conformidade com a norma expressa ou com os princípios que norteiam a Administração Pública, compatibiliza-se com o seu dever de exercer o controle de legalidade, que compreende os demais princípios.[41]

De igual modo, acrescentam-se à noção do doutrinador acima transcrito as lições de Pires, ao afirmar:

> [...] se a Administração Pública não atende ao menos o mínimo essencial dos direitos fundamentais, o Judiciário deve intervir [...]

> [...] o mínimo essencial de todo e qualquer direito fundamental, sobretudo, quando se apresentar com um direito à prestação do Estado, deve ser oferecido sob pena de haver o controle judicial para recompor a ordem jurídica e assegurar, ao menos pelo mínimo valor anunciado na norma, algum sentido à máxima efetividade que se deveria ter.[42]

---

[40] RUBIM, 2015, p. 2.
[41] FARIA, 2016, p. 265.
[42] PIRES, 2013, p. 273.

Todavia, durante muito tempo, em matéria de Direito Administrativo, jamais se admitiu controle de mérito do ato administrativo. Os clássicos pensadores do Direito, a exemplo de Cretella Júnior (2002), eram categóricos ao afirmar que a apreciação do mérito administrativo caberia apenas ao administrador, sob presunção de legitimidade da "melhor escolha". Nas palavras do autor, é inadmissível que o Judiciário examine o mérito do ato administrativo:

> Aspecto algum do mérito admite revisão pelo Judiciário. Ao contrário, repele-a. o Judiciário tem campo próprio para locomover-se, não invadindo terreno privativo da Administração. Se alguma fração de mérito, por menor que fosse, se entrelaçasse, confundindo-se com a legalidade, estas duas entidades perderiam sua razão de ser, ou a noção de legalidade, nos setores comuns, sobrepujaria a noção de mérito. [...]
>
> Surpreende, por isso, que credenciado julgador tenha, embora dando ao mérito sentido exato, afirmado: 'Não me convenço, porém, de que, na apreciação do ato administrativo, deva o juiz limitar-se a verificar a formalização, não entrando no mérito da decisão impugnada. Não entendo que deva o Poder Judiciário limitar-se a apreciar o ato administrativo do *ângulo* da legalidade extrínseca e não de seu mérito intrínseco, ou seja, de sua justiça ou injustiça'.[43]

Admite-se, com base no posicionamento de Cretella Júnior, que qualquer intenção de questionamento do mérito administrativo perante os clássicos era desconsiderada. Todavia, a visão pós-positivista vem se consolidando de forma mútua ao Estado Democrático de Direito, uma vez que entende a relação entre o Direito e a Justiça insculpida em valores e princípios.

Segundo Medauar (2010), o controle jurisdicional da Administração pública abrange a apreciação, efetuada pelo Poder Judiciário, sobre atos, processos e contratos administrativos, atividades, operações materiais e mesmo a omissão ou a inércia da Administração.

Não há nenhum empecilho para que o Judiciário aprecie o juízo de conveniência e oportunidade do ato administrativo diante dos princípios constitucionais. O juiz, ao apreciar o mérito administrativo, não estará, de forma alguma, substituindo o administrador público e, consequentemente, afrontando o princípio da separação dos poderes.

---

[43] CRETELLA JÚNIOR, 2002, p. 35.

De maneira concisa e prática, posiciona-se Faria:

> O controle a que se obriga o Judiciário em face da Constituição da República, exercido nos limites da mesma Constituição, não configura, definitivamente, interferência na liberdade dos outros Poderes. O seu papel consiste em verificar se o comportamento da autoridade administrativa pautou-se nos limites da norma de Direito e nos princípios constitucionais da Administração Pública: legalidade, impessoalidade, moralidade, publicidade, eficiência, razoabilidade, proporcionalidade, igualdade e motivação, entre outros.[44]

De igual modo, Abboud também ilustra a possibilidade do controle judicial do mérito administrativo:

> [...] pode-se afirmar que a função da jurisdição constitucional consiste, em um primeiro momento, na limitação do Poder Público, sendo a última sede em que ocorre o controle do Poder Executivo. Ocorre que, em razão do controle de constitucionalidade e, principalmente, em virtude das decisões manipulativas, a jurisdição constitucional também possui como característica controlar os erros provenientes do Poder Legislativo. Juntamente com essa função de controle, essa atividade jurisdicional tem por escopo, garantir a preservação das minorias e assegurar a concretização e o respeito ao catálogo de direitos previstos no texto constitucional.[45]

Ainda, Hesse enaltece que "a jurisdição constitucional em última sede assegura a preservação do direito, bem como possibilita o controle judicial amplo do Poder Executivo, em concreto a atividade da Administração Pública".[46]

Dessa forma, por ser o Judiciário o guardião da Constituição, o controle jurisdicional do ato administrativo é amplo, seja ele vinculado ou discricionário, ultrapassando as fronteiras da legalidade e, adentrando decisão administrativa, deve analisar, sim, se a tomada de decisão da Administração seguiu os critérios de impessoalidade, moralidade, publicidade e eficiência.

Em decisão do Supremo Tribunal Federal (STF), de 9 de fevereiro de 2010, no RMS nº 24.584/SP, cujo relator foi o Ministro Napoleão

---

[44] FARIA, 2016, p. 264.
[45] ABBOUD, 2013, p. 104.
[46] HESSE, 2005, p. 70.

Nunes Maia Filho, em matéria administrativa disciplinar, pode-se verificar que a jurisprudência tende a se curvar no sentido de que o controle jurisdicional é amplo, não se limitando apenas aos aspectos legais, formais, como se observa no trecho da ementa aqui transcrita:

> 1. Por força dos princípios da proporcionalidade, dignidade da pessoa humana e culpabilidade, aplicáveis ao Regime Jurídico Disciplinar de Servidor Público e mesmo a qualquer relação jurídica de Direito Sancionador, não há juízo de discricionariedade no ato administrativo que impõe sanção a Servidor Público em razão do cometimento de infração disciplinar, *de sorte que o controle jurisdicional é amplo, não se limitando, portanto, somente aos aspectos formais*. Precedente. [...].
> 
> 6. Recurso provido para anular a Portaria nº 135/06-CONAE-2, da Assessora Técnica da Divisão de Recursos Humanos da Coordenadoria dos Núcleos de Ação Educativa da Secretaria de Educação do Município de São Paulo, de 20.04.2006, que demitiu a impetrante do cargo de Professora Adjunta do Ensino Fundamental I, promovendo-se sua imediata reintegração, com o pagamento dos vencimentos e cômputo de tempo para todos os efeitos legais. (Grifos nossos).[47]

Dando continuidade à análise jurisprudencial que reflete a força imperativa do art. 37, *caput*, da CR, observa-se no trecho da ementa do acórdão do RMS nº 11.336, cujo relator foi o Ministro Jorge Scartezzini, a contemporânea tendência de que o ato administrativo, para que seja válido, deve observar, dentre outros princípios, o da impessoalidade e o da publicidade, pois, mesmo tratando-se de um ato discricionário, se não observados tais princípios, o ato pode descambar para a arbitrariedade, sendo, por isso, passível de controle jurisdicional:

> 1. *O ato administrativo, para que seja válido, deve observar, entre outros, o princípio da impessoalidade, licitude e publicidade*. Estes três pilares do Direito Administrativo fundem-se na chamada motivação dos atos administrativos, que *é* o conjunto das razões fáticas ou jurídicas determinantes da expedição do ato. Tratando-se, na espécie, de ato do tipo discricionário e não vinculado – posto que visa a examinar a vida pregressa e investigar socialmente o candidato *à* admissão em concurso público -, uma vez delimitada a existência e feita a valoração, não há como o administrador furtar-se a tais fatos. Não se discute, no caso sub judice, se o ato que prevê a análise da conduta pessoal e social do indivíduo, através da apuração de toda sua vida anterior, *é* legal ou não, porquanto, notoriamente sabemos que o *é*. [...].

---

[47] BRASIL, 2010.

[...]. 4. Recurso conhecido e provido para, reformando o v. acórdão recorrido, conceder a ordem, assegurando ao impetrante-recorrente, em virtude de sua aprovação no Concurso para o Cargo de Juiz Substituto do Estado de Pernambuco, sua nomeação neste, obedecida sua classificação no certame. (Grifos nossos).[48]

Ainda em defesa da tese da sindicabilidade jurisdicional do mérito administrativo, ainda que vencido, o juiz do Supremo Tribunal Federal, Ministro Orozimbo Nonato, em célebre julgamento acerca da possibilidade do controle jurisdicional de legitimidade das demissões de funcionários públicos (Embargos na Apelação Cível nº 7.307), assim se manifestou:

> Não me convenço, porém, de que, na apreciação do ato administrativo, deva o juiz limitar-se a verificar a formalização, não entrando no mérito da decisão impugnada. Não entendo que deva o poder judiciário limitar-se a apreciar o ato administrativo do ângulo visual da legalidade extrínseca e não do seu mérito intrínseco, ou seja, da sua justiça ou injustiça. A essa tese jamais darei meu invalioso apoio. Entendo, ao revés, que ao Poder Judiciário é que compete, principalmente, decidir o direito que a parte oponha à administração baseada em lei do país. Quem dirá se o ato foi justo ou injusto: a própria administração, acobertada por um inquérito formalmente perfeito, ou, a cabo de contas, o Poder Judiciário? A minha resposta é que cabe ao Poder Judiciário, por que a este compete, especificamente, resolver as pendências, as controvérsias que se ferem entre cidadãos ou entre cidadãos e o estado.[49]

Destarte, apresentam-se demais considerações de Medauar a respeito do alcance do controle jurisdicional sobre o ato administrativo:

> Há um posicionamento favorável ao controle restrito, para que se circunscreva à legalidade entendida também de modo restrito. Em geral, os argumentos dessa linha são os seguintes: impossibilidade da ingerência do Judiciário em atividades típicas do Executivo, ante o princípio da separação de poderes, daí o âmbito do Judiciário ser a legalidade em sentido estrito – os integrantes do Judiciário são desprovidos de mandato eletivo, não tendo legitimidade para apreciar aspectos relativos ao interesse público. De acordo com essa linha, no controle do ato administrativo, o Judiciário apreciaria somente matéria relativa à competência, forma e licitude do objeto.

---

[48] BRASIL, 2001.
[49] BRASIL, 1946, v. 3, 2005, ano 10, n. 802.

Outro entendimento inclina-se por um controle amplo, ante os seguintes fundamentos: pelo princípio da separação dos poderes, o poder detém o poder, cabendo ao Judiciário a jurisdição e, portanto, o controle jurisdicional da Administração, sem que se possa cogitar de ingerência indevida; por outro lado, onde existe controle de constitucionalidade da lei, a invocação da separação dos poderes para limitar a apreciação jurisdicional perde grande parte de sua força [...].[50]

A tendência de ampliação do controle jurisdicional da Administração se acentuou a partir da CR 1988, que está impregnado de um espírito geral de priorização dos direitos e garantias ante o poder público. Uma das decorrências desse espírito vislumbra-se na indicação de mais parâmetros da atuação, mesmo discricionária, da Administração, tais como o princípio da moralidade e o princípio da impessoalidade. O princípio da publicidade, por sua vez, impõe transparência na atuação administrativa, o que enseja maior controle. E a ação popular pode ter como um dos seus fulcros a anulação do ato lesivo *à* moralidade administrativa, independentemente de considerações de estrita legalidade.

O controle jurisdicional do mérito administrativo deve, ainda, ser abordado sob o reflexo da importante evolução da cláusula do devido processo legal, que, atualmente, não mais comporta meros aspectos processuais, constituindo-se em expressiva garantia aos direitos subjetivos dos cidadãos. A redefinição do princípio da razoabilidade como meio limitador à atuação do Poder Público, no sentido de vedar restrições desarrazoadas e inadequadas a direitos subjetivos dos cidadãos, acaba por reclamar o alargamento da atuação do Poder Judiciário, a fim de proteger os cidadãos da atuação injusta e desproporcional do Estado, onde quer que se alojem tais vícios.

O novo conteúdo conferido ao princípio da razoabilidade aumenta a probabilidade de atuação do Poder Judiciário, abrindo-lhe possibilidade ao exame do mérito dos atos administrativos.

Conforme sustenta Castro,

> [...] a ampliação da competência judicante a ponto de possibilitar aos juízes e aos tribunais o controle meritório dos atos do Poder Público conduz à justificável proeminência dos órgãos do Poder Judiciário na disputa decisória quanto à 'razoabilidade' e à 'racionalidade' das leis e dos atos administrativos.[51]

---

[50] MEDAUAR, 2010, p. 155.
[51] CASTRO, 1998, p. 175-176.

Isso posto, o exame judicial do mérito do ato administrativo consiste no exame principio lógico da atuação da Administração Pública pela Justiça, seja em contraste com os princípios constitucionalmente explícitos (aqueles consubstanciados no art. 37 da CR de 1988: legalidade, moralidade, impessoalidade, publicidade e eficiência), seja com os princípios implícitos, dentre os quais se destacam os princípios da razoabilidade, da proporcionalidade, da supremacia do interesse público e o da motivação dos atos administrativos.

## 4.4 Considerações finais

O controle jurisdicional da Administração Pública, conforme a doutrina dominante, limita-se à verificação da estrita legalidade da atividade administrativa, vedando-se examinar aspectos de mérito dos atos da Administração. O Poder Judiciário, na visão dessa corrente doutrinária, tem terreno próprio de atuação, não podendo invadir a seara privativa da Administração Pública, qual seja, a livre apreciação acerca da conveniência e da oportunidade do ato que pretende apto ao alcance do resultado almejado pela norma.

Neste estudo, demonstrou-se que o controle jurisdicional do mérito do ato administrativo é perfeitamente justificável, tomando por base o contexto sócio jurídico contemporâneo.

Assim, à luz do exposto, conclui-se pela possibilidade e viabilidade do exame jurisdicional do mérito do ato administrativo. Ao adentrar o mérito das decisões administrativas, analisando o juízo de "adequação ao caso concreto", não está o juiz assumindo o papel do administrador, mas cumprindo o dever, o ofício de resguardar os preceitos constitucionais, por força do preceito contido no art. 5º, inciso XXXV, da CR. O controle jurisdicional incidirá o mérito administrativo não com o intuito de intervir no juízo de conveniência e oportunidade do administrador público, pois estes são de sua competência exclusiva, mas como meio de manter o mérito atrelado aos seus princípios condicionantes. O administrador, ao exercer o seu juízo de conveniência e oportunidade (mérito), tem a obrigação de observar os princípios constitucionais e resguardá-los, acima de tudo.

Pontua-se que não se pretendeu, aqui, esquecer a visão clássica do Direito Administrativo, mas adequá-la ao momento histórico vivido pela sociedade brasileira, o que é indispensável, sob pena de se conviver, diariamente, com arbitrariedades do poder público à margem da

Constituição, regido por interesses não públicos. O que não pode ser admitido em Estado Democrático de Direito.

Assim, além de a análise do mérito do ato administrativo pelo Judiciário estar em consonância com a CR, não infringindo qualquer dispositivo legal, só reforça o propósito de verificar a conformidade do ato com a norma expressa e com os princípios que norteiam a Administração Pública.

# Referências

ABBOUD, Georges. *Discricionariedade administrativa e judicial*: o ato administrativo e a decisão judicial. São Paulo: Revista dos Tribunais, 2015.

ALEXANDRINO, Marcelo; PAULO, Vicente. *Direito administrativo descomplicado*. 14. ed. Rio de Janeiro: Impetus, 2007.

ARISTÓTELES. *A política*. São Paulo: Martins Fontes, 1998.

BANDEIRA DE MELLO, Celso Antônio. *Curso de direito administrativo*. 28. ed. São Paulo: Malheiros, 2011.

BRASIL, Constituição (1988). *Constituição da República Federativa do Brasil*, 1988. Texto constitucional de 5 de outubro de 1988, com as alterações adotadas pelas emendas constitucionais até 2016. Brasília: Senado Federal, 1988. Disponível em: <http://www.planalto.gov.br/ccivil_03/constituicao/constituicaocompilado.htm>. Acesso em: 23 fev. 2016.

BRASIL. Presidência da República. Lei nº 9.784, de 29 de janeiro de 1999. Regula o processo administrativo no âmbito da administração pública federal. *Diário Oficial da União*, Brasília, 1 de fevereiro de 1999. Disponível em: <http://www.planalto.gov.br/ccivil_03/leis/L9784.htm>. Acesso em: 10 jan. 2016.

BRASIL. Superior Tribunal de Justiça. Recurso ordinário em mandado de segurança. Servidor público. Professora adjunta do ensino fundamental do município de São Paulo. Apresentação de diploma falso com o objetivo de obter vantagens financeiras e funcionais. Demissão. [...] Recurso em Mandado de Segurança (RMS) nº 24.584/SP. Rel. Min. Napoleão Nunes Maia Filho. Julg. 9 fev. 2010. *Diário de Justiça Eletrônico*, Brasília, 8 de março de 2010. Disponível em: <https://ww2.stj.jus.br/revistaeletronica/Abre_Documento.asp?sSeq =919033&sReg=200701667492&sData=20100308&formato=PDF>. Acesso em: 17 jan. 2016.

BRASIL. Superior Tribunal de Justiça. Constitucional. Administrativo. Recurso ordinário em mandado de segurança. Concurso público. Magistratura estadual. Entrevista. Investigação social e da vida pregressa. Ato administrativo discricionário. Motivação. [...]. Recurso em Mandado de Segurança (RMS) nº 11.336/PE. Rel. Min. Jorge Scartezzini. Julg. 7 nov. 2000. *Diário da Justiça*, Brasília, 19 de fevereiro de 2001. Disponível em: <https://ww2.stj.jus.br/websecstj/cgi/revista/REJ.cgi/IMG?seq=64996&nreg=199901051096&dt=2 0010219&formato=PDF>. Acesso em: 17 jan. 2016.

BRASIL. Supremo Tribunal Federal. Atos administrativos. Exame da sua validade pelo Poder Judiciário. Funcionário público. Demissão. Confronto da prova produzida em inquérito administrativo e em processo judicial. Embargos na Apelação Cível nº 7.307. Rel. Min. Castro Nunes. Tribunal Pleno. Julg. 20 dez. 1944. *Revista de Direito Administrativo*,

Rio de Janeiro, trimestral, v. 3, p. 80, 1946. In: CRISTÓVAM, José Sérgio da Silva. Algumas considerações acerca do controle jurisdicional do mérito administrativo. *Jus Navigandi*, Teresina, ano 10, n. 802, 13 de setembro de 2005. Disponível em: <https://jus.com.br/artigos/7258>. Acesso em: 14 jan. 2016.

CASTRO, Caros Roberto de Siqueira. *O devido processo legal e a razoabilidade das leis na nova Consituição do Brasil*. Rio de Janeiro: Forense, 1998.

CANOTILHO, José Joaquim Gomes. *Direito constitucional e teoria da Constituição*. 7. ed. 2. reimp. Coimbra: Almedina, 2003.

CRETELLA JÚNIOR, José. *Curso de direito administrativo*. 18. ed. rev. e atual. de acordo com a Constituição vigente. Rio de Janeiro: Forense, 2002.

DI PIETRO, Maria Sylvia Zanella. *Direito administrativo*. 24. ed. São Paulo: Atlas, 2011.

ENGISCH, Karl. Introdução ao pensamento jurídico. 7. ed. Lisboa: Fundação Calouste Gulbenkian, 1996.

FARIA, Edimur Ferreira de. *Controle do mérito do ato administrativo pelo Judiciário*. 2. ed. Belo Horizonte: Fórum, 2016.

GARCÍA DE ENTERRÍA, Eduardo; FERNANDEZ, Tomás-Ramón. *Curso de direito administrativo*. (Tradução de José Alberto Froes Cal). 17. ed. São Paulo: Ed. Revista dos Tribunais, 2014.

HESSE, Konrad. La función jurisprudencial y el Tribunal Constitucional em la Ley Fundamental de Bonn. In: HABERLE, Peter. *Estudios sobre la jurisdicción constitucional*. México: Porrúa, 2005.

KRELL, Andreas J. *Discricionariedade e proteção ambiental*: o controle dos conceitos jurídicos indeterminados e a competência dos órgãos ambientais. Porto Alegre: Livraria do Advogado, 2004.

LOCKE, John. *Segundo tratado sobre o governo civil*: ensaio sobre a origem, os limites e os fins verdadeiros do governo civil. (Introdução de J. W. Gough. Tradução de Magda Lopes e Marisa Lobo da Costa). Petrópolis, RJ: Vozes, 1994. (Clássicos do pensamento político, 14).

MEDAUAR, Odete. *Direito administrativo moderno*. 14. ed. rev. e atual. São Paulo: Revista dos Tribunais, 2010.

MEIRELLES, Hely Lopes. *Direito administrativo brasileiro*. 36. ed. São Paulo: Malheiros Editores, 2010.

MONTESQUIEU, Charles de Secondat Baron de. *O espírito das leis*: as formas de governo, a federação, a divisão dos poderes, presidencialismo *versus* parlamentarismo. São Paulo: Saraiva, 1998.

MORAES, Germana. *Controle jurisdicional da administração pública*. 2. ed. São Paulo: Dialética, 2004.

PIRES, Luís Manuel Fonseca. *Controle judicial da discricionariedade administrativa*: dos conceitos jurídicos indeterminados às políticas públicas. 2. ed. Belo Horizonte: Fórum, 2013.

RUBIM, Giuliano. *O controle jurisdicional do mérito administrativo*. 2015. p. 2. Disponível em: <www.agu.gov.br/page/download/index/id/523903>. Acesso em: 20 jul. 2015.

Informação bibliográfica deste livro, conforme a NBR 6023:2002 da Associação Brasileira de Normas Técnicas (ABNT):

ANDRADE, Érica Patrícia Moreira de Freitas. Fundamentos para o controle do mérito do ato administrativo pelo judiciário: os atos discricionários e os conceitos jurídicos indeterminados. In: FARIA, Edimur Ferreira de (Coord.). *Controle da Administração Pública Direta e Indireta e das concessões*: autocontrole, controle parlamentar, com o auxílio do Tribunal de Contas, controle pelo Judiciário e controle social. Belo Horizonte: Fórum, 2018. p. 105-130. ISBN 978-85-450-0472-1

# CAPÍTULO 5

# CONTROLE JUDICIAL DOS ATOS EMANADOS DAS AGÊNCIAS REGULADORAS À LUZ DO ESTADO DEMOCRÁTICO DE DIREITO

### ALICE DE SIQUEIRA KHOURI

## 5.1 Introdução

Com matriz constitucional no art. 174,[1] a regulação aparece no ordenamento jurídico brasileiro como função de Estado, compreendendo modo de intervenção na economia e em setores de interesse social. Assim, enquanto a lei define as políticas públicas, à regulação cabe a sua implementação por meio do estabelecimento de regras de conduta em determinada área, controle da atividade privada pelo Estado e estabelecimento do funcionamento equilibrado do mercado.

A atividade regulatória do Estado, assim, é desenvolvida para suprir a deficiência que os mercados apresentam em satisfazer o bem

---

[1] "Art. 174. Como agente normativo e regulador da atividade econômica, o Estado exercerá, na forma da lei, as funções de fiscalização, incentivo e planejamento, sendo este determinante para o setor público e indicativo para o setor privado. §1º A lei estabelecerá as diretrizes e as bases do planejamento do desenvolvimento nacional equilibrado, o qual incorporará e compatibilizará os planos nacionais e regionais de desenvolvimento. §2º A lei apoiará e estimulará o cooperativismo e outras formas de associativismo. §3º O Estado favorecerá a organização da atividade garimpeira em cooperativas, levando em conta a proteção do meio ambiente e a promoção econômico-social dos garimpeiros. §4º As cooperativas a que se refere o parágrafo anterior terão prioridade na autorização ou na concessão para pesquisa e lavra dos recursos e jazidas de minerais garimpáveis, nas áreas onde estejam atuando, e naquelas fixadas de acordo com o art. 21, XXV, na forma da lei". (BRASIL, 1988).

comum. Cabe ao Estado, por meio de instrumentos que a lei lhe oferece, acompanhar a atividade privada, dando maior ou menor liberdade de ação aos agentes econômicos. Como leciona Justen Filho:

> O objetivo da regulação é conjugar as vantagens provenientes da capacidade empresarial privada com a realização de fins de interesse público. Especialmente quando a atividade apresentar relevância coletiva, o Estado determinará os fins a atingir, mesmo quando seja resguardada a autonomia privada no tocante à seleção dos meios.[2]

Independentemente da atividade que é objeto de determinada regulação, ou o fim a que se destina uma atividade reguladora do Estado, em todos os casos, estar-se-á diante da produção de atos eminentemente administrativos, que surgem com base na execução nos termos da lei.

Dito isso, importa esclarecer que o modelo de regulação brasileiro é inspirado no norte-americano, cuja competência é atribuída a agências reguladoras,[3] concebidas, no ordenamento pátrio, como autarquias sob regime especial de direito público, contempladas com prerrogativas específicas, atribuídas por lei, para a consecução de seus fins. Entre as prerrogativas incluem a estabilidade de seus dirigentes (mandato por prazo determinado em conformidade com a lei), relativa autonomia financeira, poder normativo exercido para regular as matérias de sua competência e poder sancionador, sempre nos limites estabelecidos pela lei.

Apesar de a estrutura regulatória brasileira ter gênese no modelo norte-americano, a principal diferença entre os dois, hoje, coincide com o tema deste estudo e diz respeito ao alcance do controle judicial sobre os atos reguladores. Isso porque o Brasil incorporou no seu racional jurídico doutrinário, durante anos, a ideia de independência e autonomia das agências em grau elevado, atrelando sua competência e deferência técnica à liberdade de atuação pouco restrita, inicialmente. Como bem esclarece Di Pietro,

---

[2] JUSTEN FILHO, 2002, p. 30.
[3] Atualmente existem no Brasil dez Agências Reguladoras que exercem a função de regulação estatal em diferentes áreas e atividades. São elas: Agência Nacional de Telecomunicações (ANATEL); Agência Nacional do Petróleo (ANP); Agência Nacional de Energia Elétrica (ANEEL); Agência Nacional de Saúde (ANS); Agência Nacional de Vigilância Sanitária (ANVISA); Agência Nacional de Águas (ANA); Agência Nacional do Cinema (ANCINE); Agência Nacional de Transportes Aquaviários (ANTAQ); Agência Nacional de Transportes Terrestres (ANTT); e Agência Nacional de Aviação Civil (ANAC).

é curioso que o movimento da agencificação tenha se propagado, quando, no país de origem, as agências passam por profundas alterações, que conduzem a uma diminuição sensível de sua independência em relação aos três poderes do Estado. Com efeito, nos Estados Unidos, as mudanças se explicam principalmente pelo aumento do controle por parte dos três poderes do Estado sobre as agências: o Executivo impôs obrigatoriedade de controle prévio, antes de iniciar-se o procedimento de elaboração imposto pela Lei de Procedimentos; o Legislativo criou agências legislativas que controlam as agências administrativas, além de, em determinadas hipóteses, exercer o poder de veto sobre os projetos das agências. O judiciário passou, aos poucos, a examinar a motivação, os fatos, a razoabilidade das normas, com ampla aplicação do devido processo legal substantivo; a consequência foi a diminuição da neutralidade e a independência das agências; a par disso, iniciou-se um processo de desregulação, no sentido de diminuição das regras postas pelas agências, para restabelecer a liberdade do cidadão.[4]

Vê-se que no Brasil o tema do controle, portanto, ganha especial importância no tocante aos atos reguladores, pois, embora tenham sido as agências concebidas independentes pela própria natureza jurídica como autarquias especiais, tais entidades integram a Administração Pública indireta por vinculação e, portanto, seus atos não estão imunes ao controle. Ao contrário, sua atividade nasce da necessidade de consecução do interesse público e deve, ao final, corresponder a esse interesse que lhe deu origem, o que, necessariamente, atrai a incidência do controle sobre os atos reguladores.

Considerando que o modelo regulatório surge da reestruturação econômica e institucional que culminou no reposicionamento do papel do Estado na economia, foi eleito o papel de menos intervenção direta e maior supervisão regulatória por meio das agências.

Nesse contexto, surgem questões concernentes à extensão do poder normativo, punitivo e interventivo da Agência, a saber: Quais seriam os limites da discricionariedade inerente à execução, pelas agências, da sua função normativa, sancionadora e regulatória? Há a importância de se observar a margem de liberdade do regulador como ente competente tecnicamente para a atividade regulada? E se essa atuação extrapola, na gênese ou em seus efeitos, os limites legais traçados? Na ausência desses limites legais, poderia o Poder Judiciário revisar o ato regulador?

---

[4] DI PIETRO, 2003, p. 45.

As respostas e os estudos que permeiam perguntas como as mencionadas tomam lugar importantíssimo em um Estado que se proclama democrático e de Direito, pois este é marcado, primordialmente, pelo controle dos atos administrativos, sejam eles realizados pelo Judiciário, pelos demais poderes ou funções e pela sociedade, por meio de suas organizações.

Imprescindível, nesse diapasão, o estudo, detido e comprometido com o paradigma do Estado Democrático de Direito, das competências outorgadas por lei às agências reguladoras e em que medida elas implementam as políticas públicas definidas nos planos legislativo e executivo, incorporando o Judiciário especial papel na verificação dessa implementação.

De fato, a política nacional sobre as matérias sujeitas à regulação de determinado setor econômico sensível é fixada pelo Congresso Nacional, nos limites do que é sujeito à regulamentação e de acordo com a sua competência discricionária, pelo Chefe do Poder Executivo.

Os atos praticados pelas agências, portanto, são indubitavelmente administrativos, independentemente de sua substância, pouco importando a forma (normativo, sancionador ou puramente regulador) e sujeitos, em aspectos que serão analisados adiante, ao controle especialmente exercido pelo Poder Judiciário.

## 5.2 Tipos de atos regulatórios: alcance e limites das funções reguladora/normativa e fiscalizatória/sancionadora

Para execução das atividades que a lei lhes reservou, as agências reguladoras possuem três principais funções: reguladoras (que compreende função normativa), fiscalizadora e sancionadora. Como dito, a raiz de tais funções é legal e sua autorização decorre da lei com o fim de possibilitar a efetividade da atuação reguladora, considerando a margem de autonomia necessária para tanto. Trata-se a regulação, portanto, do exercício de um poder regulador pelo Estado em sua concepção genérica, o qual admite como espécies as nuances do poder fiscalizador, normativo e sancionador.

Como bem leciona Moreira Neto,

> essas agências governamentais autônomas (o conceito de autonomia é aqui mais apropriado, por ser de índole administrativa, do que o de independência, pois que esta expressão guarda sentido político

constitucional) são entendidas como entes fracionários do aparelho administrativo do Estado e, assim, não constituem tema novo no Direito Administrativo. Ao contrário, no século XX foram exaustivamente estudados e experimentados, em inúmeros países vários de seus aspectos, políticos, técnicos e jurídicos, notadamente quanto à sua natureza – de executoras de atividades estatais por outorga legal de competências, com funções reguladoras, fiscalizadoras e sancionadoras e, por vezes, parajurisdicionais.[5]

Por função reguladora entende-se toda função produto do exercício de competência normativa por delegação legislativa expressa, com a finalidade de sujeitar determinadas atividades a regras técnicas em sua essência. Isso compreende a regulamentação das atividades previstas nas leis que regem as atribuições conferidas às agências reguladoras e, também, a edição de normas independentes sobre matérias não disciplinadas por lei. Note-se, contudo, que a função reguladora, que compreende a normativa, está essencialmente condicionada ao que a lei determina ou à lacuna que ela deixa para a regulação preencher, em observância inafastável da legalidade.

A doutrina especializada no tema, quando discorre sobre a função normativa das agências reguladoras, de forma uníssona invoca a importância dos limites a essa função. Como exemplo, veja-se trecho das lições de Neves:

> [...] *essa função normativa das agências deve ter algumas limitações, para que se evitem abusos*. O primeiro é quanto ao conteúdo da lei deslegalizadora, que deverá trazer *standards* suficientes para que se possa aferir a constitucionalidade e a legalidade das normas regulamentares destes entes. O segundo é sobre o próprio conteúdo dessas normas. *Não podem ferir o direito, devendo trazer conceitos e parâmetros técnicos para a prestação de serviço público adequado e a harmonização dos interesses do mercado. Mas, principalmente, devem as resoluções das agências buscar o alcance do espírito da lei, do desejo do legislador.* (Grifos do autor).[6]

Como se pode inferir do estudo da doutrina regulatória administrativa, há correlação necessária entre a legitimidade da função normativa do ente regulador e a observância dos limites legais traçados pelo ordenamento jurídico. Em verdade, a primeira depende da segunda,

---

[5] MOREIRA NETO, 2014, p. 493.
[6] NEVES, 2009, p. 128.

pois, no Estado Democrático de Direito, a separação dos poderes é postulado jurídico essencial na organização do Estado e determina que a função legislativa de criar normas é competência típica de uma função legislativa a cargo de parlamentares, democraticamente eleitos e com controles específicos sobre a sua atividade.

A função reguladora, ainda que inclua a capacidade de criação normativa, não pode se desvincular, de forma alguma, dos preceitos que forem traçados pelo Legislativo. É somente por meio de lei que determinadas previsões serão legítimas, e somente a lei autoriza a existência do regulamento normativo produzido pelas agências reguladoras, que no exercício de suas funções sujeitam-se a controles, em especial o judicial.

Frise-se que a competência normativa das agências não as autoriza a inovar no campo jurídico. A lei é o limite, em conformidade com o princípio da legalidade de estatura constitucional. Nesse sentido reforça Di Pietro quando discorre sobre os limites do poder normativo da Administração Pública:

[...] o ato normativo não pode contrariar lei, nem criar direitos, impor obrigações, proibições, penalidades que nela não estejam previstos, sob pena de ofensa ao princípio da legalidade (arts. 5º, II e 37, *caput*, da Constituição).[7]

No mesmo sentido, são esclarecedores os apontamentos de Moreira Neto:

[...] sob o aspecto material, a regulamentação é uma função política, no exercício de uma prerrogativa do poder político de impor regras secundárias, *em complemento* às *normas legais, com o objetivo de explicitá-las e de dar-lhes execução, sem que possa definir quaisquer interesses públicos específicos nem, tampouco, criar, modificar ou extinguir direitos subjetivos*. De resto, sob o aspecto formal, é uma atribuição de estritíssima previsão constitucional, por isso mesmo, geralmente cometida a chefes de estado ou de governo. (Grifos do autor).[8]

Já a atividade fiscalizatória e sancionadora das agências compreende a apuração de condutas, a verificação destas com as normas

---

[7] DI PIETRO, 2012, p. 94.
[8] MOREIRA NETO, 2003, p. 132-133.

oriundas da função reguladora e a aplicação de sanções e restrições aos administrados regulados a depender do que for apurado.

Referida acepção sancionatória do poder regulador, em verdade, se justifica como meio de efetivação do interesse público por trás daquela determinada atividade regulada e legitima-se somente quando necessária e previsto legal ou normativamente. Na síntese bem construída de Osório, o racional descrito acima se valida:

> A verdade é que há um interesse público superior a indicar a necessidade de regulação de algumas atividades por normas de Direito Público. Daí que essa regulação passa, em alguma medida, pelo Direito Administrativo Sancionatório, visto que se estabelecem estruturas de infrações e sancionamentos a determinadas condutas proibidas à luz de critérios publicistas, tendo em conta a superioridade do interesse público nessa atividade.[9]

Importante, neste momento deste estudo, esclarecer que o "poder" estatal que justifica a regulação, por exemplo, advém da ideia de função ou dever a cumprir, sendo, em verdade, instrumento da consecução de um fim maior do qual é responsável justamente o titular desse "poder". Não se trata, portanto, de arbítrio imposto monarquicamente aos súditos.

Em consonância com o Estado de Direito Democrático, não se imagina a Administração Pública como despótica detentora de inúmeros poderes e ilimitadas prerrogativas. Ao contrário, exerce a Administração Pública – direta e indireta – verdadeira função, e tão somente seu papel inafastável e justificador de sua própria existência: a consecução do interesse público, do qual é titular o povo. Nessa perspectiva democrática, o "poder" ao qual se refere deve ser compreendido em sua concepção tão somente instrumental, como mecanismo de exercício da função administrativa, função pública por excelência.

Não pode ser diferente, portanto, a concepção de "poder regulador", inclusive e especialmente em sua espécie sancionadora e normativa. É dessa perspectiva que o controle surge como necessidade e ganho democrático, garantidor da coibição de abusos e vedação da arbitrariedade, que no caso concreto por vezes é confundida com a discricionariedade conferida por lei.

---

[9] OSÓRIO, 2009, p. 86.

## 5.3 Discricionariedade X arbitrariedade na atuação regulatória: a razão do controle judicial

No exercício de suas atribuições, em especial a função sancionadora, a Agência Reguladora emana atos administrativos que, inevitavelmente, possuem elemento discricionário. A cautela deve estar, justamente, na interpretação do alcance dessa discricionariedade. A discricionariedade está entre as expressões mais dinâmicas do Direito Administrativo. Significa dizer que, apesar de concebida originalmente como um conceito amplo, genérico e que confiava ao administrador a faculdade ilimitada de escolhas com base na conveniência e na oportunidade, houve inegável avanço na doutrina e na jurisprudência a respeito da discricionariedade administrativa, culminando com sua limitação e possibilidade de um controle judicial mais amplo sob os atos administrativos impregnados por ela.

Como exemplo de respeitável doutrina clássica, destacam-se as específicas lições de Cretella Júnior (1997) sobre o tema do controle jurisdicional sob o ato administrativo e o alcance da discricionariedade. Da leitura da mencionada contribuição doutrinária administrativista, encontra-se ampla menção aos elementos do ato administrativo que devem seguir parâmetros de legalidade, porém, admite-se o controle judicial somente em casos específicos e restritos:

> O Judiciário, quando solicitado, procura coibir a ilegalidade e o abuso de poder. Por isso bem nítido é o âmbito em que se movimenta o Poder Judiciário, quando solicitado ou provocado a examinar o ato administrativo. *Neste particular, cumpre, tão somente, o patrulhamento da legalidade do ato.* Contrariou o ato texto expresso de lei? Foi editado, desatendendo a algum dos requisitos exigidos pela lei em sua estrutura? Encerra algum vício que o desnature, tornando-o suscetível de nulidade ou anulabilidade? Feriu direito líquido e certo do cidadão? [...]. Inteiramente *livre para examinar a legalidade do ato administrativo, está proibido o Poder Judiciário de entrar na indagação do mérito, que fica totalmente fora de seu policiamento. Inscreve-se o mérito em terreno de competência exclusiva do Poder Executivo, pois traduz o entendimento de noção tradicional, resumida no clássico binômio oportunidade-conveniência, que traduz juízo axiológico do administrador.* (Grifos nossos).[10]

Contudo, com a evolução da hermenêutica jurídica no sentido de legalidade-juridicidade, os atos discricionários deixaram de ser

---

[10] CRETELLA JÚNIOR, 1997, p. 335-336.

concebidos como completamente livres e subjetivos, admitindo-se, até mesmo neles, a existência de elementos vinculados, como finalidade e motivo,[11] a serem determinados necessariamente por lei.

Com precisão cirúrgica, Faria, didaticamente, leciona acerca da mencionada evolução do poder discricionário, referenciando importante mudança histórica na concepção do Estado de Direito:

*No Estado-polícia, o poder discricionário exercia-se em grau máximo. No Estado de Direito, a discricionariedade restringe-se aos limites estabelecidos pela lei, principalmente no tocante à capacidade e à finalidade.* Essa finalidade deve estar perfeitamente coerente ou compatível com o fim querido pela lei. À medida que se amplia a produção de leis reguladoras da Administração, torna-se a atividade administrativa mais vinculada. Com isso, restringiu-se o espaço da faculdade discricionária. Nessa situação, o administrador encontra, em virtude de lei, várias alternativas para que, diante da realidade, adote a solução que julgar mais conveniente. Essa faculdade legal decorre do fato de o administrador encontrar-se próximo aos fatos que se produzem permanentemente, no atuar coletivo. Essa proximidade oferece condições para a melhor escolha da oportunidade ou conveniência a atender o interesse público. *O aprimoramento do Estado de Direito atua em sentido contrário à amplitude da discricionariedade, restringindo-a ao mínimo indispensável à concreção do Direito* [...] (Grifos nossos).[12]

Referida tendência, bem justificada pela transição histórica *Estado-polícia* para *Estado de Direito*, culminou por definir a discricionariedade como espaço de atuação do administrador limitado por parâmetros legais, vinculado ao Direito e ao ordenamento jurídico, o que a transforma em 'discricionariedade vigiada', mitigada, ou seja, essencialmente limitada por parâmetros legais.

Segundo Moraes (1999), a evolução mencionada compreendeu o fenômeno de "principialização do Direito", que, em vez de atribuir a discricionariedade à esfera do mérito do ato administrativo, intocável pelo controle sob a percepção clássica, apresentou novos critérios

---

[11] Sobre a concepção quíntupla dos elementos do ato administrativo, vale destacar as lições de Moreira Neto: "Recorde-se que o ato jurídico apresenta três elementos, sobejamente conhecidos: o agente capaz, a forma prescrita ou não defesa em lei e o objeto lícito. Assim, o ato administrativo, como espécie do ato jurídico, não poderia deixar de ter os mesmos três elementos básicos, próprios do gênero a que pertence. Sua compreensão, entretanto, necessita da integração de dois outros elementos, que no *genus*, poderiam aparecer como acidentais, mas, em se tratando da *species*, aqui sob exame, são a ela essenciais: a finalidade e o motivo". (MOREIRA NETO, 2014, p. 152).

[12] FARIA, 2016, p. 143.

jurídicos que antes eram políticos e destacou o mérito como o "núcleo político" da discricionariedade imune de controle jurisdicional.

Acerca dessa evolução da percepção clássica e a importância do controle judicial nos parâmetros de legalidade, Faria, mais uma vez, contribui de forma precisa:

> Com a evolução do Direito e dos mecanismos de sua aplicação, verificou-se que discricionariedade é o poder e não o ato dele decorrente. Verificou-se, também, que o ato administrativo, independentemente de sua classificação, vincula-se aos seus elementos. O ato editado com a inobservância desses elementos nasce viciado. Daí a jurisprudência evoluir para admitir o controle jurisdicional mesmo dos atos chamados discricionários, desde que não se adentrasse o mérito, pois é nele que residia a essência da discricionariedade.[13]

Na conclusão de sua pesquisa, o referido autor justifica a possibilidade de revisão judicial, inclusive quanto ao mérito do ato administrativo discricionário, atentando para a concepção do Estado de Direito e estabelecendo o limite entre a atuação do Executivo e do Judiciário, à observância da moldura legal:

> [...] No nosso entender, esposado na doutrina de Sérgio Ferraz, o agente no exercício da discricionariedade, ao promover a concreção da norma jurídica, encontra apenas uma conduta que atende plenamente à vontade da lei. Ora, dessa forma, *somente se pode afirmar que a autoridade observou os limites de sua competência, se adotou a opção querida pela lei. Verificando que a escolha não foi a melhor, ao Judiciário compete declarar que aquela não é a melhor conduta, portanto, nula.* Esse comportamento jurisdicional não configura intromissão de um Poder na área de competência do outro [...]. (Grifos nossos).[14]

Desse modo, vê-se que a evolução jurídica neste tema proporcionou o controle jurisdicional de aspectos discricionários dos atos administrativos, distintos do mérito, e muniu a Administração Pública de critérios norteadores de ação, com parâmetros orientadores do exercício daquela liberdade de decisão, que atraem o controle judicial com relação à sua observância.

---

[13] FARIA, 2016, p. 211.
[14] FARIA, 2016, p. 243.

Para Moraes, a discricionariedade administrativa apresenta-se, ora mediante a ponderação comparativa de interesses, integrando a norma aberta, ora quando procede à complementação, mediante valoração e aditamento, dos pressupostos de fato necessários à edição do ato administrativo (discricionariedade quanto aos pressupostos); ora quando decide se e quando vai editá-lo (discricionariedade de decisão); ora quando escolhe seu conteúdo, dentre mais de uma opção igualmente prevista pelo Direito, compreendido este como o conjunto de princípios e regras (discricionariedade de escolha optativa); ou, ainda, quando colmata o conteúdo do ato administrativo descrito com lacunosidade na lei (discricionariedade de escolha criativa).[15]

Abboud (2014), em sua obra especificamente dedicada ao tema, menciona a polêmica doutrinária acerca do grau de controle judicial que deve recair sob os atos administrativos discricionários e ressalta a importância deste no paradigma democrático, que exige e pressupõe a limitação do poder.

O autor concebe a discricionariedade administrativa como espaço de liberdade composto por elementos necessariamente regrados ou vinculados, que restringem esse espaço e submetem os atos administrativos ao controle judicial, condicionando sua legitimidade a parâmetros e regras legalmente estabelecidos:

> Ao se perscrutar na seara administrativista, nota-se facilmente que o controle sobre as leis que o constitucionalismo proporcionou teve impacto muito pouco significativo no controle dos atos do Poder Executivo. Atualmente, é *muito menos polêmica e contestada a possibilidade de o Judiciário realizar o controle da lei, seja em seu aspecto formal e material, do que do próprio ato administrativo.* Assim, a primeira grande redução do grande 'dogma' da discricionariedade acontece ao se observar que *todo ato discricionário tem elementos suficientemente regrados para não se justificar a ausência total de controle sobre eles. O controle desses elementos regrados permite, portanto, um primeiro controle externo da regularidade do exercício do poder discricionário. A discricionariedade, justamente porque é um poder atribuído como tal pelo ordenamento, somente pode ser produzida legitimamente quando respeita esses elementos regrados que condicionam tal atribuição.* O controle destes pelo tribunal não suscita nenhuma questão. (Grifos nossos).[16]

---

[15] MORAES, 1999, p. 178-179.
[16] ABBOUD, 2014, p. 116.

Nesse sentido, a invocação da discricionariedade nos atos de elaboração de normas, escolha e aplicação de sanções por parte das agências reguladoras é legítima em vários momentos e deve ser respeitada no seu espaço de deferência técnica, mas deve ser vista considerando a evolução doutrinária e jurisprudencial do conceito de discricionariedade e controle, e não pode, sob nenhuma medida, ser vista fora dos limites legais existentes.

No referido cenário, a competência do regulador só se legitima numa atuação traçada pelos parâmetros legais, respeitando o limite entre a discricionariedade e a eventual caracterização de arbitrariedade, sob pena de reforma durante o controle judicial do ato. A "moldura" legal do ato administrativo discricionário é justamente o que atrai o controle judicial sob atos dessa natureza.

Não poderia ser diferente essa concepção, afinal, havendo parâmetros de objetividade ou critérios ainda que genéricos para enquadrar a situação fática de forma subjuntiva, não há que se falar em discricionariedade ampla.[17]

Nesse sentido, esclarece Mello:

> O administrador está, então, nos casos de discricionariedade, perante o dever jurídico de praticar, não qualquer ato dentre os comportados pela regra, mas, **única** e exclusivamente aquele que atenda com absoluta perfeição à *finalidade da lei*. (Grifo nosso).[18]

Na mesma esteira, Figueiredo coloca:

> As balizas da intervenção serão, sempre e sempre, ditadas pela principiologia constitucional, pela declaração expressa dos fundamentos do Estado Democrático de Direito, dentre eles a cidadania, a dignidade da pessoa humana, os valores sociais do trabalho e da livre iniciativa. *Qualquer interpretação sobre a devida ou a indevida intervenção estatal deverá ser tirada a lume desses princípios e dos próprios fundamentos do Estado Democrático de Direito*. (Grifos nossos).[19]

---

[17] Sobre o tema, Medauar explica que, "havendo parâmetros de objetividade para enquadrar a situação fática na fórmula ampla, ensejando uma *única* solução, não há que se falar em discricionariedade. Se a fórmula ampla, aplicada a uma situação fática, admitir margem de escolha de soluções, todas igualmente válidas e fundadas na noção, o poder discricionário se exerce". (MEDAUAR, 2002, p. 138-139).

[18] MELLO, 2007, p. 401.

[19] FIGUEIREDO, 2000, apud TAVARES, 2006, v. 2, p. 64.

A doutrina confirma o raciocínio traçado no sentido de que, para exercer seu poder regulador, normativo ou sancionador, ainda que cabível margem para apreciação discricionária, as agências reguladoras devem observar estritamente todos os parâmetros legais em homenagem aos princípios da legalidade, da finalidade, da razoabilidade e da proporcionalidade.[20]

Como bem esclarece Melo Filho,

> quando provocado, o Judiciário poderá analisar não só os requisitos vinculados dos atos de regulação, já que realizará uma análise mais profunda, adentrando no próprio mérito do ato, não para que o juiz imponha suas convicções sobre a conveniência e a oportunidade do ato, mas para analisar a subsunção do ato às normas superiores e aos princípios administrativos. O Judiciário, se provocado, poderá fiscalizar, inclusive, o processo que antecede a emanação de um ato de regulação, exigindo informações sobre as opções adotadas e suas correlatas justificativas técnico-científicas. O Judiciário poderá analisar se o órgão regulador adotou todas as providências necessárias para um profícuo e satisfatório desempenho da sua competência discricionária. E um ato de regulação que ignore ou desrespeite as cautelas necessárias, impostas pelo conhecimento técnico ou científico, pode ser analisado e, se for o caso, invalidado pelo Poder Judiciário. É esse controle amplo do Judiciário, pelo menos potencial, que concederá legitimidade à atividade normativa das agências, que não poderão editar atos arbitrários ou desarrazoados, já que estão sujeitas ao controle jurisdicional. Há, então, uma discricionariedade vigiada.[21]

---

[20] Carvalho Filho assim define razoabilidade e proporcionalidade: "Razoabilidade é a qualidade do que é razoável, ou seja, *aquilo que se situa dentro de limites aceitáveis*, ainda que os juízos de valor que provocaram a conduta possam dispor-se de forma um pouco diversa. Ora, o que é totalmente razoável para uns pode não o ser para outros. Mas, mesmo quando não o seja, é de reconhecer-se que a valoração se situou dentro dos *standarts* de aceitabilidade. [...] com esses elementos, desejamos frisar que *o princípio da razoabilidade tem que ser observado pela Administração à medida que sua conduta se apresente dentro dos padrões normais de aceitabilidade. Se atuar fora desses padrões, algum vício estará, sem dúvida, contaminando o comportamento estatal*. O grande fundamento do princípio da proporcionalidade é o excesso de poder, e *o fim a que se destina é exatamente o de conter atos, decisões e condutas de agentes públicos que ultrapassem os limites adequados*, com vistas ao objetivo colimado pela Administração, ou até mesmo pelos Poderes representativos do Estado. Significa que o Poder Público, quando intervém nas atividades sob seu controle, deve atuar porque a situação realmente reclama intervenção, e esta deve processar-se com *equilíbrio, sem excessos e proporcionalmente ao fim a ser atingido*". (Grifos nossos). (CARVALHO FILHO, 2013, p. 40-43).

[21] MELO FILHO, 2009, ano 14, n. 2.163, não paginado.

Pode-se dizer, portanto, que a doutrina brasileira tem evoluído no sentido de conceber o controle judicial não mais sob o aspecto da legalidade estrita, a qual se limita à análise de conformidade do ato administrativo com as regras jurídicas, mas sim, para uma incidência do controle na perspectiva de juridicidade. Essa nova perspectiva, por sua vez, compreende a compatibilidade não somente com as regras, mas também com os demais princípios da Administração Pública (fenômeno da "principialização do Direito"), que transcende a legalidade estrita e alcança parâmetros que emanam da Constituição.

Didaticamente, mais uma vez, contribui com precisão cirúrgica Abboud, que elenca os requisitos para que um ato discricionário tenha seu mérito revisado pelo Poder Judiciário e já assume a importância do controle, inclusive sob o mérito do ato administrativo:

> O ato administrativo que pode ter seu mérito sempre revisado pelo Judiciário quando ocorrer inconstitucionalidade ou ilegalidade é o ato que: a) decidir uma questão jurídica ou uma questão judicializável; b) solucionar, em sede administrativa, um conflito de interesses; c) em que for possível aferir sua constitucionalidade; d) aquele que atinge direito subjetivo ou interesse jurídico; e) pela própria força do ato torna-se obrigatória sua motivação.[22]

Referida perspectiva, que possibilita o controle judicial dos atos administrativos até mesmo discricionários, deriva de nova leitura da relação Administração Pública e administrado, na qual é inafastável o princípio da legalidade e não são admitidos poderes ilimitados, em verdadeiro repúdio ao abuso de poder e desvio de finalidade, inerente a qualquer ato administrativo. E, justamente por conceber um aspecto essencial legal em cada ato administrativo, até mesmo o discricionário, torna-se possível e necessário o controle judicial.

Abboud, nesse sentido, esclarece novamente:

> A concepção de Administração Pública paritária (par a par com o cidadão) decorre da nova posição constitucional da Administração Pública, que, por sua vez, é conformada e informada por dois aspectos: *a intensificação da subordinação à Lei da Administração, designadamente a exigência de um fundamento legal específico para cada uma das suas decisões, e a integração dos cidadãos particulares na Constituição e no ordenamento do Estado, pela via do reconhecimento de direitos fundamentais diretamente aplicáveis.*

---

[22] ABBOUD, 2014, p. 263.

A partir disso, as posições do indivíduo e do Estado são necessariamente objeto de normas jurídicas vinculativas de ambos e aquelas posições se juridicizam-se: o Estado e o indivíduo apresentam-se perante o outro como titulares de direitos e deveres recíprocos. (Grifos nossos).[23]

Considerando essa evolução doutrinária no sentido de conceber espaços vinculados, derivados da lei seja com regras ou princípios, presentes até mesmo no ato administrativo eminentemente discricionário e a nova relação entre Poder Público e administrado, o controle dos atos das agências reguladoras ganha espaço na jurisprudência nacional. Nessa evolução, a discussão acerca da legitimidade da intervenção do Poder Judiciário nos atos discricionários e a superação da legalidade estrita pela análise e tarefa hermenêutica, ganha especial importância e relevância prática.

## 5.4 Controle judicial do ato regulador na perspectiva democrática: para além da legalidade restrita

Identificados os parâmetros delineados no regulamento e na lei que restringem a atuação do Poder Público, importante que se avalie a questão sob a ótica do Judiciário no que se refere à recepção do ato regulador pelo controle judicial.

Conforme discorrido, a teoria do controle da legalidade estrita, difundida por muitos na doutrina clássica, defende que o Poder Judiciário só pode interferir e rever atos administrativos no âmbito de sua legalidade estrita, não podendo, contudo, avaliar questões de mérito, traduzidas em oportunidade e conveniência das escolhas do administrador.

No entanto, o Estado Democrático de Direito foi marcado pela evolução jurídica na concepção da discricionariedade, já trabalhada em tópico anterior, trazendo para o Direito a importância da observação dos princípios que a sustentam, mesmo no caso de admissão de determinado grau de liberdade de atuação do administrador.

A questão de enquadrar o ato normativo, fiscalizador e sancionador da agência reguladora como ato único e absolutamente discricionário, portanto, foi superada pelo Direito junto com a reformulação do próprio conceito de ato discricionário. Dessa forma, o ato emanado

---

[23] ABBOUD, 2014, p. 261.

pelo ente regulador não é totalmente discricionário, ainda que seja autarquia especial em regime independente, pois existem parâmetros e critérios, legais e principiológicos, a observar.

Refletindo essa tendência, os tribunais pátrios também têm acompanhado a doutrina em movimento louvável de cunho democrático. Como exemplo, a decisão de Relatoria da Ministra Laurita Vaz, do Superior Tribunal de Justiça, quando do julgamento do Recurso em Mandado de Segurança nº 17.735/MT:

[...].
3. É cabível a impetração de mandado de segurança contra ato administrativo que impôs sanção disciplinar de demissão ao servidor, *porquanto os atos administrativos comportam controle jurisdicional amplo*. Nesses casos, o *controle não se limita aos aspectos legais e formais do procedimento*. Deve o Poder Judiciário examinar a razoabilidade e a proporcionalidade do ato, bem como a observância dos princípios da dignidade da pessoa humana, da culpabilidade e da individualização da sanção. Precedentes do STJ. (Grifos nossos).[24]

Ainda, recentemente, chegou a ser expressamente adotado pelo Supremo Tribunal Federal, no Recurso Extraordinário nº 634.900-AgR/PI de Relatoria do Ministro Dias Tóffoli, o posicionamento do controle externo amplo do ato administrativo:

[...] Ressalte-se, também, que este Supremo Tribunal Federal firmou entendimento no sentido de que o controle, pelo Poder Judiciário, de ato administrativo eivado de *ilegalidade ou abusividade*, não viola o princípio da separação dos poderes, *podendo atuar, inclusive, nas questões atinentes à proporcionalidade e à razoabilidade*. (Grifos nossos).[25]

As decisões[26] cujos trechos foram colacionados acima retratam o reconhecimento pelo Poder Judiciário da limitação, pela própria lei, do espaço de discricionariedade do administrador, ensejando a validade da interferência judicial em aspectos que extrapolam o conceito restrito de legalidade e interferindo em questões de razoabilidade e proporcionalidade, até então conceitos considerados na seara discricionária ilimitada.

---

[24] BRASIL, 2013a.
[25] BRASIL, 2013b.
[26] Cf., ainda, as recentes decisões: (i) TRF-3-AC 44788 SP 0044788-14.2008.4.03.6301 (BRASIL, 2012) e (ii) STF, RMS 28.208/DF (BRASIL, 2014).

Vê-se, portanto, que há ratificação do entendimento de que o mesmo legislador que cuidou de atribuir a discricionariedade necessária ao órgão regulador para o desempenho de suas funções técnicas com a devida deferência, também cuidou de deixar claro na legislação os limites para o exercício dessa função, não havendo espaço para uma discricionariedade irrestrita.

Assim, é justamente para a observância desses parâmetros legais que o Poder Judiciário vem se atentando, não mais restringindo seu controle sobre os atos administrativos ao aspecto da legalidade *stricto sensu*, mas debruçando-se sob os casos com um olhar de legalidade e legitimidade *lato sensu*, que também engloba os aspectos de razoabilidade e proporcionalidade e preza pela observância do ordenamento jurídico.[27]

## 5.5 Considerações finais

A regulação econômica surge diante da necessidade de conjugação entre duas ordens de interesses: o público, traduzido em uma economia produtiva, harmônica e eficiente; e o privado, marcado,

---

[27] Conforme salienta Rolim e Khouri: (ROLIM; KHOURI, 2014, t.3, p. 80-81), "a questão da possibilidade de revisão judicial dos atos de agências tem sido matéria de intenso debate na doutrina estrangeira, em particular na jurisprudência norte-americana, expoente do desenvolvimento do modelo de regulação. Entre a predominância de admissão de deferência técnica legitimando a atuação das agências reguladoras e o amplo princípio de possibilidade de revisão judicial (*Presumption of review ability*), o Professor Nicholas Bagley resume o dilema da revisibilidade judicial dos atos administrativos das agências nos seguintes termos: *As for policy considerations, judicial review might improve the fairness, quality, and legality of agency decision making. But it also introduces delay, diverts agency resources, upsets agency priorities, and shifts authority within agencies toward lawyers and away from policymakers* (*The Puzzling Presumption of reviewability*, 127 Harv. L. Rev. 1.285 2013-2014, p. 1.287). Não obstante a polêmica e a inegável dificuldade de se atingir uma situação de equilíbrio, a inicial posição de se priorizar a deferência técnica da agência, exposta na Chevron Doctrine, tem cedido espaço para uma atuação da agência que, ainda que técnica, deve ser limitada por princípios de razoabilidade, proporcionalidade e embasada em sonora prova técnica. É o que se verifica dos princípios estabelecidos na decisão da Suprema Corte em Daubertvs. Merrel Dow Pharmaceutical, Inc. (509 U.S.579 1993), que tem ocupado maior espaço no Direito Administrativo Americano, conforme enfatizam Alan Raul e Julie Dwyer em 'Regulatory Daubert: A proposal to enhance Judicial review of Agency science by incorporating Daubert principles in administrative Law' (66 Law and contemporary Problems 7, 2003): *Under regulatory Daubert, agency actions would receive appropriate chevron deference provided the agency relies on relevant and reliable science, offers a rational explanation for its decision, and fully discloses its policy choices and default assumptions, including any relevant scientific bases for its determination. Utilizing Chevron to compound the already excessive deference often accorded to agency decisions is dangerous, however, particularly when agencies are not politically accountable trough effective checks on the regulatory process* (p. 32)".

principalmente, pelo consagrado, inclusive constitucionalmente, direito à iniciativa privada.

Com o surgimento dessa necessidade, traduzida na evolução das esferas público-privada, que culminou na distinção dos interesses mencionados, pode-se dizer que por meio da regulação foi possível ao Estado estabelecer parâmetros de eficiência e regras de conduta aos entes privados atuantes em determinado campo ou atividade econômica que, ao mesmo tempo, fosse de interesse público ou da coletividade.

Primordialmente e sem a sofisticação atinente ao tema, conhecida por intermédio dos doutrinadores do Direito Administrativo Econômico, pode-se dizer, sem receio, que a regulação é mecanismo legítimo de intervenção estatal na esfera privada se observados os parâmetros justificadores de sua existência.

Por outro lado, desejando-se cuidar de definir premissas da atuação regulatória do Estado, não se poderia deixar de mencionar o estabelecimento de regras efetivas visando à eficiência do serviço envolvido, a viabilização e a coordenação da competição nos serviços públicos, o aumento da transparência da gestão estatal mediante a participação do cidadão e do estabelecimento de parcerias, o que só faz sentido com o advento de burocracias eficientes.

O fato é que, na dinâmica da formação do Estado Democrático de Direito, o Direito Administrativo tem evoluído no sentido de consolidar limites ao poder do Estado,[28] limites que atuam como garantias aos cidadãos sem que, contudo, seja eliminada a deferência de um necessário grau de discricionariedade à atuação estatal condizente com os, hoje diversos, interesses públicos a perquirir.

Nesse contexto, a Constituição Federal de 1988 inaugurou marco normativo, que, consagrado como Lei máxima, foi sucedido por diversas leis infraconstitucionais destinadas a consolidar esses contornos e limites da atuação do Estado.

---

[28] Guerra ilustra essa transformação do Direito Administrativo de cunho econômico propondo a estruturação de um instituto de "reflexividade administrativa" que, tendo como base a análise da situação concreta e o objetivo de minimizar a insegurança jurídica, atue como verdadeiro instrumento de direitos fundamentais: "O direito administrativo brasileiro foi construído observando a supremacia da Administração Pública nas relações com os cidadãos: prevalência do interesse público sobre o interesse privado, forte hierarquia na burocracia estatal, submissão quase que absoluta ao princípio da legalidade e espaços para a atuação executiva discricionária. Com a difusão de ideias democráticas e globalizantes, o Direito Administrativo, notadamente de viés econômico, não pode mais comportar-se como nos tempos da ilustração Francesa". (GUERRA, 2012, p. 237).

Nesse processo evolutivo, muito bem retratado pela doutrina já abordada, destaca-se a crescente importância da observância da ordem principiológica, conferindo ao princípio da legalidade uma interpretação mais ampla que lhe outorga verdadeiro grau de postulado da justiça, reclamando atuação administrativa que observe parâmetros objetivos e previsíveis, em homenagem à tão almejada segurança jurídica.[29]

É justamente nesse contexto de evolução normativa que se insere a contemporânea interpretação do Direito Administrativo e em conexão com o Direito Regulatório, interpretação que exige a superação de certos conceitos antes rígidos e subjetivos, para dar lugar a uma visão que delimite a atuação do Estado tendo como base parâmetros e critérios estabelecidos pela lei e pelo regulamento, que, para além da mera legalidade formal, devem ser interpretados à luz dos princípios da razoabilidade e da proporcionalidade.

Nesse sentido, o papel das Agências Reguladoras deve se adequar a esse cenário, exigindo que a atuação das agências se paute pelo respeito não somente aos limites estabelecidos por lei, mas principalmente à interpretação desses limites em conformidade com os princípios da razoabilidade, da proporcionalidade e da previsibilidade, fundamentos para que se consolide situação de efetiva segurança jurídica.

Com essa proposta democrática de Estado Regulador, é imperioso que também se ajustem os atos administrativos, mormente os de cunho sancionatório, que não mais podem se apoiar em uma discricionariedade ampla e irrestrita, mas devem se enquadrar em limites e situações previamente estabelecidos em lei, o que, necessariamente, compreende a incidência do controle judicial sobre esses atos, em uma perspectiva de juridicidade, e não de mera legalidade.

---

[29] Como bem enfatiza Guerra, amparado em diversos doutrinadores do Direito Administrativo, para além da importante subsunção à regra legiferante, o desafio atual do Direito administrativo encerra três pontos acerca da escolha discricionária: "(i) se a discricionariedade decorre da abertura daquilo que foi disciplinado por lei [...]; (ii) se a discricionariedade está fulcrada em critérios de oportunidade e conveniência, constituindo o mérito da escolha executiva pública 'formulados por ela mesma', Isto é, de acordo com 'as decisões de vontade', seus próprios valores; e (iii) se a complexidade exige a cada dia,' para desespero do jurista tradicional, uma 'atuação célere e eficaz da Administração Pública', ampliando espaços para as escolhas do Executivo , indaga-se: é possível empregar ainda o instituto/fórmula da discricionariedade administrativa em todas as questões cotidianas, em que se destaca a ambivalência do estado pluriclasse, amparada em novas tecnologias, altamente arriscadas e complexas, que se apresentam diante do administrador público? Tudo isso deve ser examinado no ambiente de 'pós-modernidade', em que se sustenta a redução da discricionariedade com vistas à mediação, à transparência, à 'auscutação', à 'ponderação das condições e circunstâncias concretas' e à procedimentalização, com vistas à interdição do arbítrio". (GUERRA, 2012, p. 225).

O que não se admite, em uma ordem jurídica que se intitule "democrática", é a ausência de controle sobre os atos administrativos, quer sejam eles emanados pelas agências reguladoras, quer não, pois a discricionariedade não mais é concebida como elemento absoluto de determinado ato, e sim como parte dele, que deve obediência a parâmetros legais ainda que genéricos e, se há baliza da lei, há incidência do controle judicial.

## Referências

ABBOUD, Georges. *Discricionariedade administrativa e judicial*: o ato administrativo e a decisão judicial. São Paulo: Revista dos Tribunais, 2014.

BRASIL, Constituição (1988). *Constituição da República Federativa do Brasil, 1988*. Texto constitucional de 5 de outubro de 1988, com as alterações adotadas pelas emendas constitucionais até 2016. Brasília: Senado Federal, 1988. Disponível em: <http://www.planalto.gov.br/ccivil_03/constituicao/constituicaocompilado.htm>. Acesso em: 4 fev. 2016.

BRASIL. Presidência da República. Lei nº 9.784 de 29 de janeiro de 1999. Regula o processo administrativo no âmbito da Administração Pública Federal. *Diário Oficial da União*, 1 de fevereiro de 1999. Disponível em: <http://www.planalto.gov.br/ccivil_03/leis/L9784.htm>. Acesso em: 4 fev. 2016.

BRASIL. Superior Tribunal de Justiça. Recurso ordinário em mandado de segurança. Administrativo. Servidor público estadual. Processo administrativo disciplinar. Pena de demissão aplicada. Tese de descabimento de aplicação da Lei de Improbidade Administrativa [...]. Recurso em Mandado de Segurança (RMS) nº 17.735/MT. Relª Minª Laurita Vaz. Quinta Turma. 12 de novembro de 2013. *Diário da Justiça Eletrônico*, Brasília, 25 de novembro de 2013a. Disponível em: <ttps://stj.jusbrasil.com.br/jurisprudencia/24737695/recurso-ordinario-em-mandado-de-seguranca-rms-17735-mt-2004-0006025-1-stj>. Acesso em: 4 fev. 2016.

BRASIL. Supremo Tribunal Federal. Agravo regimental no recurso extraordinário. Processo administrativo disciplinar. Legislação infraconstitucional. Ofensa reflexa. Controle judicial. Ato administrativo ilegal. Possibilidade. Recurso Extraordinário nº 634.900-AgR/PI. Rel. Min. Dias Tóffoli. Primeira Turma. *Diário da Justiça Eletrônico*, Brasília, 22 de maio de 2013b. Disponível em: <http://www.stf.jus.br/portal/processo/verProcessoAndamento.asp?incidente=4021219>. Acesso em: 4 fev. 2016.

BRASIL. Supremo Tribunal Federal. Recurso ordinário em mandado de segurança. Direito administrativo. Servidor público. Processo administrativo. Alegação de cerceamento de defesa. Improcedência. Ausência de comprovação de prejuízo. Pena de demissão. Imposição. Não observância dos princípios da razoabilidade e da proporcionalidade. Absolvição do recorrente no âmbito penal. Penalidade desconstituída. Recurso provido. Recurso em Mandado de Segurança (RMS) nº 28.208/DF. Rel. Min. Luiz Fux. Julg. 25 de fevereiro de 2014. *Diário da Justiça Eletrônico*, Brasília, 20 de março de 2014. Disponível em: <https://stf.jusbrasil.com.br/jurisprudencia/24996740/recurso-ord-em-mandado-de-seguranca-rms-28208-df-stf>. Acesso em: 4 fev. 2016.

BRASIL. Tribunal Regional Federal. 3ª Região. Ação ordinária. Anatel. Rádio amador. Fiscalização. Impossibilidade de realização. Impedimento à atividade dos agentes não verificado. Boa-fé. Princípio da razoabilidade. Multa indevida. Apelação Cível (AC) nº 44.788 SP 0044788-14.2008.4.03.6301. Rel. da Desª Federal Cecília Marcondes. *Diário Eletrônico da Justiça Federal da 3ª Região*, 16 de agosto de 2012. Disponível em: <https://trf-3.jusbrasil.com.br/jurisprudencia/22307108/apelacao-civel-ac-44788-sp-0044788-1420084036301-trf3>. Acesso em: 4 fev. 2016.

CARVALHO FILHO, José dos Santos. *Manual de direito administrativo*. 26. ed. rev. ampl. e atual. São Paulo: Atlas, 2013.

CRETELLA JÚNIOR, José. *Controle jurisdicional do ato administrativo*. Rio de Janeiro: Forense, 1997.

DI PIETRO, Maria Sylvia Zanella (Org.). *Direito regulatório*: temas polêmicos. 2. ed. Belo Horizonte: Fórum, 2003.

DI PIETRO, Maria Sylvia Zanella. *Direito administrativo*. 25. ed. São Paulo: Atlas, 2012.

FARIA, Edimur Ferreira de. *Controle do mérito do ato administrativo pelo Judiciário*. 2. ed. Belo Horizonte: Fórum, 2016.

FIGUEIREDO, Lúcia Valle. *Curso de direito administrativo*. 4. ed. São Paulo: Malheiros, 2000.

GUERRA, Sérgio. Discricionariedade administrativa: limitações da vinculação legalitária e propostas pós-positivistas. In: ARAGÃO, Alexandre Santos de; _____. Atualidades sobre o controle judicial dos atos regulatórios. *Revista Eletrônica de Direito Administrativo Econômico* (REDAE), Salvador, n. 21, fev./mar./abr. 2010.

JUSTEN FILHO, Marçal. *O direito das agências reguladoras independentes*. São Paulo: Dialética, 2002.

MARQUES NETO, Floriano (Coord.). *Direito administrativo e seus novos paradigmas*. Belo Horizonte: Fórum, 2012.

MEDAUAR, Odete. *Direito administrativo moderno*. 6. ed. São Paulo: Revista dos Tribunais, 2002.

MELLO, Celso Antônio Bandeira de. *Discricionariedade e controle jurisdicional*. 2. ed. São Paulo: Malheiros, 2007.

MELO FILHO, João Aurino de. Controle jurisdicional na atividade das agências reguladoras: delimitação da discricionariedade administrativa. *Jus Navigandi*, Teresina, ano 14, n. 2.163, 3 jun. 2009. Disponível em: <https://jus.com.br/artigos/12903/controle-jurisdicional-na-atividade-das-agencias-reguladoras>. Acesso em: 4 fev. 2016.

MOREIRA NETO, Diogo de Figueiredo. *Curso de direito administrativo*: parte introdutória, parte geral e parte especial. 16. ed. rev. e atual. Rio de Janeiro: Forense, 2014.

MOREIRA NETO, Diogo de Figueiredo. *Direito regulatório*. Rio de Janeiro: Renovar, 2003.

NEVES, Rodrigo Santos. *Função normativa e agências reguladoras*. Rio de Janeiro: Lumen Juris, 2009.

OSÓRIO, Fábio Medina. *Direito administrativo sancionador*. 3. ed. São Paulo: Revista dos Tribunais, 2009.

ROLIM, Maria João Carreiro Pereira; KHOURI, Alice de Siqueira. Dosimetria das penalidades regulatórias e a interpretação atualizada do poder discricionário da administração. In: ROCHA, Fábio Amorim (Coord.). *Temas relevantes no direito de energia elétrica*. Rio de Janeiro: Synergia, 2014, t. 3.

TAVARES, André Ramos. A intervenção do Estado no domínio econômico. In: CARDOZO, José Eduardo (Org.). *Curso de direito administrativo econômico*. São Paulo: Malheiros, 2006, v. 2.

---

Informação bibliográfica deste livro, conforme a NBR 6023:2002 da Associação Brasileira de Normas Técnicas (ABNT):

KHOURI, Alice de Siqueira. Controle judicial dos atos emanados das agências reguladoras à luz do estado democrático de direito. In: FARIA, Edimur Ferreira de (Coord.). *Controle da Administração Pública Direta e Indireta e das concessões*: autocontrole, controle parlamentar, com o auxílio do Tribunal de Contas, controle pelo Judiciário e controle social. Belo Horizonte: Fórum, 2018. p. 131-152. ISBN 978-85-450-0472-1

CAPÍTULO 6

# O CONTROLE DAS CONCESSÕES COMO INSTRUMENTO NECESSÁRIO À EFICIÊNCIA DOS SERVIÇOS PÚBLICOS

ANE KAREN DORNELA DE SOUZA BULDRINI

## 6.1 Introdução

Desde a década de 1990, o Brasil vem passando por sérias transformações em seu sistema de gestão, sendo as mais marcantes as privatizações de empresas públicas e a delegação da prestação de serviços públicos a empresas privadas.

Vários fatores contribuíram para o fomento às delegações dos serviços públicos, dos quais se destaca o reconhecimento, pelo Estado, de sua ineficiente condição financeira para a prestação desses serviços de forma adequada aos anseios populares. Ante essa constatação, o Estado, premido pelo dever constitucional de efetivar as políticas públicas, optou por ampliar a delegação da prestação dos serviços públicos à iniciativa privada.

Frise-se, delega-se apenas a prestação dos serviços públicos. O poder concedente permanece com a titularidade deles e, nos termos do ordenamento jurídico e observando os procedimentos próprios, pode retomar o serviço delegado. Assim, o serviço público, ainda que prestado por particular, não perde seu caráter público e, portanto, deve continuar observando as características que lhe são pertinentes, tais como generalidade, continuidade, eficiência, igualdade e modicidade. O poder concedente continua responsável pela boa execução dos serviços delegados e pelos eventuais danos causados a terceiros em decorrência da prestação deles durante o prazo de vigência do contrato de concessão ou permissão, solidariamente, com a concessionária.

Considerando que os serviços públicos são essenciais à vida das pessoas e ao bom funcionamento do país, é fundamental que a qualidade da sua prestação seja devidamente controlada.

O controle das concessões e permissões de serviços públicos, como se exporá a seguir, não se concentra em apenas um órgão ou entidade.

A Lei nº 8.987, de 13 de fevereiro 1995,[1] que regulamenta de forma geral as concessões e as permissões dos serviços públicos, prescreve que o poder concedente deve fiscalizar a prestação dos serviços delegados por meio de órgão técnico ou entidade por ele conveniada e prevê, inclusive, a participação dos usuários de serviços públicos em determinada etapa da fiscalização.

Não obstante o controle pelo poder concedente, os usuários, as agências reguladoras, os tribunais de contas e o Poder Judiciário também atuam no controle dos serviços públicos delegados, contribuindo de forma incisiva na qualidade de sua prestação.

O controle da concessão dos serviços públicos é o tema deste estudo, no qual são abordados os seus diversos aspectos e meios.

## 6.2 As concessões de serviços públicos e sua perspectiva histórica

As concessões e permissões de serviços públicos são realidade no Brasil e vêm se ampliando nos últimos anos, nos termos das Leis nº 8.987, de 13 de fevereiro de 1995, que dispõe sobre o regime de concessão e permissão da prestação de serviços públicos, e nº 11.079, de 30 de dezembro 2004, que regulamenta e disciplina as parcerias público-privadas. Elas se materializam por meio de contratos precedidos de licitação nas modalidades estabelecidas nas leis de regência. O Estado, valendo-se de uma dessas formas de delegação, transfere à iniciativa privada a prestação de serviços públicos, que serão executados sob égide contratual, com cláusulas previamente estabelecidas pelo poder concedente.

---

[1] BRASIL, 1995.

Os concessionários e permissionários de serviços públicos executam as atividades delegadas por sua própria conta e risco e estarão, durante a vigência contratual, sob a orientação e a fiscalização do poder concedente.

Mello (2013) aponta características intrínsecas à concessão de serviços públicos, que representam importante ferramenta de definição e identificação desse instituto. O autor sustenta que a concessionária aceita, em seu próprio nome, a prestação dos serviços concedidos, correndo a execução por sua conta e risco. A prestação dos serviços é pautada por condições prefixadas, que podem ser alteradas durante a execução do respectivo contrato. A remuneração do delegatário do serviço efetiva-se, em regra, por meio de tarifa cobrada diretamente dos respectivos usuários. A lei prevê, todavia, a possibilidade de outras formas remuneratórias, com vistas à observância do princípio da modicidade.

Visando à manutenção do equilíbrio econômico-financeiro do contrato de concessão ou de permissão, o valor da tarifa deve ser reajustado de doze em doze meses, mediante negociação entre o poder concedente e o concessionário ou permissionário.

Faria conceitua as concessões de serviço público como

[...] a transferência pelo Poder Público ao particular da prestação de serviços públicos, mediante concorrência e formalização via contrato por tempo determinado. O delegatário pode ser pessoa jurídica ou consórcio de empresas que tenham competência para realização do objeto da concessão. A concessionária presta os serviços por sua conta e risco, sob a orientação, a fiscalização e o controle do poder concedente.[2]

A concessão e a permissão de serviços públicos estão previstas no art. 175 da Constituição da República de 1988, que assim prescreve:

Art. 175. Incumbe ao Poder Público, na forma da lei, diretamente *ou sob regime de concessão ou permissão*, sempre através de licitação, a prestação de serviços públicos. (Grifos nossos).[3]

O dispositivo constitucional foi regulamentado pela Lei nº 8.987/1995.[4] A Lei nº 11.079/2004[5] prescreve duas espécies de concessão distintas das aqui em estudo: a concessão patrocinada e a concessão

---

[2] FARIA, 2015, p. 390.
[3] BRASIL, 1988.
[4] BRASIL, 1995.
[5] BRASIL, 2004.

administrativa, que não serão examinadas por não serem objeto deste estudo.

Hodiernamente, os serviços públicos delegáveis são, na quase totalidade, prestados pela iniciativa privada, dentre os quais, citam-se: os serviços de transporte coletivo; o de geração, transmissão, e distribuição de energia; e os de telecomunicações.

Por fim, esclarece-se que os serviços delegados não perdem a condição de serviços públicos. O poder concedente permanece atuando em sua prestação na condição de fiscal/controlador. A titularidade do serviço permanece sendo do Estado. Vislumbra-se, portanto, um serviço público descentralizado.[6]

## 6.2.1 Perspectiva histórica

Registros históricos recentes indicam que a crise econômica mundial da década de 1970 contribuiu para que as ideias neoliberais começassem a ganhar espaço ao redor do mundo, principalmente após a eleição de Margaret Tatcher, na Inglaterra, em 1979, e de Ronald Reagan, nos Estados Unidos, em 1981.

Em termos nacionais, a crise mundial resultou em altos índices de inflação e desemprego e baixas taxas de crescimento econômico. Absorvendo as ideias neoliberais que se expandiam pelo mundo, o Brasil, em meados da década de 1990, iniciou marcante reforma em seu modelo de gestão, reduzindo expressivamente a atuação do Estado em diversos ramos da economia, mediante o fortalecimento das concessões e permissões de serviços públicos e da privatização de grandes empresas estatais.

No entendimento de Pereira, um dos grandes protagonistas da reformulação estatal da década de 1990, "a grande tarefa política dos anos 90 é a reforma ou a reconstrução do Estado".[7]

Luiz Carlos Bresser Pereira, Ministro da Administração e Reforma do Estado no Governo Fernando Henrique Cardoso, entre 1995 e 1998, quando teve início a já mencionada reformulação estatal, visava implantar no Brasil o chamado neoliberalismo de regulação, ou Estado Social-Liberal, que, dentre outros, prescrevia a delimitação do tamanho do Estado sob diversos aspectos, inclusive quanto ao seu papel regulador.

---

[6] MEDAUAR, 1995.
[7] PEREIRA, 1998, n. 45, p. 49.

Pereira assim define o Estado Social-Liberal:

> Nossa previsão é a de que o Estado do século vinte e um será um Estado Social-Liberal: social porque continuará a proteger os direitos sociais e a promover o desenvolvimento econômico; liberal, porque o fará usando mais os controles de mercado e menos os controles administrativos, porque realizará seus serviços sociais e científicos principalmente através de organizações públicas não estatais competitivas, porque tornará os mercados de trabalhos mais flexíveis, porque promoverá a capacitação dos seus recursos humanos e de suas empresas para a inovação e a competição internacional.[8]

Para os defensores do Estado Social-Liberal, a condição financeira precária do Estado, aliada à expectativa de maior eficiência da iniciativa privada na prestação de serviços públicos, seria boa justificativa para a privatização de empresas públicas e a delegação das funções estatais a entidades privadas:

> Tais reformas foram justificadas com base em argumentos relacionados à escassez de recursos públicos para financiar a manutenção e a expansão dos serviços, bem como pela crença de que os agentes privados delegados imprimiriam maiores ganhos de eficiência na gestão da oferta dos serviços públicos.[9]

A nova política adotada no Brasil constituiu marco histórico de complexidade inegável. Para melhor compreendê-la, reporta-se a Clark (2009), que enumera as mais relevantes implicações advindas de sua implantação, das quais se mencionam: a privatização de toda a atividade empresarial do Estado; a intervenção mínima do Estado na atividade econômica; a redução das políticas sociais; a abertura da economia ao mercado mundial; a priorização à economia de exportação; a criação de agências reguladoras.

O Brasil é um país de extenso território e imensas desigualdades sociais e, não obstante toda a expectativa positiva em relação à implementação do neoliberalismo de regulação, o que se vivenciou foi o acirramento dessas desigualdades, uma vez que, concomitantemente à transferência de atividades públicas à iniciativa privada, privilegiaram-se políticas benéficas aos detentores do capital em detrimento da massa

---

[8] PEREIRA, 1998, n. 45, p. 59-60.
[9] BEMERGUY, 2008, p. 79.

trabalhadora. Políticas como o arrocho salarial, a flexibilização das leis trabalhistas e a diminuição das políticas sociais agradavam, por motivos óbvios, os detentores do capital, mas impunham uma vida ainda mais miserável às classes dele desprovidas.

Houve, ainda, redução das políticas voltadas para a proteção dos direitos do consumidor e para o fomento da qualidade de ensino nas universidades federais, saúde e segurança pública, que passaram a ter estruturas cada vez mais precárias.

Nas palavras de Clark,

> portanto, o Estado Democrático de Direito, com suas políticas econômicas de regulação não só transferiu diretamente seus serviços e atividades econômicas ao setor privado, mas também, age, concomitantemente, precarizando e reduzindo a sua inserção em setores de sua responsabilidade. Todavia, a iniciativa privada 'atende', apenas, aos consumidores capazes de pagarem os preços exigidos por ela, ficando os sofridos serviços públicos para as camadas pobres e miseráveis da população.[10]

As políticas de privatização foram, inegavelmente, desrespeitosas com a Constituição Econômica brasileira, tornando frágil a soberania econômica do País, pois transferiram ao capital estrangeiro e privado inúmeras riquezas nacionais, possibilitando que empresas multinacionais usufruíssem de recursos naturais para desenvolver produtos de cuja tecnologia continuaram proprietárias.[11]

O atual governo de Michel Temer, por meio de seu programa *Uma Ponte para o Futuro*, dá claros sinais de que pretende implantar modelo de gestão com aspectos neoliberais. Isso se confirma com o teor da Proposta de Emenda Constitucional nº 55, de 2016,[12] que, dentre inúmeras outras medidas impopulares, almeja congelar os investimentos na saúde e na educação por vinte anos.

## 6.2.2 Conceitos relacionados à concessão de serviço público

Para melhor compreensão do tema, indispensável se faz conceituar alguns dos institutos relacionados à concessão de serviços públicos.

---

[10] CLARK, 2009, n. 9, p. 19.
[11] CLARK, 2009, n. 9, p. 9-30.
[12] BRASIL, 2016.

## 6.2.2.1 Serviço público

A concepção de serviço público está, de certa forma, enraizada na percepção popular, uma vez que desde o nascimento as pessoas utilizam alguns desses serviços. Sua conceituação jurídica, porém, torna-se de essencial importância para melhor análise do tema proposto.

Cicero assim define serviço público:

> Existen determinadas actividades económicas, que por configurar una necesidad imprescindible del conjunto social, y por ser desarrolladas en condiciones monopólicas, son declaradas por la ley 'servicio público'. Dicho rótulo se propone asegurar que la actividad así caracterizada, será prestada em condiciones de generalidad, uniformidad, continuidad y regularidad. Desde este punto de vista, la noción de servicio público se constituye en una técnica garantística, en el sentido que el cumplimento de lãs actividades definidas como tal, no se deja librado a los vaivenes del mercado ni a ninguna outra contingencia interruptiva.[13]

O serviço público, portanto, possui características próprias e intrínsecas, tais como a generalidade, a uniformidade, a continuidade e a regularidade. Obviamente, a inobservância de qualquer dessas características resulta em um serviço de qualidade ruim, que não atende aos anseios sociais.

## 6.2.2.2 Poder concedente

Para Faria, o poder concedente será necessariamente pessoa jurídica de direito público interno dotada de capacidade política. Assim, apenas a União, os Estados-Membros, o Distrito Federal e os Municípios podem se tornar poderes concedentes.

Empresas públicas, sociedades de economia mista ou autarquias, já que não possuem capacidade política e/ou não são pessoas jurídicas de direito público interno, não poderão delegar os serviços a que estão obrigadas. Essas estatais já são, em sua própria essência, delegatárias de serviços públicos e estarão sempre vinculadas à pessoa política que as criou.

Ao poder concedente, a Lei nº 8.987/1995,[14] atribui diversos encargos, dentre os quais o de fiscalizar permanentemente a prestação

---

[13] CICERO, 1996, p. 19.
[14] BRASIL, 1995.

do serviço concedido, a fim de garantir sua qualidade, eficiência e modicidade.

## 6.2.2.3 Concessionária

Na doutrina de Medauar (1995), concessionária de serviço público pode ser compreendida como a pessoa jurídica ou o consórcio de empresas que assume a obrigação de executar o serviço concedido durante o prazo que perdurar a concessão.

A concessionária executará o serviço concedido por sua própria conta e risco, assumindo todas as responsabilidades e os possíveis prejuízos que decorrerem da concessão.

A concessionária de serviço público, quando for pessoa jurídica de direito privado, jamais se confundirá ou pertencerá à Administração. Já a concessionária empresa pública ou sociedade de economia mista, além de concessionária, será parte integrante da Administração indireta.

Assim, em síntese, a concessionária é a pessoa que executará o serviço público no lugar do poder concedente, estando obrigada a observar as características daquele serviço e as cláusulas contratadas, garantindo a qualidade esperada por seus usuários.

## 6.3 A fiscalização, pelo poder concedente, do serviço público concedido

A partir do momento em que delega serviço público que constitucionalmente é de sua responsabilidade, o poder concedente deixa de ser o executor direto daquele serviço, mas não se isenta das obrigações e responsabilidades a ele intrínsecas.

A legislação pátria prescreve ao poder concedente obrigações relacionadas à fiscalização e ao controle do serviço concedido e a doutrina apresenta interessantes discussões acerca do tema.

### 6.3.1 Perspectiva legal

A Lei nº 8.987/1995, no intuito de garantir a tutela do interesse público, prescreve diversos encargos ao poder concedente. Dentre eles, estão os de regulamentar o serviço público concedido e fiscalizar permanentemente sua execução, intervir em sua prestação quando necessário, aplicar as penalidades previstas quando cabíveis, fazer cumprir suas disposições regulamentares.

Caso opte por delegar à iniciativa privada a execução de serviço público que é de sua responsabilidade, deve o poder concedente zelar por sua qualidade, a fim de assegurar o correto atendimento e a satisfação dos usuários.

O art. 3º da supramencionada lei estabelece a possibilidade de cooperação dos usuários dos serviços concedidos quando da fiscalização pelo poder concedente, prescrevendo que "as concessões e permissões sujeitar-se-ão à fiscalização do poder concedente responsável pela delegação com a cooperação dos usuários".[15]

Por força do disposto no art. 23, VII, da referida lei, constitui cláusula essencial ao contrato de concessão de serviço público aquela relativa à forma de fiscalização das instalações, dos equipamentos, dos métodos e práticas de execução do serviço, bem como a indicação dos órgãos competentes para exercê-la.[16] Assim, o poder concedente está obrigado a estabelecer previamente, ainda na fase interna da licitação, a forma como fiscalizará a execução dos serviços concedidos e a planejar, antes mesmo da assinatura do contrato, a forma mais eficaz de fazê-la.

Ainda na Lei nº 8987/1995, seu art. 29 prescreve alguns outros encargos intrínsecos ao dever de controle e fiscalização, dentre os quais se destaca o poder/dever do poder concedente de fiscalizar permanentemente a prestação do serviço concedido:

Art. 29. Incumbe ao poder concedente:

I – regulamentar o serviço concedido e fiscalizar permanentemente a sua prestação.[17]

A mesma lei atribui ao poder concedente, no art. 30, o direito a acessar todos os dados relativos à administração, contabilidade, recursos técnicos, econômicos e financeiros da concessionária.[18] O conhecimento dos dados relativos à administração e à situação financeira da concessionária é fundamental para a boa fiscalização da execução do contrato de concessão, já que permitirá avaliar seu equilíbrio econômico-financeiro e a saúde financeira da prestadora de serviços, a medida visa, principalmente, evitar riscos à qualidade dos serviços e prejudicar seus usuários.

---

[15] BRASIL, 1995.
[16] BRASIL, 1995.
[17] BRASIL, 1995.
[18] BRASIL, 1995.

A fiscalização dos serviços concedidos, nos termos do parágrafo único do art. 30, será feita por intermédio de órgão técnico do poder concedente ou por entidade com ele conveniada, e, periodicamente, por comissão composta de representantes do poder concedente, da concessionária e dos usuários:

> Parágrafo único. A fiscalização do serviço será feita por intermédio de órgão técnico do poder concedente ou por entidade com ele conveniada, e, periodicamente, conforme previsto em norma regulamentar, por comissão composta de representantes do poder concedente, da concessionária e dos usuários.[19]

A realização de controle conjunto, com a participação de todas as partes envolvidas na concessão, incluindo os usuários do serviço concedido, merece destaque, tendo em vista que avalia a qualidade da prestação sob todas as perspectivas, considerando a opinião dos usuários (maiores interessados na boa execução do serviço), os dados técnicos e as informações fornecidas pela concessionária e a regulamentação previamente elaborada pelo poder concedente.

O art. 31, também da Lei nº 8.987/95, seguindo a mesma lógica do art. 30, *caput*, atribui à concessionária de serviço público o dever de permitir aos encarregados da fiscalização, em qualquer época, livre acesso às obras, aos equipamentos e às instalações integrantes do serviço, bem como aos seus registros contábeis. Reitera-se, o livre acesso do poder concedente aos elementos que compõem a concessão possibilita uma fiscalização mais intensa e uma apuração mais rigorosa da qualidade do serviço prestado.

> Art. 31. Incumbe à concessionária:
> 
> [...];
> 
> V – permitir aos encarregados da fiscalização livre acesso, em qualquer época, às obras, aos equipamentos e às instalações integrantes do serviço, bem como a seus registros contábeis;
> 
> [...].[20]

Assim, a principal lei regulamentadora das concessões de serviços públicos cerca de muitas garantias e obrigações o poder/dever

---

[19] BRASIL, 1995.
[20] BRASIL, 1995.

de controle e fiscalização do poder concedente, objetivando garantir a boa qualidade dos serviços concedidos.

## 6.3.2 Perspectiva doutrinária

O dever de controle é elemento intrínseco e fundamental à tutela do interesse público, que pode ser considerada a principal função do Estado. Assim, se o Estado se omite na fiscalização do serviço que optou por conceder ou o faça de forma ineficiente, está cometendo transgressão gravíssima, reprovável, já que está deixando de praticar ato que justifica a própria existência.

Os interesses da iniciativa privada não guardam semelhança com o interesse público tutelado pelo Estado. Nesses termos, é inconcebível que o Estado controle ou fiscalize de forma ineficiente o serviço concedido, já que, caso isso ocorra, os interesses privados de busca pelo lucro se sobreporão ao interesse público de adequada prestação do serviço, submetendo seus usuários ao pagamento de altas tarifas em troca de serviço precário e que não atende às suas necessidades.

A respeito da ora discutida obrigação de controle por parte do poder concedente, a doutrina brasileira se manifesta sem muitas divergências, reconhecendo a importância do adequado controle para garantir a boa prestação do serviço concedido.

Rangel Júnior (1995) reconhece como essencial o dever de controle à tutela do interesse público e destaca a importância de estar a Administração devidamente equipada e com corpo técnico especializado para sua execução, nos termos do art. 30, parágrafo único da Lei nº 8.987/1995.[21]

Como condicionante de transparência e eficiência do serviço público concedido, Mello (2013) menciona seu efetivo controle pelo poder concedente, que deve se manter informado dos aspectos comportamentais do concessionário, gozando de acesso irrestrito aos seus documentos, incluindo livros e registros contábeis.

Azevedo e Alencar também abordam a fiscalização da concessão de serviço público e preconizam que o Estado, apesar de não mais atuar como executor daquele serviço, permanece tendo sua titularidade, razão pela qual sua fiscalização e controle devem permanecer sob sua responsabilidade:

---

[21] BRASIL, 1995.

Embora o concessionário atue em nome próprio, o serviço continua sendo público, motivo pelo qual seu controle e fiscalização são reservados ao poder concedente, que é o fiador da boa prestação do serviço perante os usuários. Cabe ao Estado, portanto, o poder de inspeção e controle, de forma a garantir que o concessionário e o permissionário prestem serviço adequado, na forma descrita no art. 6º.[22]

Já Gordillo (2013), renomado doutrinador argentino, afirma que aquele que concede não deve controlar, inovando as concepções até agora estudadas.

A fim de justificar sua teoria, o doutrinador reporta-se à separação de poderes e menciona que, da mesma forma que quem legisla não deve julgar nem executar, quem concede também não deve controlar:

> Así como el sistema previo a la Constitución de 1994 era que el que legisla no ejecuta ni juzga de la ley, el que la ejecuta no la dicta ni juzga de ella y el que la juzga no la dicta ni ejecuta; ahora el sistema se ve complementado e integrado com el principio de que *el que concede u otorga un monopolio no debe ser el que lo controle*. Es pues el mismo principio, actualizado, de la división de poderes y el sistema de frenos y contrapesos, que nuestra Constitución perfecciona. (Grifos do autor).[23]

Distinguir o ente concedente do ente controlador pode trazer, de fato, grandes benefícios ao controle e à fiscalização do serviço concedido. Conforme mencionado, quem dita as regras da concessão é o poder concedente, quando da confecção do edital na fase interna da licitação. Atribuir a esse mesmo poder concedente o dever de fiscalizar pode facilitar a usurpação e o desvio de poder, além de conluios entre o poder concedente e a concessionária. Não é difícil imaginar, por exemplo, situação em que o agente representante do poder concedente crie regras de reajuste contratual que lhe garantirão vantagens ilícitas no momento de reequilibrar economicamente o contrato, já que é de seu conhecimento que será ele mesmo o responsável por avaliar e julgar o reequilíbrio futuro.

Gordillo (2013) prescreve ainda que, mesmo que haja um ente controlador governamental destinado especificamente ao controle de determinado serviço, esse ente estará sempre sob as ordens do

---

[22] AZEVEDO; ALENCAR, 1998, p. 25.
[23] GORDILLO, 2013, t. 1, cap. 15, p. 4.

poder político central, já que é ele quem dita previamente as regras da concessão. Assim, não haveria um real controle social da concessão do serviço.

Tomando-se como exemplo o Brasil, mesmo que sejam criadas agências reguladoras com o fim específico de controlar a prestação de determinados serviços, tem-se que tais agências são braços do próprio ente político que as criou, não representando elas, de fato, independência entre o poder concedente, o ente controlador e a concessionária.

Assim, ainda que a maior parcela da doutrina atribua ao poder concedente a responsabilidade majoritária pela fiscalização e controle do serviço concedido, esse pode não ser o entendimento mais adequado, já que é inegável a ineficiência da fiscalização pelo poder concedente em diversos serviços públicos concedidos.

São quase palpáveis aos usuários dos diversos serviços públicos concedidos as consequências de um controle mal executado. O serviço de transporte público coletivo, por exemplo, com malha ferroviária quase inexistente e ônibus em número muito inferior ao realmente necessário, submete seus usuários a situações degradantes, como horas de espera, ausência de assentos disponíveis e veículos em péssimo estado de conservação. Não obstante a má qualidade do serviço prestado, constantemente as tarifas pagas pelos usuários são majoradas.

## 6.3.3 Agências reguladoras

Por determinação legal, a fiscalização do serviço concedido deverá ser feita por intermédio de órgão técnico do poder concedente ou por entidade a ele conveniada. Diante disso, o governo federal criou agências reguladoras cujo objetivo é fiscalizar a prestação dos serviços públicos delegados à iniciativa privada.

Atualmente, existem dez agências reguladoras que controlam os diversos serviços públicos outorgados a particulares:
- Agência Nacional de Telecomunicações (Anatel): regula o setor de telecomunicações;
- Agência Nacional de Petróleo (ANP): regula as atividades ligadas ao petróleo, ao gás natural e aos biocombustíveis;
- Agência Nacional de Energia Elétrica (Aneel): regula a geração, a transmissão, a distribuição e a comercialização de energia elétrica;
- Agência Nacional de Saúde Suplementar (ANS): regula as atividades ligadas à saúde;

- Agência Nacional de Vigilância Sanitária (Anvisa): também ligada à saúde, realiza o controle sanitário de inúmeros produtos que necessitam de vigilância sanitária;
- Agência Nacional de Águas (ANA): controla a gestão dos recursos hídricos no país;
- Agência Nacional do Cinema (Ancime): seu principal objetivo é o incentivo à produção, distribuição e exibição de obras cinematográficas e videofonográficas;
- Agência Nacional de Transportes Aquaviários (Antaq): controla o setor de transportes aquaviários;
- Agência Nacional dos Transportes Terrestres (ANTT): controla a concessão de ferrovias, rodovias e transporte ferroviário, além da permissão de transporte coletivo regular de passageiros nas rodovias e ferrovias;
- Agência Nacional de Aviação Civil (Anac): regula e fiscaliza as atividades do setor aéreo.

## 6.4 A fiscalização dos serviços concedidos pelos Tribunais de Contas

O controle da concessão de serviços públicos, reitera-se, não se restringe ao poder concedente. O Tribunal de Contas da União (TCU) auxilia o Poder Legislativo, desempenhando importante função na atividade de controle. Os tribunais de contas dos Estados e os dos Municípios de São Paulo e do Rio de Janeiro desempenham semelhantes funções do TCU no âmbito de suas competências.

O TCU acompanhou as reformas experimentadas pelo Brasil em seu modelo de gestão na década de 1990, fiscalizando, de forma concomitante, os processos de privatização e delegação dos serviços públicos. Em 1998, criou-se naquele Tribunal unidade técnica específica para acompanhar esses processos, a atualmente denominada Secretaria de Fiscalização de Desestatização (Sefid).

O controle externo exercido pelo TCU difere substancialmente daquele exercido pelos poderes concedentes, já que não recai diretamente sobre a concessionária ou sobre a prestação dos serviços concedidos, tal qual o controle exercido por aqueles poderes. Trata-se, reconhecidamente pelo próprio TCU, de controle de segunda ordem, no qual aquela Corte de Contas verifica a adequada atuação do poder concedente na fiscalização dos serviços delegados. Assim, o sujeito de seu controle é o próprio poder concedente, que poderá ser apenado caso não esteja agindo de forma eficiente na fiscalização a que está obrigado. Em julgado recente, o TCU posicionou-se de forma esclarecedora acerca do seu papel no controle das delegações de serviços públicos:

> Com tal desiderato, trago palavras do Ministro José Jorge, inseridas no voto condutor do Acórdão nº 210/2013-TCU-Plenário, *verbis*:
>
> [...] a jurisprudência desta Corte sedimentou-se no sentido de que não compete ao TCU, no exercício do controle externo da Administração Pública, fiscalizar diretamente as empresas delegatárias de serviço público, mas sim, examinar se o poder concedente está fiscalizando de forma adequada a execução dos contratos celebrados. Isso porque entendimento em sentido contrário implicaria invasão do Tribunal na seara de atuação das agências reguladoras, esvaziando a competência dessas importantes entidades introduzidas pela Reforma do Aparelho do Estado no final dos anos 90.
>
> [...].
>
> 13. Não obstante os argumentos mencionados anteriormente, cabe asseverar que a competência deste Tribunal diante dos processos de reajuste anual das concessionárias de distribuição de energia elétrica alcança primordialmente o controle e a avaliação dos atos praticados pela Aneel na condução do processo. Cumpre à Aneel fiscalizar os dados e as informações produzidos pela concessionária e ao TCU verificar a forma como essa autarquia desempenha essa função, sob pena de este Tribunal se substituir à agência. Trata-se, assim, de um controle de segunda ordem.[24]

O TCU editou a Instruçao Normativa nº 27, de 2 de dezembro de 1998,[25] dispondo acerca de seu papel fiscalizador nos processos de desestatização, incluindo privatizações de empresas públicas, concessões, permissões e autorizações de serviços públicos.

O art. 1º, §1º, III da referida Instrução Normativa prescreve a definição de concessão de serviço público:

> III – concessão de serviço público: a delegação de sua prestação, feita pelo poder concedente, mediante licitação, à pessoa jurídica ou consórcio de empresas que demonstre capacidade para seu desempenho, por sua conta e risco e por prazo determinado.[26]

---

[24] BRASIL, 2015d.
[25] BRASIL, 1998.
[26] BRASIL, 1998.

De forma sistematizada e bastante organizada, o TCU determina a realização de fiscalização prévia ou concomitante quando da outorga de serviços públicos e define os estágios em que serão divididas aquelas fiscalizações. São ao todo quatro estágios, assim compreendidos:

- Estágio 1: trata-se da análise da viabilidade técnica, econômico--financeira e ambiental da pretendida concessão, por meio dos relatórios técnicos e estudos apresentados pelo poder concedente;
- Estágio 2: refere-se ao final da fase interna da licitação, quando se verifica a pré-qualificação, o edital de licitação e a minuta contratual, a fim de avaliar se as determinações legais foram devidamente cumpridas;
- Estágio 3: refere-se à fase externa da licitação, com o julgamento dos requisitos de habilitação e demais atos inerentes à etapa de habilitação;
- Estágio 4: compreende o ato de outorga e a assinatura do contrato de concessão de uso.

Contratos de concessão de serviços públicos são, em regra, de longa duração e têm valores expressivos. Assim, é de crucial importância a atuação prévia e concomitante dos tribunais de contas no procedimento de contratação, de forma a instruir a elaboração das cláusulas contratuais, examinar a viabilidade econômico-financeira, técnica e ambiental do contrato e corrigir falhas antes da publicação do certame licitatório e da assinatura do contrato. O controle prévio, concomitante, evita problemas futuros na execução do contrato, sendo além de mais eficiente, mais econômico ao Erário.

A atuação dos tribunais de contas não se restringe ao controle prévio, estendendo-se durante a execução contratual. Por meio das fiscalizações rotineiras ao poder concedente, é possível aos tribunais de contas analisar a legalidade e a proporcionalidade de possíveis repactuações tarifárias, além do zelo da concessionária pelos bens públicos que estão sob sua responsabilidade e que voltarão ao domínio estatal após o término da concessão.

O TCU já admite o controle dos atos discricionários que originaram a concessão, de forma a avaliar sua conveniência e oportunidade. Não pretende o TCU substituir o administrador ou o poder concedente, mas sim, analisar se o mérito que pautou aqueles atos observa, de fato, o interesse público. Assim, desde o advento da Constituição da República de 1988, o controle pelos tribunais de contas não mais está adstrito aos aspectos meramente formais da concessão.

Nesse sentido, afirma Vieira:

> Embora o Poder Judiciário detenha o monopólio da jurisdição *stricto sensu*, o TCU, com esteio em suas competências próprias e privativas previstas constitucionalmente ('jurisdição especial'), tem por dever, nos limites estabelecidos pelo Legislador Constituinte, avaliar a conveniência e a oportunidade dos atos praticados pelos jurisdicionados.
>
> [...].
>
> Certamente, em face das competências outorgadas aos órgãos de controle externo, pelo Legislador Constituinte, o enfoque gerencial e a efetiva materialização dos empreendimentos do Estado não podem ficar à margem do controle.[27]

A Instrução Normativa nº 27/1998-TCU prescreve os principais aspectos que deverão ser avaliados pelo TCU quando da realização de suas auditorias, bem como o fiel cumprimento das cláusulas contratuais e as ações exercidas pelo poder concedente:

> Art. 11. Na fase de execução contratual, a fiscalização observará o fiel cumprimento das normas pertinentes e das cláusulas contidas no contrato e nos respectivos termos aditivos firmados com a concessionária ou com a permissionária, ou constantes do termo de obrigações, além de avaliar a ação exercida pelo órgão, pela entidade federal concedente ou pela respectiva agência reguladora, bem como as diretrizes por ele estabelecidas.[28]

O TCU (2008) deixa explícita sua preocupação em zelar pela qualidade dos serviços públicos concedidos. Periódicas auditorias nos poderes concedentes permitem ao TCU verificar sua atuação na garantia do fiel cumprimento da legislação pertinente, das cláusulas contratuais e da qualidade do serviço prestado.

É possível observar, por meio de seus acórdãos, que o TCU atua de forma intensa na fiscalização da prestação dos serviços concedidos. Abaixo, algumas das intervenções realizadas pelo Tribunal por meio de auditorias nos poderes concedentes.

---

[27] VIEIRA, 2008, p. 147-148.
[28] BRASIL, 1998.

- Acórdão nº 910/2015 – Avalia o segundo, o terceiro e o quarto estágio do acompanhamento de Leilão da Anatel que tem por objeto a concessão da prestação de serviço público de transmissão de energia elétrica.[29]
- Acórdão nº 2.883/2015 – Determina à ANTT que, dentre outras medidas, utilize, se for o caso, a data de conclusão do Contorno de Florianópolis e das obras associadas, para fins de aplicação do disposto nas cláusulas contratuais nº 19.39 e nº 19.40, que tratam da caducidade do contrato de concessão em caso de reiteradas inexecuções contratuais e abstenha-se de acolher como justificativas para eventuais novos atrasos na conclusão do contorno de Florianópolis e das obras associadas, alegações sem a devida comprovação.[30]
- Acórdão nº 346/2012 – Determina ao Departamento de Estradas de Rodagem do Paraná que promova o restabelecimento do equilíbrio econômico-financeiro dos contratos, ajustando os investimentos, de acordo com as necessidades públicas e as taxas de rentabilidades praticadas, a percentuais compatíveis com o contexto econômico vigente e o custo de oportunidade atual do negócio.[31]
- Acórdão nº 3.354/2012 – Analisa a qualidade dos serviços de distribuição de energia pela Eletropaulo Metropolitana Eletricidade de São Paulo S/A. Recomenda à Aneel, dentre outras providências, que estude medidas para dar mais celeridade aos processos administrativos punitivos, como a eliminação de algumas instâncias recursais, por exemplo, e que avalie a oportunidade e a conveniência de aumentar o prazo necessário para a caracterização de reincidência, de maneira a tornar mais efetivas as punições aplicadas.[32]
- Acórdão nº 2.927/2011 – Determina à ANTT que adote, dentre outras, as medidas necessárias para inserir cláusula de revisão periódica da tarifa de pedágio nos contratos de concessão em vigor, assegurando a todos os interessados o direito de manifestação, mediante audiências e/ou consultas públicas.[33]

---

[29] BRASIL, 2015b.
[30] BRASIL, 2015c.
[31] BRASIL, 2012b.
[32] BRASIL, 2012a.
[33] BRASIL, 2011.

## 6.5 A fiscalização, pelo poder judiciário, do serviço concedido

O Poder Judiciário, sempre que provocado, também atua no controle e na fiscalização das concessões de serviços públicos, a fim de garantir a qualidade e a conformidade de sua prestação às necessidades de seus usuários.

Nos termos do art. 5º, XXXV, da CR/1988, não se excluirá da apreciação do Poder Judiciário lesão ou ameaça a direito.[34] Assim, sempre que a prestação de serviço público concedido ameaçar ou lesar o direito de alguém, o Poder Judiciário poderá ser provocado a se manifestar.

Inúmeros são os julgados que enfrentam questões relativas à qualidade da prestação de serviços públicos concedidos.

Em recente demanda judicial, o Supremo Tribunal Federal (STF) analisou e julgou pedido de Suspensão de Liminar que debatia a prestação ineficiente do serviço de transporte público prestado por concessionária contratada pelo Município de Miricatu/SP.[35]

Em síntese, o Ministério Público do Estado de São Paulo ajuizou Ação Civil Pública com pedido de liminar em face do Município de Miricatu/SP em decorrência da precariedade do serviço de transporte público prestado por concessionária por ele contratada. Comprovou-se nos autos daquela demanda judicial que o transporte regular de passageiros era realizado por veículos escolares, com atrasos frequentes e falta de higiene e segurança, o que caracterizava, além do desvio dos veículos escolares para fins que não lhe são inerentes, risco à segurança dos usuários.

Em razão dos fatos narrados e comprovados nos autos processuais, o Município de Miricatu/SP foi condenado em primeira instância, por meio de liminar, a disponibilizar, no prazo de 24 horas, de forma direta ou por meio de terceiros, transporte público urbano e rural em condições seguras e adequadas aos seus usuários, além de interromper a utilização de veículos escolares nas linhas regulares. Concomitantemente a essa solução imediata, o Município também foi condenado a abrir procedimento licitatório para contratação regular do serviço.

O Município de Miricatu recorreu ao Tribunal de Justiça de São Paulo, que manteve a decisão do juízo de primeira instância e não suspendeu a liminar concedida.

---

[34] BRASIL, 1988.
[35] BRASIL, 2015a.

O pedido de suspensão da liminar foi renovado perante o Supremo Tribunal Federal. Em suas razões, alegou o Município que o juízo de primeira instância, ao prolatar sua decisão, invadiu o mérito administrativo, que supostamente seria insuscetível de apreciação pelo Poder Judiciário, e ditou, juntamente com o Ministério Público daquele Estado, os rumos dos atos discricionários conferidos ao Administrador Público.

A Procuradoria Geral da República (PGR) foi provocada pelo STF a se manifestar sobre o caso. Em seu parecer, o Procurador-Geral da República exarou entendimento de que a determinação, pelo Poder Judiciário, de prestação de serviço público eficiente, adequado e seguro não usurpa o poder discricionário do Administrador Público. Isso porque a prestação de serviço condizente com os parâmetros mínimos esperados por seus usuários é obrigação do Administrador e, portanto, não pode ele optar por não cumpri-la. Sugeriu, por fim, o não acolhimento do pedido de Suspensão da Liminar:

> Conforme bem externado pelo *Parquet* estadual, a determinação para que o Município promova a prestação do serviço público essencial de transporte público de passageiros adequado, seguro e eficiente, dentro dos parâmetros mínimos impostos pela ordem jurídica, não tem o condão de abalar a rotina administrativa de forma a comprometer a ordem, a segurança e a economia locais, porquanto esse serviço, revestido de natureza pública essencial, traduz-se em verdadeira obrigação do Poder Público, de estatura constitucional, nos termos do art. 301 da Lei Maior.
> 
> Ao contrário do que sustentado pelo requerente, não há uma ingerência indevida do Poder Judiciário sobre a parcela de discricionariedade conferida ao gestor público, porquanto não é opção do administrador deixar de atender as necessidades essenciais da coletividade. Ante o exposto, o parecer é pelo não conhecimento do pedido de suspensão de liminar.[36]

No julgamento do pedido de Suspensão de Liminar, o STF acompanhou o parecer da Procuradoria Geral da República e indeferiu o pedido do Município de Miricatu. Em sua exposição de motivos, o STF reconheceu a precariedade do serviço de transporte público prestado por aquele Município e decidiu manter a medida liminar que garantia a retomada imediata do serviço em condições adequadas aos usuários, nos seguintes termos:

---

[36] BRASIL, 2014, p. 3-4.

Contudo, da análise preliminar do caso, evidencia-se a violação de direitos constitucionais e a necessidade de concessão de medida liminar para garantir o restabelecimento da adequada prestação de serviço público essencial de transporte coletivo municipal e a interrupção da utilização de ônibus escolares nas linhas regulares de transporte público coletivo no Município de Miracatu. Assim, liminarmente, indefiro o pedido de suspensão, com fundamento no art. 4, §7º, da Lei nº 8.437/1992, e determino que as partes apresentem documento que comprove o cumprimento do art. 2º da Lei Federal nº 8.437/1992, no prazo de 72 (setenta e duas) horas.[37]

A possibilidade de controle da prestação de serviços públicos pelo Poder Judiciário não configura, portanto, usurpação do poder discricionário do Administrador.

Diversos outros julgados contemplam, sob diversos aspectos, a análise pelo Poder Judiciário da qualidade da prestação de serviços públicos concedidos. Em decisão prolatada em 2000 (REsp. nº 28.222/SP), o Superior Tribunal de Justiça (STJ) condenou de forma solidária o Município de Itapetininga e a Companhia de Saneamento Básico do Estado de São Paulo (Sabesp) ao pagamento de indenização à coletividade em razão de danos ambientais produzidos durante execução dos serviços concedidos.

Entendeu o STJ que a concessão do serviço público não retira do poder concedente a titularidade desse serviço, razão pela qual sua responsabilidade permanece sendo objetiva e não subsidiária.

Direito Administrativo e Ambiental. Artigos 23, inciso VI, e 225, ambos da Constituição Federal. Concessão de serviço público. Responsabilidade objetiva do município. Solidariedade do poder concedente. Dano decorrente da execução do objeto do contrato de concessão firmado entre a recorrente e a companhia de saneamento básico do Estado de São Paulo – Sabesp (delegatária do serviço municipal). Ação civil pública. Dano ambiental. Impossibilidade de exclusão de responsabilidade do município por ato de concessionário do qual é fiador da regularidade do serviço concedido. Omissão no dever de fiscalização da boa execução do contrato perante o povo. Recurso especial provido para reconhecer a legitimidade passiva do município.[38]

---

[37] BRASIL, 2015a.
[38] BRASIL, 2001.

Em outro acórdão, proferido pelo Tribunal de Justiça do Estado do Paraná (TJPR), em 2015, reconheceu-se a legitimidade passiva do poder concedente, *in casu*, o Município de Guaíra, em ação que pleiteou indenização por danos causados a usuário de serviço de transporte público concedido à iniciativa privada. Seguindo a mesma linha de entendimento do acórdão anterior, de autoria do STJ, entendeu o TJPR que, embora o serviço público tenha sido concedido, sua titularidade permanece sendo do poder concedente, razão pela qual sua responsabilidade é objetiva e solidária.

O Município de Guaíra/PR apenas não foi condenado ao pagamento de indenização à usuária do serviço público porque não houve comprovação do nexo de causalidade entre o dano por ela sofrido e a ação do motorista daquele transporte. Caso contrário, a condenação do poder concedente solidariamente à concessionária seria inevitável. Veja-se a ementa:

> Ementa: Apelação cível. Responsabilidade civil. Acidente de trânsito. Legitimidade passiva do município. Contrato de concessão. Manutenção da titularidade do ente na prestação do serviço público. Delegação apenas da execução. Mérito. Responsabilidade objetiva. Aplicação do artigo 37, §6º da Constituição Federal. Passageira que se feriu ao descer do ônibus. Queda fora do veículo. Motorista não contribuiu para o acidente. Provas testemunhais demostraram prudência dos apelantes: Leodil Ednaldo da Silva e outros. Apelados: Município de Guaíra e outros. Relator: Des. Rubens Oliveira Fontoura. Revisor: Des. Salvatore Antônio Astuti. Poder Judiciário Tribunal de Justiça. Motorista. Não comprovação do nexo de causalidade. Recurso conhecido e improvido.[39]

É lícito ao Poder Judiciário, portanto, exercer o controle da concessão de serviços públicos sob diversos aspectos, sem que isso configure usurpação das funções do Administrador Público ou cause qualquer outro prejuízo ao princípio da separação dos poderes.

## 6.6 Conclusão

As delegações de serviços públicos intensificaram-se no Brasil na década de 1990, quando o país reformulou seu modelo de gestão, e são, atualmente, realidade consolidada. Por meio delas, o Estado delega

---

[39] PARANÁ, 2015.

à iniciativa privada a prestação dos serviços a que estão obrigados, permanecendo com sua titularidade.

Ainda que concedidos a particulares, os serviços públicos conservam sua natureza pública, sendo de observação obrigatória durante sua execução, portanto, os princípios da eficiência, da modicidade, da continuidade e da igualdade. A garantia de observância desses princípios e, consequentemente, de satisfação das necessidades dos seus usuários apenas é possível com o efetivo controle por parte do poder concedente, do Poder Judiciário, dos tribunais de contas e dos seus usuários.

A Lei nº 8.987/1995, que regulamenta de forma geral as delegações de serviços públicos, prescreve a obrigatoriedade de fiscalização do serviço delegado pelo poder concedente, que deve fazê-la por intermédio de órgão técnico ou entidade conveniada.[40]

A doutrina brasileira reconhece como fundamental a realização de controle adequado por parte do poder concedente, já que, reitere-se, permanece sendo dele a titularidade do serviço concedido. Assim, incumbe-lhe zelar por sua eficiente prestação e pela satisfação das necessidades de seus usuários.

Vertente doutrinária distinta, de origem argentina, apresenta contundentes críticas à realização do controle pelo próprio poder concedente, já que em sua concepção deve-se aplicar ao controle das concessões de serviços públicos a mesma lógica aplicada à teoria da separação dos poderes. Assim, da mesma forma que quem legisla não deve julgar nem executar, quem concede também não deve controlar. A separação entre o ente concedente e o ente controlador evitaria conluio entre o poder concedente e a concessionária, além da usurpação e do desvio de poder.

A Lei nº 8.987/95 prescreve, ainda, a possibilidade de participação dos usuários dos serviços concedidos em determinadas etapas do controle realizado pelo poder concedente.[41]

Os tribunais de contas, com destaque para o Tribunal de Contas da União, e o Poder Judiciário também exercem controle sobre as concessões de serviços públicos.

O Tribunal de Contas da União exerce controle de segunda ordem, ou seja, não fiscaliza diretamente as concessionárias ou a prestação dos serviços concedidos. Incumbe-lhe fiscalizar, em suas auditorias, o

---

[40] BRASIL, 1995.
[41] BRASIL, 1995.

controle realizado pelo poder concedente, avaliando sua adequação ao atendimento das necessidades dos usuários daqueles serviços. Dentre outros elementos da concessão, o TCU fiscaliza as disposições contratuais e sua correta execução, os reajustes tarifários, o equilíbrio econômico-financeiro do contrato.

Considerando a longa duração dos contratos de concessão de serviços públicos e sua expressiva onerosidade, o Tribunal de Contas da União atua também nas etapas que antecedem sua celebração, a fim de evitar contratações desvantajosas à Administração.

O Poder Judiciário exerce o controle da concessão de serviços públicos somente quando é provocado a fazê-lo. Sua atuação é ampla e lhe é lícito, até mesmo, exigir do poder concedente a adoção de medidas específicas e imediatas para o restabelecimento de serviço público que não esteja sendo realizado ou prestado inadequadamente.

Por fim, após análise dos julgados colacionados neste estudo, é irrefutável a conclusão de que as concessões de serviços públicos apresentam, ainda, inúmeras fragilidades, que vão desde a elaboração inadequada de cláusulas contratuais à fiscalização ineficiente da prestação do serviço concedido.

Apenas o estabelecimento de mecanismos adequados de controle, incluindo o preventivo, pode garantir a eficiência da prestação dos serviços públicos concedidos à iniciativa privada.

## Referências

AZEVEDO, Eurico de Andrade; ALENCAR, Maria Lúcia Mazzei. *Concessão de serviços públicos*. São Paulo: Malheiros, 1998.

BEMERGUY, Marcelo. O papel do controle externo na regulação de serviços de infraestrutura no Brasil. In: TRIBUNAL DE CONTAS DA UNIÃO. *Regulação de serviços públicos e controle externo*. Brasília: Tribunal de Contas da União, Secretaria de Fiscalização de Desestatização, 2008. Disponível em: <http://portal3.tcu.gov.br/portal/page/portal/TCU/comunidades/biblioteca_tcu/biblioteca_digital/Regulacao_de_Servicos_Publicos.pdf>. Acesso em: 4 jan. 2016.

BRASIL. Constituição (1988). *Constituição da República Federativa do Brasil*, 1988. Texto constitucional de 5 de outubro de 1988, com as alterações adotadas pelas emendas constitucionais até 2016. Brasília: Senado Federal, 1988. Disponível em: <http://www.planalto.gov.br/ccivil_03/constituicao/constituicaocompilado.htm>. Acesso em: 10 jan. 2016.

BRASIL. Lei nº 11.079, de 30 de dezembro de 2004. Institui normas gerais para licitação e contratação de parceria público-privada no âmbito da administração pública. *Diário Oficial da União*, Brasília, 31 de dezembro de 2004. Disponível em: <http://www.planalto.gov.br/ccivil_03/_ato2004-2006/2004/Lei/L11079.htm>. Acesso em: 15 jan. 2016.

BRASIL. Presidência da República. Lei nº 8.987, de 13 de fevereiro 1995. Dispõe sobre o regime de concessão e permissão da prestação de serviços públicos previsto no art. 175 da Constituição Federal, e dá outras providências. *Diário Oficial da União*, Brasília, 14 de fevereiro de 1995. Disponível em: <http://www.planalto.gov.br/ccivil_03/leis/L8987compilada.htm>. Acesso em: 28 mar. 2016.

BRASIL. Ministério Público Federal. Pedido de suspensão de liminar. Serviço público de transporte coletivo urbano e rural. [...]. Suspensão de Liminar nº 805. Parecer nº 4595/2014 – ASJTC/SAJ/PGR. Rel. Rodrigo Janot Monteiro de Barros. 3 de setembro de 2014. *Jurisprudência do Supremo Tribunal Federal*, Brasília, 3 set. 2015. Disponível em: <*www.stf.jus.br/portal/processo/verProcessoPeca.asp?id=5138868&tipoApp=.pdf* >. Acesso em: 15 jan. 2016.

BRASIL. Senado Federal. Proposta de emenda à Constituição nº 55, de 2016 – PEC do teto dos gastos públicos. Altera o Ato das Disposições Constitucionais Transitórias, para instituir o Novo Regime Fiscal, e dá outras providências. *Diário Oficial da União*, Brasília, 16 de dezembro de 2016. Disponível em: <*https://www25.senado.leg.br/web/atividade/materias/-/materia/127337*>. Acesso em: 3 fev. 2016.

BRASIL. Superior Tribunal de Justiça. Direito administrativo e ambiental. Artigos 23, inciso VI, e 225, ambos da Constituição Federal. Concessão de serviço público. Responsabilidade objetiva do município. Solidariedade do poder concedente. Dano decorrente da execução do objeto do contrato de concessão firmado entre a recorrente e a companhia de saneamento básico do Estado de São Paulo – SABESP (delegatária do serviço municipal) [...]. REsp. 282.22/SP 1992/0026117-5. T2-Segunda Turma. Relª Minª Eliana Calmon. Julg. 15 fev. 2000. *Diário da Justiça*, Brasília, 15 de outubro de 2001. Disponível em: <https://stj.jusbrasil.com.br/jurisprudencia/7904858/recurso-especial-resp-28222-sp-1992-0026117-5-stj>. Acesso em: 8 jan. 2016.

BRASIL. Supremo Tribunal Federal. Liminar ajuizada pelo Município de Miracatu/SP contra decisão liminar proferida na Ação Civil Pública nº 0000627-21.2014.8.26.0355, em trâmite na 2ª Vara Cível da Comarca de Miracatu, e mantida pelo Desembargador Presidente do Tribunal de Justiça de São Paulo na Suspensão de Liminar nº 2113250-89.2014.8.26.0000 do Tribunal de Justiça do Estado de São Paulo. Suspensão de Liminar nº 805/SP. Rel. Min. Ricardo Lewandowski. Julg. 11 nov. 2015. *Diário da Justiça Eletrônico*, Brasília, 16 de novembro de 2015a. Disponível em: <https://stf.jusbrasil.com.br/jurisprudencia/310756680/suspensao-de-liminar-sl-805-sp-sao-paulo-9996857-5020141000000>. Acesso em: 13 jan. 2016.

BRASIL. Tribunal de Contas da União. Desestatização. Agência Nacional de Energia Elétrica (Aneel). Acórdão nº 910. Rel. Min. Vital do Rêgo. 2015. *Ata n.14*, Brasília, 22 de abril de 2015b. Disponível em: <http://www.tcu.gov.br/Consultas/Juris/Docs/CONSES/TCU_ATA_0_N_2015_14.pdf>. Acesso em: 4 fev. 2016.

BRASIL. Tribunal de Contas da União. Instrução Normativa, nº 27, de 2 de dezembro de 1998. Dispõe sobre a fiscalização pelo *Tribunal de Contas da União* dos processos de desestatização. *Diário Oficial da União*, Brasília, 7 de dezembro de 1998. Disponível em: <http://revista.tcu.gov.br/ojsp/index.php/RTCU/article/download/1239/1292>. Acesso em: 22 jan. 2016.

BRASIL. Tribunal de Contas da União. Plenário. Contrato de concessão para exploração das rodovias BR-101/SC e BR-116/376/PR, no trecho entre Florianópolis e Curitiba. [...]. Instituto Federal de Educação, Ciência e Tecnologia do Espírito Santo. Acórdão nº 2.883/2015. Rel. Ana Arraes, 11 nov. 2015. *Ata n. 45*, Brasília, 11 de novembro de 2015c. Disponível em: <https://contas.tcu.gov.br/pesquisaJurisprudencia/#/detalhamento/11/*/KEY%3AACORDAO-COMPLETO-1575797/DTRELEVANCIA%20desc/false/1>. Acesso em: 18 jan. 2016.

BRASIL. Tribunal de Contas da União. Plenário. Representação da unidade técnica. Desequilíbrio econômico-financeiro em contratos de concessão de rodovias federais. Possibilidade jurídica de revisão. Segurança jurídica. Limitação. Determinações, 9 nov. 2011. Acórdão nº 2.927. *Ata n. 49*, Brasília, 9 de novembro de 2011. Disponível em: <http://www.tcu.gov.br/Consultas/Juris/Docs/CONSES/TCU_ATA_0_N_2011_49.pdf>. Acesso em: 5 fev. 2016.

BRASIL. Tribunal de Contas da União. Plenário. Representação. Interessado: Fundação Procon do Estado de São Paulo (Procon-SP). Entidades: Agência Nacional de Energia Elétrica (MME); entidades/órgãos do Governo do Estado de São Paulo. Acórdão nº 3.354/2012. Rel. Min. Raimundo Carreiro. *Ata n. 50*, Brasília, 5 de dezembro de 2012a. Disponível em: <http://www.tcu.gov.br/Consultas/Juris/Docs/CONSES/TCU_ATA_0_N_2012_50.pdf >. Acesso em: 1º fev. 2016.

BRASIL. Tribunal de Contas da União. Plenário. Solicitação do Congresso Nacional. Auditoria nos contratos firmados no âmbito do programa de concessões de rodovias do Paraná. Acórdão nº 346. *Ata n. 05*, Brasília, 15 de fevereiro de 2012b. Disponível em: <http://www.tcu.gov.br/Consultas/Juris/Docs/CONSES/TCU_ATA_0_N_2012_5.pdf >. Acesso em: 12 jan. 2016.

BRASIL. Tribunal de Contas da União. Solicitação do Congresso Nacional. Pedido de realização de auditoria no processo da agência nacional de energia elétrica que fixou a tarifa de energia elétrica em Pernambuco em 2014. Acórdão nº 909. Rel. Min. Vital do Rêgo. *Ata n. 14*, Brasília, 22 de abril de 2015d. Disponível em: <https://contas.tcu.gov.br/juris/SvlHighLight?key=41434f5244414f2d434f4d504c45544f2d31343033343532&sort=RELEVANCIA&ordem=DESC&bases=ACORDAO-COMPLETO;&highlight=&posicaoDocumento=0&numDocumento=1&totalDocumentos=1. Acesso em: 8 jan. 2016.

PARANÁ. Tribunal de Justiça do Paraná (TJPR). Apelação cível. Responsabilidade civil. Acidente de trânsito. Legitimidade passiva do município. Contrato de concessão. Manutenção da titularidade do ente na prestação do serviço público [...]. TJPR. Apelação Cível (AC) nº 1400877-0. Guaíra. 1ª Câmara Cível. Rel.: Rubens Oliveira Fontoura. Unânime. Julg. 15 set. 2015. *Diário da Justiça*, Curitiba, 29 de setembro de 2015. Disponível em: <https://tj-pr.jusbrasil.com.br/jurisprudencia/239260877/apelacao-apl-14008770-pr-1400877-0-acordao>. Acesso em: 9 jan. 2016.

CICERO, Nidia Karina. *Servicios públicos control y protección*. Buenos Aires: Ediciones Ciudad, 1996.

CLARK, Giovani. O neoliberalismo de regulação como intervenção do Estado: a regulação e a Constituição brasileira de 1988. *Lusíada, Economia & Empresa*, Lisboa, n. 9, p. 9-30, 2009. Disponível em: <revistas.lis.ulusiada.pt/index.php/lee/article/view/844>. Acesso em: 8 jan. 2016.

FARIA, Edimur Ferreira de. *Direito administrativo positivo*. Belo Horizonte: Fórum, 2015.

GORDILLO, Agustín. *Tratado de derecho administrativo e obras selectas*: parte generale. Buenos Aires: Fundación de Derecho Administrativo, 2013. t. 1, cap. 15: Los entes reguladores. Disponível em: <http://www.gordillo.com/pdf_tomo1/capituloXV.pdf>. Acesso em: 8 jan. 2016.

MEDAUAR, Odete (coord.). *Concessão de serviço público*. São Paulo: Revista dos Tribunais, 1995.

MELLO, Celso Antônio Bandeira de. *Curso de direito administrativo*. São Paulo: Malheiros, 2013.

PEREIRA, Luiz Carlos Bresser. A reforma do Estado nos anos 90: lógica e mecanismos de controle. *Lua Nova*, São Paulo n. 45, p. 49-95, 1998. Disponível em: <http://www.bresserpereira.org.br/papers/1998/A_reforma_do_Estado_dos_anos_90.pdf>. Acesso em: 1º mai. 2016.

PORTO NETO, Benedicto. *Concessão de serviço público no regime da Lei nº 8.987/985*: conceitos e princípios. São Paulo: Malheiros, 1998.

RANGEL JÚNIOR, Hamilton. A prestação do serviço. In: MEDAUAR, Odete (Coord.). *Concessão de serviço público*. São Paulo: Ed. Revista dos Tribunais, 1995.

TRIBUNAL DE CONTAS DA UNIÃO (TCU). *Regulação de serviços públicos e controle externo*. Brasília: Tribunal de Contas da União, Secretaria de Fiscalização de Desestatização, 2008. Disponível em: <http://portal3.tcu.gov.br/portal/page/portal/TCU/comunidades/biblioteca_tcu/biblioteca_digital/Regulacao_de_Servicos_Publicos.pdf>. Acesso em: 8 jan. 2016.

VIEIRA, Márcia Cristina Nogueira. O controle do Tribunal de Contas da União sobre os atos discricionários das agências reguladoras à luz dos princípios constitucionais. Revista regulação de serviços públicos e controle externo. In: TRIBUNAL DE CONTAS DA UNIÃO. *Regulação de serviços públicos e controle externo*. Brasília: Tribunal de Contas da União, Secretaria de Fiscalização de Desestatização, 2008, p. 107-158. Disponível em: <http://portal3.tcu.gov.br/portal/page/portal/TCU/comunidades/biblioteca_tcu/biblioteca_digital/Regulacao_de_Servicos_Publicos.pdf>. Acesso em: 8 jan. 2016.

---

Informação bibliográfica deste livro, conforme a NBR 6023:2002 da Associação Brasileira de Normas Técnicas (ABNT):

BULDRINI, Ane Karen Dornela de Souza. O controle das concessões como instrumento necessário à eficiência dos serviços públicos. In: FARIA, Edimur Ferreira de (Coord.). *Controle da Administração Pública Direta e Indireta e das concessões*: autocontrole, controle parlamentar, com o auxílio do Tribunal de Contas, controle pelo Judiciário e controle social. Belo Horizonte: Fórum, 2018. p. 153 179. ISBN 978-85-450-0472-1

# CAPÍTULO 7

# CONCESSÕES DE PORTOS, AEROPORTOS E RODOVIAS: NATUREZA JURÍDICA E CONTROLE

**FLÁVIA CAMPOS PEREIRA GRANDI**

## 7.1 Introdução

A Administração Pública tem, entre suas atividades, o dever de prestar o serviço público. Tal prestação pode ocorrer de forma direta ou indireta. Será indireta quando o Poder Público delegar a prestação de serviços públicos a pessoa jurídica integrante da Administração indireta, criada para aquela finalidade, ou por meio de concessão ou permissão a entidade da iniciativa privada.

A descentralização administrativa, principalmente a prestação de serviços públicos a entidades da Administração indireta e a entidades privadas, tem por objetivo principal alcançar agilidade, eficiência e adequada prestação dos serviços, de modo a atender aos interesses dos usuários e a tentativa de propiciar-lhes a plena satisfação. Esse é o dever da Administração e o desejo da sociedade.

Neste trabalho, analisa-se a natureza jurídica das formas de delegação dos portos, aeroportos e rodovias no Direito brasileiro, assim como a sujeição de todas essas formas de prestação e controle. Este estudo é importante, pois tais setores são, hoje, verdadeiros gargalos na economia e no desenvolvimento do País.

Na realidade em que vivemos, o Poder Público não possui capacidades financeira e organizacional para executar as atividades referentes aos portos, aeroportos e rodovias, o que faz com que, para a garantia do princípio da eficiência, essas atividades sejam delegadas à iniciativa privada.

No entanto, à medida que o Poder Público transfere a execução de suas atividades para a iniciativa privada, é necessário que a Administração Pública tenha mecanismos e meios eficientes de controle das atividades delegadas, valendo-se, principalmente, da regulação e da fiscalização.

São analisadas neste artigo, portanto, a natureza jurídica de cada uma das mencionadas delegações, todas na área da infraestrutura (portos, aeroportos e rodovias). Passa-se, em seguida, à análise dos mecanismos de controle dessa complexa atuação e o importante papel das agências reguladoras que atuam no controle da prestação dos serviços públicos pela iniciativa privada.

Por fim, investiga-se como é realizado o controle das próprias agências reguladoras pela Administração Pública direta, como forma de evitar que essas autarquias em regime especial percam a neutralidade imprescindível para sua atuação.

## 7.2 Execução de serviços públicos

O conceito de serviços públicos sempre foi tema tormentoso na doutrina administrativista, tendo em vista que ele se encontra em constante mutação. Como o presente trabalho não se tem por escopo analisar tais divergências, adotam-se os conceitos apresentados por Carvalho Filho, que define o serviço público como "toda atividade prestada pelo Estado ou por seus delegados, basicamente sob regime de direito público, com vistas à satisfação de necessidades essenciais e secundárias da coletividade",[1] e por Maria Sylvia Zanella Di Pietro, que considera serviço público "a atividade material de titularidade do Estado que o exercerá diretamente ou por meio de delegatários, com o objetivo de atender às necessidades da coletividade, sob regime jurídico total público ou misto, público e privado.[2] Servem de exemplos as parcerias público-privadas disciplinadas pela Lei 11.079, de 30 de Dezembro de 2004.

---

[1] CARVALHO FILHO, 2015, p. 332.
[2] DI PIETRO, 2017.

O serviço público é um dos objetivos do Estado, cuja titularidade, assim, pertence ao Poder Público. Ocorre que, em determinadas situações, torna-se difícil (ou impossível) a prestação de todos os serviços pela Administração Pública, seja em virtude de falta de recursos financeiros, seja da desorganização interna ou, até mesmo, da exploração da função administrativa para atender a interesses privados, e não ao interesse público.

Assim, apesar de determinadas atividades serem de titularidade do Estado, não é aconselhável sua exploração diretamente, sob pena de prejuízo ao interesse da coletividade. Barroso, ao tratar da prestação direta de serviços públicos, salienta: "Na minha vivência brasileira, sou convencido de que o Estado, na sua atuação econômica, é quase sempre um Midas pelo avesso: o que ele toca, vira lata. Em seguida, enferruja".[3]

No mesmo sentido, Motta (2007) afirma que é de se observar que as crescentes atribuições da Administração configuram fator de complexidade quase incontrolável. A esse fator adicionam-se, além do endividamento público, o convívio institucional com processos e práticas orçamentárias de difícil manejo, eivadas de interferências políticas e tolhidas pela pseudosolução das receitas vinculadas. Todas essas variáveis colaboram no sentido de induzir à escorchante tributação, sem que, em contrapartida, possa o administrado dispor de serviços públicos de razoável qualidade – vale dizer: contínuos, regulares e eficientes.[4]

Surge daí a possibilidade de execução dos serviços públicos por outras pessoas, de fora da Administração Pública, pertencentes à iniciativa privada, restando à Administração Pública a fiscalização dessas atividades.[5] Essa forma de descentralização recebe o nome de "descentralização negocial", por colaboração ou por delegação.

Assim, o art. 175 da Constituição da República, ao tratar da prestação dos serviços públicos, estabelece que tais serviços podem ser prestados de forma direta ou por meio de concessão ou permissão:

> Art. 175. Incumbe ao Poder Público, na forma da lei, diretamente ou sob regime de concessão ou permissão, sempre através de licitação, a prestação de serviços públicos.

---

[3] BARROSO, 2015, p. 22.
[4] MOTTA, 2007.
[5] O serviço público pode, ainda, ser prestado pelas entidades da Administração indireta, por meio da chamada "descentralização legal, por outorga ou por serviço", que não será objeto deste estudo.

Parágrafo único. A lei disporá sobre:

I – o regime das empresas concessionárias e permissionárias de serviços públicos, o caráter especial de seu contrato e de sua prorrogação, bem como as condições de caducidade, fiscalização e rescisão da concessão ou permissão;

II – os direitos dos usuários;

III – política tarifária;

IV – a obrigação de manter serviço adequado.[6]

Com relação aos portos, aeroportos e rodovias, a prestação do serviço mediante delegação se torna ainda mais importante, tendo em vista que aludidas atividades são de primordial importância para o incremento da economia do País; Sampaio (2015) afirma que há um consenso no sentido de que o setor de infraestrutura é um dos mais importantes para o desenvolvimento econômico de um país, bem como para a evolução social e para a satisfação, direta ou indireta, de direitos fundamentais dos indivíduos. Ocorre que investimentos em infraestrutura habitualmente demandam quantias de elevado vulto. No que concerne aos investimentos feitos diretamente pelo Estado, os recursos públicos são escassos.[7]

No subitem a seguir são analisadas as possíveis formas de prestação do serviço público de forma indireta, por meio da delegação da execução.

## 7.2.1 Concessão, permissão e autorização

Como visto, o art. 175 da Constituição da República dispõe que os serviços públicos podem ser prestados diretamente pelo Poder Público, ou indiretamente, por meio de concessão, permissão de autorização, nos termos em que dispuser a lei que o regulamentará. A lei a que se refere o artigo é a Lei nº 8.987, de 12 de fevereiro de 1995,[8] dentre outras editadas posteriormente, que regulamenta a concessão e a permissão de serviços públicos. A lei foi silente quanto à autorização prevista no preceito constitucional em referência.

---

[6] BRASIL, 1988.
[7] SAMPAIO, 2015, p. 73.
[8] BRASIL, 1995a.

Comumente, ao tratar de delegação de serviços públicos, a doutrina aborda de forma mais profunda a concessão e a permissão de serviços públicos. A concessão pode ser definida, de forma simplificada, como contrato administrativo por meio do qual o Poder Público transfere, por prazo definido, a prestação de determinado serviço público a terceiro, pessoa jurídica ou consórcio de empresas, mediante contrato de concessão, precedido de licitação da modalidade concorrência, por conta e risco do concessionário.

A permissão de serviços públicos, tradicionalmente, era apontada como ato administrativo, discricionário e precário, cuja revogação não geraria indenização. No entanto, essa discussão já se encontra superada, tendo em vista que o art. 175 da Constituição trata também da permissão como contrato administrativo, da mesma forma que o faz o art. 40 da Lei nº 8.987/1995, o qual prescreve que a permissão se materializa por meio de "contrato de adesão".[9]

Nesse sentido, Oliveira, afirma que "atualmente, no entanto, a distinção entre as duas modalidades de delegação de serviços públicos [...] não pode subsistir, especialmente pela contratualização da permissão de serviço público".[10]

Assim, apesar de algumas pequenas diferenças entre concessão e permissão previstas na Lei nº 8.987/1995,[11] o regime jurídico dos dois institutos de delegação é o mesmo, tratado na referida lei.

Por outro lado, resta tratar da natureza jurídica da autorização, tendo em vista que a doutrina administrativista diverge com relação à sua natureza jurídica. Isso se dá porque a Constituição da República, em seu art. 175, como dito, somente tratou da concessão e da permissão, não cogitou da autorização. Por outro lado, o inciso XI e XII do art. 21 da mesma Constituição traz diversas atividades ou serviços que poderão ser prestados diretamente pela União ou mediante autorização, concessão ou permissão.[12]

---

[9] BRASIL, 1995a.
[10] OLIVEIRA, 2014, p. 152.
[11] O art. 2º da Lei nº 8.987/1995 dispõe que a concessão do serviço poderá ser feita a pessoas jurídicas e consórcios de empresas, precedida de licitação na modalidade concorrência; por outro lado, a permissão poderá ser feita a pessoas físicas ou jurídicas e não traz modalidade de licitação a ser obrigatoriamente seguida. Por fim, o art. 40 da mesma lei dispõe que a permissão possui caráter precário, apesar de discussões doutrinárias acerca dessa precariedade. (BRASIL, 1995a).
[12] BRASIL, 1988.

A interpretação do citado dispositivo constitucional levou os estudiosos do Direito Administrativo a se posicionar em duas correntes opostas. Autores como Meirelles,[13] Moreira Neto,[14] Di Pietro[15] e Souto[16] entendem que é possível, além da concessão e da permissão de serviço público, a autorização de serviço público, sendo que esta última se efetiva por meio de ato administrativo precário e discricionário, editado no interesse preponderante do autorizatário. Entretanto, outra corrente, representada pelos autores Justen Filho,[17] Carvalho Filho,[18] Aragão[19] e Mello,[20] defendem que o art. 21, XI e XII, ao tratar de autorização, não está trazendo outra forma de delegação do serviço público, e sim, uma forma de consentimento de polícia, em função do condicionamento do exercício de algumas atividades privadas ao consentimento do poder público.

Neste trabalho procura-se demonstrar que não é possível adotar um sentido único para a autorização. É a utilização, no caso concreto, do serviço autorizado que dá ao termo o caráter de delegação de serviço público ou de simples consentimento de polícia.

Com relação a tal divergência, especificamente à delegação de portos, aeroportos e rodovias, a diferenciação entre todas essas formas de prestação de serviços se faz oportuna para que se analise cada uma das atividades objeto deste estudo, tendo em vista que elas podem ser prestadas, de acordo com o texto constitucional, diretamente ou por meio de concessão, permissão e autorização.

## 7.3 Exploração de portos, aeroportos e rodovias

### 7.3.1 Regimes de exploração dos portos brasileiros

Não há dúvida de que o setor portuário é de grande importância no desenvolvimento econômico do País, tendo em vista que uma das principais formas de escoamento e entrada de produtos se dá, atualmente, por meio da infraestrutura portuária.

---

[13] MEIRELLES, 1997, p. 357.
[14] MOREIRA NETO, 2006, p. 274.
[15] DI PIETRO, 2005, p. 150-153.
[16] SOUTO, 2004, p. 31.
[17] JUSTEN FILHO, 2006, p. 562.
[18] CARVALHO FILHO, 2015, p. 465-466.
[19] ARAGÃO, 2007, 224-237.
[20] MELLO, 2006, 661.

O art. 21, XII, *f*, da Constituição dispõe que compete à União explorar diretamente, ou por meio de concessão, permissão e autorização, os portos marítimos, fluviais e lacustres. Ainda, o art. 22, X, estabelece a competência da União para legislar sobre regime dos portos, navegação lacustre, fluvial, marítima, aérea e aeroespacial.[21]

A atual Lei nº 12.815, de 5 de junho de 2013, altera a regulamentação da atividade portuária, com novidades em relação à anterior, por ela revogada. Ela prescreve que a exploração dos portos e instalações portuárias poderão se dar mediante concessão, arrendamento de bem público ou autorização, a depender da instalação portuária.

> Art. 1º Esta lei regula a exploração pela União, direta ou indiretamente, dos portos e instalações portuárias e as atividades desempenhadas pelos operadores portuários.
>
> §1º A exploração indireta do porto organizado e das instalações portuárias nele localizadas ocorrerá mediante concessão e arrendamento de bem público.
>
> §2º A exploração indireta das instalações portuárias fora da área do porto organizado ocorrerá mediante autorização, nos termos da lei.
>
> §3º As concessões, os arrendamentos e as autorizações de que trata esta Lei serão outorgados a pessoa jurídica que demonstre capacidade para seu desempenho, por sua conta e risco.[22]

A lei, como se vê, cuida de duas formas distintas de exploração indireta de portos, sendo uma exploração do porto organizado e a outra, a exploração das instalações portuárias fora da área do porto organizado. É considerado porto organizado toda a extensão geográfica das instalações portuárias configuradoras do bem público.[23] O porto organizado será explorado mediante concessão ou arrendamento.

A concessão será celebrada mediante contrato de direito público, precedida de licitação, para a administração e a exploração da infraestrutura do porto organizado por prazo determinado. O regime de direito público, nesse caso, observa todos os requisitos já conhecidos de

---

[21] BRASIL, 1988.
[22] BRASIL, 2013.
[23] "Art. 2º Para os fins desta Lei, consideram-se: I – porto organizado: bem público construído e aparelhado para atender a necessidades de navegação, de movimentação de passageiros ou de movimentação e armazenagem de mercadorias, e cujo tráfego e operações portuárias estejam sob jurisdição de autoridade portuária; arrendamento". (BRASIL, 2013).

uma concessão de serviço público, como universalidade, modicidade, continuidade, dentre outros. Nesse caso, com a formalização do ajuste, o concessionário assume a exploração de todo o porto organizado, investindo-se no papel de autoridade portuária.

Por sua vez, o arrendamento será o ajuste fixado para a exploração de áreas específicas dentro do Porto Organizado, podendo ser considerado uma espécie do gênero "contrato de concessão", conforme assevera Oliveira.[24]

A Lei nº 12.815, de 5 de junho de 2013, atribui ao arrendamento as mesmas disposições a que se submete a concessão. A concessão compreende a delegação da administração de todo o porto organizado e, desse modo, o concessionário assume as atribuições e funções da autoridade portuária. Por outro lado, o arrendamento consiste na delegação de exploração de áreas específicas dentro do referido porto organizado.[25] São os dois, portanto, delegatários de serviço público, não havendo dúvida sobre sua submissão a todo o regime de controle da Administração Pública, que será analisado posteriormente.

Resta analisar, por último, a autorização, também prevista no art. 1º da Lei nº 12.815/2013. A autorização, conforme prevista na lei, é a modalidade de delegação utilizada para a exploração de instalações portuárias localizadas fora da área de porto organizado.[26]

Vale lembrar, quanto à autorização, a discussão doutrinária com relação à sua natureza jurídica da autorização: se uma forma de delegação de serviço público ou se uma hipótese de consentimento do poder de polícia estatal. Ocorre que, independentemente da discussão, apesar de a autorização ser necessária para a exploração de terminais de uso privado – o que daria a entender que a autorização é mero consentimento para atividade privada –, a mesma norma traz diversas características que a colocam no mesmo patamar que concessões de serviço público.

A autorização de polícia, tradicionalmente, é tratada como ato administrativo, precário e discricionário, revogável a qualquer momento. No entanto, a lei determina que a autorização portuária será formalizada por meio de contrato de adesão, afastando, portanto, a possibilidade de se usar ato administrativo para a efetivação da autorização de que

---

[24] OLIVEIRA, 2014, p. 233.
[25] BRASIL, 2013.
[26] BRASIL, 2013.

trata a lei em comento, que elegeu a forma contratual para formalizar a autorização nela prevista.

Além da forma contratual mencionada, outras características que demonstram o caráter público do ajuste podem ser apontadas. O art. 8º da mesma lei, por exemplo, estabelece que a autorização deve ser precedida de procedimento seletivo (chamada ou anúncio público); segundo o art. 12, a autorização dependerá de análise da sua viabilidade locacional e da adequação às diretrizes do planejamento e das políticas do setor portuário, o que, interpretado à luz do art. 174 da Constituição da República, demonstra claramente o caráter público do ajuste.[27]

Devem, ainda, constar no contrato de autorização, as mesmas cláusulas essenciais dos contratos de arrendamento portuário, salvo com relação à reversibilidade dos bens e às tarifas praticadas. A autorização também deve ter prazo certo, assim como garantir a universalidade, a atualidade, a modicidade e a publicidade das tarifas.

Por fim, na autorização prevista pela Lei nº 12.815/2013, não é mais exigido o uso do terminal para escoamento apenas de produtos próprios, podendo ser utilizada também para escoamento de produtos de terceiros.[28]

Assim, apesar de entendimentos em contrário, conclui-se que a autorização prevista na Lei dos Portos é uma verdadeira espécie de delegação de serviço público, e não apenas um consentimento do poder de polícia para exercício de atividades privadas. Por isso, deve se submeter a todos os mecanismos de controle do regime jurídico de direito público, assim como a concessão e o arrendamento.

## 7.3.2 Formas de concessão de aeroportos

O setor aeroportuário, apesar de apresentar relevante importância na economia e na sociedade, vem sofrendo graves problemas estruturais, como a inadequação da sua infraestrutura para a demanda crescente de usuários, a falta de incentivos à modernização e à prestação de serviço de qualidade, dentre outros.

A Administração Pública Federal é responsável pela construção e exploração da infraestrutura aeroportuária, com fundamento nos arts. 21, XII, *c*, e 22, I, ambos da Constituição.[29] A gestão, em princípio,

---

[27] BRASIL, 2013.
[28] BRASIL, 2013.
[29] "Art. 21. Compete à União: [...]; XII – explorar, diretamente ou mediante autorização, concessão e permissão: [...]; c) a navegação aérea, aeroespacial e a infraestrutura

seria feita pela Infraero, empresa pública federal, com o objetivo de implantar, administrar, operar e explorar, industrial e comercialmente, a infraestrutura aeroportuária que lhe for atribuída pela Secretaria de Aviação Civil da Presidência da República.[30] De acordo com o Código Brasileiro da Aeronáutica (Lei nº 7.565, de 19 de dezembro de 1986), a infraestrutura aeroportuária é dividida entre os aeródromos civis e militares. Por sua vez, os aeródromos civis podem ser públicos ou privados. Os aeródromos privados são aqueles que se destinam ao transporte aéreo realizado em benefício do próprio operador e sem remuneração; enquanto os aeródromos públicos são aqueles que poderão ser utilizados por quaisquer aeronaves, mediante o ônus de utilização, recebendo a nomenclatura de "aeroportos".[31] Estes últimos serão o objeto deste estudo.

Chambarelli chama a atenção para o fato de que,

> pela redação constitucional, entende-se que o constituinte não determinou, previamente, o regime jurídico aplicável à exploração aeroportuária. Ao prever que sua exploração pode ser realizada mediante os institutos da concessão, permissão e autorização, abriu-se a possibilidade de o legislador infraconstitucional determinar quais atividades estariam submetidas ao regime público – concessão e permissão – e quais atividades se inseririam dentro do regime privado de exploração, por meio das autorizações.[32]

Por seu turno, a Lei nº 6.009, de 26 de dezembro de 1973, estabelece no seu art. 1º:

> Art. 1º Os aeroportos e suas instalações serão projetados, construídos, mantidos, operados e explorados diretamente pela União ou por entidades da Administração Federal Indireta, especialmente constituídas para aquelas finalidades, ou ainda, mediante concessão ou autorização.[33]

Em regra, a gestão dos aeroportos brasileiros fica a cargo da Infraero, empresa pública federal responsável pela implantação,

---

aeroportuária. Art. 22. Compete privativamente à União legislar sobre: I – direito civil, comercial, penal, processual, eleitoral, agrário, marítimo, aeronáutico, espacial e do trabalho".

[30] Lei nº 5.862, de 12 de dezembro de 1972, art. 2º. (BRASIL, 1972).
[31] BRASIL, 1986.
[32] CHAMBARELLI, 2015, p. 319.
[33] BRASIL, 1973.

administração, operação e exploração industrial e comercial da infraestrutura aeroportuária que lhe for atribuída pela Secretaria de Aviação Civil da Presidência da República.[34] Ocorre, entretanto, que a Infraero encontra obstáculos burocráticos para seu pleno funcionamento, principalmente pelo fato de ser entidade integrante da Administração indireta da União. Esses embaraços contribuem, em certa medida, para o retardamento, a ineficiência e, até mesmo, a omissão na prestação de serviços ao seu cargo.

Tem-se mostrado mais interessante, portanto, a delegação dessa exploração da infraestrutura aeroportuária, pois a atuação privada no setor soluciona a atuação rígida e burocrática que se pode verificar na gestão da estatal Infraero.

Nesse sentido, Garcia e Freitas afirmam:

> As vantagens desses modelos de concessão (comum, patrocinada ou administrativa) para o setor aeroportuário são, basicamente, as seguintes: (i) a possibilidade de promover o financiamento e a expansão da infraestrutura aeroportuária; (ii) a União, como Poder Concedente, poderá obter retorno econômico com o recebimento de outorga (ganha a licitação o participante que ofertar maior valor pelo ativo); (iii) a instauração de concorrência entre os aeroportos.[35]

Apesar das vantagens apresentadas pela concessão dos aeroportos, a Infraero continua explorando diretamente 59 aeroportos no País,[36] sendo que apenas alguns foram objeto de concessão para a iniciativa privada, a exemplo do Aeroporto de Confins (MG), Viracopos (SP), Guarulhos (SP), Brasília (DF), Galeão (RJ).

Atualmente, portanto, alguns dos maiores aeroportos do País constituem objeto de concessão pública, forma de contrato administrativo de delegação, sob o regime jurídico de direito público. Em conformidade com a legislação pertinente e mediante licitação, a entidade privada classificada firma com o poder concedente contrato de concessão para operar e administrar o aeroporto por prazo determinado.

A Lei nº 6.009/1973 também prevê a possibilidade de exploração de infraestrutura aeroportuária mediante autorização, sendo que esta

---

[34] Lei nº 5.862, de 12 de dezembro de 1972, que autoriza a criação da Empresa Brasileira de Infraestrutura Aeroportuária (Infraero). (BRASIL, 1972).
[35] GARCIA; FREITAS, 2015, p. 295.
[36] Cf.: A INFRAERO. Disponível em: <http://www.infraero.gov.br/index.php/institucional>. Acesso em: 28 jan. 2016.

se daria para a infraestrutura privada, voltada para a exploração de particulares.[37]

Como já analisado, o termo "autorização" encontra diversos sentidos no Direito Administrativo. Com relação à infraestrutura aeroportuária, a autorização é restrita aos aeródromos civis públicos dedicados ao processamento de operações de serviços aéreos privados, especializados ou de táxi-aéreo. Nesse sentido, Chambarelli:

> [...] a União optou por excluir do regime da autorização os aeródromos públicos destinados ao transporte regular de passageiros. O Decreto nº 7.871/2012 reservou o regime autorizativo apenas aos aeródromos civis públicos dedicados exclusivamente ao processamento de operações de serviços aéreos privados, especializados ou de táxi-aéreo.[38]

Ocorre que, apesar de a autorização estar prevista para a exploração de serviços aéreos privados, é notável que a infraestrutura pode ser, em determinadas situações, públicas, além de tais aeródromos poderem atender não apenas o detentor da autorização, mas a terceiros que tenham necessidade do serviço, passando a possuir uma relevância na região em que estão instalados.

Isso faz com que tanto os aeroportos objeto de concessão quanto os objetos de autorização devam se submeter ao controle no regime público, ainda que a autorização seja, inicialmente, vista como consentimento de polícia para exercício de atividade privada.

## 7.3.3 A operação e a gestão de rodovias

Importante, ainda, analisar como se dá a exploração das rodovias, tendo em vista que a infraestrutura e a exploração rodoviária também interferem diretamente no desenvolvimento econômico de determinada região e do País, além, é claro, de ser essencial ao interesse da coletividade.

Fux, ao salientar a importância da delegação das rodovias, afirma que "[...] num dado momento, o governo atentou para o fato de que se é uma garantia pétrea a locomoção, evidentemente, o instrumento da locomoção é a rodovia. A malha viária, mas mais especificamente aqui entre nós, a malha rodoviária".[39]

---

[37] BRASIL, 1973.
[38] CHAMBARELLI, 2015, p. 322.
[39] FUX, 2010, p. 59.

A Lei nº 9.074, de 7 de julho de 1995, ao estabelecer normas para a outorga de concessões e permissões de serviço público, inclui como serviços públicos as vias federais, conforme prescreve seu art.1º:

> Art. 1º Sujeitam-se ao regime de concessão ou, quando couber, de permissão, nos termos da Lei nº 8.987, de 13 de fevereiro de 1995, os seguintes serviços e obras públicas de competência da União:
> [...];
> IV – vias federais, precedidas ou não da execução de obra pública;
> [...].[40]

Assim, as rodovias devem ser objeto de concessão e permissão, tanto para a melhoria do serviço disponibilizado, quanto para retirar do poder público o ônus de manter a infraestrutura. Barros[41] afirma que em uma pesquisa de 2009, das consideradas 20 melhores rodovias do Brasil, 19 eram concessionadas.

O Decreto Federal nº 2.444, de 30 de dezembro de 1997, inseriu no Programa Nacional de Desestatização,[42] 20 trechos rodoviários, que foram objeto de concessão pelo Ministério dos Transportes, sob supervisão do Conselho Nacional de Desestatização.[43]

Nesse sentido, Barroso (2008) sustenta que as concessões rodoviárias são disciplinadas pela Lei nº 8.987/1995, tendo em vista que são concessões de serviço público.[44]

Neste estudo, segue-se o entendimento de que a exploração das rodovias se dá por meio de concessão de serviço público, conceito já analisado, como contrato administrativo submetido às normas de direito público e, consequentemente, ao controle próprio da Administração Pública.

---

[40] BRASIL, 1995b.
[41] BARROS, 2010, p. 103.
[42] O Programa Nacional de Desestatização foi regulado pela Lei Federal nº 9.491, de 9 de setembro de 1997. (BRASIL, 1997b).
[43] BRASIL, 1997a.
[44] BRASIL, 1995a.

## 7.4 Controle externo da prestação dos serviços portuários, aeroportuários e rodoviários

Percebe-se, pelo exposto, que atividades como a exploração de portos, aeroportos e rodovias possuem incontestável importância, pois são setores de infraestrutura que interferem diretamente no desenvolvimento econômico do País. Viu-se que a prestação do serviço é, em princípio, da Administração Pública, que, de acordo com a Constituição da República, pode exercê-los direta ou indiretamente, por delegação ao particular, sem a transferência de domínio.

Na exploração direta das referidas atividades pelo Poder Público, entretanto, muitas vezes os serviços públicos prestados diretamente pela Administração são inadequados e ineficientes. Por essa razão, o Estado vem, sobretudo depois da reforma ocorrida na década de 1990, adotando a desestatização, mediante a transferência da prestação de tais serviços à iniciativa privada, com o objetivo precípuo de obter dela recursos financeiros para a realização da política pública de infraestrutura e garantir maior eficiência e resultados dos serviços.

Souto (2000) explica que a desestatização é, hoje, a manifestação de uma chamada "Reengenharia do Estado", na busca de maior desenvolvimento. Ainda nesse sentido:

> A desestatização, mais que uma postura ideológica, é uma atitude pragmática dos Governantes diante da saturação do modelo estatizante de financiamento do processo de desenvolvimento. O total esgotamento da capacidade de investimento público sem instituição de novos tributos ou encargos sociais, inibindo ou desestimulando toda e qualquer forma de poupança privada, força a redução do custo da máquina, liberando os recursos privados a ela transferidos para atividades produtivas que acarretem aumento do nível de geração de riqueza.[45]

Diante de tais transformações ocorridas nos últimos anos, em que o Estado transfere para a iniciativa privada a execução de determinadas atividades, surge a consequente necessidade de um efetivo controle da prestação dos serviços delegados por meio de regulação e fiscalização pelos órgãos públicos competentes.

Marques Neto assevera que "tem lugar entre nós o fortalecimento do papel regulador do Estado em detrimento do papel do Estado

---

[45] SOUTO, 2000, p. 12.

produtor de bens e serviços".[46] Assim, o Estado deixa de intervir diretamente na economia, mas continua controlando a prestação do serviço, por meio da regulação.

### 7.4.1 Agências reguladoras

Nesse contexto de necessidade de regulação do serviço público prestado pela iniciativa privada, importante papel é conferido às agências reguladoras, autarquias em regime especial. De acordo com Mastrangelo,[47] é induvidoso que o surgimento das agências reguladoras é consecutivo à desestatização dos serviços públicos. Assim, a tais autarquias resta o papel de regular a prestação do serviço.

Marques Neto (2005), ao analisar o papel das agências reguladoras, insere nessa função de regulação o poder de regulamentação[48] do setor regulado, além do poder de fiscalização e do poder sancionatório, caso o prestador do serviço cometa alguma irregularidade. A atividade da agência reguladora abrange, ainda, o poder de conciliação, mediando interesses dos usuários, dos prestadores e da sociedade, bem como tem o poder de recomendar, isto é, orientar ou informar – ao poder público, medidas ou políticas públicas.

Tais atividades acima referidas são, sem dúvida, importantes na regulação do setor. No entanto, outro poder é inserido na competência das agências: a possibilidade de se colocarem no lugar do poder concedente, representando-o nos contratos de concessão ou permissão de serviço público, conforme se verá a seguir ao se analisar as agências reguladoras dos setores portuário, aeroportuário e rodoviário.

Em princípio, a prerrogativa conferida às agências reguladoras é prejudicial ao próprio papel de regulação, uma vez que são incluídos nas suas competências tanto o papel de parte no ajuste de concessão, quanto o de responsáveis pela fiscalização.

Ocorre que esse papel de atuar como poder concedente dado às agências reguladoras deve ser analisado com cautela. Isso porque, ao se colocar como a contratante no contrato de concessão, corre-se o

---

[46] MARQUES NETO, 2005, p. 29.
[47] MASTRANGELO, 2005, p. 30.
[48] Ressalte-se, aqui, a diferença entre a atividade de regulação e a atividade de regulamentação. A regulamentação é o poder normativo da agência reguladora para editar normas gerais para o setor regulado. Por outro lado, a regulação abrange outras formas de intervenção, como a fiscalização, a atividade sancionatória, etc. Nesse sentido, cf. MARQUES NETO, 2005.

risco de que ela perca a neutralidade e a imparcialidade inerentes à função de regulação.

À agência reguladora deve ser dada a função de fiscalizar não apenas o concessionário, mas também o poder concedente, outra parte do contrato. Atribuir-lhe o papel de firmar os contratos de concessão pode vir a prejudicar sua atividade-fim.

### 7.4.2 Agências reguladoras no setor portuário, aeroportuário e rodoviário

A Agência Nacional de Transportes Aquaviários (Antaq) foi criada pela Lei nº 10.233, de 5 de junho de 2001. A essa agência foi dada a competência para regular e fiscalizar as atividades de transporte aquaviário, assim como da estrutura portuária.

> Art. 23. Constituem a esfera de atuação da Antaq:
> 
> [...];
> 
> II – os portos organizados e as instalações portuárias neles localizadas;
> 
> III – as instalações portuárias de que trata o art. 8º da Lei na qual foi convertida a Medida Provisória nº 595, de 6 de dezembro de 2012; (Redação dada pela Lei nº 12.815, de 2013).[49]

O art. 2º da Portaria nº 208, de 6 de abril de 2010, da Secretaria Especial de Portos da Presidência da República (SEP/PR), conferia à Antaq a celebração dos contratos de concessão, cuja conveniência e oportunidade deveriam ser analisadas pela Secretaria.[50]

Ocorre que, posteriormente, o Decreto nº 8.033, de 27 de junho de 2013, transferiu a atividade de poder concedente da ANTAQ para a Secretaria Especial de Portos:

---

[49] BRASIL, 2001.
[50] "Art. 2º Caberá à Secretaria de Portos da Presidência da República – SEP/PR decidir pela oportunidade e conveniência da licitação de porto organizado, que será realizada pela Agência Nacional de Transportes Aquaviários – ANTAQ, por meio de concessão a pessoa jurídica de direito público ou privado, em decorrência de uma das motivações abaixo: I – por requerimento à ANTAQ de interessado em obter a concessão para a construção e a exploração de porto organizado quando o empreendimento estiver previsto na lista de referência do Plano Geral de Outorgas (PGO), após aprovado pela SEP/PR; II – por requerimento à ANTAQ de interessado em obter a concessão para a construção e a exploração de porto organizado não constantes do PGO; e III – por interesse público ou de indução do desenvolvimento regional, definido pela SEP/PR". (BRASIL, 2010).

Art. 1º Este Decreto regulamenta o disposto na Lei nº 12.815, de 5.06.2013, e as demais disposições legais que regulam a exploração de portos organizados e de instalações portuárias.
Parágrafo único. O poder concedente será exercido por intermédio da Secretaria de Portos da Presidência da República.

A retirada da atribuição de poder concedente da agência reguladora se mostra bastante acertada, por fazer com que seja possível à ANTAQ atuar de forma imparcial, cumprindo apenas o papel regulador, com neutralidade. Nesse sentido, Freitas e Guerra:

> Trata-se de alteração salutar, uma vez que a entidade reguladora se encontra em manifesto conflito de interesses, quando exerce, de forma concomitante, as funções de Poder Concedente e a de agente fiscalizador dessas atividades, no exercício da função de polícia administrativa.[51]

A mesma Lei nº 10.233/2001 criou a Agência Nacional de Transportes Terrestres (ANTT), dotada da competência de controle e fiscalização da política de transportes terrestres, incluindo a infraestrutura das rodovias federais.

A referida lei inclui nas competências da ANTT a de celebrar contratos de concessão de rodovias federais:

> Art. 26. Cabe à ANTT, como atribuições específicas pertinentes ao Transporte Rodoviário:
> [...];
> VI – publicar os editais, julgar as licitações e celebrar os contratos de concessão de rodovias federais a serem exploradas e administradas por terceiros;
> [...].[52]

Ao contrário, entretanto, do que ocorreu com as competências da Antaq, essa competência de celebrar contratos de concessão continua sendo competência da ANTT, o que não é prudente, por reunir a atribuição de poder concedente e de regulação.

Por fim, o setor aeroportuário é regulado pela Agência Nacional de Aviação Civil (Anac), que recebeu pela Lei nº 11.182, de 27 de outubro

---

[51] FREITAS; GUERRA, 2015, p. 97.
[52] BRASIL, 2001.

de 2005, a competência para regular e fiscalizar as atividades da aviação civil, inclusive a infraestrutura aeronáutica e aeroportuária, além da competência para conceder ou autorizar a exploração na área de sua competência, conforme inciso XXIV do art. 8º da Lei, a seguir transcrito:

> Art. 8º Cabe à ANAC adotar as medidas necessárias para o atendimento do interesse público e para o desenvolvimento e o fomento da aviação civil, da infraestrutura aeronáutica e aeroportuária do País, atuando com independência, legalidade, impessoalidade e publicidade, competindo-lhe:
>
> XXIV – conceder ou autorizar a exploração da infraestrutura aeroportuária, no todo ou em parte;
>
> [...];[53]

Da mesma forma, critica-se a competência atribuída à Anac no que se refere ao poder de firmar os contratos de concessão ou autorização da exploração da infraestrutura aeroportuária, visto que os papéis de regular e de fiscalizar devem estar sob a responsabilidade de agência isenta de parcialidade, que atue de forma neutra, buscando conjugar os interesses de todos os participantes do ajuste de delegação e prestação do serviço.

Há, assim, clara violação ao objetivo principal da criação do sistema regulatório, que deve se basear em uma atuação imparcial e equilibrada, para a fiscalização das partes públicas e privadas signatárias do ajuste pelo qual se materializa a delegação.

Além da crítica com relação às agências reguladoras no papel de poder concedente (com exceção da Antaq, que, acertadamente, deixou de ter essa competência), passa-se à análise das formas de controle à atuação das agências reguladora.

## 7.4.3 O controle das agências reguladoras

De fato, as agências reguladoras surgiram em um momento em que o Poder Público necessitava de mecanismos para o controle de certas atividades de interesse coletivo que haviam sido transferidos para a iniciativa privada.

As agências são, assim, importantes mecanismos de controle, dentre outros, de concessões, permissões e autorizações, conforme se

---

[53] BRASIL, 2005.

verifica no estudo das concessões de portos, aeroportos e rodovias. Importante considerar que as agências reguladoras possuem relevância não apenas para o setor regulado, mas para o interesse da coletividade.

Justamente em virtude da relevância de seu papel, a agência reguladora também deve submeter-se a controle, que deve ser "muito mais denso e complexo do que os críticos mais incautos parecem cogitar", de acordo com Marques Neto.[54] Surge, assim, a necessidade de busca dos mecanismos de controle das agências reguladoras, o que se fará a seguir, analisando o controle pelo Poder Judiciário, pelo Poder Legislativo e pelo Poder Executivo.

Com relação ao controle jurisdicional, tradicionalmente era afirmado que o controle dos demais Poderes pelo Poder Judiciário deveria se limitar aos aspectos de legalidade, sendo vedado ao Poder Judiciário adentrar o mérito do ato administrativo, analisando a conveniência ou a oportunidade da atuação.

Como o objeto deste estudo não é o controle jurisdicional da atuação administrativa, não cumpre analisar com profundidade a questão da análise do mérito pelo Poder Judiciário, mas deve ser salientado que esse controle não pode ser meramente formal, de estrita observância da lei, devendo-se abrir ao magistrado a possibilidade de analisar a proporcionalidade da atuação da Agência Reguladora.

Nesse sentido, Marques Neto afirma:

> A 'discricionariedade técnica' das agências não pode nem deve ser usada como obstáculo do controle da atividade regulatória pela via judicial. Pois, se é verdade que o juiz não pode se substituir ao regulador, também é verdade que uma maior margem de discricionariedade dada aos agentes estatais no âmbito da moderna regulação estatal deve corresponder a um controle mais robusto, inclusive pela via judicial.[55]

Outra forma de controle é o parlamentar, realizado pelo Poder Legislativo que, de acordo com os arts. 70 e 71 da Constituição da República, pode ser feito diretamente pelo Congresso Nacional, ou com o auxílio do Tribunal de Contas.[56]

Tendo em vista que as agências reguladoras são autarquias, não há dúvida que elas se submetem, sim, ao controle do Tribunal de

---

54   MARQUES NETO, 2005, p. 111.
55   MARQUES NETO, 2005, p. 112.
56   BRASIL, 1988.

Contas, havendo, inclusive, decisões do Tribunal de Contas da União nos setores objeto do presente estudo.[57] Por fim, cumpre salientar as formas de controle administrativo, buscando demonstrar que o controle pelo Poder Executivo é necessário, mas que deve ser cuidadoso, sob pena de se impor um controle hierárquico que não pode existir entre a agência reguladora e o poder concedente.

Marques Neto chama a atenção para o fato de que o controle exercido pelo Poder Executivo é matéria delicada, visto que existe tendência do Poder Executivo de transformar o ente regulador em um "veículo de intervenção governamental no setor regulado".[58] De fato, conforme se depreende do exposto até o momento, o objetivo da agência reguladora não é intervir na economia buscando diretamente o interesse do Governo, mas regular a atuação buscando o interesse da coletividade, e conciliar os interesses do Poder Público, do setor regulado e da coletividade.

Da mesma forma, conforme analisado, é necessário cautela ao colocar a agência reguladora no papel de poder concedente, sob pena de confundirmos dois personagens, fazendo com que o ente regulador deixe de regular e busque apenas o interesse da Administração Pública.

Assim, com relação ao controle pelo Poder Executivo, dois pontos devem ser necessariamente analisados, para garantir a efetiva independência em relação ao governo central. Em primeiro lugar, deve-se ter em mente que o controle não pode ter como fundamento uma hipotética relação hierárquica. A agência reguladora é espécie de autarquia, integrante da Administração indireta, que não se submete a uma relação de hierarquia e/ou subordinação à Administração direta. Além disso, a agência reguladora não deve atuar buscando o interesse do Poder Executivo, o que justifica o fato de que ela não pode atuar como substituta do poder concedente do serviço público. A delegação do serviço público (seja por concessão, seja por permissão ou autorização, nas hipóteses em que esta última está prevista em lei) deve ser feita pelo ente federativo titular do serviço, nos casos objeto deste estudo, pela União. Caberá à agência reguladora regular a prestação do serviço, conjugando os interesses do poder concedente, do concessionário, dos usuários e da coletividade.

---

[57] Acórdão TCU nº 575/2007, (BRASIL, 2007b) e Acórdão TCU nº 885/2007 (BRASIL, 2007a).
[58] MARQUES NETO, 2005, p. 124.

## 7.5 Conclusão

O ordenamento jurídico brasileiro, ao tratar da prestação dos serviços públicos, possibilita a prestação de forma direta pela Administração Pública ou a delegação dessa prestação para a iniciativa privada por meio de instrumentos como a concessão, a permissão ou a autorização. A prestação direta, muitas vezes, se torna ineficiente, tendo em vista problemas organizacionais da Administração Pública e a burocracia. Por isso, e por falta de recursos financeiros, optou-se, a partir da década de 1990, pela concessão, permissão e autorização de atividades e serviços públicos, que até então eram prestados diretamente pela União ou por meio de entidades da Administração indireta, dentre os quais estão a exploração de infraestrutura dos portos, aeroportos e rodovias, examinadas neste estudo.

Demonstrou-se que, apesar da divergência acerca do instituto da autorização, nos setores portuários e aeroportuários, o ordenamento jurídico traz a possibilidade da autorização delegada por meio de contrato de adesão, e não por meio de ato administrativo resultante do poder de polícia. A nova espécie de autorização submete-se às mesmas formas e meios de controle a que se sujeitam a concessão e a permissão de serviços públicos.

A partir do momento em que as atividades em estudo podem ser delegadas a terceiros, surge a necessidade de regulá-las, como forma de controle da prestação das atividades pelos concessionários, permissionários e autorizatários, cujas competências são das agências reguladoras, entidades autárquicas federais de suma importância, considerando a administração gerencial adotada no Brasil, pela reforma da década de 1990. Nos setores objeto desta pesquisa atuam as seguintes autarquias: a ANTT, a Antaq e a Anac.

Tendo-se em vista a importância dessas agências reguladoras para a boa e eficiente execução das atividades delegadas, mais adequado e eficiente deve ser o controle sobre a atuação dela. Não há dúvida de que o Poder Judiciário e o Poder Legislativo, com o auxílio do Tribunal de Contas, exercem controle sobre as agências reguladoras com total independência e imparcialidade.

A mesma afirmativa não se deve fazer em relação ao controle pelo Poder Executivo. Isso porque os governos federais, nos últimos quatorze anos, vêm adotando medidas político-administrativas com vistas a enfraquecer a autonomia e a independência das agências reguladoras, trazendo-as para debaixo de seu enorme manto, como se elas fossem órgãos subordinados.

A Administração Pública não pode atuar sobre as agências reguladoras, tratando-as como se fossem órgãos hierarquicamente inferiores. Elas são autarquias em regime especial, não estando hierarquicamente subordinadas à União. Assim, elas foram concebidas e assim também foram as leis da respectiva criação delas. Uma de suas caraterísticas é o fato de os membros de suas diretorias terem mandato por prazo determinado, fato que inviabiliza a nomeação e a exoneração dos diretores, ao talante do Presidente da República.

Ainda, detectou-se que a ANTT e a Anac são dotadas de competência para assinar contratos de concessão, permissão e autorização. Essa competência é estranha ao objeto das agências, qual seja, regular e fiscalizar o concessionário e o poder concedente. Como se vê, é patente o conflito de interesses. Como medida visando eliminar esse conflito, pode-se apontar alteração legislativa para excluir das citadas agências a competência para formalizar contratos de concessão, permissão e autorização.

## Referências

A INFRAERO. Disponível em: <http://www.infraero.gov.br/index.php/institucional>. Acesso em: 28 jan. 2016.

ARAGÃO, Alexandre Santos de. *Direito dos serviços públicos*. Rio de Janeiro: Forense, 2007.

BARROS, José Roberto. Equilíbrio contratual e metodologias de avaliação. In: MELLO, Marco Aurélio *et al*. *Concessão de rodovias*: aspectos jurídicos e econômicos relevantes. São Paulo: QuartierLatin, 2010.

BARROSO, Luís Roberto. *Concessão rodoviária*. 2008. Disponível em: <http://luisrobertobarroso.com.br/wp-content/themes/LBR/pdf/concessao_rodoviaria.pdf>. Acesso em: 28 jan. 2016.

BARROSO, Luís Roberto. Estado e livre-iniciativa na experiência constitucional brasileira. In: RIBEIRO, Leonardo Coelho; FEIGELSON, Bruno; FREITAS, Rafael Véras de (Coord.). *A nova regulação da infraestrutura e da mineração*: portos, aeroportos, ferrovias, rodovias. Belo Horizonte: Fórum, 2015.

BRASIL. Constituição (1988). *Constituição da República Federativa do Brasil*, 1988. Texto constitucional de 5 de outubro de 1988, com as alterações adotadas pelas emendas constitucionais até 2016. Brasília: Senado Federal, 1988. Disponível em: <http://www.planalto.gov.br/ccivil_03/constituicao/constituicaocompilado.htm>. Acesso em: 28 jan. 2016.

BRASIL. Presidência da República. Decreto nº 2.444, de 30 de dezembro de 1997. Dispõe sobre a inclusão, no Programa Nacional de Desestatização – PND, das rodovias federais que menciona, e dá outras providências. *Diário Oficial da União*, Brasília, 31 de dezembro de 1997a. Disponível em: <http://www.planalto.gov.br/ccivil_03/decreto/1997/D2444.htm>. Acesso em: 28 jan. 2016.

BRASIL. Presidência da República. Lei nº 10.233, de 5 de junho de 2001. Dispõe sobre a reestruturação dos transportes aquaviário e terrestre, cria o Conselho Nacional de Integração de Políticas de Transporte, a Agência Nacional de Transportes Terrestres, a Agência Nacional de Transportes Aquaviários e o Departamento Nacional de Infraestrutura de Transportes, e dá outras providências. *Diário Oficial Eletrônico*, Brasília, 6 de junho de 2001. Disponível em: <http://www.planalto.gov.br/ccivil_03/leis/LEIS_2001/L10233.htm>. Acesso em: 28 jan. 2016.

BRASIL. Presidência da República. Lei nº 11.182, de 27 de outubro de 2005. Cria a Agência Nacional de Aviação Civil – ANAC, e dá outras providências. *Diário Oficial da União*, Brasília, 28 de setembro de 2005. Disponível em: <http://www.planalto.gov.br/ccivil_03/_ato2004-2006/2005/lei/l11182.htm>. Acesso em: 28 jan. 2016.

BRASIL. Presidência da República. Lei nº 12.815, de 5 de junho de 2013. Dispõe sobre a exploração direta e indireta pela União de portos e instalações portuárias e sobre as atividades desempenhadas pelos operadores portuários; [...]. *Diário Oficial da União*, Brasília, 5 de junho de 2013. Disponível em: <http://www.planalto.gov.br/ccivil_03/_ato2011-2014/2013/Lei/L12815.htm>. Acesso em: 28 jan. 2016.

BRASIL. Presidência da República. Lei nº 5.862, de 12 de dezembro de 1972. Autoriza o Poder Executivo a constituir a empresa pública denominada Empresa Brasileira de Infraestrutura Aeroportuária – INFRAERO, e dá outras providências. *Diário Oficial da União*, Brasília, 13 de dezembro de 1972. Disponível em: <http://www.planalto.gov.br/ccivil_03/leis/1970-1979/L5862.htm>. Acesso em: 28 jan. 2016.

BRASIL. Presidência da República. Lei nº 6.009, de 26 de dezembro de 1973. Dispõe sobre a utilização e a exploração dos aeroportos, das facilidades à navegação aérea e dá outras providências. *Diário Oficial da União*, Brasília, 28 de dezembro de 1973. Disponível em: <http://www.planalto.gov.br/ccivil_03/leis/1970-1979/L6009.htm>. Acesso em: 28 jan. 2016.

BRASIL. Presidência da República. Lei nº 7.565, de 19 de dezembro de 1986. Dispõe sobre o Código Brasileiro de Aeronáutica. *Diário Oficial da União*, Brasília, 23 de dezembro de 1986. Disponível em: <http://www.planalto.gov.br/ccivil_03/leis/L7565.htm>. Acesso em: 28 jan. 2016.

BRASIL. Presidência da República. Lei nº 8.987, de 13 de fevereiro 1995. Dispõe sobre o regime de concessão e permissão da prestação de serviços públicos previsto no art. 175 da Constituição Federal, e dá outras providências. *Diário Oficial da União*, Brasília, 14 de fevereiro de 1995a. Disponível em: <http://www.planalto.gov.br/ccivil_03/leis/L8987compilada.htm>. Acesso em: 28 jan. 2016.

BRASIL. Presidência da República. Lei nº 9.074, de 7 de julho de 1995. Estabelece normas para outorga e prorrogações das concessões e permissões de serviços públicos e dá outras providências. *Diário Oficial da União*, Brasília, 8 de julho de 1995b. Disponível em: <http://www.planalto.gov.br/ccivil_03/leis/L9074cons.htm>. Acesso em: 28 jan. 2016.

BRASIL. Presidência da República. Lei nº 9.491, de 9 de setembro de 1997. Altera procedimentos relativos ao Programa Nacional de Desestatização, revoga a Lei nº 8.031, de 12 de abril de 1990, e dá outras providências. *Diário Oficial da União*, Brasília, 10 de setembro de 1997b. Disponível em: <http://www.planalto.gov.br/ccivil_03/leis/L9491.htm>. Acesso em: 28 jan. 2016.

BRASIL. Presidência da República. Secretaria Especial de Portos. Portaria nº 108, de 6 abril de 2010. Estabelece diretrizes para outorga de concessão de novos portos organizados marítimos e dá outras providências. *Diário Oficial da União*, Brasília, 7 de abril de 2010. Disponível em: <http://sijut.fazenda.gov.br/netacgi/nph-brs?s1=P0000001082010040601$.

CHAT.%20E%20SEP.ORGA.%20E%2020100407.DDOU.&l=0&p=1&u=/netahtml/sijut/Pesquisa.htm&r=0&f=S&d=SIAT&SECT1=SIATW3>. Acesso em: 28 jan. 2016.

BRASIL. Tribunal de Contas da União. Acompanhamento. Arrendamento de área no porto de Itaqui para construção, operação e manutenção de terminal de grãos. Determinação. Recomendação. Arquivamento. *Acórdão TCU nº 885/2007*. Plenário. Rel. Augusto Nardes. 16 de maio de 2007a. Disponível em: <https://contas.tcu.gov.br/pesquisaJurisprudencia/#/detalhamento/11/*/KEY%3AACORDAO-COMPLETO-31125/DTRELEVANCIA%20desc/false/1>. Acesso em: 28 jan. 2016.

BRASIL. Tribunal de Contas da União. Pedido de reexame. Decisão nº 1.648/2002-plenário. Contrato de concessão da Rodovia Presidente Dutra [...]. *Acórdão TCU nº 575/2007*. Plenário. Rel. Augusto Sherman, 11 de abril de 2007b. Disponível em: <https://contas.tcu.gov.br/pesquisaJurisprudencia/#/detalhamento/11/*/KEY%3AACORDAO-COMPLETO-33835/DTRELEVANCIA%20desc/false/1>. Acesso em: 28 jan. 2016.

CARVALHO FILHO, José dos Santos. *Manual de direito administrativo*. 28 ed. São Paulo: Atlas, 2015.

CHAMBARELLI, Rafael Lopes. A concessão da infraestrutura aeroportuária: construção do modelo brasileiro. In: RIBEIRO, Leonardo Coelho; FEIGELSON, Bruno; FREITAS, Rafael Véras de (Coord.). *A nova regulação da infraestrutura e da mineração*: portos, aeroportos, ferrovias, rodovias. Belo Horizonte: Fórum, 2015.

DI PIETRO, Maria Sylvia Zanella. *Parcerias na administração pública*: concessão, permissão, franquia, terceirização, parceria público-privada e outras formas. 11. ed. São Paulo: Atlas, 2017.

FARIA, Edimur Ferreira de. *Curso de direito administrativo positivo*. 8. ed. Belo Horizonte: Fórum, 2015.

FREITAS, Rafael Véras de; GUERRA, Sérgio. O modelo institucional do setor portuário: os institutos da Análise do Impacto Regulatório (AIR) e da Conferência de Serviços como mecanismos de equalização do controle político sobre as agências reguladoras. In: RIBEIRO, Leonardo Coelho; FEIGELSON, Bruno; FREITAS, Rafael Véras de (Coord.). *A nova regulação da infraestrutura e da mineração*: portos, aeroportos, ferrovias, rodovias. Belo Horizonte: Fórum, 2015.

FUX, Luiz. A concessão de rodovias na Jurisprudência do STJ. In: MELLO, Marco Aurélio *et al*. *Concessão de rodovias*: aspectos jurídicos e econômicos relevantes. São Paulo: QuartierLatin, 2010.

GARCIA, Flávio Amaral; FREITAS, Rafael Véras de. Concessão de aeroportos: desafios e perspectivas. In: RIBEIRO, Leonardo Coelho; FEIGELSON, Bruno; FREITAS, Rafael Véras de (Coord.). *A nova regulação da infraestrutura e da mineração*: portos, aeroportos, ferrovias, rodovias. Belo Horizonte: Fórum, 2015.

JUSTEN FILHO, Marçal. *Curso de direito administrativo*. São Paulo: Saraiva, 2006.

MARQUES NETO, Floriano de Azevedo. *Agências reguladoras independentes*: fundamentos e seu regime jurídico. Belo Horizonte: Fórum, 2005.

MASTRANGELO, Cláudio. *Agências Reguladoras e participação popular*. Porto Alegre: Livraria do Advogado, 2005.

MEIRELLES, Hely Lopes. *Direito administrativo brasileiro*. 22. ed. São Paulo: Malheiros, 1997.

MELLO, Celso Antônio. *Curso de direito administrativo*. 21. ed. São Paulo: Malheiros, 2006.

MELLO, Marco Aurélio et al. *Concessão de rodovias*: aspectos jurídicos e econômicos relevantes. São Paulo: Quartier Latin, 2010.

MOREIRA NETO, Diogo de Figueiredo. *Curso de direito administrativo*. 14. ed. Rio de Janeiro: Forense, 2006.

MOTTA, Carlos Pinto Coelho. *Eficácia nas concessões, permissões e parcerias*. Belo Horizonte: Del Rey, 2007.

OLIVEIRA, Rafael Carvalho Rezende. *Curso de direito administrativo*. 2. ed. Rio de Janeiro: Forense, 2014.

SAMPAIO, Luís Felipe. Financiamento de infraestrutura através da exploração de *namingrights*. In: RIBEIRO, Leonardo Coelho; FEIGELSON, Bruno; FREITAS, Rafael Véras de (Coord.). *A nova regulação da infraestrutura e da mineração*: portos, aeroportos, ferrovias, rodovias. Belo Horizonte: Fórum, 2015.

SOUTO, Marcos Juruena Villela. *Desestatização, privatização, concessões e terceirizações*. Rio de Janeiro: Lumen Juris, 2000.

SOUTO, Marcos Juruena Villela. *Direito das concessões*. 5. ed. Rio de Janeiro: Lumen Juris, 2004.

ZYLMER, Benjamin; ALMEIDA, Guilherme Henrique de La Roche. *O controle externo das concessões de serviços públicos e das parcerias público-privadas*. 2. ed. Belo Horizonte: Fórum, 2008.

---

Informação bibliográfica deste livro, conforme a NBR 6023:2002 da Associação Brasileira de Normas Técnicas (ABNT):

GRANDI, Flávia Campos Pereira. Concessões de portos, aeroportos e rodovias: natureza jurídica e controle. In: FARIA, Edimur Ferreira de (Coord.). *Controle da Administração Pública Direta e Indireta e das concessões*: autocontrole, controle parlamentar, com o auxílio do Tribunal de Contas, controle pelo Judiciário e controle social. Belo Horizonte: Fórum, 2018. p. 181-205. ISBN 978-85-450-0472-1

# CAPÍTULO 8

# CONTROLE DO ESTADO PELA SOCIEDADE CIVIL

**DAVI AUGUSTO SANTANA DE LELIS**

**EDIMUR FERREIRA DE FARIA**

## 8.1 Introdução

A Administração Pública, direta e indireta, de qualquer dos Poderes da União, dos Estados-Membros, do Distrito Federal e dos Municípios sofre controle[1] interno e externo. Interno é o controle efetuado pela própria estrutura administrativa, em cumprimento ao art. 74 da Constituição da República Federativa do Brasil (CRFB), que determina aos três poderes, Legislativo, Executivo e Judiciário, manter, de forma integrada, controle interno para avaliar cumprimento de metas no plano plurianual na execução de programas de governo, do orçamento estatal; para verificar os resultados das atuações estatais quanto à eficácia e à eficiência; para manter o controle das operações de crédito; e para apoiar o controle externo.[2] O controle externo, por

---

[1] Carvalho Filho informa que existem duas formas de controle: a) o político, exercido com base na necessidade de equilíbrio entre os poderes estruturais do Estado – o Executivo, o Legislativo e o Judiciário –, com base no sistema de freios e contrapesos, sendo essa matéria pertinente ao ramo constitucional e; b) o administrativo, que não encerra nenhuma medida para controlar os poderes políticos, mas, sim, controlar os órgãos e as pessoas incumbidos de efetuar as funções do Estado. (CARVALHO FILHO, 2010, p. 1.019-1.020).

[2] BRASIL, 1988.

sua vez, é realizado diretamente pelo poder Legislativo em suas casas legislativas, no âmbito federal, nos Estados-Membros pelas Assembleias Legislativas, no Distrito Federal e nos Municípios pelas Câmaras Municipais e Distritais, respectivamente, indiretamente, por meio dos Tribunais de Contas da União, dos Estados e dos Municípios do Rio de Janeiro e de São Paulo, bem como pelo Poder Judiciário.[3]

Além das formas tradicionais de controle, pode-se questionar a possibilidade de uma forma alternativa de controle da Administração Pública, exercida não pelos poderes constituídos, mas pelo conjunto social: o povo, por meio da sociedade civil.[4] Discute-se, neste capítulo, a existência, a legitimidade e o meio de atuação dessa forma de controle.

Ressalte-se, desde já, que o controle da Administração Pública por meio da sociedade civil há de respeitar os ditames constitucionais e legais. Afinal, no Estado Democrático de Direito, há que prevalecer o governo das leis, e não o governo dos homens, sejam eles administradores, sejam eles administrados.[5] Toma-se também como premissa a ideia de que não é bastante a democracia representativa, pois, para um efetivo controle, é necessária a democracia participativa.

O problema, portanto, é a questão: É possível o controle social do Estado pela sociedade civil? O questionamento deve percorrer uma possibilidade jurídica e prática, admitindo-se duas hipóteses: a de que o controle proposto é possível e a de que o controle proposto não é possível. Trata-se, então, de uma investigação da possibilidade de controle da sociedade civil organizada, situada na periferia do sistema político, sobre o Estado e seu aparelho, alojados no centro do sistema político, por meios próprios. Investiga-se, assim, neste estudo, a possibilidade de controle social exercido pela sociedade civil por meio das manifestações populares.

## 8.2 Titularidade do poder: em busca da legitimidade do controle social

A ideia de controle decorre da própria noção de Estado Democrático de Direito. Na vigência do Estado Absolutista não havia por

---

[3] MELLO, 2009, p. 930.
[4] A expressão é aqui tomada como contraposição ao Estado, lugar onde ocorrem conflitos sociais, ideológicos, econômicos, religiosos, dentre outros. (CARVALHO, 2013, p. 55).
[5] MELLO, 2010, p. 113.

que pensar em responsabilização do governante,[6] afinal, o rei não cometia erros e sua vontade era a lei.[7] A afirmação de que o rei não erra decorre da teoria divina dos reis, segundo a qual os reis são, na terra, representantes de Deus. Ora, se são representante de Deus, que não erra e nem faz mal a ninguém, eles, por seu turno, na condição de representantes divinos, também não erram, tampouco praticam o mal.

Com a derrocada do antigo regime e a consequente queda do Absolutismo, dando azo ao surgimento do paradigma de Estado Liberal, inicia-se a construção da ideia de que o governo deveria ser feito para o povo e pelo povo, cabendo, portanto, indagar se ainda existe a figura do soberano e a quem pertence a titularidade do poder.

O Estado de Direito, resultado das mudanças sociais do século XVI e XIX, foi a antítese do até então Estado de homens e ausência de leis e, portanto, policial e arbitrário.[8] Esse novo modelo estatal possibilitou o advento do Estado constitucional, com a divisão dos poderes e o impedimento de que o soberano sozinho pudesse mudar a lei. Mais importante: havia, então, a obrigação de o Estado cumprir o seu dever – efetivar o texto constitucional.

Poderia acreditar-se, assim, que a Constituição seria o soberano do momento, mas a ideia é equivocada, pois a Constituição é instrumento para a realização dos direitos e também passível de ser alterada. Essa modificação constitucional pode levar à ideia de que quem detém o poder para proceder à alteração é o soberano, mas a assertiva é também falsa: trata-se de mera outorga de competência exercida por um poder constituído, cujo poder emana do povo. Seria, então, o povo o soberano nesse Estado constitucional? Mais uma vez a resposta é negativa: o povo age apenas nos limites dos ditames constitucionais, embora seja anterior ao próprio Estado, mas é do povo que todo o poder se origina.[9]

Tem-se, assim, em conformidade com o texto constitucional, que todo poder emana do povo, sendo exercido de forma indireta por

---

[6] Quando dos governos absolutistas, o Estado, representado pela figura do monarca, era a expressão máxima do Direito, sendo inconcebível creditar-lhe qualquer transgressão da ordem jurídica ocorrida sob seu manto protetor. (GAGLIANO; PAMPLONA FILHO, 2003, v. 3, p. 209).
[7] CAVALIERI FILHO, 2005, p. 235.
[8] Sampaio lembra que alguns autores, como Roberto M. Unger, Platão, Aristóteles, Martin Oswald entre outros, afirmam a existência do Estado de Direito anterior ao aqui mencionado, estando presente na história antiga e pré-moderna. Seria esse um Estado de direito baseado em costumes, nas sociedades pré-civilizadas, baseado no regulamento das *poleis* e, por fim, o Estado de direito, em sentido estrito, submete-se à ordem jurídica e possibilitador do nascimento da Constituição. (SAMPAIO, 2013, p. 61).
[9] SANTANA, 2013, p. 95-113.

meio de seus representantes eleitos, ou de forma direta nos termos da Constituição.[10] Não se trata, portanto, de um povo que se transfigura em soberano, mas de um povo que é titular de poder e, como tal, com competência para controlar aqueles que exercem esse poder. Dentre os poderes cabíveis ao povo está o de controlar a Administração Pública. Note-se que a própria definição de controle da Administração Pública enseja a participação popular. Carvalho Filho o define como "o conjunto de mecanismos jurídicos e administrativos por meio dos quais se exerce o poder de fiscalização e de revisão da atividade administrativa em qualquer das esferas de Poder".[11] Atente-se, no conceito, para o fato de os mecanismos não serem restritos a nenhum poder, pessoa ou órgão em particular, mas exercível por todos, tanto na fiscalização, quanto na exigência de revisão. Ressalte-se, nesse contexto, que o controle deve ser exercido em toda atividade administrativa, não se excluindo nenhuma atuação estatal. É, portanto, possível conceber o direito de participação como uma das formas de controle da Administração Pública.

A segunda metade do século XX apresentou uma concepção não hegemônica de democracia: a democracia participativa. Estava vencida a ideia de democracia representativa nos moldes propostos por Schumpeter, Norberto Bobbio, e Robert Dahl,[12] em que haveria um procedimento[13] e a perda de controle das políticas por parte do cidadão.[14] A partir de então, o procedimentalismo seria uma prática social válida quando as políticas contassem com o assentimento de todos os indivíduos participantes de um discurso racional.[15] Outro argumento favorável à democracia participativa foi o aumento dos grupos culturais e o reconhecimento da sociedade plural, fazendo com que a assembleia

---

[10] BRASIL, 1988.
[11] CARVALHO FILHO, 2010, p. 1.021.
[12] Santos e Avritzer (2002) informam que, para Schumpeter (1942), o povo não governava, pois o processo político era apenas um arranjo institucional para se chegar a decisões políticas e administrativas, cabendo a Bobbio (1986) dar o passo seguinte e transformar o procedimentalismo em regra de formação do governo representativo democrático, fazendo com que o cidadão optasse pelo Estado de bem-estar social em detrimento de estar no controle das atividades políticas; pensamento referendado por Dahl (1998), para quem a representatividade constitui a única solução possível para o problema de autonomia nas democracias de grande escala.
[13] Mais uma vez, refuta-se a perspectiva liberal do controle social e argumenta-se em favor de uma perspectiva conflitiva nos moldes propostos por Sabadell (2005).
[14] SANTOS, 2002, p. 45.
[15] HABERMAS, 2010.

representativa não mais fosse considerada uma miniatura do eleitorado, nos moldes pensados por Stuart Mill.[16] A CRFB previu em seu texto uma sociedade plural[17] e mecanismos de democracia participativa como o fortalecimento da articulação contra-hegemônica entre o local e o global, entre a sociedade e o Estado.[18] Mais do que isso, o direito de participação está enraizado em uma mudança que transforma a democracia meramente representativa em uma democracia participativa. Bobbio (1986) defende a ideia de que, ao se conquistar a democracia política, foi possível perceber que a política estava incluída em uma esfera mais ampla, a esfera da sociedade, que não permite a existência de decisão política desvinculada do que ocorre na sociedade civil. Nesse sentido, Melo e Ferreira[19] lembram que a participação popular é, atualmente, peça chave na realização da democracia.

No âmbito internacional, os direitos de participação e o consequente controle começaram a surgir no século XX. Leal[20] aponta a Carta do Atlântico, assinada por Roosevelt e Churchill em 14 de agosto de 1941,[21] e a Declaração das Nações Unidas de 1º de janeiro de 1942,[22] como os primeiros documentos a impor ao Estado determinadas condutas em prol de seus cidadãos. Em 10 de dezembro de 1948, por meio da Declaração Universal dos Direitos do Homem,[23] projetou-se uma extensão da titularidade de direitos, abrangendo não apenas o indivíduo, mas também entidades de classe, associações, organizações sindicais, vinculando a atuação estatal aos direitos e garantias individuais. Em 23 de março de 1976, a Assembleia Geral das Nações Unidas instituiu a resolução nº 2.200-A, que estabelece o Pacto Internacional de Direitos Civis e Políticos.[24] A Resolução nº 2.200-A da ONU foi internalizada no Brasil em 1992, por meio do Decreto nº 591, de 6 de julho de 1992[25] e estabelece, dentre outros direitos, o de acesso, em condição de igualdade, às funções públicas do País.

---

[16] SANTOS, 2002, p. 52.
[17] BARROSO, 2007, n. 9, p. 1-41.
[18] SANTOS, 2002.
[19] MELO; FERREIRA, 2008, v. 36, p. 229.
[20] LEAL, 2008, n. 13, p. 11.
[21] ONU, 1941.
[22] ONU, 1942.
[23] ONU, 1948/1978.
[24] LEAL, 2008, n. 13, p. 13.
[25] BRASIL, 1992.

Internamente, a CRFB estabeleceu o princípio da participação popular. Di Pietro,[26] ao analisar esse princípio constitucional, afirma que a sociedade tem diversos instrumentos de controle à sua disposição:
a) o direito à informação, previsto na CRFB (art. 5º, XXXIII), que assegura ao cidadão o conhecimento de assuntos que estão sendo tratados no âmbito estatal;
b) o mandado de injunção (art. 5º, LXXI), instituído para suprimir a omissão do Estado;
c) a ação popular (art. 5º LXXIII), que provoca o controle jurisdicional;
d) o direito de denunciar irregularidades perante Tribunais de Conta (art. 74, §2º);
e) o direito de fazer reclamações e de denunciar irregularidades perante ouvidorias, sejam elas próprias das pessoas jurídicas da administração pública direta e indireta ou via órgãos constitucionais como o Conselho Nacional de Justiça e o Conselho Nacional do Ministério Público.

A lista de instrumentos para a participação popular pode ser ampliada para incluir também os instrumentos judiciais à disposição do cidadão na CRFB:
a) *habeas corpus* (art. 5º, LXVIII);
b) mandado de segurança (art. 5º, LXIX e LXX);
c) *habeas data*, (art. 5º, LXXII);
d) ação civil pública (art. 129, III);
e) ação direita de inconstitucionalidade, CRFB arts. 102, I, a, e 103.

Além dos meios apontados é possível acrescer ainda:
a) o direito de associações representarem os seus associados, conforme a CRFB (art. 5º, XXI);
b) o direito de petição previsto (art. 5º XXXIV);
c) o direito de questionar as contas municipais (art. 31 §3º);
d) a participação popular dos usuários dos serviços públicos previstos pela Lei nº 8.987, de 1995, nos arts. 27, 29 e 30;
e) a participação popular prevista na lei do processo administrativo – Lei nº 9.784, de 1999, no art. 31, que prevê a consulta

---

[26] DI PIETRO, 2012, p. 691-693.

pública; no art. 32, que revê a audiência pública; e no art. 33, que prevê outras formas de atuação popular no processo administrativo;[27]

f) a Lei nº 10.257, de 2001, que trata do Estatuto da Cidade e cria diversos instrumentos e espaços de participação popular.

Pelo exposto, existem à disposição do cidadão diversos instrumentos de controle. Ainda assim, o Estado por vezes mantém-se em posição autoritária, semelhantemente aos tempos do Estado absolutista. Gordillo (2009) afirma que a atitude autoritária do Estado decorre da forma equivocada pela qual o cidadão tenta combater os atos eivados de injustiça. Tenta-se lutar contra todo o corpo estatal e não contra o agente público, autor da ilicitude. Se todos combatessem a arbitrariedade, a imagem de leviatã poderia regredir. Além da forma de combate, talvez falte à população a noção de que todos esses instrumentos constituem direitos e garantias fundamentais do cidadão.

Diante desse contexto, constata-se que o controle social é direito fundamental do cidadão e instrumento para o exercício da democracia. Note-se que todos os instrumentos de controle estão contidos em artigos capitais da CRFB.[28] Todos eles resguardam direitos e princípios que norteiam a atividade estatal, refletindo, de alguma forma, direitos de liberdade, igualdade e fraternidade, comumente apontados como os direitos e as garantias fundamentais de primeira dimensão – como as liberdades individuais –, segunda dimensão – como as igualdades e os deveres impostos ao Estado – e terceira dimensão – como uma resposta à dominação cultural.[29] Dessa forma, o controle social da Sociedade Civil sobre o Estado é exigência de funcionalidade constitucional,

---

[27] Como exemplo de participação popular não prevista em lei, mas eficaz, ver a interação entre a população e a prefeitura municipal de Curitiba por meio da página https://www.facebook.com/PrefeituraMunicipaldeCuritiba?fref=ts, local onde é possível votar em enquetes, fazer sugestões e opinar sobre a administração municipal.

[28] Os instrumentos apontados fora da CRFB, como os das Leis nº 8.987/1995 e nº 9.784/1999, apenas refletem o mandamento constitucional de conceder à população instrumentos de participação e controle sobre o Estado.

[29] A classificação em três dimensões é a comumente utilizada pelos autores constitucionalistas. Entretanto, alguns teóricos, com base na evolução da humanidade, informam a existência de outras duas dimensões: a quarta dimensão dos direitos e garantias fundamentais, que seria um desdobramento da terceira dimensão, traduzindo-se em direitos de bioética, manipulação genética, dentre outros avanços científicos (SAMPAIO, 2013, p. 575-578); e a quinta dimensão dos direitos e garantias fundamentais, composta pelos direitos ainda a serem desenvolvidos e articulados com os direitos das outras espécies. (SAMPAIO, 2013, p. 578-579).

traduzindo-se em instrumento de promoção de vida republicana e democrática.

Entende-se, portanto, que é possível o controle social da Administração Pública; afinal, não restam dúvidas de que a incidência da democracia fez com que gradualmente aumentassem os direitos civis e políticos, bem como os mecanismos de controle da Administração Pública, tanto pelo próprio Estado, quanto pelo cidadão.

Soares lembra que o princípio participativo nada mais é do que "democratizar a democracia através da participação [...], intensificar a optimização da participação dos homens no processo de decisão";[30] e participar dos processos de decisão é fazer uso "[d]o princípio democrático [que] determina a inclusão da cidadania nas esferas de controle dos atos estatais".[31] Mas o que se entende por controle social?

## 8.3 Controle social: conceito e características

A expressão "controle social" pode compreender diversos significados. Sabadell a define como "tudo aquilo que influencia o comportamento dos membros da sociedade".[32] De igual forma, "controle social é qualquer meio de levar as pessoas a se comportarem de forma socialmente aprovada".[33] E de forma mais técnica a expressão pode ser compreendida como qualquer "influência volitiva dominante, exercida por via individual ou grupal sobre o comportamento de unidades individuais ou grupais, no sentido de manter-se [uma] uniformidade quanto a padrões sociais".[34]

Das definições apresentadas, extrai-se de Sabadell[35] que o controle social busca a imposição de certos valores e padrões sociais e pode ocorrer em todas as situações sociais, de variadas formas. A autora afirma que o controle social pode ser: a) formal, quando realizado pelas autoridades do Estado; b) informal, quando exercido pelo grupo social, como, por exemplo, família, amigos, associações; c) positivo, quando incentiva o bom comportamento; d) negativo, quando reprova determinado padrão de comportamento; e) interno, quando o indivíduo

---

[30] SOARES, 1997, p. 34.
[31] THOMÉ, 2013, p. 266.
[32] SABADELL, 2005, p. 134.
[33] VILA NOVA, 1999, p. 94.
[34] SOUTO; SOUTO, 2003, p. 187-188.
[35] SABADELL, 2005, p. 136.

é ao mesmo tempo objeto do controle e seu fiscalizador e; f) externo, quando se efetua nos indivíduos por meio da ação de outros sujeitos.³⁶ O exercício desse controle está intimamente ligado ao exercício do poder. Esclarece-se que "poder" consiste na possibilidade de impor a própria vontade numa relação social, mesmo contra resistência.³⁷ Para exercer o poder é necessária uma relação de desigualdade entre quem impõe a vontade e quem se submete a ela, mas há também a possibilidade de que o controle não resulte nas finalidades esperadas pelo superior.³⁸

Como característica, o poder pode ser plurifacetário, apresentando-se de diversas formas, via força, coação, autoridade ou manipulação; e também pluridimensional, pois tem diversos campos de ação, como o poder político, o econômico, o carismático e o midiático. No paradigma do Estado Democrático de Direito o poder, sobretudo, deve corresponder a uma legitimidade por meio da legalidade, afinal, o poder legítimo é aquele que "detém os meios de coerção e que exerce o comando, em conformidade com as regras jurídicas estabelecidas pela constituição".³⁹

Dessa forma, o controle pode ter duas perspectivas, a primeira é a *liberal-funcionalista*,⁴⁰ que pretende impor regras e padrões de comportamento para manter a sociedade distante das ações desviantes. Soriano⁴¹ aponta as diretrizes dessa vertente do controle social: a) aumentar o bem-estar social; b) limitar a intervenção ao estritamente necessário; c) criar, democraticamente, as formas de controle; d) responsabilizar os agentes do controle.

A segunda perspectiva é a da teoria *conflitiva*,⁴² que afirma existir concentração de poder econômico e político que busca exercer o controle

---

36  SABADELL, 2005, p. 137-138.
37  WEBER, 2004, v. 2.
38  SABADELL, 2005, p. 141.
39  *Ibidem*, p.143.
40  Para os que se identificam com o modelo, Sampaio (2013) apresenta outras características liberais: a) a ética é procedimental, pois não se deve dizer o que é certo, mas apenas apontar como decidir o que é certo; b) há prevalência do justo sobre o conteúdo da ação; c) há centralidade no indivíduo; d) os indivíduos celebram o contrato social para manutenção da liberdade; e) há precedência de direitos sobre os deveres para com a sociedade; f) há uma concepção negativa da liberdade, que em última instância significa a não interferência do Estado; g) a política é esvaziada de conteúdo moral, pois é apenas uma atuação estatal; h) defesa de um Estado mínimo.
41  SORIANO, 1997, p. 318 *apud* SABADELL, 2005, p. 138.
42  A perspectiva conflitiva é mais próxima da ideologia comunitária, que tem como características: a) a ética é substancial e a definição do certo é situada em um ambiente de cultura e tradição; b) o bem, enquanto pauta de conduta, precede o justo; c) o indivíduo

sobre aqueles que têm comportamentos contrários à ordem estabelecida. Em geral, o controle é exercido sobre as camadas mais pobres da sociedade, não sendo possível realizar controle social democrático em prol de toda a sociedade.[43]

Diante das duas perspectivas, acredita-se que a segunda seja a mais adequada aos padrões atuais de comportamento. Ressalte-se, entretanto, que qualquer que seja o controle social, é preciso que se faça o filtro constitucional. Não devem ser admitidos controles que violem os direitos e as garantias fundamentais previstos na Constituição. Desse modo, defende-se um controle que respeite o procedimento democrático ao mesmo tempo em que permite conteúdo moral para as ações políticas como substância das próprias atuações estatais. Um controle que coloque os direitos coletivos e sociais à frente dos interesses individuais e libertários dos indivíduos, um controle social que reforce os deveres éticos do cidadão para com a sociedade.

Dessa forma, embora se espere pela legitimação do poder pela via legal, pelo respeito para com a Constituição e pela realização de pretenso consenso, a prática demonstra que esse consenso não existe, pois os canais de comunicação entre o centro do sistema estatal, composto pela política e, por consequência, pelo aparelho de atuação estatal, e a periferia, composta pela sociedade civil, estão colonizados por valores econômicos, sociais e midiáticos, como aponta a teoria de Habermas (2010).

## 8.4 A teoria da ação comunicativa como meio de controle social

Admitindo-se a teoria de conflito social, é necessário recorrer a um modelo que possa compreender o controle social exercido pelo povo sobre a Administração Pública. Para tanto, recorre-se às ideias de Habermas (1999; 1987) e sua teoria da ação comunicativa expressa em um mundo sistêmico e um mundo da vida, tendo como meio entre um e outro o Direito construído por meio do consenso. Desse modo,

---

é um ser social e a cultura o precede de modo que o centro está na sociedade e não no indivíduo; d) a relação não é meramente de um contrato social, mas de pertença ética; e) os indivíduos têm deveres éticos para com a sociedade e não há precedência de direitos; f) a liberdade tem concepção positiva; g) a política deve ter um conteúdo moral; h) a concepção de Estado é variável, podendo ser um estado comunitário ou intervencionista. (SAMPAIO, 2013).

[43] SABADELL, 2005, p. 139.

as sociedades modernas estão centradas na prática comunicativa e na argumentação racional que se assenta na pretensão de validade criticável dos atos de fala. Em uma sociedade organizada em torno do Estado, o poder se destaca das relações de parentesco e se vincula às funções públicas.[44] Assim, o poder vinculado às funções públicas decorre da existência da racionalidade, que ocorre por meio da linguagem, em uma racionalidade instrumental e uma racionalidade comunicativa.[45] A racionalidade instrumental resulta em um agir estratégico, realizada pelo indivíduo em busca de um objetivo específico – por exemplo, exercer o controle social. Essa linguagem é própria do sistema. A racionalidade comunicativa resulta em um agir comunicativo, "atitude realizativa de participantes na interação que coordenam seus planos de ação entendendo-se sobre algo no mundo".[46] Essa linguagem é própria do mundo da vida.

No mundo da vida, os argumentos são colocados em diálogos na forma do melhor argumento, em contextos interativos e livres de qualquer coação.[47] Os componentes do mundo da vida são *a cultura* – forma de interpretar o mundo; *a sociedade* – ordem legitimada de relações interpessoais; *a personalidade* – que trata da formação de pessoas com capacidade de interação. Há, assim, abordagem tríplice: a *cultura* leva à sua transmissão e renovação; a *sociedade* estabelece a solidariedade; a *personalidade* promove a construção da identidade social, sendo que a ação comunicativa ocorre no nível preenchido pela tríade. Essa abordagem indica que a sociedade deve assegurar a transmissão de valores culturais, legitimar normas e socializar verdades.[18]

O *mundo sistêmico* é composto pelos elementos que informam a *política* e a *economia*. Na sociedade moderna e contemporânea, tal faceta da realidade está desacloplada do *mundo da vida*, funcionando de forma independente e não mais com base na ação comunicativa, voltada para o mútuo entendimento. O funcionamento do *mundo sistêmico* orienta-se para fins de ação instrumental, sendo regulado por processos midiáticos, dinheiro e poder. Suas ações, ao serem coordenadas pela mídia,

---

[44] SAMPAIO, 2013, p. 211.
[45] HABERMAS, 1994.
[46] SOUZA NETO, 2006, p. 138.
[47] FREITAG, 1993, v. 5, n. 3, p. 63.
[48] HABERMAS, 1990.

dinheiro e poder se direcionam à produção massificada de cultura – indústria cultural da mídia; à produção de troca de bens com bases monetárias – instância da economia; e à formação governamental para atingir decisões burocráticas eficientes – instância política. Importante ressaltar que o meio de comunicação midiático não é um problema em si, pois, uma vez proferido o conteúdo da argumentação, desvincula--se do sujeito; o problema, então, é o conteúdo distorcido que a mídia perfaz, e essa distorção ocorre pela colonização do mundo da vida pelo sistema.[49]

Nesse ponto encontra-se o problema do controle social: de acordo com o modelo habermasiano, o controle será exercido sobre o povo, e não por ele, afinal, o sentido da comunicação será do sistema para o mundo da vida. Assim, o *Direito* desempenha importante papel relativo à normatização e à institucionalização do funcionamento, independentemente da mídia, da economia e da política, já que a regulação dada pelo dinheiro e pelo poder gera o desacoplamento da economia e da política do *mundo da vida*. Livre da indeterminação da ação comunicativa, o sistema político do Estado moderno estabelece objetivos coletivos alcançados por meio de *decisões fundadas em poder*. Tais objetivos podem ser os elencados pelo interesse público. A economia, por sua vez, assegura a produção e a distribuição de bens em termos de produção monetária. Em suma, entende-se que o Direito deve institucionalizar a independência do *mundo sistêmico*, representado pela mídia, pela economia e pelo poder, do *mundo da vida*.

A institucionalização da independência do mundo sistêmico do mundo da vida ocorre ao se conceder ao Direito a função de médium entre o sistema político e as esferas públicas. O Direito garante, também, que o mundo da vida se firme na soberania do povo e nos direitos fundamentais, de modo a não permitir que a autonomia privada dos cidadãos seja sobreposta ou subordinada à autonomia política.[50]

Ao se ter o Direito como meio, pode-se estabelecer que todo poder político é deduzido do poder comunicativo dos cidadãos com o objetivo de resolver problemas, utilizando-se uma prática democrática destinada a garantir um tratamento racional às questões políticas. Mas os cidadãos não conseguem se organizar de modo a elevar os temas e problemas cotidianos ao *status* de agenda do sistema político, tampouco conseguem, por conta própria, exercer efetivo controle

---

[49] HABERMAS, 1994, p. 286.
[50] HABERMAS, 2010a, v. 1, p. 138.

sobre a Administração Pública. A solução apontada por Habermas é a organização por meio de *partidos políticos* e das *esferas públicas*.

Nesse contexto, o único modo de o povo influenciar as ações estatais seria por meio de *interesses organizados*, que influenciam *partidos políticos* na defesa dos interesses organizados, elevados à análise do *poder público* e do *poder administrativo do Estado*, por meio de eleições regulares.[51]

Além dos partidos políticos, os interesses organizados poderiam surgir também na esfera pública, "uma rede adequada para a comunicação de conteúdos, tomadas de posição e opiniões".[52] Desse modo, a *esfera pública* recebe diversos *fluxos comunicativos*, que são processados por meio das regras do *agir comunicativo*, de modo que os que agem comunicativamente na esfera pública "ajudam a constituir através de suas interpretações negociadas cooperativamente, destingindo-se dos atores que visam o sucesso e que se observam naturalmente como algo que aparece no mundo objetivo".[53]

Nesse espaço, que pode ser metaforizado em termos materiais, como foros, palcos, arenas, congressos, passeatas, abaixo-assinados, mobilização em redes sociais, transparecem inicialmente a pressão social das experiências pessoais da vida[54] em intensa luta por influência, de modo a transformar as argumentações ocorridas na esfera pública em efetivo poder político "num potencial capaz de levar a decisões impositivas, quando se deposita nas convicções de membros *autorizados* do sistema político, passando a determinar o comportamento de eleitores, parlamentares, funcionários, etc.".[55]

Nessa forma de agir comunicativo é possível encontrar o controle social da sociedade civil[56] sobre o Estado.[57] Essa liberdade de associação e manifestação de pensamento apoia-se claramente em *direitos fundamentais*, como o de liberdade de opinião e o de liberdade de reunião, que garantem, por sua vez, a liberdade de imprensa, atuante na estrutura medial da comunicação pública, bem como a formação

---

[51] HABERMAS, 2010b, v. 2, p. 60.
[52] *Ibidem*, p. 92.
[53] *Ibidem*, p. 92-93.
[54] *Ibidem*, p. 97.
[55] HABERMAS, 2010, p. 95.
[56] Para Habermas, a sociedade civil é "formada por associações e organizações livres, não estatais e não econômicas, as quais ancoram as estruturas de comunicação da esfera pública nos componentes sociais do mundo da vida". (HABERMAS, 2010b, v. 2, p. 99).
[57] HABERMAS, 2010b, v. 2.

de opinião própria da sociedade civil, capaz de influenciar o complexo parlamentar.

Tem-se, então, que tanto o centro do sistema político, quanto a periferia, representada pela sociedade civil, podem produzir argumentações capazes de exercer controle sobre a Administração Pública. Ambos os processo são intermediados pela esfera pública em si, que faz a mediação entre o sistema político e os setores privados do mundo da vida. E nesses canais comunicativos há intensa presença da mídia. Em outras palavras, podem ser encontrados três tipos de atores capazes de produzir a ordem das agendas do sistema político: a) os atores que surgem do público, em esferas públicas episódicas, como bares, cafés, cursos, passeatas, redes sociais, manifestações de rua, entre outros; b) os atores que dispõem de poder de organização, como os que surgem em esferas públicas organizadas, como salas de aula, concertos musicais, teatros, dentre outros, e que podem ter influência política para agir do centro do sistema político para a periferia; e c) os atores midiáticos, que surgem na esfera pública abstrata, tendo mais possibilidade de influenciar conteúdos e tomadas de posições dos grandes meios.

Assim, com os princípios informados pelos direitos fundamentais, em especial os civis e políticos, há que se reconhecer que o Estado deve ser democratizado a ponto de tornar as burocracias estatais e os partidos políticos abertos às novas formas de manifestação e consequente controle social. É necessário, também, que as novas formas de manifestação e controle social sejam fomentadas e reconhecidas como legítimas.

Dentre os três tipos de atores e suas respectivas espécies de esfera pública de origem, aquele que tem maior capacidade de influenciar os canais de comunicação é o ator midiático. Não é por menos que Habermas[58] sintetiza as tarefas da mídia, que podem ser entendidas como um código de ética do jornalismo: a) vigilância sobre o ambiente sociopolítico; b) definição de questões significativas da agenda política; c) abertura de plataformas para que os políticos defendam suas opiniões; d) abertura para diálogo entre os diferentes pontos de vista; e) criação de mecanismos de responsabilização sobre aqueles que exercem o poder; f) criação de meios de incentivo aos cidadãos para que participem do processo político; g) criação de mecanismos para que a mídia fique independente e não sucumba às influências do poder;

---

[58] HABERMAS, 2010b, v. 2, p. 111-112.

h) respeito ao público, tanto do sistema político, quanto da periferia, em seus canais de informação.

Com a ação midiática, Habermas (2010b) afirma que os fluxos de formação da agenda política ocorrem do centro do sistema político para a periferia, quando, na verdade, para melhor aproveitamento da política a ser implantada e para maior efetividade do controle a ser exercido, deveria ocorrer da periferia para o centro. Isso porque as comunicações da esfera pública estão muito ligadas à vida privada, fazendo com que a sociedade civil – periferia do sistema – construa argumentos com maior sensibilidade.[59]

Em síntese, a deliberação não deve operar apenas nos fóruns oficiais, mas também na rede informal de comunicação, consistente na esfera pública. Além disso, a deliberação não deve ficar restrita ao período eleitoral, mas ser constante na vida da esfera pública. O discurso, assim, é alcançado pela soma dos fóruns oficiais e dos fóruns da esfera pública. Entretanto, a esfera pública é fraca, enquanto as instituições políticas, alojadas no centro do sistema político, são fortes sob o ponto de vista de produção de demandas para novos arranjos institucionais.

Desse modo, mesmo que o mundo da vida, representado pela comunicação íntima com a esfera pública, produza um número infinito de possibilidades, que deveriam ser convertidas em um número finito na regulação sistêmica, o que acaba por comandar a produção da agenda política são as demandas do sistema, pois é bom que se lembre que a esfera da vida pública está burocratizada e a esfera privada monetarizada, em razão do processo de colonização do mundo da vida. Assim, o cidadão passa a não interferir verdadeiramente na formulação de propostas e meios de controle, pois as decisões públicas são tomadas independentemente da problematização discursiva.[60]

No Brasil, os partidos políticos legitimam seus membros para o exercício do poder que emana do povo. Entretanto, os eleitos, que deveriam buscar o interesse público, acabam atuando em imoralidade administrativa, levando descrença para os representados. Parte do problema ocorre pelo sistema de financiamento privado das campanhas eleitorais.[61] Tem-se, na prática eleitoral brasileira a confirmação

---

[59] Ibidem, p. 115.
[60] SOUZA NETO, 2006, p. 150-151.
[61] A Ação Direta de Inconstitucionalidade nº 4.650, ajuizada pela Ordem dos Advogados do Brasil com a finalidade de obter a declaração total ou parcial de inconstitucionalidade de artigos da lei dos partidos políticos – Lei nº 9.096/1995. (BRASIL, 1995) –, e da Lei das eleições – Lei nº 9.505/1997 (BRASIL, 1997) –, que tratam do financiamento de

da teoria de Habermas, pois vivencia-se a monetarização da política e a colonização dos interesses.

Nesse cenário, caberia à esfera pública o combate à colonização do sistema sobre o mundo da vida, em especial na regulamentação das demandas de agenda do sistema político. Tal combate teria como frente de ação o restabelecimento do canal comunicativo entre o Estado e a sociedade, mantendo a independência entre esses e o respeito às instituições legais, incumbidas, antes de qualquer medida, a garantir a defesa do interesse público consubstanciado nas normas de direitos fundamentais. Por essa via haveria possibilidade de criar controle social da sociedade civil sobre o Estado.

## 8.5 A mídia no controle social

A teoria de Habermas[62] deixa clara a posição de que dentre todos os atores sociais possíveis, aquele que pode exercer maior influência no centro do sistema, e por consequência maior controle, é o ator midiático. Indo além das posições do filósofo alemão, apresenta-se o papel da mídia como instrumento do controle social, para responder à questão: A comunicação midiática exerce controle sobre a sociedade civil ou sobre a Administração Pública?

Veronese (1991) identifica o Direito como influente meio de controle social, mas com a evolução social surge outro meio de controle não mais pautado em coação, como o primeiro. Trata-se da grande mídia, dos meios de comunicação em massa, pautados em persuasão. Entretanto, a mídia de massa não é independente, pois é possível que o Estado[63] exerça controle sobre ela, moldando padrões coletivos de comportamento, impondo mudanças de hábitos que ainda não foram amadurecidos pelo corpo social.[64]

---

campanhas eleitorais por pessoa jurídica de direito privado e por pessoa física, inclusive dos próprios candidatos (BRASIL, 2013c), foi julgada parcialmente procedente pelo STF em 17 de setembro de 2015. Sendo a decisão válida para a eleição de 2016 e seguintes, até o momento apenas o pleito municipal de 2016 foi regido pela nova regra. Necessário que no futuro se estudem os resultados da decisão do STF para que se saiba sobre as consequências dessas práticas.

[62] BRASIL, 2010.
[63] Não é demais lembrar que o Estado detém o controle do aparelho ideológico midiático, pois para exercer a atividade de comunicação de massa é necessário ser concessionário dessa atividade. (VERONESE, 1991, v. 28, n. 112, p. 454).
[64] VERONESE, 1991, v. 28, n. 112, p. 454.

A proposição teórica da autora encontra guarida na argumentação de Mello,⁶⁵ para quem também há grande influência estatal nas ações midiáticas. Segundo o administrativista, a CRFB estabeleceu, em seu art. 175,⁶⁶ a obrigação de licitar para toda e qualquer concessão ou permissão. Entretanto, quando se trata de concessão ou permissão midiática – rádio e televisão –, a regra é completamente ignorada, "seguindo-se, quando muito disfarçadamente, a velha tradição do mero favoritismo".⁶⁷ Completa o autor:

> A situação é particularmente grave porque, em País de alto contingente de iletrados⁶⁸ e no qual a parcela de alfabetizados que leem, mesmo jornal, é irrisória, o rádio e a televisão são os meios de comunicação que verdadeiramente informam e, de outro lado formam, a seu sabor, a opinião pública, de tal sorte que os senhores de tais veículos dispõem de um poder gigantesco.⁶⁹

Ainda sobre as concessões e permissões de rádio e televisão, há, além do problema social exposto no texto, outros de natureza jurídica observados por Mello:⁷⁰ a CRFB estabeleceu, no art. 223, a disciplina da matéria, prevendo que a outorga e a renovação de concessão, permissão ou autorização para radiodifusão sonora e de sons e imagens competem ao Poder Executivo, cabendo ao Congresso Nacional apreciar os atos para que esses produzam efeitos.⁷¹ Além disso, para que essas não sejam renovadas, é necessária a deliberação de dois quintos do Congresso Nacional em votação nominal. Note-se um *quorum* elevado e exigência de identificação na votação. Que parlamentar deseja ser exposto negativamente pela grande mídia? Por fim, para a concessão ou a permissão de rádio e televisão ser cancelada antes do prazo é necessário haver decisão judicial, expediente que contraria a regra que prevê a mera faculdade ao poder concedente. É notório o fato de que no

---

⁶⁵ MELLO, 2009, p. 698-700.
⁶⁶ BRASIL, 1988.
⁶⁷ MELLO, 2009, p. 699.
⁶⁸ O relatório de *Monitoramento Global de Educação para Todos*, publicado em janeiro de 2014, informou que o Brasil está entre os dez países com a maior população de adultos analfabetos do mundo – são mais de 20 milhões de adultos analfabetos (UNESCO, 2013/2014, p. 10). Portanto, não é demais acreditar que grande parte da população realmente não se informa por meio da leitura e, se o faz, é possível que falte a análise crítica. O rádio e a TV continuam sendo os grandes meios de formação de opinião.
⁶⁹ MELLO, 2009, p. 699.
⁷⁰ *Ibidem*, p. 699-700.
⁷¹ BRASIL, 1988.

Brasil o Poder Judiciário é lento e suas decisões definitivas com trânsito e julgado, em muitos casos, ultrapassam a uma década. Por todos esses motivos não é despropósito afirmar que a mídia brasileira, em regra, goza de muitas benesses; não por menos, é de se ter como hipótese que a mídia faça as vezes de veículo do Poder e exerça controle sobre a população – ou seja, do centro para a periferia do sistema.

Reforçando a hipótese de Miguel, em análise sobre a relação entre a mídia e o declínio da confiança popular no sistema político brasileiro, informa que há descrença generalizada nas políticas institucionais que pode ser percebida pelo aumento de abstenção eleitoral e erosão das lealdades partidárias e por eventos pontuais, como corrupção, abuso de poder: "Sentimento de inutilidade política produzido pelo fracasso das alternativas socialistas e pelo crescente poder das corporações privadas, podem ter acelerado o processo [de desconfiança da população no sistema político e da relação íntima desse poder para com a mídia]".[72]

Assim, como primeira posição, tem-se, então, que o controle social por via midiática acontece do Estado sobre a sociedade civil. Afinal, o Estado, ao possuir um aparelho ideológico, busca disseminar a ideologia dominante, com condições de manter o controle político da sociedade.[73] Portanto, até aqui a teoria de Habermas se confirma: a mídia está colonizada pelo sistema, o que, entretanto, não impede que essas colocações sejam refutadas.

Não restam dúvidas sobre a existência de uma esfera pública e uma sociedade civil atuantes no atual modelo de sociedade. Não há questionamento sobre a atuação da Administração Pública no Estado Democrático de Direito, que deve ser pautada pelos limites impostos pela Constituição e sujeita ao controle do próprio Estado e da sociedade por meio de seu agir comunicativo expresso por meio dos atores sociais. É preciso, então, compreender o papel da mídia em sua relação com o Estado, para descobrir se sua função de levar as informações da periferia para o centro do sistema é efetivamente cumprida em prol de uma dinâmica democrática e republicana.

Em 1980, a Unesco elaborou um relatório denominado *Um mundo e muitas vozes*, para demonstrar o papel da comunicação no fortalecimento da democracia. A constatação a que se chegou foi de que o livre fluxo de ideias é insuficiente para garantir a universalização do direito

---

[72] MIGUEL, 2008, n. 19, p. 4.
[73] VERONESE, 1991, v. 28, n. 112, p. 455.

à comunicação.⁷⁴ Em um paradigma de Estado Democrático, ter um povo sem poder de comunicação é ter um povo sem poder de controle sobre as ações estatais. Por isso Rosanvallon⁷⁵ propõe a formação de uma opinião pública democrática que possa validar as formas de legitimidade, redefinindo a relação entre administradores e administrados. Assim, deve-se tentar a convergência entre a mídia e a política, criando um ambiente de publicidade e a consequente possibilidade de controle da sociedade sobre o Estado. O problema dessa tentativa de convergência já era imaginado por Habermas (1999), a colonização da mídia pelas estruturas do poder e da economia. Afinal,

> sobressaem alertas sobre o risco de submissão da política à lógica da comunicação e, considerando as características de uma comunicação de massa, implica submissão à lógica mercantil com apelo à espetacularização, promovendo a despolitização do discurso político.⁷⁶

Desse modo, não é possível comungar com a visão liberal de que a mídia é um não problema e que os mecanismos do mercado são suficientes para garantir a autonomia de opinião pública. Preferível é a visão conflitiva,⁷⁷ que defende o direito de fala como o direito de participar da vida pública; que considera a publicidade como forma de defesa da liberdade política, de forma que a sociedade, em um Estado republicano deve ter condições de participar da formulação das leis, políticas públicas, e também de "exercitar o direito de contestar situações arbitrárias".⁷⁸

Entretanto, a opção conflitiva de participação popular, que é divergente da visão liberal, também pode encontrar óbice na junção da mídia com a política. O objetivo da convergência entre mídia e política deveria ser a formação de um público crítico e apto a apresentar argumentos nas estruturas democráticas, mas a mídia, conforme Habermas (1999), avança para uma centralidade da comunicação colonizada por critérios econômicos e políticos próprios do *sistema* e distantes do *mundo*

---

⁷⁴ UNESCO, 1983.
⁷⁵ ROSANVALLON, 2010 *apud* AMORIM, 2012, v. 14, n. 22, p. 118.
⁷⁶ AMORIM, 2012, v. 14, n. 22, p. 124.
⁷⁷ Amorim (2012) usa o termo *republicano* para defender sua teoria. Pelo exposto, fica claro que a visão *republicana* da autora comunga com a visão *conflitiva* de Sabadell (2005) e *comunitária* nos termos expostos por Sampaio (2013). Como opção teórica de se manter o mesmo termo usa-se aqui também o termo *conflitivo*.
⁷⁸ AMORIM, 2012, v. 14, n. 22, p. 128.

*da vida*. Não por menos é possível afirmar que "toda comunicação se estabelece nas relações políticas e toda ação política se concretiza em práticas comunicativas".[79]

Cria-se, então, um espaço público de aparências, um teatro capaz de conservar ou fazer perder o poder, conservar ou controlar atos estatais não pela demanda advinda da periferia do sistema, da sociedade civil e sua argumentação comunicativa, mas porque o sistema fez uso de sua linguagem estratégica e o próprio centro do sistema determinou como a atuação estatal deveria ocorrer.

A teoria demonstra crueldade para com a sociedade civil, mas é possível, dentre outras formas, acreditar em salvaguardas como a mídia independente, as manifestações de rua e as redes sociais. É possível acreditar também em um controle social sobre o Estado por meio do orçamento participativo e dos conselhos municipais.

## 8.6 Teoria e prática: Um controle social da administração pública é possível?

Finda a apresentação do marco teórico, analisam-se nesta seção os meios de controle social da sociedade civil sobre o Estado que independam da judicialização ou da manifestação da grande mídia. Como exemplos práticos tomam-se as manifestações de rua e as dos conselhos municipais de saúde, que não exaurem as possibilidades de ação dos atores sociais, mas demonstram, cada um a seu modo, como é possível fazer com que a periferia do sistema social influencie o aparelho estatal.

### 8.6.1 As manifestações de rua como forma de controle

Gordillo (2009) busca estruturar formas alternativas de combater o autoritarismo estatal e entre as diversas formas indicadas pelo autor argentino para controlar as atuações estatais está a produção de uma opinião pública. Produzir uma opinião pública é noticiar o assunto, por via midiática, para que o controle possa ser exercido de forma constitucional e democrática. A criação de uma opinião pública é, segundo o autor, de grande efeito, em especial se o controle for exercido contra um agente específico. Assim, conseguir um artigo, entrevista ou carta para a grande mídia informando a necessidade de controle é meio eficaz de

---

[79] *Ibidem*, p. 134.

controle, porém caro e acessível apenas àqueles dispostos a pagar pelo espaço no veículo midiático eleito para a produção da opinião pública.[80] Com o avanço dos meios de comunicação, talvez seja mais eficaz e menos custoso utilizar as redes sociais, a mídia independente[81] e as ruas para fazer chegar ao centro do sistema os reclames da periferia.[82] Em junho de 2013, o Brasil experimentou sua primavera:[83] milhares de pessoas foram às ruas, em protestos agendados via redes sociais, e sem qualquer participação de partidos políticos, para protestar contra tudo.

Houve quem se posicionasse contra o movimento, como Reis (2013), ao enfatizar que protestar contra tudo é desorganização que resulta em um protesto contra nada. Ademais, sem a comunicação via partido político, qualquer ação comunicativa não seria democrática, segundo o autor. No mesmo contexto, de acordo com a CNI/IBOPE (2013), não houve mudança significativa na insatisfação da população para com o Estado antes e após as manifestações: em julho 31% estavam satisfeitos com o governo federal, em setembro, 37%.

Nessa linha de argumento, a manifestação nas ruas e nas redes sociais mostra apenas o que a opinião pública tem de pior: a possibilidade de ser manipulada pela mídia. No princípio das manifestações, a mídia se valia de argumentos críticos para com a tentativa de controle social do Estado, mas com o crescimento do movimento, a grande mídia passou a apoiar a ação popular.[84]

---

[80] GORDILLO, 2009, t. 2, p. x-19.
[81] Exemplo de mídia independente é a mídia ninja, que transmitiu via internet, de forma independente, o desenrolar de várias manifestações em 2013. (BRESSANE, 2013, n. 82).
[82] Ruskin (2013) levantou dados que comprovam espionagem corporativa de grandes empresas sobre associações civis. Ao que parece, as manifestações da periferia do sistema em prol de um controle social do Estado começam a incomodar aqueles que financiam o centro do sistema. (RUSKIN, 2013).
[83] O termo "primavera" remete à primavera árabe, conjunto de movimentos sociais que ocorreram em 2010 no Oriente Médio e no norte africano. Na Tunísia, primeiro país a presenciar as manifestações, a população lutava contra o regime ditatorial de Ben Ali, que acabou deposto em 14 janeiro de 2011, após 24 anos de poder. Na Líbia ocorreu a mais sangrenta das revoluções, o alvo era o ditador Muammar Kadhafi, morto em 20 de outubro de 2011. No Egito, as manifestações pediram o fim do governo de Hosni Mubarak, que não se candidatou a reeleição. Na Argélia, as manifestações seguem ocorrendo, com o objetivo de derrubar Adbelaziz Bouteflika, presidente do país há 12 anos. Na Síria, os protestos são direcionados para Bashar al-Assad, cuja família está no poder há 46 anos. No Marrocos, o pleito não é o fim do governo do rei Mohammed IV, mas a diminuição de seus poderes e a possibilidade de controle dos atores estatais. A primavera árabe continua influenciando outros países, a exemplo do Bahrein, Iêmen, Jordânia e Omã. (PENA, 2014).
[84] REIS, 2013.

Por outro lado, o argumento que tenta desconstruir a legitimidade do movimento da sociedade civil é o mesmo que pode ser utilizado para defender a possibilidade de um controle da Administração Pública pela sociedade civil. As teorias de Habermas (1999) e Amorim (2012), utilizadas nesta construção, informam que no cenário desejável seria a mídia centralizar o meio de comunicação, funcionando como o principal canal de comunicação entre o Estado e a sociedade civil. Esse espaço público deve ainda ser utilizado como meio para disseminar perspectivas e levar da periferia para o centro do sistema as demandas do mundo da vida. Ocorre que a colonização do mundo da vida, muitas vezes, faz com que as demandas ocorram apenas no centro do sistema, em um movimento que vai do centro do sistema para a periferia, em uma ótica liberal que sucumbe aos ditames da economia e da política. Uma das soluções apontadas pelos autores é fazer com que a mídia se torne neutra e ética, sendo capaz de criar canais de comunicação em bases democráticas e republicanas, com força suficiente para exercer o controle social da sociedade civil sobre o Estado.

Desse modo, a mudança de opinião da mídia, como informa Reis (2013), não é uma prova de que a opinião pública é volátil. Trata-se de uma descolonização do sistema capaz de levar da periferia para o centro do sistema as demandas do mundo da vida, capaz de fazer com que a mídia não sofra unicamente as influências do centro do sistema político, mas também da periferia. As manifestações conseguiram destruir as teorias pessimistas e injetaram na sociedade civil a perspectiva de que é possível formar a opinião midiática e, efetivamente, controlar o Estado.

Sobre o controle exercido pela voz das ruas, é bom que se afaste qualquer manifestação que viole os ditames constitucionais. O controle deve ser exercido de forma republicana, democrática e constitucional. Os excessos violentos,[85] sejam dos legítimos manifestantes, sejam dos atores mascarados, ou *black blocks*, apenas limitam a liberdade e a plena democracia dos movimentos sociais, que têm conquistado algumas vitórias. Entre 19 e 21 de junho de 2013, milhares de cidadãos

---

[85] Dowbor e Szwano (2013) levantam a hipótese de que os excessos violentos presenciados nas manifestações posteriores ao Movimento Passe Livre são fruto da apropriação do movimento por um grupo maior de pessoas que interpretaram como desproporcional a ação policial contra o movimento original. Embora tratar-se de mera hipótese, seja ela confirmada ou negada, a violência não pode ser veículo de controle legítimo em um Estado Democrático de Direito sob pena de afetar a liberdade e a plena democracia dos movimentos sociais, que legitimamente tem conseguido inverter o fluxo da ação comunicativa e exercer efetivo controle sobre o centro do sistema político. (DOWBOR; SZWANO, 2013, n. 97, p. 43-55).

se organizaram e pediram o fim do voto secreto no parlamento e o arquivamento da proposta de Emenda Constitucional nº 37 – PEC 37,[86] que pretendia subtrair o poder investigatório do Ministério Público.[87] Em resposta às manifestações, o Congresso Nacional promulgou a Emenda Constitucional nº 76, em 28 de novembro de 2013,[88] que alterou o art. 55, §2º, da CRFB, para proibir o voto secreto em julgamento de deputados e senadores em processo de cassação de mandato.[89] A EC nº 76 alterou também o art. 66, §4º, da CRFB, passando a dispor que a votação com vistas a derrubar veto em projeto de lei, oposto pelo Presidente da República em escrutínio aberto pelo Congresso Nacional. A PEC 37 nem mesmo chegou ao Senado Federal. No dia 25 de junho de 2013, dias após as manifestações, foi arquivada na Câmara dos Deputados em votação com 441 Deputados presentes. Ela foi rejeitada por 430 deputados,[90] mantendo-se, assim, o Ministério Público com plenos poderes investigatórios.

Tem-se, portanto, a confirmação empírica de que a sociedade civil, se organizada, é capaz de inverter o fluxo da ação comunicativa, livrando-a da colonização política e econômica, fazendo influência no centro do sistema político e, consequentemente, controlando o Estado.

Por outro lado, boa parte das manifestações de 2013 acabou capturada por um aparelho midiático e econômico vindo a desaguar no processo de impedimento da presidente eleita em 2014. É preciso ainda compreender como e porque as manifestações sociais, que a princípio se constituíam de verdadeiro controle social do Estado, se

---

[86] BRASIL, 2011.
[87] MENEZES, 2014.
[88] BRASIL, 2013b.
[89] Exemplo marcante da importância da transparência nos votos de cassação é o caso Donadon. No dia 28 de agosto de 2013, a Câmara dos Deputados, ainda com o voto secreto, manteve Natan Donadon em seu mandato, mesmo tendo sido ele condenado pelo Supremo Tribunal Federal na ação penal 396-RO a 13 anos por peculato e formação de quadrilha. Na votação eram necessários 257 votos para que o mandato fosse cassado, entretanto, apenas 233 deputados votaram a favor da cassação, enquanto outros 131 votaram pela manutenção do mandato e 41 se abstiveram. A decisão da Câmara foi anulada pelo STF em 12 de setembro de 2013, no mandado de segurança 32.033, e na noite de 12 de fevereiro de 2014, com 467 votos favoráveis à cassação e apenas 1 contrário, Carlos Donadon perdeu o mandato. (BRASIL, 2013d).
[90] É interessante notar que, antes das manifestações, a PEC 37 contava com o apoio de diversos partidos, mas após as manifestações de rua e o reconhecimento do sistema político de que a periferia do sistema tinha voz e vez, diversos deputados começaram a requerer a retirada da assinatura de apoio a proposta, que culminou com sua rejeição por 430 votos contrários à proposição, 9 votos favoráveis à proposição e 2 abstenções (BRASIL, 2011); (BRASIL, 2013a).

transformaram em instrumento do próprio Estado para manipular e subverter o exercício do poder político. O processo de captura, ou de colonização do mundo da vida, esteve também presente nessas manifestações, e o que poderia ser a livre manifestação da vontade de uma sociedade democrática em formação, acaba por se tornar apenas mais do mesmo na manutenção cíclica dos *donos do poder*.

## 8.7 Conclusão

A Administração Pública, desde as revoluções liberais do século XIX, tem sofrido limitações em sua atuação e aprendido a conviver com novas formas de controle. No Estado Democrático de Direito, toda e qualquer atuação estatal deve ser sacramentada em previsão legal e ser voltada para os fins democráticos. Em Estado Constitucional, toda e qualquer atuação estatal deve buscar a efetividade da constituição. Portanto, no Brasil, Estado Democrático de Direito e Constitucional, não há espaços para a Administração policial e autoritária, e apenas a Administração democrática, republicana, constitucional, participativa e controlada é possível.

Para além dos meios tradicionais de controle da ação estatal é possível pensar e defender a possibilidade de um controle do Estado por meio da sociedade civil. A efetividade desse controle depende de ação comunicativa que seja capaz de desmitificar o leviatã estatal. Produzir uma opinião pública nos moldes aventados por Gordillo não é tarefa fácil. Há que se contrariar toda a ordem do sistema e fazer com que o fluxo de comunicação ocorra da periferia para o centro do sistema político, invertendo, dessa forma, o exposto por Habermas e sua teoria de Direito e Democracia, que prevê um fluxo de comunicação, realizado por uma mídia colonizada, do centro para a periferia do sistema político.

Em princípio, as ações comunicativas que objetivam o controle social são exercidas do Estado sobre a sociedade civil, pois, imagine-se que os instrumentos jurídicos de concessão e permissão estatal favoreçam esse fluxo comunicativo. Ou, nos termos de Habermas, o fluxo comunicativo ocorre, em regra, do centro do sistema para a periferia. Mas, no Estado Democrático de Direito esse não deve ser o fluxo das comunicações e, por consequência, do controle. O fluxo adequado é o da sociedade civil sobre o Estado, o da periferia para o centro do sistema. Pois assim, em base democrática e republicana, a sociedade civil terá condições de exercer influências sobre as ações do aparelho do Estado.

Desse modo, entende-se que o Direito coaduna com a concepção liberal de Estado, e não proporciona, em princípio, espaço efetivo para a organização dos sujeitos. Deve-se permitir e incentivar a organização social sob os ditames constitucionais, para fazer do agir comunicativo, um efetivo instrumento de controle. Considerando a hipótese dessa organização social, é ainda preciso cautela no trato com a mídia. Portanto, para evitar que a mídia crie obstáculos ao fluxo desejável de argumentação é preciso que esta adote postura ética, independente, neutra e capaz de criar opinião pública democrática, que possa autenticar as argumentações da sociedade civil, propondo a quebra dos padrões rígidos entre o poder e a sociedade.

Não se encerram aí as possibilidades de controle da sociedade civil. Atualmente existem diversos entes que realizam o orçamento participativo, audiências públicas para tomadas de decisão administrativas, a realização de consultas públicas, os conselhos municipais, dentre outras formas de participação popular. Todos esses instrumentos, quando possibilitam uma efetiva organização democrática e republicana da população, são verdadeiras formas de controle da sociedade civil sobre a Administração Pública.

Em linhas conclusivas, resta comprovado que o controle social sobre a Administração Pública, além de possível juridicamente, é procedimento fundamental para a democracia do século XXI. A atuação administrativa republicana, democrática e constitucional é possível e necessária, mas é preciso que a sociedade civil se organize e, em nome do povo, titular do poder reconhecido pela Constituição da República, exija da Administração Pública comportamento em conformidade com os ditames constitucionais e os legítimos anseios sociais.

## Referências

AGENCIA DE NOTÍCIAS CNI. *CNI/Ibope*: popularidade do governo Dilma Rouseff melhora e alcança 37%. 2013. Disponível em: <http://www.portaldaindustria.com.br/cni/imprensa/2013/09/1,25839/cni-ibope-popularidade-do-governo-dilma-rousseff-melhora-e-alcanca-37.html>. Acesso em: 27 nov. 2016.

AMORIM, Ana Paula. Mídia, opinião pública e legitimidade democrática. *Cadernos da Escola do Legislativo*, Belo Horizonte, v. 14, n. 22, p. 115-139, jul./dez. 2012. Disponível em: <http://www.almg.gov.br/consulte/publicacoes_assembleia/periodicas/cadernos/arquivos/22.html>. Acesso em: 16 nov. 2016.

BARROSO, Luís Roberto. Neoconstitucionalismo e constitucionalização do direito: o triunfo tardio do direito constitucional no Brasil. *Revista Eletrônica sobre a Reforma do Estado*, Salvador, n. 9, p. 1-41, mar./abr./maio 2007. Disponível em: <http://www.direitodoestado.

com/revista/RERE-9-MAR%C7O-2007-LUIZ%20ROBERTO%20BARROSO.pdf>. Acesso em: 16 nov. 2016.

BOBBIO, Noberto. *O futuro da democracia*: uma defesa das regras do jogo. Rio de Janeiro. Terra e Paz, 1986.

BRASIL. Câmara dos Deputados. Plenário. Ordem do dia. Sessão Deliberativa Extraordinária em 25 de junho de 2013. *Matéria sujeita a disposições especiais*. 2013a. Disponível em: <http://www.camara.gov.br/internet/ordemdodia/ordemDetalheReuniaoPle.asp?codReuniao=32500>. Acesso em: 16 nov. 2016.

BRASIL. Câmara dos Deputados. *Proposta de Emenda à Constituição (PEC) nº 37*, de 2011. Acrescenta o §10 ao art. 144 da Constituição Federal para definir a competência para a investigação criminal pelas polícias federal e civis dos Estados e do Distrito Federal. Autor: Lourival Mendes, 8 de junho de 2011. Disponível em: <http://www.camara.gov.br/proposicoesWeb/fichadetramitacao?idProposicao=507965> Acesso em: 17 nov. 2016.

BRASIL. Conselho Nacional de Saúde. Lei nº 8.142, de 28 de dezembro de 1990. Dispõe sobre a participação da comunidade na gestão do Sistema Único de Saúde (SUS) e sobre as transferências intergovernamentais de recursos financeiros na área da saúde e dá outras providências. *Diário Oficial da União*, Brasília, 31 de dezembro de 1990. Disponível em: <http://www.planalto.gov.br/ccivil_03/leis/l8142.htm>. Acesso em: 14 nov. 2016.

BRASIL. Constituição (1988). *Constituição da República Federativa do Brasil*, 1988. Texto constitucional de 5 de outubro de 1988, com as alterações adotadas pelas emendas constitucionais até 2016. Brasília, Senado Federal, 1988. Disponível em: <http://www.planalto.gov.br/ccivil_03/constituicao/constituicaocompilado.htm>. Acesso em: 16 nov. 2016.

BRASIL. Presidência da República. Decreto nº 591, de 6 de julho de 1992. Atos Internacionais. Pacto Internacional sobre Direitos Civis e Políticos. Promulgação. *Diário Oficial da União*, Brasília, 7 de julho de 1992. Disponível em: <http://www.planalto.gov.br/ccivil_03/decreto/1990-1994/D0592.htm>. Acesso em: 17 dez. 2016.

BRASIL. Presidência da República. Emenda Constitucional nº 76, de 28 de novembro de 2013. Altera o §2º do art. 55 e o §4º do art. 66 da Constituição Federal, para abolir a votação secreta nos casos de perda de mandato de Deputado ou Senador e da apreciação do veto. *Diário Oficial da União*, Brasília, 29 de novembro de 2013b. Disponível em: http://www.planalto.gov.br/ccivil_03/constituicao/Emendas/Emc/emc76.htm#art1. Acesso em: 14 dez. 2016.

BRASIL. Presidência da República. Lei nº 9.096, de 19 de setembro de 1995. Dispõe sobre partidos políticos, regulamenta os arts. 17 e 14, §3º, inciso V, da Constituição Federal. *Diário Oficial da União*, Brasília, 20 de setembro de 1995. Disponível em: <http://www.planalto.gov.br/ccivil_03/leis/L9096.htm>. Acesso em: 17 dez. 2016.

BRASIL. Presidência da República. Lei nº 9.505, de 15 de outubro de 1997. Acrescenta parágrafo ao art. 2º do Decreto-Lei nº 2.236, de 23 de janeiro de 1985, que altera a tabela de emolumentos e taxas aprovada pelo art. 131 de Lei nº 6.815, de 19 de agosto de 1980. *Diário Oficial da União*, Brasília, 16 de outubro de 1997. Disponível em: <http://www.planalto.gov.br/ccivil_03/leis/L9505.htm>. Acesso em: 17 dez. 2016.

BRASIL. Supremo Tribunal Federal. Ação direta de inconstitucionalidade nº 4.560. Rel. Min. Luiz Fux. Julg. 11 de dezembro de 2013c. Disponível em: <http://www.stf.jus.br/portal/processo/verProcessoAndamento.asp?numero=4650&classe=ADI&origem=AP&recurso=0&tipoJulgamento=M>. Acesso em: 30 dez. 2016.

BRASIL. Supremo Tribunal Federal. Mandado de segurança. Condenação criminal definitiva de parlamentar. Reclusão em regime inicial fechado por tempo superior ao que resta de mandato. Hipótese de declaração de perda do mandato pela Mesa (CF, art. 55, §3º). Medida Cautelar em Mandado de Segurança nº 32.326/DF. Rel. Min. Roberto Barroso. Julg. 2 set. 2013. *Diário da Justiça Eletrônico*, Brasília, 4 de setembro de 2013d. Disponível em: <http://www.luisrobertobarroso.com.br/wp-content/uploads/2013/11/Caso-Donadon_Decisao-liminar-pdf.pdf>. Acesso em: 30 dez. 2016.

BRESSANE, Ronaldo. Guerra dos memes: na transmissão dos protestos surge um novo tipo de jornalismo. *Revista Piauí*, n. 82, jul. 2013. Disponível em: <http://revistapiaui.estadao.com.br/edicao-82/esquina/guerra-dos-memes>. Acesso em: 29 nov. 2016.

CARVALHO FILHO, José dos Santos. *Manual de direito administrativo*. 23. ed. 2ª tir. Rio de Janeiro: Lumen Juris, 2010.

CARVALHO, Kildare Gonçalves. Sociedade civil, democracia e Estado. In: TAVARES, Fernando Horta (Coord.) *Teoria geral do direito público*: institutos jurídicos fundamentais sob a perspectiva do Estado Democrático de Direito. Belo Horizonte: Del Rey, 2013.

CAVALIERI FILHO, Sergio. *Programa de responsabilidade civil*. 5. ed. São Paulo: Malheiros, 2005.

DAHL, Robert Alan. *On democracy*. New Haven: Yale University Press, 1998.

DI PIETRO, Maria Sylvia Zanella. *Direito administrativo*. 25. ed. São Paulo: Atlas, 2012.

DOWBOR, Monika; SZAWANO, José. Respeitável público... Performance e organização dos movimentos antes dos protestos de 2013. *Novos Estudos*: CEBRAP, São Paulo, n. 97, p. 43-55, nov. 2013. Disponível em: <http://www.scielo.br/scielo.php?script=sci_arttext&pid=S0101-33002013000300004>. Acesso em: 27 out. 2016.

FREITAG, Bárbara. Sistema e "mundo vivido" em Habermas. *Revista da GEEMPA*, Porto Alegre, v. 5, n. 3, p. 61-73, jul. 1993.

GAGLIANO, Pablo Stolze; PAMPLONA FILHO, Rodolfo. *Novo curso de direito civil*. São Paulo: Saraiva, 2003. v. 3.

GORDILLO, Agustín. *Tratado de derecho administrativo*. 9. ed. Buenos Aires: Fundación de Derecho Administrativo, 2009. t. 2: La defensa del usuário y del administrado.

HABERMAS, Jurgen. *Pensamento pós-metafísico*: estudos filosóficos. Rio de Janeiro: Tempo Brasileiro, 1990.

HABERMAS, Jurgen. *Direito e democracia*: entre facticidade e validade. 2. ed. Rio de Janeiro: Tempo Brasileiro, 2010a. v. 1.

HABERMAS, Jurgen. *Direito e democracia*: entre facticidade e validade. 2. ed. Rio de Janeiro: Tempo Brasileiro. 2010b. v. 2.

HABERMAS, Jurgen. *Teoria de la acción comunicativa*. 4. ed. Madrid: Grupo Santillana de Ediciones; Torrelaguna, 1999. v. 1. Disponível em: <http://exordio.qfb.umich.mx/archivos%20PDF%20de%20trabajo%20UMSNH/libros/7006894-Habermas-Jurgen-Teoria-de-La-Accion-Comunicativa-I.pdf>. Acesso em: 27 set. 2016.

HABERMAS, Jurgen. *Teoria de la acción comunicativa*: complementos y estudios previos. Madrid: Cátedra, 1994.

HABERMAS, Jurgen. *The theory of comunicative action*. Boston: Beacon Press, 1987. v. 2: Lifeword and system: a critique of functionalist reason.

LEAL, Rogério Gesta. Esfera pública e participação social: possíveis dimensões jurídico-políticas dos direitos civis de participação social no âmbito da gestão dos interesses públicos no Brasil. *Revista Eletrônica sobre a Reforma do Estado* (RERE), Salvador, n. 13, p. 2.243-2.262, mar./abr./maio 2008. Disponível em: <http://www.publicadireito.com.br/conpedi/manaus/arquivos/anais/salvador/rogerio_gesta_leal.pdf>. Acesso em: 27 set. 2016.

MELLO, Celso Antônio Bandeira de. *Curso de direito administrativo*. 26. ed. São Paulo: Malheiros, 2009.

MELLO, Celso Antônio Bandeira de. *Grandes temas de direito administrativo*. 1. ed., 2. tir. São Paulo: Malheiros, 2010.

MELO, Luiz Carlos Figueira de; FERREIRA, Guilherme Ricardo de Assis. O princípio da participação popular no processo administrativo. *Revista da Faculdade de Direito de Uberlândia*, Uberlândia, v. 36, 2008.

MENEZES, Bruno. *Milhares de brasileiros marcham contra voto secreto parlamentar e PEC 37.* 2014. Disponível em: <http://www.epochtimes.com.br/milhares-de-brasileiros-marcham-contra-voto-secreto-parlamentar-e-pec-37/#.UwCnTbSZivJ>. Acesso em: 14 nov. 2016.

MIGUEL, Luis Felipe. A mídia e o declínio da confiança na política. *Sociologias*, Porto Alegre, n. 19, p. 250-273, jun. 2008. Disponível em: <http://www.scielo.br/pdf/soc/n19/a11n19.pdf>. Acesso em: 14 nov. 2016.

ORGANIZAÇÃO DAS NAÇÕES UNIDAS (ONU). *Carta do Atlântico*. 1941. Disponível em: <http://www.direitoshumanos.usp.br/index.php/Documentos-Internacionais-da-Sociedade-das-Na%C3%A7%C3%B5es-1919-a-1945/carta-do-atlantico-1941.html>. Acesso em: 17 dez. 2016.

ORGANIZAÇÃO DAS NAÇÕES UNIDAS (ONU). *Declaração das Nações Unidas de 1º de janeiro de 1942*. Disponível em: <http://www.direitoshumanos.usp.br/index.php/Documentos-Internacionais-da-Sociedade-das-Na%C3%A7%C3%B5es-1919-a-1945/declaracao-das-nacoes-unidas-1942.html>. Acesso em: 17 dez. 2016.

ORGANIZAÇÃO DAS NAÇÕES UNIDAS (ONU). Declaração universal dos direitos humanos. Adoptada e proclamada pela Assembleia Geral na sua Resolução nº 217A (III) de 10 de dezembro de 1948. *Diário da República*, 9 de março de 1978. Disponível em: <http://www.gddc.pt/direitos-humanos/textos-internacionais-dh/tidhuniversais/cidh-dudh.html>. Acesso em: 17 dez. 2016.

ORGANIZAÇÃO DAS NAÇÕES UNIDAS PARA A EDUCAÇÃO, A CIÊNCIA E A CULTURA (UNESCO). *Relatório de Monitoramento Global de EPT 2013/4*: ensinar e aprender: alcançar a qualidade para todos. Relatório conciso. Paris, 2013/2014. Disponível em: <http://unesdoc.unesco.org/images/0022/002256/225654POR.pdf>. Acesso em: 29 dez. 2016.

ORGANIZAÇÃO DAS NAÇÕES UNIDAS PARA A EDUCAÇÃO, A CIÊNCIA E A CULTURA (UNESCO). *Um mundo e muitas vozes*. Rio de Janeiro: FGV, 1983.

PENA, Rodolfo F. Alves. *Primavera árabe*. 2010. Disponível em: <http://www.brasilescola.com/geografia/primavera-Arabe.htm>. Acesso em: 12 jan. 2016.

REIS, Fábio Wanderly. Ética e política no Brasil atual. In: SEMINÁRIO DE DESENVOLVIMENTO E POLÍTICAS PÚBLICAS: economia, política e ética, 4, *Anais*, Viçosa-MG: Universidade Federal de Viçosa, 2013.

ROSANVALLON, Pierre. *Por uma história do político*. São Paulo: Alameda, 2010.

RUSKIN, Gary. *Spooky business*: corporate espionage against non-profit organizations. Washington, DC, 2013. Disponível em: <http://www.corporatepolicy.org/spookybusiness. pdf>. Acesso em: 17 dez. 2013.

SABADELL, Ana Lucia. *Manual de sociologia jurídica*: introdução a uma leitura externa do direito. 3. ed. São Paulo: Revista dos Tribunais, 2005.

SAMPAIO, José Adércio Leite. *Teoria da Constituição e dos direitos fundamentais*. Belo Horizonte: Del Rey, 2013.

SANTANA, Marco Antonio. A incompatibilidade da figura do soberano no Estado constitucional: a legalidade como garantia dos direitos. In: TAVARES, Fernando Horta (Coord.). *Teoria geral do direito público*: institutos jurídicos fundamentais sob a perspectiva do Estado Democrático de Direito. Belo Horizonte: Del Rey, 2013.

SANTOS, Boaventura de Sousa; AVRITZER, Leonardo. Para ampliar o cânone democrático. In: SANTOS, Boaventura de Sousa (Org.). *Democratizar a democracia*: os caminhos da democracia participativa. Porto: Afrontamento, 2002.

SCHUMPETER, Joseph Alois. *Capitalism, socialism, and democracy*. Nova York; London: Harper & Brothers, 1942.

SOARES, Fabiana de Menezes. Participação popular no Estado: fundamentos da democracia participativa In: _____. *Direito administrativo de participação*. Belo Horizonte: Del Rey. 1997.

SORIANO, Ramón. *Sociología del derecho*. Barcelona: Ariel, 1997.

SOUTO, Cláudio; SOUTO, Solange. *Sociologia do direito*: uma visão substantiva. Porto Alegre: Fabris, 2003.

SOUZA NETO, Cláudio Pereira. *Teoria constitucional e democracia deliberativa*: um estudo sobre o papel do direito na garantia das condições para a cooperação na deliberação democrática. Rio de Janeiro: Renovar, 2006.

THOMÉ, Romeu. Os direitos fundamentais como limitadores do poder estatal no Estado Democrático de Direito. In: TAVARES, Fernando Horta (Coord.). *Teoria geral do direito público*: institutos jurídicos fundamentais sob a perspectiva do Estado Democrático de Direito. Belo Horizonte: Del Rey, 2013.

VERONESE, Josiane Rose Petry. Os meios de comunicação de massa: uma nova forma de controle social. *Revista de Informação Legislativa*, v. 28, n. 112, p. 445-456, out./dez. 1991.

VILA NOVA, Sebastião. *Introdução à sociologia*. São Paulo: Atlas, 1999.

WEBER, Max. *Economia e sociedade*: fundamentos da sociologia compreensiva. São Paulo: Ed. UnB, 2004. v. 2.

---

Informação bibliográfica deste livro, conforme a NBR 6023:2002 da Associação Brasileira de Normas Técnicas (ABNT):

LELIS, Davi Augusto Santana de; FARIA, Edimur Ferreira de. Controle do estado pela sociedade civil. In: FARIA, Edimur Ferreira de (Coord.). *Controle da Administração Pública Direta e Indireta e das concessões*: autocontrole, controle parlamentar, com o auxílio do Tribunal de Contas, controle pelo Judiciário e controle social. Belo Horizonte: Fórum, 2018. p. 207-235. ISBN 978-85-450-0472-1

# CAPÍTULO 9

# DO EXERCÍCIO DO CONTROLE SOCIAL NA GESTÃO DO ORÇAMENTO PÚBLICO MINEIRO: APONTAMENTOS SOBRE A PARTICIPAÇÃO DO CIDADÃO NA ELABORAÇÃO DO PLANO MINEIRO DE DESENVOLVIMENTO INTEGRADO

**GÉLSON MÁRIO BRAGA FILHO**

## 9.1 Introdução

A forma como é realizada a gestão do orçamento público tem gerado grande repercussão na mídia ultimamente, provocando reflexões sobre como a falta de transparência na execução dos gastos estatais pode gerar sérios prejuízos ao Erário e, via de consequência, a toda a sociedade.

A transparência, no âmbito da Administração Pública, mais do que decorrência do princípio da publicidade, é exigência natural do Estado Democrático de Direito, no qual os atos praticados pelos administradores se encontram circunscritos aos limites que a Constituição da República Federativa do Brasil e as leis descrevem. Tais limites, mesmo que muitas vezes desrespeitados pelos gestores, são, da mesma forma, aplicáveis à administração das finanças públicas.

Conforme a sábia lição de Baleeiro, nos países que adotam o regime democrático, a atividade financeira circunscreve-se aos limites traçados pelo Direito Público, posto que o "poder, no Estado de Direito, é autolimitado e exercita-se dentro de princípios que racionalizam a sua ação soberana".[1]

Por outro lado, a participação do cidadão na Administração Pública, como projeção dos princípios democrático e republicano, permite que o controle social constitua o instrumento mais importante de aperfeiçoamento da atividade administrativa.

De fato, a própria formação do Estado brasileiro como República denota a ideia de titularidade do poder estatal pelo povo e de um poder-dever de proteção da coisa pública por todos. Quando o constituinte reconheceu na gênese do poder estatal a vontade popular como elemento procedente, permitiu o desenvolvimento de uma cidadania proativa que impulsionasse a atividade administrativa rumo à realização dos seus objetivos.

Assim, com o escopo de garantir a realização das suas atividades, a participação do cidadão na Administração Pública de forma direta, como nas audiências públicas, consultas públicas ou representativas, por meio de representantes eleitos e, ainda, a possibilidade de a comunidade exercer o controle e a fiscalização da atuação estatal, bem como a possibilidade de avaliação imediata das ações praticadas pela Administração Pública.

No item seguinte, examina-se o exercício da cidadania por meio do controle social da Administração.

## 9.2 Do controle social da Administração Pública como expressão do exercício da cidadania

A impossibilidade de um modelo de Administração Pública embasado na centralização e pouco aberto à participação popular decorre da própria noção de *res publica* (coisa pública), que implica a assunção de responsabilidade pela sociedade do tratamento das questões ligadas à esfera pública.

Não se pode descurar, nesta breve análise, que a Constituição, no seu Título I, ao cuidar dos "Princípios Fundamentais", erigiu a cidadania como um dos fundamentos da República Federativa do Brasil. É o que prevê o inciso II do art. 1º, enquanto o parágrafo único do referido artigo estabelece, expressamente, que "todo o poder emana do provo,

---

[1] BALEEIRO, 2015, p. 19.

que o exerce por meio de representantes eleitos ou diretamente, nos termos desta Constituição".²

Na Constituição da República, isso ficou evidenciado, da mesma forma,

a) quando ela se refere aos mecanismos de exercício da soberania popular (art. 14, §2º do art. 61 e art. 2º do Ato das Disposições Constitucionais Transitórias), notadamente, à capacidade eleitoral (ativa e passiva), ao plebiscito, referendo e à iniciativa popular;
b) ao tratar da possibilidade de acesso aos cargos, empregos e funções públicas por quaisquer brasileiros que preencham os requisitos estabelecidos em lei e, aos estrangeiros, na forma da lei (inciso I do art. 37);
c) ao possibilitar a fiscalização, o controle e o pedido de revisão pela via administrativa e judicial dos atos praticados pela Administração Pública em sentido amplo (conforme previsto, por exemplo, nos incisos XXXIII, XXXIV, XXXV, LV, LXVIII, LXIX, LXX LXXI, LXXII, LXXIII, LXXVII, LXXVIII do art. 5 º; incisos I a III do §3º e §4º do art. 37; §2º do art. 74; inciso III do §4º do art. 103-B; inciso III do §2 º do art. 130-A).³

## 9.2.1 Dos mecanismos de exercício da soberania popular

O texto constitucional remete, inicialmente, a um conceito de soberania popular que se identifica com o de direitos políticos, conforme se extrai do art. 14 da Constituição da República.⁴ Essa noção remonta ao processo revolucionário inglês do século XVII e do que se denominou início de uma "Era dos Direitos", após a edição da *Bill of Rigths*, e se consolidou no século XVIII, com as Revoluções Americana e Francesa, quando se erigiu a concepção de igualdade formal. Assim, os direitos previstos nos art. 5° (direitos e garantias individuais), 12 (nacionalidade) e 14 a 16 (direitos políticos) refletem o que comumente se denominam "liberdades negativas".

Entretanto, nos séculos XIX e XX, a cidadania se expandiu para os campos social, econômico, cultural e ambiental, reclamando formas de participação mais próximas da realidade administrativa, o que se

---

² BRASIL, 1988.
³ BRASIL, 1988.
⁴ BRASIL, 1988.

deu por meio da realização das audiências públicas e da contribuição do Terceiro Setor, para citar os melhores exemplos dessa aproximação. A Constituição da República de 1988, a seu turno, reflete a expansão desses direitos nos art. 1º e 6º a 11 – direitos sociais – e 170 a 232 – que versam sobre a Ordem Econômica e Financeira e a Ordem Social.[5] Como se percebe, a expansão dos conceitos de cidadania e de soberania popular decorre do direito de participação e, portanto, de inclusão nos processos decisórios da Administração Pública, o que pode se dar de forma direta (por meio do acesso aos cargos, empregos e funções públicas; aos cargos eletivos ou por meio da iniciativa popular) ou indireta (por meio da fiscalização, controle e pedido de revisão dos atos praticados pela Administração).

## 9.2.2 Do acesso aos cargos, empregos e funções públicas

A Constituição prevê, no seu art. 37, a possibilidade de o cidadão participar diretamente da Administração Pública por meio do acesso aos cargos, empregos e funções públicas, o que deverá se dar, preferencialmente, por meio de concurso público.[6] Trata-se de uma das formas de realização do princípio da impessoalidade, uma vez que a garantia de um certame que, de forma objetiva, escolha aqueles que possuam as melhores condições de atender aos interesses da Administração permite o acesso, de modo democrático, de parcela da sociedade nos processos decisórios.

## 9.2.3 Da fiscalização, controle e pedido de revisão dos atos praticados pela Administração Pública

A capacidade eleitoral ativa e a fiscalização, o controle e o pedido de revisão dos atos praticados pela Administração são as formas mais comuns de participação popular. Como a pretensão aqui é apenas mencionar que a questão relativa aos direitos políticos se insere no âmbito dos mecanismos de exercício da soberania popular, o que já foi informado em tópico anterior, passa-se ao exame das outras formas de participação.

---

[5] BRASIL, 1988.
[6] BRASIL, 1988.

Com o advento da Emenda Constitucional nº 19, de 4 de junho de 1998, o §3º do art. 37 da Constituição da República de 1988 passou a estabelecer a lei como instrumento disciplinador das formas de participação do usuário na administração pública direta e indireta.[7] Tais dispositivos foram reproduzidos, respectivamente, no §1º do art. 1º da Constituição Estadual e no §9º do art. 14 da mesma Constituição,[8] o último com o advento da Emenda à Constituição Estadual nº 49, de 13 de junho de 2001.[9]

Ressalte-se, ainda, que o texto constitucional prevê, no §2º do art. 74, quanto à fiscalização contábil, financeira e orçamentária: "Qualquer cidadão, partido político, associação ou sindicato é parte legítima para, na forma da lei, denunciar irregularidades ou ilegalidades perante o Tribunal de Contas da União".[10]

Não obstante isso, a Lei Federal nº 4.717, de 29 de junho de 1965 (Lei da Ação Popular), já dispunha sobre a possibilidade de controle judicial dos atos praticados pela Administração Pública, ao estabelecer no *caput* do seu art. 1º, a possibilidade de qualquer cidadão postular a anulação ou a declaração de nulidade de atos lesivos ao patrimônio público.[11] Essa previsão foi reforçada pelo inciso LXXIII do art. 5º da Constituição da República, que atribuiu à ação popular *status* constitucional.

Por sua vez, a Lei Federal nº 7. 347, de 24 de julho de 1985, que disciplina a ação civil pública prevista no art. 129, inciso III, tem por finalidade precípua apurar a responsabilidade de danos causados ao meio ambiente, ao consumidor, a bens e direitos de valor artístico, estético, histórico e paisagístico. Essa lei legitima para propor a ação civil pública, dentre outros, a associação que tenha pelo menos um ano de funcionamento e que o respectivo estatuto inclua entre suas finalidades a proteção de, pelo menos, um dos bens jurídicos, previstos no seu art. 5º, inciso V, e, também, no art. 6º, permite que qualquer pessoa provoque "a iniciativa do Ministério Público, ministrando-lhe informações sobre fatos que constituam objeto da ação civil e indicando-lhe os elementos de convicção".[12]

---

[7] BRASIL, 1998.
[8] MINAS GERAIS, 1989.
[9] MINAS GERAIS, 2001.
[10] BRASIL, 1988.
[11] BRASIL, 1965.
[12] BRASIL, 1985.

No âmbito das licitações e contratos da Administração Pública, a Lei Federal nº 8.666, de 21 de junho de 1993, dispõe, expressamente, sobre a possibilidade do controle social durante o procedimento licitatório, ao estabelecer que qualquer cidadão poderá: a) "requerer à Administração Pública os quantitativos das obras e preços unitários de determinada obra executada" (§8º do art. 7º); b) "impugnar preço constante do quadro geral em razão de incompatibilidade desse com o preço vigente no mercado" (§6 º do art. 15); c) "impugnar edital de licitação por irregularidade na aplicação desta Lei [...]" (§1º do art. 41). Ainda, o §1º do art. 113 estatui: "Qualquer licitante, contratado ou pessoa física ou jurídica poderá representar ao Tribunal de Contas ou aos órgãos integrantes do sistema de controle interno contra irregularidades na aplicação desta Lei, para fins do disposto neste artigo".[13] Refere-se o art. 113, cujo texto prevê que o controle das despesas decorrentes dos contratos e demais instrumentos regidos pela Lei nº 8.666/1993 será feito pelo Tribunal de Contas competente, na forma da legislação pertinente.

No que toca à sobredita participação do usuário na administração pública direta e indireta prevista no §3º do art. 37 da Constituição da República, a Lei Federal nº 8.987, de 13 de fevereiro de 1995, prevê, no inciso IV do art. 7º, dentre os direitos dos usuários, o de "levar ao conhecimento do poder público e da concessionária as irregularidades de que tenha conhecimento, referentes ao serviço prestado".[14]

Entretanto, a forma mais importante de controle dos atos estatais é a possibilidade de a população acompanhar a execução e interferir na elaboração do orçamento público, pois o modo como são realizados os gastos públicos diz respeito ao próprio modo como é gerida a Administração Pública.

Em capítulo destinado às finanças públicas, a Constituição da República de 1988 delineia, no Capítulo II do Título VI, as normas gerais, bem como aquelas relativas à elaboração dos orçamentos. Ressaltam-se os seguintes dispositivos: art. 163 prevê que a matéria relativa às finanças públicas deve ser tratada em lei complementar; o art. 165 estabelece que o Poder Executivo terá a iniciativa das leis que tratam do plano plurianual, das diretrizes orçamentárias e dos orçamentos anuais; o art. 165, §1º, dispõe: "A lei que instituir o plano plurianual estabelecerá, de forma regionalizada, as diretrizes, os objetivos e as metas da administração pública federal para as despesas de capital e

---

[13] BRASIL, 1993.
[14] BRASIL, 1995.

outras dela decorrentes e para as relativas aos programas de duração continuada".[15]

Nesse sentido, pode-se dizer que a Lei Federal nº 4.320, de 17 de março de 1964 – que estatui "normas gerais de direito financeiro para elaboração e controle dos orçamentos e balanços da União, dos Estados, dos Municípios e do Distrito Federal".[16] –, mesmo tendo sido editada antes do advento da Emenda Constitucional nº 40, de 2003, foi recepcionada pela Constituição da República de 1988 e regulamenta o previsto no inciso V do art. 163,[17] enquanto a Lei Complementar Federal nº 101, de 4 de maio de 2000 ("estabelece normas de finanças públicas voltadas para a responsabilidade na gestão fiscal"), cuida da regulamentação do inciso I do supramencionado artigo da nossa Magna Constituição.[18]

Destaque-se que, não obstante a Lei Federal nº 4.320/1964 ser silente quanto à participação do cidadão na elaboração do orçamento público,[19] a Lei Complementar nº 101/2000, art. 1º, §1º, estabelece que a responsabilidade na gestão fiscal pressupõe ação planejada e transparente, e o art. 48 *caput* prevê:

> São instrumentos de transparência da gestão fiscal, aos quais será dada ampla divulgação, inclusive em meios eletrônicos de acesso público: os planos, orçamentos e leis de diretrizes orçamentárias; as prestações de contas e o respectivo parecer prévio; o Relatório Resumido de Execução Orçamentária e o Relatório de Gestão Fiscal e as versões simplificadas desses documentos.[20]

O parágrafo único do mesmo art. 48, com a redação que lhe foi atribuída pela Lei Complementar nº 131, de 27 de maio de 2009, enuncia que a transparência também poderá ser assegurada: a) conforme previsto no seu inciso I, mediante "incentivo à participação popular e realização de audiências públicas, durante os processos de elaboração e discussão dos planos, leis de diretrizes orçamentárias e orçamentos"; b) de acordo com o estabelecido no seu inciso II, mediante a "liberação ao pleno conhecimento e acompanhamento da sociedade, em tempo

---

[15] BRASIL, 1988.
[16] BRASIL, 1964.
[17] BRASIL, 2003.
[18] BRASIL, 2000.
[19] BRASIL, 1964.
[20] BRASIL, 2000.

real, das informações pormenorizadas sobre a execução orçamentária e financeira, em meios eletrônicos de acesso ao público"; c) como expresso no seu parágrafo único, inciso III, por meio da "adoção de sistema integrado de administração financeira e controle, que atenda o padrão mínimo de qualidade estabelecido pelo Poder Executivo da União e ao disposto no artigo 48-A".[21]

Ressalte-se que os incisos I e II do parágrafo único do art. 48 demonstram, claramente, que a lei atribuiu valoração especial à participação do cidadão durante o planejamento e a execução do orçamento público. O inciso III do artigo em referência foi regulamentado pelo Decreto nº 7.185, de 27 de maio de 2010, que dispôs sobre "o padrão mínimo de qualidade do sistema integrado de administração financeira e controle, no âmbito de cada ente da Federação".[22]

## 9.3 As finanças públicas no Estado de Minas Gerais: como vem se dando a participação do cidadão na construção do plano mineiro de desenvolvimento integrado

Quanto às finanças públicas mineiras, a Constituição do Estado de Minas Gerais de 1989 repetiu, nos seus art. 153 e 154, a redação dos art. 163 e 165 da Constituição da República, respectivamente. Entretanto, o §1º do art. 154 inovou ao prever a forma como devem ser elaborados o plano plurianual e os programas estaduais, regionais e setoriais previstos na Constituição ao determinar que eles devem ser elaborados em consonância com o Plano Mineiro de Desenvolvimento Integrado e submetidos à apreciação da Assembleia Legislativa.[23]

O art. 231 da Constituição Estadual estabelece a obrigação de fomento do desenvolvimento econômico por meio do Plano Mineiro de Desenvolvimento Integrado. Em acréscimo, prevê o parágrafo único do art. 154 que o plano plurianual e os programas estaduais, regionais e setoriais deverão ser elaborados em consonância com o Plano Mineiro de Desenvolvimento Integrado.[24] A Emenda à Constituição Estadual nº 12, de 1º de setembro de 1994, por sua vez, inseriu o §5º no art. 157,

---

[21] BRASIL, 2009.
[22] BRASIL, 2010.
[23] MINAS GERAIS, 1989.
[24] MINAS GERAIS, 1989.

dispondo que, para subsidiar a elaboração do Plano Mineiro de Desenvolvimento Integrado, do plano plurianual de ação governamental e da proposta orçamentária anual, a Assembleia Legislativa deverá sistematizar e priorizar, em audiência pública regional, realizada a cada dois anos, as propostas resultantes de audiências públicas municipais realizadas pelos poderes públicos locais, nos termos de regulamentação.[25] Aludido dispositivo foi alterado com o advento da Emenda à Constituição Estadual nº 25, de 7 de julho de 1997, para excluir a necessidade de realizar audiência pública regional a cada dois anos, ao dispor que as audiências públicas seriam realizadas por comissões da Assembleia Legislativa, em matéria de sua competência, observada a disponibilidade orçamentária.[26]

O Plano Mineiro de Desenvolvimento Integrado foi regulamentado pelas leis estaduais nº 10.628, de 16 de janeiro de 1992,[27] e nº 12.051, de 29 de dezembro de 1995,[28] com a criação do Conselho de Desenvolvimento Econômico, responsável pela proposição, acompanhamento e execução do Plano Mineiro de Desenvolvimento Integrado, bem como pela fixação das diretrizes, dos objetivos do plano plurianual e dos programas regionais e setoriais. Por sua vez, a realização de audiências públicas regionais pela Assembleia Legislativa foi regulamentada pela Lei Estadual nº 11.745, de 16 de janeiro de 1995,[29] pela Resolução nº 5.117, de 13 de julho de 1992,[30] e pela Deliberação nº 1.026, de 23 de fevereiro de 1994.[31]

Em uma digressão histórica, constata-se, ainda, que a Lei Delegada Estadual nº 5, de 28 de agosto de 1985 prevê, no seu art. 88, a audiência pública como uma das formas de controle democrático da Administração Estadual.[32] Não obstante isso, sobre as audiências públicas, a Lei Estadual nº 14.184, de 31 de janeiro de 2002 (Lei do processo administrativo estadual), prevê, da mesma forma, no art. 31, a possibilidade de consulta pública para manifestação de terceiros quando a matéria do processo envolver assunto de interesse geral.[33]

---

[25] MINAS GERAIS, 1994a.
[26] MINAS GERAIS, 1997.
[27] MINAS GERAIS, 1992a.
[28] MINAS GERAIS, 1995b.
[29] MINAS GERAIS, 1995a.
[30] MINAS GERIAS, 1992b.
[31] MINAS GERAIS, 1994b.
[32] MINAS GERAIS, 1985.
[33] MINAS GERAIS, 2002.

Entrementes, no âmbito das finanças públicas estaduais, o papel das audiências públicas vem se acentuando desde 2008, já que as Leis de Diretrizes Orçamentárias – Leis nº 17.710, de 8 de agosto de 2008,[34] 18.313, de 6 de agosto de 2009,[35] 19.099, de 9 de agosto de 2010;[36] bem como as Leis de Revisão do Plano Plurianual de Ação Governamental, Leis nº 18.694, de 4 de janeiro de 2010,[37] 19.417, de 3 de janeiro de 2011,[38] 20.626, de 17 de janeiro de 2013,[39] 21.149, de 15 de janeiro de 2014,[40] 21.694, de 9 de abril de 2015[41] previram a realização de audiências públicas. No PPAG 2016-2019, também houve previsão nesse sentido. Sua peculiaridade, entretanto, reside na forma como foi construído: com base em proposições levantadas nos Fóruns Regionais de Governo, levando em conta 17 territórios de desenvolvimento, os quais foram criados com o advento do Decreto Estadual nº 46.774, de 9 de junho de 2015.[42]

Assim, percebe-se que a participação do cidadão em audiências públicas durante a elaboração do orçamento público mineiro encontra bases constitucionais e legais sólidas, derivando, em um primeiro momento, do exercício direto do poder pelo povo, previsto no parágrafo único do art. 1º da Constituição da República de 1988, mas, também, da possibilidade legal de controle pela sociedade sobre a forma como é gerido o orçamento público no Estado de Minas Gerais, prevista nas diversas Leis de Diretrizes Orçamentárias e Leis de Revisão do Plano Plurianual de Ação Governamental, as últimas elencando, dentre seus objetivos, a implantação do Plano Mineiro de Desenvolvimento Integrado (PMDI).

---

[34] MINAS GERAIS, 2008.
[35] MINAS GERAIS, 2009.
[36] MINAS GERAIS, 2010b.
[37] MINAS GERAIS, 2010a.
[38] MINAS GERAIS, 2011.
[39] MINAS GERAIS, 2013.
[40] MINAS GERAIS, 2014.
[41] MINAS GERAIS, 2015b.
[42] MINAS GERAIS, 2015a.

## 9.4 Do papel das finanças públicas estaduais na realização dos objetivos previstos na ordem econômica e financeira

Na elaboração do PMDI, conforme ressaltado, desde 2008 os cidadãos são chamados a participar, por meio de audiências públicas, da eleição das políticas públicas que dizem respeito aos seus interesses, visando à discussão e à elaboração de orçamentos públicos que contemplem, mesmo que de forma não ideal, a multiplicidade de interesses existentes no Estado de Minas, tomando por base aspectos populacionais e regionais.

De fato, a implantação do Plano Mineiro de Desenvolvimento Integrado não pode ser resumida no seu aspecto de fomento. O PMDI fundamenta-se não apenas no art. 231 da Constituição Estadual, mas, igualmente, nos princípios que regem a Ordem Econômica e Financeira previstos na Constituição Federal, nos fundamentos do Estado Democrático de Direito, e visa atender aos objetivos da República Federativa do Brasil. Assim, com a participação do cidadão, permite-se a execução de políticas públicas voltadas para a construção de uma sociedade livre, justa e solidária; à erradicação da pobreza e da marginalização; à redução das desigualdades sociais e regionais; e à promoção do bem de todos, sem preconceitos de origem, raça, sexo, cor, idade e quaisquer outras formas de discriminação.

A Constituição da República, ao dispor sobre os princípios gerais da atividade econômica, trouxe previsão, em seu art. 170, fundando-se na valorização do trabalho humano e na livre iniciativa. O objetivo é assegurar a todos existência digna, conforme os ditames da justiça social, bem como, dentre outros princípios, o da redução das desigualdades regionais e sociais.[43] A respeito, cumpre observar:

> A Ordem Econômica e Financeira não é ilha normativa apartada da Constituição. É fragmento da Constituição, uma parte do todo constitucional e nele se integra. A interpretação, a aplicação e a execução dos preceitos que a compõem reclamam o ajustamento permanente das regras da Ordem Econômica e Financeira às disposições do texto constitucional que se espraiam nas outras partes da Constituição. A Ordem Econômica e Financeira é indissociável dos princípios fundamentais da República Federativa do Brasil e do Estado Democrático de Direito. Suas regras visam atingir os objetivos fundamentais que a Constituição colocou na

---

[43] BRASIL, 1988.

meta constitucional da República Federativa. A Ordem Econômica e Financeira é, por isso, instrumento para construção de uma Sociedade livre, justa e solidária. É a fonte das normas e decisões que permitirão à República garantir o desenvolvimento nacional, erradicar a pobreza, a marginalização, reduzir as desigualdades sociais e promover o bem de todos, sem preconceitos de origem, raça, cor, idade e quaisquer outras formas de discriminação (Constituição Federal, art. 3º, I a IV). A concretização dos princípios que informam a Ordem Econômica e Financeira é inseparável dos Direitos e Garantias Fundamentais, que asseguram aos brasileiros e aos estrangeiros residentes no país, a inviolabilidade do direito à vida, à liberdade, à igualdade, à segurança e à propriedade (Constituição Federal, art. 5º).[44]

Batista Júnior, a seu turno, salienta:

> O certo é que o Estado Democrático de Direito modelado pela CRFB/88 de fundamentos democráticos e desiderato social deve perseguir incessantemente o atendimento otimizado do bem comum e, para tanto, deve estruturar sua Administração Pública democrática, que possa perseguir a eficiência pública e favorecer a participação popular.[45]

Por força dos princípios que informam a Ordem Econômica e Financeira, portanto, os quais devem ser interpretados juntamente com os demais dispositivos do texto constitucional, e, considerando a conotação social atribuída ao Estado Democrático de Direito, vislumbra-se que compete ao Poder Público assegurar o respeito aos direitos fundamentais garantidos pela Constituição, inclusive mediante a implementação de políticas públicas.

Não obstante isso, como doravante será observado, a participação do cidadão na fiscalização financeira da Administração Pública serve como instrumento de concretização do princípio da transparência na gestão das finanças públicas, já que sua contribuição ao Plano Mineiro de Desenvolvimento Integrado, em compatibilidade com o plano plurianual, auxiliará na redução das desigualdades inter-regionais, segundo critério populacional. Nesse sentido, o Decreto estadual nº 46.774, de 9 de junho de 2015,[46] ao instituir territórios de desenvolvimento, ao que tudo indica, além de demonstrar o interesse do Executivo em liderar as

---

[44] HORTA, 2003, p. 265-266.
[45] BATISTA JÚNIOR, 2012, p. 109.
[46] MINAS GERAIS, 2015a.

discussões, visou permitir maior descentralização dos debates envolvendo a gestão do orçamento público no âmbito do Estado de Minas Gerais, a fim de que os programas regionais e setoriais previstos no Plano Mineiro de Desenvolvimento Integrado se conformem com as necessidades das populações atingidas.

Interessante observar como a conexão entre o controle social exercido durante a eleição de prioridades orçamentárias e a realização de objetivos definidos pela Constituição da República de 1988, ao tratar da Ordem Econômica e Financeira, é clara no âmbito dos Municípios. Com efeito, ao tratar da política urbana, o *caput* do art. 182 estabelece:

> A política de desenvolvimento urbano, executada pelo Poder Público municipal, conforme diretrizes gerais fixadas em lei, tem por objetivo ordenar o pleno desenvolvimento das funções sociais da cidade e garantir o bem-estar de seus habitantes.[47]

Por sua vez, a Lei Federal nº 10.257, de 10 de julho de 2001 (Estatuto da Cidade), ao regulamentar os art. 182 e 183 da Constituição da República, prevê, entre os instrumentos da política urbana, a gestão orçamentária participativa (alínea *f* do inciso III do art. 4º). Os art. 43 e 44 dispõem, ainda, sobre a gestão democrática da cidade, nos seguintes termos:

> Art. 43. Para garantir a gestão democrática da cidade deverão ser utilizados, dentre outros, os seguintes instrumentos:
> I – órgãos colegiados de política urbana, nos níveis nacional, estadual e municipal;
> II – debates, audiências e consultas públicas;
> III – conferências sobre assuntos de interesse urbano, nos níveis nacional, estadual e municipal;
> IV – iniciativa popular de projeto de lei e de planos, programas e projetos de desenvolvimento urbano.
> Art. 44. No âmbito municipal, a gestão orçamentária participativa de que trata a alínea *f* do inciso III do artigo 4º desta Lei incluirá a realização de debates, audiências e consultas públicas sobre as propostas do plano plurianual, da lei de diretrizes orçamentárias e do orçamento anual, como condição obrigatória para sua aprovação na Câmara Municipal.

---

[47] BRASIL, 1988.

Art. 45. Os organismos gestores das regiões metropolitanas e aglomerações urbanas incluirão obrigatória e significativa participação da população e de associações representativas dos vários segmentos da comunidade, de modo a garantir o controle direto de suas atividades e o pleno exercício da cidadania.[48]

A propósito da importância do orçamento participativo no âmbito dos Municípios, Ananias assevera:

> O que diferencia um governo democrático e popular de um governo conservador é, sobretudo, o comprometimento deste na emancipação social, econômica, política, espiritual das pessoas, para que elas possam ser sujeitos da História. Um governo que aposta na conscientização política dos cidadãos, na organização social e popular, na construção coletiva de uma sociedade mais justa, mais ética, necessita manter canais de comunicação constantes, objetivos, sinceros e ágeis.[49]

Sob essa ótica, a participação do cidadão na elaboração do orçamento público relaciona-se diretamente com a persecução pela sociedade de meios para a concretização de direitos fundamentais previstos na Constituição. A realização de tais objetivos, por desiderato constitucional, encontra-se atrelada à realização da política urbana que, conforme o *caput* do art. 182 da Constituição, "tem por objetivo ordenar o pleno desenvolvimento das funções sociais da cidade e garantir o bem-estar de seus habitantes".[50]

A Constituição, entretanto, nada dispõe sobre a gestão democrática do orçamento público dos Estados. Essa iniciativa se extrai dos princípios democrático e republicano e se encontra inserida na concepção de uma Administração Pública dialógica. Garante-se, ao mesmo tempo, a participação do cidadão na gestão da coisa pública estadual com base no princípio da publicidade e do seu princípio correlato – o da transparência. Por sua vez, o modelo previsto no Decreto estadual nº 46.774[51] parece aproximar-se daquele que vem sendo adotado pelos Municípios a partir do momento em que o Executivo passou a capitanear as discussões.

---

[48] BRASIL, 2001.
[49] ANANIAS, 2005, p. 34.
[50] BRASIL, 1988.
[51] MINAS GERAIS, 2015a.

As audiências públicas, ao constituírem uma das formas mais significativas de expressão dessa participação popular, cortstroem canais de comunicação, possibilitando a interação dos membros da sociedade com os processos de tomadas de decisão e de elaboração das leis a que se encontrarão submetidos. É que, ao votarem, escolhendo as prioridades governamentais, os cidadãos não se limitam mais a participar da gestão da coisa pública por meio do mecanismo da representação, como também demonstram seu intento de se tornarem coautores do projeto de governo que será executado e, consequentemente, decidir a forma como devem ser conduzidas as políticas públicas. Isso porque, em um contexto de constitucionalismo democrático, conforme ensina Sampaio,

> os direitos políticos não são uma espécie de direitos liberais ou direitos defensivos, mas um direito-dever de participação da vida política, de procura engajada do bem comum. A sociedade deixa de ser o lugar *apenas* da cultura privada, da economia, do ócio, do lazer, dos amores e da felicidade individual como projeção das liberdades clássicas, pois deve incorporar uma rede de solidariedade e de militância como espelho dos direitos políticos. É ela que preenche ou define a esfera pública não estatal, criando e redefinindo agendas políticas, atuando com e apesar do Estado. Em face dos agentes públicos, ela controla e interage, discute e propõe alternativas para os problemas comuns. É nesse sentido que se fala em 'republicanização' da democracia. E é também por isso, por não sucumbir toda dimensão, do conceito na lógica e do discurso puramente jurídico (pelo menos de um tipo de direito formalista e abstêmio da realidade), que o Estado de Direito se diz democrático. Os cidadaos nāu *recebem* de seus representantes as soluções e prestações de serviços, dando-lhes a resposta, de apoio ou reprovação, no período eleitoral, mas são copartícipes de um projeto de vida, votando e permanecendo politicamente ativos entre uma e outra eleição. A democracia política se complementa, assim, com uma democracia social e econômica. A igualdade material de oportunidades é condição para a liberdade. E vice-versa. É óbvio que há necessidade de reformulação das bases formais do Estado de direito. A lei não pode ser cega aos seus destinatários, quer dizer, a sua generalidade não pode ser uma condição do Estado de direito. Não é só a lei. Não é só a lei da liberdade dos modernos, mas também a lei da igualdade e, ao mesmo tempo, a lei da democracia deliberativa. A legitimidade e a racionalidade que extraía somente do processo legislativo exigem, se não um deslocamento de eixo, pelo menos um entroncamento entre os ritos parlamentares institucionalizados (de estudos e elaboração das normas) com uma rede ampla do debate estabelecido no âmbito de uma

sociedade pluralista. Ademais, a legitimidade não se esgota na gênese democrática da lei, mas requer um ingrediente de efetividade normativa: lei que existe, mas não é eficaz tampouco é válida. (Grifos do autor).[52]

Como visto, no Estado de Minas Gerais, o plano plurianual e os programas estaduais, regionais e setoriais devem ser elaborados em consonância com o Plano Mineiro de Desenvolvimento Integrado, o qual, em face da amplitude dos seus objetivos, ao contar com a participação da sociedade, permite significativa influência dos cidadãos na definição das políticas públicas a serem adotadas e na forma como virão a ser implementadas. Por outro lado, buscou-se conferir maior legitimidade à participação dos cidadãos mediante a descentralização dos debates, mediante critério populacional previsto no Decreto estadual nº 46.774 de 2015[53] e, ao que tudo indica, visando aproximar o modelo de gestão democrática do orçamento do Estado daquele que foi definido constitucionalmente para os Municípios, conforme opção política do atual governo.

Trata-se, no entanto, de iniciativa que, independentemente do modelo implementado, deve ser adotada por todos os governos, por se inserir no contexto de política de planejamento essencial para o Estado. É muito importante salientar, novamente, que o controle social na elaboração do orçamento público, quando exercido de forma eficaz, constitui instrumento de fiscalização financeira da Administração Pública e serve para a concretização do princípio da transparência na gestão das finanças públicas.

## 9.5 Da importância das audiências públicas no âmbito de uma administração dialógica: legitimidade e aceitação do poder em face da racionalidade do discurso

As audiências públicas, como uma das expressões de exercício direto do poder pelo povo, são essenciais no planejamento estatal ao absorverem a vontade popular, transformando-a em políticas públicas, bem como assegurando que elas observem o princípio da impessoalidade, uma vez que se encontrarão fundamentadas no que foi deliberado pela própria população. Inserem-se no contexto de uma administração

---

[52] SAMPAIO, 2013, p. 73.
[53] MINAS GERAIS, 2015a.

dialógica e vêm sendo realizadas no Estado de Minas Gerais desde 2008, perpassando vários governos. O foco das audiências públicas, atualmente, é a descentralização capitaneada pelo Executivo, substituindo o modelo anterior, em que o Legislativo assumia a responsabilidade pela condução das discussões.

Sob outra perspectiva, a oitiva e a participação do cidadão em suas diversas formas durante os processos de tomadas de decisão pela Administração Pública têm caráter dialético do qual não se pode prescindir. Isso porque as manifestações da soberania popular já não se restringem mais às formas tradicionais, a legitimidade e a aceitação do poder só podem ser inferidas com base na racionalidade do discurso. Por isso, o potencial para o diálogo de uma administração diz muito sobre a legitimidade das suas ações. Por sua vez, práticas discursivas pressupõem posição de abertura perante os administrados (e, para tanto, a manutenção de canais abertos de comunicação se afigura essencial), tanto no sentido de incorporar as preocupações surgidas diante dos fatos constatados, quanto no de abstrair novos sentidos com adoção do processo dialético de transformação social.

A simples adoção de novos processos gerenciais em busca de maior eficiência, mesmo que incluam planejamento minucioso, não será suficiente se não se levar em conta a transparência. É imprescindível que a Administração se abra para esta cidadania expansiva que demanda, a cada dia, maior participação nas decisões tomadas.

Melo, ao defender audiência pública como contributo à imparcialidade estatal, considera "o processo administrativo das audiências públicas como um encadeamento de atos que concede ao administrador a oportunidade de ponderar todos os interesses relevantes e excluir os irrelevantes para a concretização do poder decisório da Administração Pública".[54]

No campo do Direito Comparado, como resultado da "crescente intervenção e atividade do Estado", Gordillo[55] entende necessária a criação de novos mecanismos de controle social, dentre os quais se destaca a experiência bem-sucedida do *Ombudsman* nórdico-saxão.

Oliveira[56] ressalta a importância do controle social no âmbito da responsabilidade fiscal, em face do desgaste dos sistemas de controle interno de cada poder e a insuficiência de poderes atribuídos ao

---

[54] MELO, 2012, p. 304.
[55] GORDILLO, 1977, p. 47-48.
[56] OLIVEIRA, 2002, p. 10.

Tribunal de Contas para exercer o controle externo. Para o autor, apenas as pressões surgidas no seio da sociedade podem influenciar, de forma eficaz, as decisões do Estado.

Baseado em tais premissas, o autor chega à conclusão de que a participação do cidadão constitui instrumento imprescindível para a transparência na gestão do orçamento público. Nas suas palavras:

[...] deve o Poder Público incentivar a participação popular e a realização de audiências públicas, durante o processo de elaboração e discussão dos planos, lei de diretrizes orçamentárias e orçamentos anuais. O dispositivo incita o Poder Público a abrir-se à comunidade. Não há outro caminho para a moderna Administração Pública. O sigilo, o segredo, as reuniões reservadas, nada mais disso faz parte do agente público. Deve ele mostrar-se permeável à participação popular. Aliás, já de há muito se encontra superada a administração autoritária em que as decisões são tomadas nos gabinetes, sem ouvir o clamor das ruas. Impõe-se a gestão participativa com a sociedade. Os diversos segmentos da sociedade devem ser ouvidos, devem ter assento nos órgãos diretivos e de fiscais das diversas entidades. Inadmissível a existência do agente público que desconheça os reais anseios da sociedade. Deve ouvi-la para, após, decidir. Para tanto, é imprescindível que haja audiências públicas em todos os procedimentos deliberativos que possam atingir a comunidade. Durante tramitação dos projetos de lei orçamentária, deve a comunidade ser chamada a opinar, seja através do denominado orçamento participativo, seja através de reuniões frequentes em repartições públicas. Assim, deliberará a sociedade civil sobre os seus interesses específicos, tais como asfalto, iluminação, creches, escolas, prontos- socorros, etc.[57]

Portanto, entende-se que os referidos autores corroboram a tese de que a participação dos cidadãos nas audiências públicas se insere no âmbito da Administração Pública dialógica, além de constituir importante instrumento de controle social.

## 9.6 Considerações finais

Diante do exposto, conclui-se que a contribuição do cidadão no planejamento e na execução do Plano Mineiro de Desenvolvimento Integrado é fundamental para a realização dos seus objetivos, imprimindo maior transparência às suas ações e permitindo que as políticas

---

[57] OLIVEIRA, 2002, p. 95-96.

públicas nele previstas se compatibilizem com a noção de gestão fiscal responsável.

A gestão democrática do orçamento estadual, apesar de não estar expressamente prevista na Constituição da República de 1988, decorre da possibilidade de exercício direto do poder pelo povo e encontra-se alinhada à ideia de Administração Pública dialógica, obediente aos princípios da impessoalidade, da publicidade e da transparência, dentre outros.

As audiências públicas, ao permitirem a interação dos membros da sociedade com os processos de escolha das políticas públicas a serem implementadas e de elaboração das leis orçamentárias, afiguram-se essenciais para a fiscalização e o controle da Administração Pública, pois, ao participarem do modo como são realizados os gastos públicos, os cidadãos interferem no próprio modo como é gerida a Administração Pública, assumindo a coautoria do projeto de governo que será executado.

Por fim, chega-se à conclusão de que, além de fundamentar-se nos princípios democrático e republicano, a participação dos cidadãos nas audiências públicas proporciona maior legitimidade e a aceitação do poder com a adoção da racionalidade do discurso, pois, por meio delas, a sociedade passa a influenciar diretamente na definição das políticas públicas e na forma como virão a ser implementadas.

A participação da sociedade na formulação e na execução das políticas publicas, nos termos e observância dos procedimentos constantes do ordenamento jurídico pátrio, contribuirá decisivamente para a realização dos fins do Estado em atendimento aos anseios sociais, com eficiência e efetividade, sem sobrepreços e sem corrupção. Com isso, os recursos públicos serão suficientes para a realização das políticas públicas adequadamente planejadas, sem a ocorrência de déficit orçamentário e financeiro, como vem ocorrendo com a União e outros entes da Federão nos últimos três anos.

## Referências

ANANIAS, Patrus. Orçamento participativo: por que o implementamos em Belo Horizonte? In: AZEVEDO, Sérgio de; FERNANDES, Rodrigo Barroso (Org.). *Orçamento participativo*: construindo a democracia. Rio de Janeiro: Revan, 2005.

BALEEIRO, Aliomar. *Direito tributário brasileiro*. Atualizada por Misabel Abreu Machado Derzi. Rio de Janeiro: Forense, 2015.

BATISTA JÚNIOR, Onofre Alves; CASTRO, Sérgio Pessoa de Paula (Coord.) *Tendências e perspectivas do direito administrativo*: uma visão da escola mineira. Belo Horizonte: Fórum, 2012.

BRASIL. Constituição (1988). *Constituição da República Federativa do Brasil*, 1988. Texto constitucional de 5 de outubro de 1988, com as alterações adotadas pelas emendas constitucionais até outubro de 2016. Brasília: DF, Senado Federal, 1988. Disponível em: <// www.planalto.gov.br/ccivil_03/constituicao/constituicao.htm>. Acesso em: 1º nov. 2015.

BRASIL. Constituição (1988). Emenda Constitucional nº 19, de 4 de junho de 1998. Modifica o regime e dispõe sobre princípios e normas da Administração Pública, servidores e agentes políticos, controle de despesas e finanças públicas e custeio de atividades a cargo do Distrito Federal, e dá outras providências. *Diário Oficial Eletrônico*, Brasília, 5 de junho de 1998. Disponível em: <http://www.planalto.gov.br/ccivil_03/ constituicao/emendas/emc/emc19.htm>. Acesso em: 1º nov. 2015.

BRASIL. Constituição (1988). Emenda Constitucional nº 40, de 29 de junho de 2003. Altera o inciso V do art. 163 e o art. 192 da Constituição Federal, e o *caput* do art. 52 do Ato das Disposições Constitucionais Transitórias. *Diário Oficial da União*, Brasília, 30 de junho de 2003. Disponível em: <http://www.planalto.gov.br/ccivil_03/constituicao/emendas/emc/ emc40.htm>. Acesso em: 2 nov. 2015.

BRASIL. Constituição (1988). Lei complementar nº 101, de 4 de maio de 2000. Estabelece normas de finanças públicas voltadas para a responsabilidade na gestão fiscal e dá outras providências. *Diário Oficial da União*, Brasília, 4 de maio de 2000. Disponível em: <http:// www.planalto.gov.br/ccivil_03/Leis/LCP/Lcp101.htm>. Acesso em: 1º nov. 2015.

BRASIL. Constituição (1988). Lei complementar nº 131, de 27 de maio de 2009. Acrescenta dispositivos à Lei Complementar nº 101, de 4 de maio de 2000, que estabelece normas de finanças públicas voltadas para a responsabilidade na gestão fiscal e dá outras providências, a fim de determinar a disponibilização, em tempo real, de informações pormenorizadas sobre a execução orçamentária e financeira da União, dos Estados, do Distrito Federal e dos Municípios. *Diário Oficial da União*, Brasília, 27 de maio de 2009. Disponível em: <http://www.planalto.gov.br/ccivil_03/Leis/LCP/Lcp131.htm>. Acesso em: 2 nov. 2015.

BRASIL. Presidência da República. Decreto nº 7.185, de 27 de maio de 2010. Dispõe sobre o padrão mínimo de qualidade do sistema integrado de administração financeira e controle, no âmbito de cada ente da Federação, nos termos do art. 48, parágrafo único, inciso III, da Lei Complementar nº 101, de 4 de maio de 2000, e dá outras providências. *Diário Oficial da União*, Brasília, 27 de maio de 2010. Disponível em: <http://www.planalto. gov.br/ccivil_03/_ato2007-2010/2010/decreto/d7185.htm>. Acesso em: 2 nov. 2015.

BRASIL. Presidência da República. Lei nº 10.257, de 10 de julho de 2001. Regulamenta os arts. 182 e 183 da Constituição Federal, estabelece diretrizes gerais da política urbana e dá outras providências. *Diário Oficial Eletrônico*, Brasília, 11 de julho de 2001. Disponível em: <http://www.planalto.gov.br/ccivil_03/leis/LEIS_2001/L10257.htm>. Acesso em: 2 nov. 2015.

BRASIL. Presidência da República. Lei nº 4.320, de 17 de março de 1964. Estatui normas sobre direito financeiro para elaboração e controle dos orçamentos e balanços da União, dos Estados, dos Municípios e do Distrito Federal. *Diário Oficial da União*, Brasília, 23 de março de 1964. Disponível em: <http://www.planalto.gov.br/ccivil_03/leis/L4320.htm>. Acesso em: 2 nov. 2015.

BRASIL. Senado Federal. Lei nº 4.717, de 29 de junho de 1965. Regula a ação popular. *Diário Oficial da União*, Brasília, 5 de julho de 1965. Disponível em: <http://www.planalto. gov.br/ccivil_03/leis/L4717.htm>. Acesso em: 2 nov. 2015.

BRASIL. Presidência da República. Lei nº 7.347, de 24 de julho de 1985. Disciplina a ação civil pública de responsabilidade por danos causados ao meio ambiente, ao consumidor, a bens e direitos de valor artístico, estético, histórico, turístico e paisagístico. *Diário Oficial da União*, Brasília, 25 de julho de 1985. Disponível em: <http://www.planalto.gov.br/ ccivil_03/leis/L7347orig.htm>. Acesso em: 2 nov. 2015.

BRASIL. Presidência da República. Lei nº 8.666, de 21 de junho de 1993. Regulamenta o art. 37, inciso XXI, da Constituição Federal, institui normas para licitações e contratos da Administração Pública e dá outras providências. *Diário Oficial da União*, Brasília, 22 de junho de 1993. Disponível em: <http://www.planalto.gov.br/ccivil_03/leis/L8666cons. htm>. Acesso em: 2 nov. 2015.

BRASIL. Presidência da República. Lei nº 8.987, de 13 de fevereiro de 1995. Dispõe sobre o regime de concessão e permissão da prestação de serviços públicos previsto no art. 175 da Constituição Federal, e dá outras providências. *Diário Oficial da União*, Brasília, 14 de fevereiro de 1995. Disponível em: <http://www.planalto.gov.br/ccivil_03/leis/L8987cons. htm>. Acesso em: 2 nov. 2015.

GORDILLO, Agustin. *Princípios gerais de direito público*. São Paulo: Revista dos Tribunais, 1977.

HORTA, Raul Machado. *Direito constitucional*. Belo Horizonte: Del Rey, 2003.

MELO, Cristina Andrade. O princípio da impessoalidade: a audiência pública como contributo à imparcialidade na atuação estatal. In: BATISTA JÚNIOR, Onofre Alves; CASTRO, Sérgio Pessoa de Paula. *Tendências e perspectivas do direito administrativo*: uma visão da escola mineira. Belo Horizonte: Fórum, 2012.

MINAS GERAIS. Constituição (1989). Constituição do Estado de Minas Gerais, 1989. *Diário Oficial do Estado de Minas Gerais*, Belo Horizonte, 21 de setembro de 1989. Disponível em: <http://www.almg.gov.br/opencms/export/sites/default/consulte/legislacao/ Downloads/pdfs/ConstituicaoEstadual.pdf>. Acesso em: 1º nov. 2015.

MINAS GERAIS. Constituição (1994). Emenda à Constituição Estadual nº 12, de 1º de setembro de 1994. Acrescenta parágrafos ao art. 157 da Constituição do Estado. *Diário Oficial do Estado de Minas Gerais*, Belo Horizonte, 1 de setembro de 1994a. Disponível em: <http://www.almg.gov.br/consulte/legislacao/completa/completa. html?tipo=EMC&num=12&comp=&ano=1994&aba=js_textoAtualizado#texto>. Acesso em: 2 nov. 2015.

MINAS GERAIS. Constituição (1994). Emenda à Constituição Estadual nº 25, de 7 de julho de 1997. Dá nova redação ao parágrafo 5º do art. 157 da Constituição do Estado. *Diário Oficial do Estado de Minas Gerais*, Belo Horizonte, 7 de julho de 1997. Disponível em: <http://www.almg.gov.br/consulte/legislacao/completa/completa. html?tipo=EMC&num=25&comp=&ano=1997&aba=js_textoAtualizado#texto>. Acesso em: 2 nov. 2015.

MINAS GERAIS. Constituição (1994). Emenda à Constituição Estadual nº 49, de 13 de junho de 2001. Altera os arts. 13, 14, 15, 20, 23, 27, 30, 31, 33 e 35 da Constituição do Estado e acrescenta dispositivos ao Ato das Disposições Constitucionais Transitórias. *Minas Gerais, Diário do Legislativo*, Belo Horizonte, 14 de junho de 2001. Disponível em: <http:// www.almg.gov.br/export/sites/default/consulte/arquivo_diario_legislativo/pdfs/2001/06/ L20010614.pdf>. Acesso em: 2 nov. 2015.

MINAS GERAIS. Decreto estadual nº 46.774, de 9 de junho de 2015. Institui os Fóruns Regionais de Governo e dá outras providências. *Diário Oficial do Estado de Minas Gerais*, Belo Horizonte, 9 de junho de 2015a. Disponível em: <http://www.almg.gov.br/consulte/ legislacao/completa/completa.html?tipo=DEC&num=46774&comp=&ano=2015&aba=js_ textoOriginal#texto>. Acesso em: 2 nov. 2015.

MINAS GERAIS. Deliberação nº 1.026, de 23 de fevereiro de 1994. Aprova o regulamento das audiências públicas regionais. *Diário Oficial do Estado de Minas Gerais*, Belo Horizonte, 23 de fevereiro de 1994b. Disponível em: <http://www.almg.gov.br/consulte/ legislacao/completa/completa.html?tipo=DLB&num=1026&comp=&ano=1994&aba=js_ textoOriginal#texto>. Acesso em: 2 nov. 2015.

MINAS GERAIS. Lei Delegada Estadual nº 5, de 28 de agosto de 1985. Dispõe sobre a organização, a estrutura e os procedimentos do Poder Executivo do Estado, e dá outras providências. *Diário Oficial do Estado de Minas Gerais*, Belo Horizonte, 28 de agosto de 1985. Disponível em: <http://www.almg.gov.br/consulte/legislacao/completa/completa. html?tipo=LDL&num=5&comp=&ano=1985&aba=js_textoAtualizado#texto>. Acesso em: 2 nov. 2015.

MINAS GERAIS. Lei nº 10.628, de 16 de janeiro de 1992. Estabelece a organização e o funcionamento do Conselho de Desenvolvimento Econômico e Social, instituído no artigo 231 da Constituição do Estado. *Diário Oficial do Estado de Minas Gerais*, Belo Horizonte, 16 de janeiro de 1992a. Disponível em: <http://www.almg.gov.br/consulte/ legislacao/completa/completa.html?tipo=LEI&num=10628&comp=&ano=1992&aba=js_ textoAtualizado#texto>. Acesso em: 2 nov. 2015.

MINAS GERAIS. Lei nº 11.745, de 16 de janeiro de 1995. Disciplina a realização de audiências públicas regionais, nos termos do §5º e seguintes do artigo 157 da Constituição do Estado. *Diário Oficial do Estado de Minas Gerais*, Belo Horizonte, 16 de janeiro de 1995a. Disponível em: <http://www.almg.gov.br/consulte/legislacao/completa/completa. html?tipo=LEI&num=11745&comp=&ano=1995&aba=js_textoAtualizado#texto>. Acesso em: 1º nov. 2015.

MINAS GERAIS. Lei nº 12.051, de 29 de dezembro de 1995. Aprova o Plano Mineiro de Desenvolvimento Integrado – PMDI – e dá outras providências. *Diário Oficial do Estado de Minas Gerais*. Belo Horizonte, 29 de dezembro de 1995b. Disponível em: <http://www.almg.gov.br/consulte/legislacao/completa/completa. html?tipo=LEI&num=12051&comp=&ano=1995&aba=js_textoAtualizado#texto>. Acesso em: 2 nov. 2015.

MINAS GERAIS. Lei nº 14.184, de 31 de janeiro de 2002. Dispõe sobre o processo administrativo no âmbito da administração estadual. *Diário Oficial do Estado de Minas Gerais*, Belo Horizonte, 31 de janeiro de 2002. Disponível em: <http://www.almg.gov.br/consulte/ legislacao/completa/completa.html?tipo=LEI&num=14184&comp=&ano=2002&aba=js_ textoAtualizado#texto>. Acesso em: 2 nov. 2015.

MINAS GERAIS. Lei nº 15.033, de 20 de janeiro de 2004. Estabelece o Plano Plurianual de Ação Governamental – PPAG – para o período 2004-2007. *Diário Oficial do Estado de Minas Gerais*, Belo Horizonte, 20 de janeiro de 2004. Disponível em: <http://www.almg. gov.br/consulte/legislacao/completa/completa-nova-min.html?tipo=LEI&num=15033&c omp=&ano=2004&texto=consolidado#texto>. Acesso em: 2 nov. 2015.

MINAS GERAIS. Lei nº 17.710, de 8 de agosto de 2008. Dispõe sobre as diretrizes para a elaboração da Lei Orçamentária para o exercício financeiro de 2009 e dá outras providências. *Diário Oficial do Estado de Minas Gerais*, Belo Horizonte, 8 de agosto de 2008. Disponível em: <http://www.almg.gov.br/consulte/legislacao/completa/completa.htm

l?tipo=LEI&num=17710&comp=&ano=2008&aba=js_textoAtualizado#texto>. Acesso em: 1º nov. 2015.

MINAS GERAIS. Lei nº 18.313, de 6 de agosto de 2009. Dispõe sobre as diretrizes para a elaboração da lei orçamentária para o exercício financeiro de 2010 e dá outras providências. *Diário Oficial do Estado de Minas Gerais*, Belo Horizonte, 6 de novembro de 2009. Disponível em: <http://www.almg.gov.br/consulte/legislacao/completa/completa. html?tipo=LEI&num=18313&comp=&ano=2009&aba=js_textoAtualizado#texto>. Acesso em: 1º nov. 2015.

MINAS GERAIS. Lei nº 18.694, de 4 de janeiro de 2010. Dispõe sobre a revisão do Plano Plurianual de Ação Governamental – PPAG 2008-2011 –, para o exercício de 2010. *Diário Oficial do Estado de Minas Gerais*, Belo Horizonte, 4 de janeiro de 2010a. Disponível em: <http://www.almg.gov.br/consulte/legislacao/completa/completa-nova min.html?tipo =LEI&num=18694&comp=&ano=2010&texto=original#texto>. Acesso em: 2 nov. 2015.

MINAS GERAIS. Lei nº 19.099, de 9 de agosto de 2010. Dispõe sobre as diretrizes para a elaboração da lei orçamentária para o exercício financeiro de 2011 e dá outras providências. *Diário Oficial do Estado de Minas Gerais*, Belo Horizonte, 9 de agosto de 2010b. Disponível em: <http://www.almg.gov.br/consulte/legislacao/completa/completa. html?tipo=LEI&num=19099&comp=&ano=2010&aba=js_textoAtualizado#texto>. Acesso em: 1º nov. 2015.

MINAS GERAIS. Lei nº 19.417, de 3 de janeiro de 2011. Dispõe sobre a revisão do Plano Plurianual de Ação Governamental – PPAG 2008-2011 –, para o exercício de 2011. *Diário Oficial do Estado de Minas Gerais*, Belo Horizonte, 3 de janeiro de 2011. Disponível em: <http://www.almg.gov.br/consulte/legislacao/completa/completa.html?tipo=LEI&num= 19417&comp=&ano=2011&aba=js_textoOriginal#texto>. Acesso em: 2 nov. 2015.

MINAS GERAIS. Lei nº 20.626, de 17 de janeiro de 2013. Dispõe sobre a revisão do Plano Plurianual de Ação Governamental – PPAG – 2012-2015, para o exercício de 2013. *Diário Oficial do Estado de Minas Gerais*, Belo Horizonte, 17 de janeiro de 2013. Disponível em: http://www.almg.gov.br/consulte/legislacao/completa/completa-nova. min.html?tipo =LEI&num=20626&comp=&ano=2013&texto=original#texto>. Acesso em: 2 nov. 2015.

MINAS GERAIS. Lei nº 21.149, de 15 de janeiro de 2014. Dispõe sobre a revisão do Plano Plurianual de Ação Governamental – PPAG – 2012-2015, para o exercício de 2014. *Diário Oficial do Estado de Minas Gerais*, Belo Horizonte, 15 de janeiro de 2014. Disponível em: <http://www.almg.gov.br/consulte/legislacao/completa/completa-nova-min.html?tipo =LEI&num=21149&comp=&ano=2014&texto=original#texto>. Acesso em: 2 nov. 2015.

MINAS GERAIS. Lei nº 21.694, de 9 de abril de 2015. Dispõe sobre a revisão do Plano Plurianual de Ação Governamental – PPAG – 2012-2015, para o exercício 2015. *Diário Oficial do Estado de Minas Gerais*, Belo Horizonte, 9 de abril de 2015b. Disponível em: <http://www.almg.gov.br/consulte/legislacao/completa/completa-nova-min.html?tipo =LEI&num=21694&comp=&ano=2015&texto=original#texto>. Acesso em: 2 nov. 2015.

MINAS GERAIS. Resolução nº 5.117, de 13 de julho de 1992. Contém normas complementares ao regimento interno para a realização de audiências públicas regionais de comissão permanente da assembleia legislativa. *Diário Oficial do Estado de Minas Gerais*, Belo Horizonte, 13 de julho de 1992b. Disponível em: <http://www.almg.gov.br/consulte/ legislacao/completa/completa.html?tipo=RAL&num=5117&comp=&ano=1992&aba= js_textoAtualizado#texto>. Acesso em: 2 nov. 2015.

OLIVEIRA, Regis Fernandes de. *Responsabilidade fiscal*. 2. ed. rev. São Paulo: Revista dos Tribunais, 2002.

SAMPAIO, José Adércio Leite. *Teoria da Constituição e dos direitos fundamentais*. Belo Horizonte: Del Rey, 2013.

---

Informação bibliográfica deste livro, conforme a NBR 6023:2002 da Associação Brasileira de Normas Técnicas (ABNT):

FILHO, Gélson Mário Braga. Do exercício do controle social na gestão do orçamento público mineiro: apontamentos sobre a participação do cidadão na elaboração do plano mineiro de desenvolvimento integrado. In: FARIA, Edimur Ferreira de (Coord.). *Controle da Administração Pública Direta e Indireta e das concessões*: autocontrole, controle parlamentar, com o auxílio do Tribunal de Contas, controle pelo Judiciário e controle social. Belo Horizonte: Fórum, 2018. p. 237-260. ISBN 978-85-450-0472-1

CAPÍTULO 10

# O CONTROLE ADMINISTRATIVO E AMBIENTAL DA ATIVIDADE MINERÁRIA NO BRASIL: ASPECTOS ATUAIS E PERSPECTIVAS FUTURAS

KAROL ARAÚJO DURÇO

MARCOS P. ANJO COUTINHO

## 10.1 Introdução

A normatização da atividade minerária[1] e a estruturação da ordem ambiental[2] possuem dignidade constitucional no cenário jurídico brasileiro.

Diante da magnitude das matérias, são enfrentados, com razoável densidade na doutrina, os princípios jurídicos ambientais, a importância socioeconômica da atividade minerária e as premissas do desenvolvimento sustentável.

Inexistem dúvidas de que "[...] a poluição sonora, a poluição dos recursos hídricos, a alteração do solo com erosões voçorocas e assoreamentos, a mudança na qualidade do ar, da fauna, da vegetação e dos sítios arqueológicos"[3] sejam consequências frequentes dessa atividade.

---

[1] Arts. 20, IX; 21, XXV; 22, XII;174, §§3º e 4º; 176 e 177, I, todos da Constituição Federal. (BRASIL, 1988).

[2] Arts. 5º, XXIII, LXXI, LXXIII; art. 20, I, II, III etc.; arts. 21, XIX, X etc.; 22, IV, XI etc.; 23, I, III, IV etc.; 24, VI, VII etc.; 43, §2º, IV e §3º; 170, IV; 176 §§; 182,§§; 186; 225; 231; 232, todos da Constituição Federal. (BRASIL, 1988).

[3] SOARES, 2012, v. 1, p. 57.

Mas não se refuta a imprescindibilidade da mineração, sem a qual "[...] seria impossível a produção de alimentos, papel, roupas, carros, celulares e outros tão necessariamente importantes. Até mesmo a captação da água e da energia não seriam produzidas sem ela".[4]

O reconhecimento e a aceitação dessas circunstâncias, sugestivas, num primeiro momento, de paradoxo, constituem o que a doutrina chama de "força normativa dos fatos",[5] ao redimensionar a noção da indisponibilidade de direitos ambientais.[6]

Nesse sentido, tem prevalecido a ideia de se encontrar a melhor solução possível[7] para a recuperação dos danos provenientes da atividade minerária, usualmente incidentes sobre bens ambientais não renováveis, com o norte do desenvolvimento sustentável e da obediência aos comandos nucleares do ordenamento ambiental.

A par dos posicionamentos relativamente homogêneos no plano doutrinário sobre o valor do meio ambiente como base natural do próprio direito à vida, o histórico das práticas ambientais e minerárias brasileiras tem revelado exemplos de desrespeito pelo Estado e pela iniciativa privada à proteção ambiental, distante das soluções possíveis mais eficazes, não raro com a materialização de danos severos ao meio ambiente.[8]

Esses fatos, não se pode deslembrar, encontram campo propício em razão da própria realidade pujante da atividade minerária nacional, que está longe de representar mero fator de crescimento econômico, dificultando a aplicação rápida da fórmula que busca equacionar o problema, validando o "desenvolvimento harmonizado" e sacrificando as pretensões de "estrito crescimento econômico". Impropriedades fáticas e jurídicas são encontradas quando se busca vincular a atividade minerária apenas à ótica econômica.

Diante do quadro tão complexo e sem equações prontas, emerge a razão capital do controle da atividade minerária.

Com isso se quer dizer que o avançado arcabouço teórico-normativo ambiental brasileiro não sobrevive desguarnecido dos meios adequados de controle e da instrumentalização eficiente e democrática, mecanismos asseguratórios da eficácia social das normas.

---

[4]  SOARES, *loc. cit.*
[5]  ANTUNES, 2012, p. 79.
[6]  BRASIL, 2007b.
[7]  MILARÉ, 2001, p. 252.
[8]  No Estado de Minas Gerais, os acidentes ambientais ocorridos nas cidades de Miraí (2007) e Mariana (2015) são exemplos vivos.

E o desafio é considerável. A insinceridade normativa,[9] fenômeno deletério nacional, extravasa o campo meramente jurídico, sugerindo déficit sociocultural, ainda hoje a ser superado pelo fortalecimento democrático. O exame da estrutura de controle indica, sob muitos matizes, perigoso flerte com a ineficácia social normativa.

É por meio da crítica democrática dos mecanismos de controle[10] que se encontra o caminho para o aperfeiçoamento da atuação estatal, em bom combate ao temido caráter ficcional de normas jurídicas.

Vale sublinhar, finalmente, que não são desconhecidos os sistemas e as diversas classificações inerentes ao tema "controle da administração pública".

Respeitáveis vozes sistematizam o "controle" em político e administrativo.[11] O *controle político* é o controle do Estado baseado no equilíbrio entre os poderes, cuja essência foi gestada por Locke e Montesquieu, no período do Iluminismo – ligado, assim, tipicamente, aos mecanismos de freios e contrapesos direcionados aos poderes políticos. Já o *controle administrativo* propriamente dito abrangeria todos os demais segmentos estatais, relacionando-se com as instituições e os órgãos do Estado.

Harmoniosamente, Faria conceitua o controle administrativo como aquele "exercido pela Administração, em sentido lato, sobre os seus próprios órgãos, por meio de mecanismos e procedimentos estabelecidos por leis e regulamentos".[12]

O controle, ademais, pode ser classificado segundo variados ângulos de observação, a depender da natureza da atividade estatal controlada: do sujeito titular da competência, da natureza jurídica

---

[9] "Por mais de uma razão, determinada disposição constitucional deixa de ser cumprida. Em certos casos, ela se apresenta desde o primeiro momento irrealizável. De outras vezes, o próprio poder constituído impede sua concretização, por contrariar-lhe o interesse político. E, ainda, um preceito constitucional frustra-se em sua realização por obstáculos opostos por injunções de interesses de segmentos econômica e politicamente influentes [...] A Constituição transforma-se, assim, em um mito, um mero instrumento de dominação ideológica, repleta de promessas que não serão honradas [...] Captando esta realidade com amarga ironia, afirmou Celso Antônio Bandeira de Mello que, se um ser extraterrestre, dotado de inteligência, aportasse no Brasil e decidisse desvendar os usos e costumes nativos à luz da Constituição de 1969, especialmente no título 'Da Ordem Econômica e Social', ficaria surpreso e embevecido com o elevado padrão de civilização que logramos erigir". (BARROSO, 2003, p. 61, 64).

[10] ZYMLER, 2005, p. 33-40.

[11] CARVALHO FILHO, 2015, p. 973-974.

[12] FARIA, 2015, p. 618.

dos atos de controle, quanto à relação entre o titular e o destinatário do controle, quanto ao momento temporal de seu exercício ou, ainda, quanto à natureza da atividade controlada.[13]

Nesta pesquisa, entretanto, não se propõe ingressar em tais pontos teóricos. Por isso, ao se estruturar o trabalho em *controle administrativo e controle ambiental da atividade minerária* não se procurou qualquer contraproposta doutrinária. Não é almejada a instituição de teoria que justifique o *controle bipartido* da atividade minerária em *administrativo* e *ambiental*.

Antes, a divisão esboçada se presta tão somente à estruturação do artigo, para fins de exposição didática dos pensamentos centrais dos autores, cujo objetivo consiste no exame da organização jurídico--normativa disponibilizada pelo Estado brasileiro, em matéria ambiental e minerária, e o estudo da efetividade dos princípios e das regras que abraçam estas searas.

## 10.2 O controle administrativo da atividade minerária

Para melhor compreender o controle administrativo da atividade minerária, primeira parte do estudo, cumpre recordar o vínculo com o direito afeto aos recursos naturais. Tal direito relaciona-se aos recursos disponíveis na natureza e que possuem origem vegetal, mineral ou animal.

Nesse sentido, vale lembrar que a espécie humana busca os recursos naturais necessários para sua subsistência e desenvolvimento social na natureza. Dentre esses recursos, despontam-se os recursos minerais,[14] que são bens não renováveis e que estão cada vez mais presentes em quase todas as utilidades e serviços usados pelo homem.[15]

---

[13] JUSTEN FILHO, 2011, p. 1.100-1103.
[14] Na verdade, conforme destaca Poveda (2007), recursos minerais são recursos ambientais, conforme disposto no art. 3º, inciso V, da Lei nº 6.938, de 31 de agosto de 1981: "Entende-se por recursos ambientais a atmosfera, as águas interiores, superficiais e subterrâneas, os estuários, o mar territorial, o solo, o subsolo, os elementos da biosfera, a flora e a fauna".
[15] Nesse sentido são os ensinamentos de Ovalle: *Es un hecho conocido que el aprovechamiento de los minerales tiene una importancia trascendental para el desarrollo económico y social de los Estados modernos, cuya potencialidad industrial reconoce su origen en la utilización intensiva de recursos mineros. Las exigencias de niveles de vida cada vez más elevados, la incorporación al consumo de vastos conglomerados humanos y el vertiginoso desarrollo industrial, nos hacen mirar hacia un futuro en el cual la demanda por materias de origen mineral seguirá aumentando en forma acelerada.* (OVALLE, 2007, p. 12).

Ademais, a evolução da própria humanidade está relacionada à sua capacidade de descobrir, explorar e transformar recursos minerais do planeta. Ora, historicamente, associa-se o início do desenvolvimento da sociedade humana aos metais. Após a chamada Idade da Pedra, que perdurou até 6.500 anos atrás, a humanidade ingressou na denominada Idade dos Metais, que, por sua vez, divide-se em Idade do Cobre, Idade do Bronze e Idade do Ferro,[16] que representam profunda mudança no modo de vida da espécie humana, rumo à forma de vida moderna.

O direito minerário, que representa a base do controle administrativo sobre a atividade minerária, é ramo autônomo[17] do direito público, podendo ser definido como

> [...] o conjunto de normas jurídicas uniformes e autônomas, que regulam a ordem de captura, prospecção, pesquisa e exploração de depósitos minerais existentes no solo e no subsolo da crosta terrestre, no mar, nas margens continentais e no fundo do mar, qualquer que seja sua forma e condição física, seu beneficiamento, refino, comercialização e transporte, aquisição, conservação, transferência de propriedade e produtos de mineração.[18]

Por outro lado, conforme ensina Poveda,[19] o direito minerário deve ser considerado sobre dois aspectos: um objetivo, que diz respeito ao conjunto de normas jurídicas disciplinadoras da atividade minerária sobre os enfoques preventivo, corretivo e de fomento junto aos empreendimentos do setor; e como ciência, que se refere à busca do conhecimento sistematizado de normas e princípios ordenadores do aproveitamento dos recursos minerais de forma ética e racional.

Nesse sentido, o direito minerário é ramo autônomo do direito público, como já se afirmou, justamente porque possui princípios próprios

---

[16] NAVARRO, 2006, v. 1, p. 1-11.
[17] Existe certa discussão doutrinária sobre a autonomia do direito minerário. Para alguns autores, como Ayulo, (AYULO, 1983, p. 156), Aguillon, (AGUILLON, 1903, p. 167), Rocha e Lacerda, (ROCHA; LACERDA, 1983, p. 396), trata-se de um direito *sui generis*. Mas para a maior parte da doutrina, da qual podem ser mencionados Vivacqua, (VIVACQUA, 1942, p. 27), Martínez, (MARTÍNEZ, 1982, p. 1-2), Ramos, (RAMOS, 1994, p. 160) e, também, D'Anna, (D'ANNA, 1996, n. 32, p. 161), cuida-se realmente de ramo autônomo do direito, em especial por contar com princípios próprios.
[18] *[...] el conjunto de normas jurídicas uniformes y autónomas, que regulan el cateo, la prospección, la exploración, y explotación de los yacimientos minerales existentes en el suelo y subsuelo de la corteza terrestre, el mar, el margen continental y los fondos marinos, cualquiera que sea su forma y condición física; su beneficio, refinación, comercialización y transporte, y la adquisición, conservación, transmisión de la titularidad minera y sus productos.* (AYULO, 1985, p. 33).
[19] POVEDA, 2007, p. 238.

que, ademais interagem com os princípios do direito ambiental,[20] uma vez que o recurso mineral é parte integrante do bem ambiental.

Feitas essas considerações, busca-se compreender o controle administrativo da atividade minerária, em um primeiro momento, sob a ótica constitucional, uma vez que a Constituição é a base do sistema jurídico e também do direito minerário.

### 10.2.1 As disposições constitucionais sobre a produção mineral: o controle na ótica constitucional

O controle da atividade mineral sob a ótica constitucional é bastante consistente, pois existem diversos dispositivos da Lei Maior que cuidam do assunto. Cumpre sublinhar, porém, que o objetivo com o artigo não é esgotar o tema, mas apenas apresentar o panorama das principais disposições constitucionais sobre a questão, conforme se passa a expor.

Em primeiro lugar, o art. 20, inciso IX, da Constituição Federal de 1988 define a propriedade da União sobre os recursos minerais, fixando que tal direito também se estende àqueles recursos presentes no subsolo.[21]

Embora a propriedade dos recursos minerais seja da União Federal, define o §1º do mesmo artigo que é assegurada, nos termos da lei, aos Estados, ao Distrito Federal e aos Municípios, bem como a órgãos da Administração direta da União, participação no resultado da exploração de recursos minerais no respectivo território, plataforma continental, mar territorial ou zona econômica exclusiva.[22]

Por outro lado, na mesma ótica exclusivista do direito de propriedade, o art. 22 da Constituição Federal de 1988 atribuiu à União a competência privativa para legislar sobre jazidas, minas, outros recursos minerais e metalurgia.[23]

---

[20] Segundo Poveda (2007), analisando o art. 23 da Constituição Federal de 1998, percebe-se a interface da matéria ambiental com os recursos minerais. Nesse sentido, pode-se concluir que um empreendimento mineral deve ser avaliado dentro da ótica dos interesses difusos que, pela legislação brasileira, incluem tanto os aspectos ambientais, quanto os econômicos e sociais.

[21] Restam sob o domínio particular apenas as minas manifestadas por aqueles que sobre elas possuíam direito adquirido de propriedade em decorrência do regime atrelado à propriedade do solo (regime de acessão) que vigorou no Brasil de 1891 a 1934. (BRASIL, 1988).

[22] BRASIL, 1988.

[23] BRASIL, 1988.

O mesmo fato, porém, não ocorre em relação à fiscalização e ao controle desse setor. Nesse sentido, em dispositivo constitucional intimamente relacionado ao controle da atividade minerária, define o art. 23, inciso XI, do texto constitucional, que registrar, acompanhar e fiscalizar as concessões de direitos de pesquisa e exploração de recursos hídricos e minerais em seus territórios é de competência comum da União, dos Estados, do Distrito Federal e dos Municípios.[24]

Na mesma linha, demonstrando a tendência de ampliação para os demais entes federados de competência comum em relação ao controle da atividade minerária, define o art. 24 ser atribuição da União, dos Estados e do Distrito Federal legislar concorrentemente sobre defesa do solo e dos recursos naturais e proteção do meio ambiente,[25] em sentido amplo.

O direito minerário, em sua esfera de controle administrativo, também se sujeita ao art. 37 da Constituição Federal de 1988, uma vez que se trata de verdadeira pedra de toque do sistema administrativo no Brasil. Já em seu *caput*, o mencionado artigo estabelece o dever da administração em obedecer aos princípios da legalidade, da impessoalidade, da moralidade, da publicidade e da eficiência, trazendo, em seguida, todo rol de regras específicas sobre diversos temas, sendo tais princípios integralmente aplicáveis ao direito mineiro.[26]

Após o art. 37, o texto constitucional retoma o tema da exploração mineral no art. 176. Nesse dispositivo, específico sobre o assunto, é reafirmada a propriedade da União sobre os recursos minerais, sublinhando, ainda, que as jazidas, em lavra ou não, e os demais recursos minerais constituem propriedade distinta da do solo, para efeito de exploração ou aproveitamento, garantindo, ainda, ao concessionário, a propriedade do produto da lavra.[27]

No §1º do mesmo artigo, resta definido pela Constituição importante mecanismo de controle administrativo da atividade minerária. Segundo o texto, a pesquisa e a lavra de recursos minerais somente

---

[24] BRASIL, 1988.
[25] A Constituição Federal de 1988 não estabelece o conceito de meio ambiente. No entanto, a Lei nº 6.938/1981, que define a Política Nacional do Meio Ambiente, estabelece o conceito legal do termo em seu art. 3º, inciso I, segundo o qual se entende por "meio ambiente, o conjunto de condições, leis, influências, interações de ordem física, química e biológica, que permite, abriga e rege a vida em todas as suas formas". (BRASIL, 1981b); (BRASIL, 1988).
[26] BRASIL, 1988.
[27] BRASIL, 1988.

poderão ser efetuados mediante autorização ou concessão da União, no interesse nacional, por brasileiros ou empresa constituída sob as leis brasileiras e que tenha sua sede e administração no País.

Ademais, embora o *caput* do art. 176 deixe clara a distinção da propriedade dos recursos minerais e do solo, por questão de justiça, o §2º garante a participação ao proprietário do solo nos resultados da lavra, na forma e no valor que dispuser a lei.

Por fim, o §3º, também do art. 176, define ser sempre por prazo determinado as autorizações de pesquisas e veda transferência, total ou parcial, de qualquer autorização ou concessão, sem prévia anuência do poder concedente.[28]

Cumpre ressaltar, ainda, que as disposições constitucionais sobre o meio ambiente e a proteção ambiental também se relacionam à produção mineral, haja vista que não existe nenhum tipo de exploração mineral que não passe por licenciamento ambiental.

Nesse sentido, o art. 225 da Constituição garante a todos o direito ao meio ambiente ecologicamente equilibrado, impondo ao Poder Público e à coletividade o dever de defendê-lo e preservá-lo. O §2º do mesmo artigo ainda trouxe a regra de que a exploração dos recursos minerais acarreta o dever de recuperar o meio ambiente degradado e o §3º ressaltou que as condutas e atividades consideradas lesivas ao meio ambiente sujeitarão os infratores, pessoas físicas ou jurídicas, a sanções penais e administrativas, independentemente da obrigação de reparar os danos causados.[29]

Portanto, resta evidente o amplo controle da atividade minerária pela ótica constitucional que define as bases jurídicas dessa atividade, em especial atribuindo à União Federal o papel de promover qualquer autorização ou concessão em matéria minerária. Contudo, e isso também é ponto de destaque, o controle da atividade não fica restrito à União. Ao contrário, o texto constitucional deixa expressa a competência comum dos demais entes federados em fiscalizar a atividade, tanto sob a ótica de direito minerário, *strictu sensu*, quanto pela fiscalização ambiental pertinente.

---

[28] BRASIL, 1988.
[29] BRASIL, 1988.

## 10.2.2 O atual código de Mineração: Lei nº 227/1967: principais barreiras ao controle efetivo

Apresentado o panorama do controle constitucional, no campo infraconstitucional, o principal diploma normativo sobre o tema afeto à mineração é o Código de Mineração, instituído pela Lei nº 227, de 28 de fevereiro de 1967.[30]

O referido Código, elaborado à época tendo como base a política desenvolvimentista, revogou o antigo Código de Minas de 1940 e disciplinou a atividade especificando a maneira como se realiza a pesquisa e a lavra de bens minerais. No Código, foram definidos conceitos centrais do setor mineral, como pesquisa mineral, jazida e classificação das jazidas, bem como a maneira de realizar relatórios e de se dirigir aos órgãos púbicos fiscalizadores.

No entanto, a teor da lição de Camelo,[31] o Código de Mineração sofreu, ao longo do tempo, diversas adaptações pelas quais foram acrescentadas, alteradas e complementadas suas disposições – por exemplo, o Decreto-Lei nº 318, de 14 de março de 1967,[32] e as Leis nº 6.403, de 15 de dezembro de 1976;[33] nº 6.567, de 24 de setembro de 1978;[34] nº 7.085, de 21 de dezembro de 1982;[35] nº 7.805, de 18 de julho de 1989;[36] nº 7.886, de 20 de novembro de 1989;[37] nº 8.876, de 2 de maio de 1994;[38] nº 8.901, de 30 de junho de 1994;[39] nº 8.982, de 24 de janeiro de 1995;[40] nº 9.314, de 14 de novembro de 1996;[41] nº 9.827, de 27 de agosto de 1999;[42] e o Decreto nº 3.358, de 2 de fevereiro de 2000.[43]

Contudo, ainda que tenha passado por substanciais modificações, em especial em 1996, por meio da Lei nº 9.314/1996,[44] fato é que

---

[30] BRASIL, 1967a.
[31] CAMELO, 2006, p. 107.
[32] BRASIL, 1967b.
[33] BRASIL, 1976.
[34] BRASIL, 1978.
[35] BRASIL, 1982.
[36] BRASIL, 1989b.
[37] BRASIL, 1989c.
[38] BRASIL, 1994d.
[39] BRASIL, 1994e.
[40] BRASIL, 1995a.
[41] BRASIL, 1996.
[42] BRASIL, 1999.
[43] BRASIL, 2000.
[44] BRASIL, 1996.

o Código de Mineração em vigor estabelece sistema de outorga que não mais reflete as condições político-administrativas atuais, motivo pelo qual precisa ser modernizado. O sistema de outorga vigente não vem se mostrando apto a atender às demandas da sociedade quanto à evolução e à efetividade dos empreendimentos mineiros, sendo certo que os empreendedores estão, ao longo das últimas décadas, submetidos a exigências documentais e burocráticas que resultaram em adiamentos, entraves e, muitas vezes, em não atendimento às reais necessidades do País.

Nesse sentido, no sistema atual, embora os minerais sejam propriedade da União, não é ela que faz qualquer oferta desses bens aos particulares interessados. Na verdade, o particular é quem procura o poder público para obter qualquer direito na esfera minerária e, com base nesses pedidos, ou a União os concede ou os nega, em procedimentos que se arrastam por anos, mantendo as respectivas áreas oneradas até a apreciação final. Não existe, no atual modelo, nenhuma forma de concorrência ou mesmo participação de outros interessados na obtenção de direitos minerários, com exceção das hipóteses em que ocorre a caducidade ou a perda do direito de prioridade anteriormente concedido.[45]

Ademais, o atual sistema de oneração individual e exclusiva de áreas, promove verdadeiro entrave à mineração no País, em especial diante do fato de que determinada área permanece afetada ou onerada, por anos, a custo irrisório para o solicitante e sem qualquer punição efetiva pelo seu não aproveitamento real.

### 10.2.2.1 As formas de outorga de direitos minerários do atual Código de Mineração

Nessa sistemática quase exclusiva de busca do particular pela concessão de direito minerário, o atual sistema prevê cinco formas

---

[45] Quanto ao ponto, interessante é a lição de Serra, que apresenta as diferenças entre áreas livres e as áreas disponíveis: "Tanto a área livre, quanto a área em disponibilidade são áreas que não estão oneradas, que quer dizer, em linhas gerais, que não estão vinculadas a qualquer direito minerário ou a seu requerimento. [...] A diferença, no entanto, entre área livre e área disponível é que, naquela, quem primeiro requerer, nos termos legais, o direito minerário terá direito a ele; já nesta, abre-se um processo licitatório e quem melhor satisfazer os interesses do setor minerário é quem obterá o direito minerário. [...] Se o requerimento objetivar recurso mineral em área livre, o critério de escolha do requerente será o da precedência do requerimento. Se, por outro lado, o recurso mineral situar-se em área em disponibilidade, o critério de escolha será o de melhor técnica". (SERRA, 2000, p. 61-62-63).

para obtenção desses direitos, quais sejam: 1) regime de autorização de pesquisa; 2) regime de concessão de lavra; 3) regime de licenciamento mineral; 4) regime de permissão de lavras garimpeiras; e 5) regime especial.

A autorização de pesquisa, que se dá por requerimento do interessado, não envolve propriamente o regime de aproveitamento dos recursos minerais, mas, como o próprio nome indica, refere-se à realização de trabalhos necessários à definição de jazidas, verificando sua viabilidade técnica e econômica.[46]

A pesquisa envolve, portanto, trabalhos de campo e de laboratório, sendo, dentre eles, os mais comuns: escavações, afloramentos e correlações; sondagens no corpo mineral; levantamentos geofísicos e geoquímicos; levantamentos geológicos detalhados; análises físicas e químicas de amostras e das substâncias minerais úteis, tudo a fim de verificar a viabilidade da lavra e a adequação dos materiais às especificações industriais.

Ainda quanto à pesquisa, é bom recordar que, ao final, o empreendedor tem que apresentar o relatório de pesquisa à Agência Nacional de Mineração (ANM) (até dezembro de 2017 tal relatório era apresentado ao extinto Departamento Nacional da Produção Mineral (DNPM)) e, se aprovado, terá um ano, prorrogável por igual período, para requerer a concessão de lavra.

A concessão de lavra, por sua vez, busca o aproveitamento mineral. Segundo o art. 36 do Código, considera-se lavra o conjunto de operações coordenadas objetivando o aproveitamento industrial da jazida, desde a extração das substâncias minerais úteis que contiver, até o beneficiamento delas.

Assim como ocorre com a pesquisa, na concessão de lavra, é o particular que tem a iniciativa de requerer esse direito ao Poder Público. Ademais, na forma do art. 37 do Código de Minas, a jazida deve estar pesquisada e com relatório aprovado pela ANM, sendo que sua concessão depende de portaria do Ministro de Minas e Energia (art. 43) e exige apresentação de Plano de Aproveitamento Econômico

---

[46] Embora o objetivo desta pesquisa não seja a extração, vale sublinhar que art. 22, §2º, do Código de Mineração, dispõe que será admitida a extração da substância mineral pesquisada em caráter excepcional, mediante prévia autorização do DNPM, observada a legislação pertinente. Esta autorização ocorre mediante "guias de utilização" expedidas pelo DNPM, usualmente requeridas pelo pesquisador para que possa arcar com as despesas da pesquisa. (BRASIL, 1967a).

da Jazida (PAE) e Relatórios Anuais de Lavra (RAL), dentre várias outras exigências, na forma do art. 47 do Código.

Além da concessão de lavra, tem-se o licenciamento mineral, que é disciplinado pela Lei nº 6.567, de 24 de setembro de 1978,[47] ao qual se aplica, também, o Código de Mineração. Tal regime é forma simplificada de lavra, restrita a áreas de, no máximo, 50 hectares e, nos termos do art. 1º da Lei, permite o aproveitamento das

> I – areias, cascalhos e saibros para utilização imediata na construção civil, no preparo de agregados e argamassas, desde que não sejam submetidos a processo industrial de beneficiamento, nem se destinem como matéria-prima à indústria de transformação;
> 
> II – rochas e outras substâncias minerais, quando aparelhadas para paralelepípedos, guias, sarjetas, moirões e afins;
> 
> III – argilas usadas no fabrico de cerâmica vermelha;
> 
> IV – rochas, quando britadas para uso imediato na construção civil e os calcários empregados como corretivo de solo na agricultura.[48]

Ademais, o licenciamento, que também depende de iniciativa do particular mediante requerimento, é facultado, exclusivamente, ao proprietário do solo ou a quem dele tiver expressa autorização (art. 2º), dependendo, ainda, da obtenção de licença específica expedida pela autoridade administrativa local, no município de situação da jazida, além do competente registro na ANM (art. 3º).

Outra forma de aproveitamento de substâncias minerais é o regime de permissão de lavra garimpeira. Segundo o art. 70 do Código de Mineração, garimpagem é o trabalho individual de quem utiliza instrumentos rudimentares, aparelhos manuais ou máquinas simples e portáveis, na extração de pedras preciosas, semipreciosas e minerais metálicos ou não metálicos, valiosos, em depósitos de eluvião, ou aluvião, nos álveos de cursos d'água ou nas margens reservadas, bem como nos depósitos secundários ou chapadas (grupiaras), vertentes e altos de morros; depósitos esses genericamente denominados garimpos.[49]

Por sua vez, conforme o art. 71, "ao trabalhador que extrai substâncias minerais úteis, por processo rudimentar e individual de

---

[47] BRASIL, 1978.
[48] BRASIL, 1978.
[49] BRASIL, 1967a.

mineração, garimpagem, faiscação ou cata, denomina-se, genericamente, garimpeiro".[50]

A garimpagem depende da permissão do Governo Federal, que é a matrícula do garimpeiro, renovada anualmente e válida em região específica. Segundo o Código, as permissões de garimpagem dependem de consentimento prévio do proprietário do solo, sendo vedada a garimpagem em áreas objeto de autorização de pesquisa ou concessão de lavra.

E, por fim, na forma do art. 76, poderão ser delimitadas determinadas áreas nas quais o aproveitamento de substâncias minerais ocorrerá exclusivamente por trabalhos de garimpagem, faiscação ou cata, atendendo aos interesses do setor minerário e por portaria do Ministro de Minas e Energia, sendo possível, ainda, por motivo de ordem pública, ou em se verificando malbaratamento de determinada riqueza mineral, ocorrer o fechamento de certas áreas (art. 78).[51]

Existem, ademais, como forma de outorga de direitos minerários, os denominados regimes especiais, que envolvem todos os recursos minerais, cujo aproveitamento é regulado por leis especiais, excluindo a aplicação do Código de Mineração.

Conforme art. 10 do Código, reger-se-ão por leis especiais:

I – as jazidas de substâncias minerais que constituem monopólio estatal;

II – as substâncias minerais ou fósseis de interesse arqueológico;

III – os espécimes minerais ou fósseis, destinados a Museus, Estabelecimentos de Ensino e outros fins científicos;

IV – as águas minerais em fase de lavra;

V – as jazidas de águas subterrâneas.[52]

Tais regimes especiais, porém, não serão objeto de investigação deste estudo, dados os limites definidos para a pesquisa.

Tratados em linhas gerais os principais aspectos do Código de Mineração e as formas de outorga de direitos minerais no atual sistema de controle brasileiro, passa-se, no próximo item, à compreensão do esquema institucional que envolve o controle administrativo da atividade minerária.

---

[50] BRASIL, 1967a.
[51] BRASIL, 1967a.
[52] BRASIL, 1967a.

### 10.2.3 O Ministério de Minas e Energia (MME), a Secretaria de Geologia, Mineração e Transformação Mineral (SGM), o extinto Departamento Nacional de Produção Mineral (DNPM) e a Agência Nacional de Mineração (ANM): *órgãos* de controle administrativo

Do ponto de vista institucional, conforme o sistema atual de controle administrativo da atividade minerária, até dezembro de 2017, competia ao DNPM fiscalizar o empreendimento mineiro e executar as diretrizes previstas pelo atual Código de Mineração. Tal atribuição foi transferida à Agência Nacional de Mineração (ANM), criada pela Lei nº 13.575, de 26 de dezembro de 2017, após conversão da Medida Provisória nº 791, de 25 de julho de 2017.

Contudo, voltando no tempo, é bom recordar que em 1907, ainda durante a República Velha, foi criado o Serviço Geológico e Mineralógico do Brasil, à época, vinculado ao Ministério da Indústria, Viação e Obras Públicas.

Posteriormente, em 1933, já no governo de Getúlio Vargas, foi criada a Diretoria Geral de Pesquisas Científicas, vinculada ao Ministério da Agricultura e que era subordinada ao Serviço Geológico e Mineralógico. No ano seguinte, em 1934, essa Diretoria Geral foi extinta, sendo substituída pelo DNPM, que foi criado pelo Decreto nº 23.979, de 8 de março de 1934,[53] sendo inicialmente também vinculado ao Ministério da Agricultura.

Já em 1960, quando foi criado o MME, o DNPM foi-lhe incorporado e, por fim, em 1994, após a edição da Lei nº 8.876/1994,[54] o DNPM foi transformado em autarquia por meio do Decreto nº 1.324, de 2 de dezembro de 1994,[55] sendo dotado de personalidade jurídica de direito público, com autonomia patrimonial, administrativa e financeira, com sede e foro em Brasília, Distrito Federal, e circunscrição em todo o território nacional.

Não obstante, com a edição da mencionada Lei nº 13.575/2017, foi extinto o DNPM e criada a ANM que, nos termos do artigo primeiro, é submetida ao regime autárquico especial e vinculada ao Ministério de Minas e Energia. Essa mesma Lei definiu, em seu art. 2º, qual seria

---

[53] BRASIL, 1934.
[54] BRASIL, 1994d.
[55] BRASIL, 1994c.

sua competência "[...] promover a gestão dos recursos minerais da União, bem como a regulação e a fiscalização das atividades para o aproveitamento dos recursos minerais no País".[56]

Ademais, nos incisos I a XXXVII desse mesmo artigo, tais atribuições básicas, definidas pelo *caput*, ainda são mais bem detalhadas e especificadas.

Quanto ao Ministério de Minas e Energia, atualmente sua função é definida pela Lei nº 10.683, de 28 de maio de 2003,[57] que dispõe sobre a organização da Presidência da República e dos Ministérios. Conforme o art. 27 da mencionada Lei, ao Ministério compete as áreas de geologia, recursos minerais e energéticos; aproveitamento da energia hidráulica; mineração e metalurgia; petróleo, combustível e energia elétrica, inclusive nuclear.

Por sua vez, a estrutura do Ministério de Minas e Energia foi criada pelo Decreto nº 7.798, de 12 de setembro de 2012,[58] e mantida pelo Decreto nº 8.871, de 6 de outubro de 2016,[59] que revogou aquele diploma normativo, à *Secretaria de Geologia, Mineração e Transformação Mineral (SGM), a qual, nos termos do art. 29 deste último Decreto, atualmente em vigor, compete, dentre outros assuntos:* implementar, orientar e coordenar as políticas para geologia, mineração e transformação mineral; coordenar os estudos de planejamento setoriais, e propor ações para o desenvolvimento sustentável da mineração e da transformação mineral.

Contudo, malgrado o extenso rol de funções atribuídas à SGM pelo Decreto que a criou, na prática, era o DNPM e agora será a ANM que realizará todos os procedimentos afetos à atividade minerária, sendo, em verdade, o órgão de referência para todo o setor mineral do País, tanto do ponto de vista de gerenciamento de direitos minerários, quanto de fiscalização da atividade.

Os títulos de lavra, licenciamento, pesquisa ou quaisquer outros títulos minerários, portanto, somente podem ser executados mediante autorização ou concessão da ANM, responsável por promover o planejamento e o fomento da exploração mineral e o aproveitamento dos recursos minerais, bem como por assegurar, controlar e fiscalizar o exercício das atividades de mineração em todo o território nacional.

---

[56] BRASIL, 2017.
[57] BRASIL, 2003.
[58] BRASIL, 2012a.
[59] BRASIL, 2016.

## 10.2.4 O Projeto de Lei nº 5.807/2013: Proposta do Novo Código de Mineração

Na proposta do Novo Código de Mineração, hoje representada pelo Projeto de Lei nº 5.807, de 19 de junho de 2013,[60] o legislador pretende promover profundas mudanças no direito minerário brasileiro, adequando-o ao modelo de gestão mais moderno e mais eficiente dos recursos minerais.

Uma primeira proposta do Projeto, acabou sendo implementada por meio da já mencionada Medida Provisória nº 791/2017, convertida na Lei nº 13.575/2017, que promoveu uma mudança institucional no âmbito do Poder Executivo Federal. Nesse sentido, assim como pretendia o Projeto do Novo Código, saiu de cena o DNPM, que foi extinto, sendo criada a Agência Nacional de Mineração (ANM), embora não tenha sido criado o Conselho Nacional de Política Mineral (CNPM), que também é pretensão do Projeto do Novo Código.

O CNPM, órgão de assessoramento superior do Presidente da República, seria responsável pela formulação da política para geologia e recursos minerais do País, tendo as demais atribuições definidas pelo art. 22 do Projeto de Lei.

A ANM foi criada nos moldes definidos pelo Projeto, na medida em que adotou a forma de autarquia de natureza especial, dotada de autonomia administrativa e financeira, patrimônio próprio, vinculada ao Ministério de Minas e Energia, com sede e foro no Distrito Federal e atuação em todo o território nacional. Sua pretensão é levar o setor minerário para o modelo de regulação por agência. Tal modelo, copiado do sistema norte-americano de regulação, vem sendo adotado no Brasil desde o final da década de 1990, e já se encontra implementado em diversos setores sujeitos ao controle estatal, como ocorre com os setores de energia elétrica (Aneel), de petróleo, gás natural e biocombustíveis (ANP) telecomunicações (Anatel), energia elétrica (Anell), transporte terrestre (ANTT), transporte aquaviário (Antaq), etc.

A ANM substituiu as funções exercidas pelo DNPM, órgão criado em 1934, vinculado ao Ministério de Minas e Energia, relativas à fiscalização das atividades de mineração e execução da política mineral. Ademais, a ANM passou a ser a instituição responsável também por estabelecer os requisitos técnicos, jurídicos, financeiros e econômicos a serem atendidos pelos interessados para a obtenção de autorização

---

[60] BRASIL, 2013a.

ou de concessão, observadas as diretrizes do Poder Concedente. Não há que se falar, porém, em promover as licitações e chamadas públicas para outorgas de direitos minerários, vez que tais instrumentos de concessão não foram instituídos, dependendo de aprovação do novo Código de Mineração. Do mesmo modo, não há que se falar em prestar apoio técnico ao CNPM que não foi criado. De qualquer forma, no exercício de suas funções regulatórias, a ANM estabelecerá normas e padrões para o aproveitamento dos recursos minerais, além de regular e autorizar a execução de serviços de geologia e geofísica aplicados à atividade de mineração, estimulando a competitividade entre os agentes e promovendo o maior grau de agregação de valor ao produto mineral.

Em síntese, a ideia é de adoção do modelo institucional mais eficiente, à medida que a Agência contar com real autonomia dos seus dirigentes, que seriam investidos de mandatos estáveis, com prazos determinados e não coincidentes, o que, em todo caso, só ocorrerá a partir de 2.021, já que nos termos do art. 33, da Lei nº 13.575/2017, a primeira gestão será por nomeação pelo Presidente da República.

Por outro lado, a proposta de inovação do Projeto de Código, que se refere ao melhor controle e democratização do setor minerário, relaciona-se a nova sistemática de acesso aos direitos minerários e regimes de aproveitamento, o que não foi contemplado pela Medida Provisória nº 791/2017.

A proposta de regulação dos direitos de concessão dos recursos minerais, com características típicas de mercado, quando vier a ser aprovada, certamente proporcionará ambiente propício para o aumento dos investimentos nas atividades de mineração. Isso porque, em primeiro lugar, para as áreas definidas pelo Conselho Nacional de Política Mineral (§1º, art. 4º), a concessão de direitos minerários terá prévio procedimento licitatório e assinatura de contratos de concessão, nos termos dos arts. 10 a 16 do Projeto de Lei.[61]

Portanto, a União, por meio da ANM, passará a ofertar a todo e qualquer interessado, os recursos minerais de sua propriedade, em vez de esperar a iniciativa individual dos particulares em solicitarem a outorga de direitos. Até que isso ocorra, na realidade, a criação da Agência trará pouco impacto em relação ao que era realizado pelo extinto DNPM.

Além disso, o acesso às demais áreas, não definidas pelo Conselho como sujeitas a Licitação, ocorrerá por meio de Chamada Pública

---

61 BRASIL, 2013a.

(§2º, art. 4º), que é espécie simplificada de procedimento licitatório, sendo regulada pelo art. 12 do Projeto de Lei.[62] Ademais, a pesquisa e a lavra de minérios serão acessíveis a brasileiros e pessoas jurídicas, no conceito de organização empresarial, afastando a possibilidade de pessoas físicas como outorgados, conforme se percebe pela redação de seus arts. 6º, §2º e 13.[63]

Será também revogado pelo novo Código o Regime de Licenciamento, estabelecido pela Lei nº 6.567, de 24 de setembro de 1978,[64] já que se pretende criar outro regime para a lavra de minérios destinados ao emprego imediato na construção civil, rochas ornamentais, água mineral e minérios empregados como corretivo de solo na agricultura, podendo o CNPM propor o aproveitamento de outros minérios por essa sistemática, tudo conforme §§3º e 4º, do art. 4º. Esse novo regime é o da autorização, mediante requerimento do interessado e celebração de termo de adesão, sistema que certamente simplificará o atual modelo de licenciamento existente, nos termos do que definem os arts. 17 e 18 do Projeto de Lei.[65]

Interessante disposição fica a cargo do art. 21 do Projeto de Lei, segundo o qual, em caso de coexistência de recursos naturais submetidos a regimes jurídicos distintos, o poder concedente definirá as condições para sua exploração simultânea, se for possível. Tal disposição legal certamente permitirá melhor aproveitamento dos recursos minerais e maior democratização e participação dos empreendedores em áreas já ocupadas, contribuindo, significativamente, para a concorrência e o dinamismo no setor minerário.

Sob outro enfoque, com especial propósito de coibir práticas especulativas que têm comprometido o setor minerário, principalmente por restringir a concorrência, o Projeto de Lei mantém a exigência de pagamento pelos titulares de direitos minerários de taxa por ocupação e retenção de área, na forma do art. 39. Além disso, com o objetivo de incentivar os empreendedores e dificultar a ação de especuladores, no Projeto de Lei estipula-se que será exigida a realização de investimentos mínimos na área durante a fase de pesquisa por parte do requerente de direito minerário, observadas as melhores práticas da indústria da mineração, nos termos do art. 14, inciso XII.[66]

---

[62] BRASIL, 2013a.
[63] BRASIL, 2013a.
[64] BRASIL, 1978.
[65] BRASIL, 2013a.
[66] BRASIL, 2013a.

Outro ponto de destaque do projeto, que pretende evitar conflitos entre o minerador e o proprietário do solo, diz respeito às regras pretendidas para sua relação. No projeto, ao mesmo tempo que se preservam os direitos reconhecidos na legislação ao dono da terra (renda pela ocupação do terreno, indenização por danos e participação nos resultados), busca-se diminuir a interferência dessas relações na execução das atividades de exploração e de produção de bens minerais, tudo conforme os arts. 23, inciso VIII, e 40 do Projeto.[67]

O Projeto de Código pretende, igualmente, aprimorar a forma de arrecadação da Compensação Financeira pela Exploração de Recursos Minerais (CFEM), nos termos dos seus arts. 35 e seguintes. Visa implantar o sistema mais transparente e eficiente de recolhimento tributário tanto do ponto de vista do órgão responsável pela arrecadação, quanto do empreendedor sujeito ao pagamento. Representa, portanto, evolução em relação às Leis nº 7.990, de 28 de dezembro de 1989,[68] e nº 8.001, de 13 de março de 1990,[69] que atualmente a regulamentam. A proposta é de mudança tanto de sua base de cálculo, quanto de suas alíquotas. Quanto à base de cálculo, passaria a ser a receita bruta das vendas, deduzidos os demais tributos incidentes sobre a comercialização, o que afastaria o atual modelo baseado na estrutura de custo dos empreendimentos. Já em relação às alíquotas, a ideia é que sejam especificadas pelo Poder Concedente para cada bem mineral a partir de critérios objetivos que reflitam as características específicas de cada cadeia produtiva de bens minerais, considerando o limite máximo de 4% (quatro por cento).

## 10.3 O controle ambiental da atividade minerária

Abordado o controle administrativo da atividade minerária, nos limites do estudo sucinto, passa-se à investigação do controle ambiental.

No capítulo em questão objetiva-se expor e discutir o sistema jurídico que dá o contorno substancial do direito ambiental e organiza o Estado de modo a *vigiar, orientar* e *corrigir*[70] a si próprio e a todos os atores envolvidos na complexa questão relacionada à atividade minerária.

---

[67] BRASIL, 2013a.
[68] BRASIL 1989d.
[69] BRASIL, 1990c.
[70] GASPARINI, 2011, p. 1.025.

## 10.3.1 As disposições Constitucionais sobre o controle ambiental

A Carta de 1988, segundo entendimento majoritário, foi a primeira a conferir ao direito ambiental o real *status* de direito constitucional, dedicando inúmeros dispositivos esparsos e um capítulo específico ao tema, em sintonia com os paradigmas de preocupação com o desenvolvimento sustentável, a dignidade humana e os projetos de boa vida, propiciando sensíveis avanços na interpretação e aplicação desse direito de terceira dimensão ou geração.

Como se sabe, os

> constituintes anteriores a 1988 não se preocuparam com a conservação dos recursos naturais ou com a sua utilização racional. Na verdade, o meio ambiente não existia como um conceito jurídico merecedor de tutela autônoma, coisa que só veio a ocorrer após a edição de Lei de Política Nacional do Meio Ambiente, em 1981.[71]

A Constituição trouxe princípios fundamentais e setoriais que influenciam a "vigília" estatal relativa ao mister de controle da atividade minerária, concentrando-se, em tais pontos, o interesse geral da pesquisa. Nessa linha, não serão examinados todos os princípios constitucionais, mas apenas os vetores que melhor se harmonizam com o controle ambiental.

Inicialmente, o princípio fundamental da dignidade da pessoa humana (art. 1º, III) pode ser compreendido como norteador do Poder Público nessa tarefa.

Segundo Antunes, o

> [...] direito estabelecido pelo artigo 225 da Constituição encontra como um de seus fundamentos o princípio da dignidade da pessoa humana e nele encontra justificativa final. [...] O reconhecimento internacional do princípio da dignidade da pessoa humana encontra guarida, por exemplo, nos princípios 1 e 2 da Declaração de Estocolmo, proclamada em 1972, sendo posteriormente reafirmado pela Declaração do Rio, proferida na Conferência das Nações Unidas sobre Meio Ambiente e Desenvolvimento, Rio 92; 'Princípio 1 – Os seres humanos constituem o centro das preocupações relacionadas com o desenvolvimento sustentável. Têm direito a uma vida saudável e produtiva em harmonia com o meio ambiente.[72]

---

[71] ANTUNES, 2012, p. 61-62.
[72] *Ibidem*, p. 23, 25.

Trata-se a dignidade da pessoa humana do alicerce maior do Estado Democrático de Direito, que abraça todos os demais fundamentos vinculados ao desenvolvimento sustentável e à qualidade de vida. Integra, necessariamente, a construção do discurso mais profundo referente à defesa ambiental e ao seu controle.

O princípio democrático (art. 1º, *caput*, e parágrafo único) molda o sistema de controle administrativo, dele decorrendo importantes vetores e instrumentos de fiscalização interna e externa, como o dever de informação (art. 5º, XXXIII); o direito de petição (art. 5º, XXIV); a exigência do estudo prévio de impacto ambiental (art. 225, IV, §1º), que deve ser público, submetendo-se à audiência pública. Finalmente, as ações populares (art. 5º, LXXIII), civis públicas (art. 129, III), ADIs, ADCs, e ADPFs (arts. 102, I, "a", §1º e 103) também são classificadas como ações judiciais fundadas no princípio democrático.[73]

Noutro giro, o princípio do desenvolvimento – para um segmento da doutrina ambiental, examinado apenas sob o ângulo do princípio do desenvolvimento sustentável; para outros, visto sob o matiz do princípio do acesso equitativo aos recursos naturais ou, ainda, na ótica minerária, como o princípio da exploração sustentada – tem peso axiológico, gravando em tons fortes o ideal dos projetos de boa vida inerentes ao constitucionalismo pós-positivista, *verbis*:

> O grau maior de proteção ambiental é uma razão direta do maior nível de bem-estar social e renda da população. Por isso as principais declarações internacionais sobre meio ambiente sempre enfatizam a necessidade de desenvolvimento econômico, o qual deverá ser sustentável. Nesse particular, é bem significativo o chamado *Relatório Brundtland*, do que destaco a seguinte passagem: 'Mas isto não basta. A administração do meio ambiente e a manutenção do desenvolvimento impõem sérios problemas a todos os países. Meio ambiente e desenvolvimento não constituem desafios separados; estão inevitavelmente interligados. O desenvolvimento não se mantém se a base de recursos ambientais se deteriora; o meio ambiente não pode ser protegido se o crescimento não leva em conta as consequências da destruição ambiental. Esses problemas não podem ser tratados separadamente por instituições e políticas fragmentadas. Eles fazem parte de um sistema complexo de causa e efeito'. [...] O Brasil é signatário da *Declaração sobre Direito ao Desenvolvimento* que, no §1º do artigo 1º, dispõe: 'O direito ao desenvolvimento é um direito humano inalienável, em virtude do qual toda pessoa e todos os povos estão habilitados a participar do desenvolvimento

---

[73] ANTUNES, 2012, p. 27-30.

econômico, social, cultural e político, a ele contribuir e dele desfrutar, no qual todos os direitos humanos e liberdades fundamentais possam ser plenamente realizados'.[74]

O desenvolvimento sustentável ou sustentado representa a consequência do desenvolvimento econômico ponderado. Além da normatização contida na Declaração sobre Direito ao Desenvolvimento,[75] há previsão constitucional nos arts. 170, VI, e 225, *caput*, da Carta Política,[76] sendo norma relevante na compreensão da atividade econômica e dos recursos ambientais.

É diretriz para a união entre a necessidade humana de desenvolvimento, portanto, o direito humano ao desenvolvimento em si e o zelo ao meio ambiente, configurando o sistema normativo infraconstitucional, notadamente o art. 2º,[77] da Lei da Política Nacional do Meio Ambiente (PNMA) – Lei nº 6.938, de 31 de agosto de 1981, e o art. 3º,[78] II, da Lei Complementar nº 140, de 8 de dezembro de 2011.[79]

Na abordagem de princípios com densa carga ética, aparece também o princípio da não regressão ou da vedação do retrocesso. Corolário do princípio da segurança jurídica funciona como vetor do Estado de Direito. Os Poderes são limitados, essência do próprio constitucionalismo moderno. Sendo limitados, não podem sobrepor-se a direitos fundamentais estruturantes do Estado de Direito. Trata-se, assim, de princípio com lastro constitucional; um princípio reconhecido, embora não expresso.

Nesse sentido, o controle ambiental da atividade minerária passa pela necessária obediência dos poderes aos conteúdos fundamentais instituídos pela Constituição. O Estado de Direito, pode-se afirmar, impõe a conclusão de que a "segurança ambiental estabelecida" seja

---

[74] *Ibidem*, p. 25-26.
[75] ONU, 1986.
[76] BRASIL, 1988.
[77] "Art. 2º. A Política Nacional do Meio Ambiente tem por objetivo a preservação, a melhoria e a recuperação da qualidade ambiental propícia à vida, visando assegurar, no País, condições ao desenvolvimento socioeconômico, aos interesses da segurança nacional e à proteção da dignidade da vida humana". (BRASIL, 1981b).
[78] "Art. 3º Constituem objetivos fundamentais da União, dos Estados, do Distrito Federal e dos Municípios, no exercício da competência comum a que se refere esta Lei Complementar: [...] II – garantir o equilíbrio do desenvolvimento socioeconômico com a proteção do meio ambiente, observando a dignidade da pessoa humana, a erradicação da pobreza e a redução das desigualdades sociais e regionais". (BRASIL, 2011).
[79] BRASIL, 2011.

respeitada, obstaculizando-se as reduções ou as supressões imotivadas ou baseadas em restritos interesses políticos ou econômicos. Congruentemente, o Tribunal de Justiça de Minas Gerais decidiu questão ambiental que envolvia a quebra, por legislação municipal, dos paradigmas estabelecidos, em retrocesso ecológico:

> Ação direta de inconstitucionalidade. Lei municipal que permite o plantio de cana de acúcar praticamente dentro do perímetro urbano. Lei anterior que vedava a prática. Retrocesso ambiental que significa uma redução do patrimônio jurídico de proteção ao meio ambiente, causando graves danos à saude da população e o consequente aumento de gastos com o Sistema Único de Saúde. A Constituição Federal e Estadual, de forma implícita, vedam a supressão ou a redução dos direitos fundamentais sociais garantidos aos brasileiros. O fenômeno da proibição de retrocesso não se restringe aos direitos fundamentais sociais, ocorrendo também, no direito ambiental. Vedar o retrocesso significa não permitir a redução do patrimônio jurídico já conseguido pela população com a legislação anterior. O Município pode e deve legislar em matéria de zoneamento urbano-ambiental, mas nunca reduzir a proteção já alcançada pela própria lei municipal. Se, no exercício da sua competência concorrente e suplementar, resolver enfrentar o tema das **áreas** de preservação do meio urbano, além de não poder trabalhar com limites e definições menos protetivos que os já em vigor, não pode suprimi-los e originar, com esta atitude, evidentes prejuízos ambientais que a legislação a ser revogada não permitiria. [...].[80]

O princípio da precaução, por sua vez, é encampado pelo ordenamento jurídico brasileiro. A Convenção da Diversidade Biológica, ratificada pelo Congresso Nacional via Decreto Legislativo nº 2, de 3 de fevereiro1994, com vigência a partir de 29 de maio de 1994, traz o princípio referido,[81] assim como a Convenção-Quadro das Nações Unidas sobre a Mudança do Clima, ratificada pelo Decreto Legislativo nº 1, de 3 de fevereiro de 1994,[82] com vigência a partir de 29 de maio de 1994.[83] O art. 225, §1º, em todos seus incisos, também exteriorizou o princípio da precaução.

A precaução consiste na cautela antecipada. Trata do futuro:

> Princípio da Precaução enuncia que, em prol da sadia qualidade de vida, na existência de dúvida sobre a segurança do meio ambiente

---

[80] MINAS GERAIS, 2013.
[81] BRASIL, 1994b.
[82] BRASIL, 1994a.
[83] MACHADO, 2000, p. 52-53.

(aqui incluída a saúde humana) em face de atividade produtiva, a atividade não deve ser iniciada até que se implementem medidas assecuratórias de sua viabilidade ambiental.[84]

Parte da doutrina considera o princípio da prevenção sinônimo,[85] não obstante a prevalência da separação conceitual entre precaução e prevenção, incidindo esta última sobre os impactos ambientais já conhecidos.[86] O que leva à conclusão de que a "prevenção trata do 'hoje', dos danos previsíveis e riscos conhecidos, iminentes, já o princípio da precaução trata do 'futuro', dos danos potenciais e dos riscos incertos".[87]

Merecem enfoque conjunto o princípio do controle do poluidor pelo Poder Público, o princípio da responsabilidade, o princípio da reparação (integral), o princípio do usuário-pagador e o princípio do poluidor-pagador (PPP). O primeiro está previsto no art. 225, §1º, V, da Carta Política. Versa, essencialmente, sobre o poder-dever dos órgãos e entidades públicas na tarefa de promover a exigência de preservação e restauração dos recursos ambientais.[88]

O princípio da responsabilidade (art. 225, §3º) expõe a máxima de que as lesões ao ordenamento ambiental acarretarão, necessariamente, consequências jurídicas (civis, administrativas e/ou penais),[89] envoltas na teoria do risco integral.[90]

A doutrina, ao comentar esse dispositivo constitucional, registra:

[...] a Carta Magna fez uma diferenciação específica sobre a reparação dos danos causados pela mineração. A Constituição Federal não traz repetições inúteis! Se já havia a obrigação geral de reparar degradações

---

[84] GRIZZI, 2003, p. 17.
[85] MILARÉ, 2001, p. 117.
[86] ANTUNES, 2012, p. 48.
[87] GRIZZI, 2003, p. 17.
[88] MILARÉ, 2001, p. 114.
[89] Em matéria minerária, há o reforço intencional do art. 225, §2º, como se expôs no capítulo anterior.
[90] A doutrina predominante vislumbra o *risco integral*, embora existam argumentos alinhados à teoria do *risco mitigado, verbis*: "A doutrina, todavia, tem divergido acerca do tipo de responsabilidade objetiva que o poluidor faz surgir. As duas principais teorias, no âmbito do direito ambiental, são: a do risco integral e a do risco mitigado. A teoria do risco integral se consubstancia na ideia de que a pessoa que cria o risco deve reparar os danos oriundos de seu empreendimento, pela mera existência deste. [...] Já para a teoria mitigada do risco, o agente poluidor somente seria responsabilizado quando houvesse desobediência de normas jurídicas. Uma atividade não proibida não poderia ao mesmo tempo ser lícita e ensejar a responsabilidade pelo dano ambiental". (VOLANTE, 2012, ano 6, n. 6, p. 35).

ambientais – §3º – e o constituinte fez questão de frisar o dever de recuperar o meio ambiente impactado por mineração de acordo com a solução técnica exigida pelo órgão competente – §2º –, daí decorrem três claras consequências: a) a presunção constitucional de que a exploração de recursos minerais (ainda que lícita) causa degradação ao meio ambiente; b) o reconhecimento de que os impactos da atividade minerária são complexos e demandam uma solução técnica, não podendo ser feita a recuperação de maneira empírica ou aleatória; c) o dever constitucional de os órgãos públicos competentes exigirem e acompanharem com maior rigor a recuperação adequada dos impactos causados pela mineração.[91]

Para a doutrina majoritária, não há tratamento diferenciado entre o princípio da responsabilidade e o princípio da reparação integral, que acarretam a responsabilidade sem culpa decorrente das ofensas à ordem ambiental.

Além do art. 225, *caput*, e §3º, da Constituição, o desenho desse princípio também é extraído do art. 14, §1º, da Lei nº 6.938/1981, de modo a abranger o dano e todos os seus reflexos diretos ou indiretos.[92] Como destacado, o lastro na "teoria do risco integral" vai além do risco administrativo, pois desconsidera as excludentes de causalidade como forma de romper a obrigação de ressarcir.

A jurisprudência brasileira reconhece a incidência da teoria do risco integral ao enfrentar a responsabilidade ambiental, *verbis*:

A responsabilidade por dano ambiental é objetiva, informada pela teoria do risco integral, sendo o nexo de causalidade o fator aglutinante que permite que o risco se integre na unidade do ato, sendo descabida a invocação, pela empresa responsável pelo dano ambiental, de excludentes de responsabilidade civil para afastar sua obrigação de indenizar; b) em decorrência do acidente, a empresa deve recompor os danos materiais e morais causados; c) na fixação da indenização por danos morais, recomendável que o arbitramento seja feito caso a caso e com moderação, proporcionalmente ao grau de culpa, ao nível socioeconômico do autor, e, ainda, ao porte da empresa [...].[93]

O princípio do poluidor-pagador (PPP), para um segmento da doutrina, é especial em relação ao vetor da responsabilidade.[94] Para

---

91   ELLOVITCH, 2012, p. 21-22.
92   BRASIL, 1981b.
93   BRASIL, 2013b.
94   ANTUNES, 2012, p. 52-53.

outro, também é confundido com a própria responsabilidade, numa relação de causa e efeito. Os que advogam a primeira tese sustentam que

> o elemento que diferencia o PPP da responsabilidade é que ele busca afastar o ônus das costas da coletividade e dirigi-lo diretamente ao utilizador dos recursos ambientais. Ele não pretende recuperar um bem ambiental que tenha sido lesado, mas estabelecer um mecanismo econômico que impeça o desperdício de recursos ambientais, impondo-lhes preços compatíveis com a realidade.[95]

O Superior Tribunal de Justiça, no REsp. nº 625.249/PR, tem decisão que sugere autonomia ao princípio do poluidor-pagador:

> Processo civil. Direito ambiental. Ação civil pública para tutela do meio ambiente. Obrigações de fazer, de não fazer e de pagar quantia. Possibilidade de cumulação de pedidos. Art. 3º da Lei nº 7.347/85. Interpretação sistemática. Art. 225, 3º, da CF/88, Arts. 2º e 4º da Lei nº 6.938/81, art. 25, IV, da Lei nº 8.625/93 e art. 83 do CDC. Princípios da Prevenção, do Poluidor-Pagador e da reparação integral.
>
> 1. A Lei nº 7.347/85, em seu art. 5º, autoriza a propositura de ações civis públicas por associações que incluam entre suas finalidades institucionais, a proteção ao meio ambiente, ao consumidor, ao patrimônio artístico, estético, histórico, turístico e paisagístico, ou a qualquer outro interesse difuso ou coletivo.
>
> 2. O sistema jurídico de proteção ao meio ambiente, disciplinado em normas constitucionais (CF, art. 225, 3º) e infraconstitucionais (Lei nº 6.938/81, arts. 2º e 4º), está fundado, entre outros, nos princípios da prevenção, do poluidor-pagador e da reparação integral.[96]

Lado outro, o princípio usuário-pagador, examinado por parcela da doutrina, promove a restrição à gratuidade dos recursos naturais. O art. 4º, VII, da Lei nº 6.938/81 faz expressa referência, justificado da seguinte forma por Machado:

> O uso dos recursos naturais pode ser gratuito como pode ser pago. A raridade do recurso, o uso do poluidor e a necessidade de prevenir catástrofes, entre outras coisas, podem levar à cobrança do uso dos recursos naturais. [...]

---

[95] *Ibidem*, p. 53.
[96] BRASIL, 2006c, p. 203.

O uso gratuito dos recursos naturais tem representado um enriquecimento ilegítimo do usuário, pois a comunidade que não usa do recurso ou que o utiliza em menor escala fica onerada.[97]

Finalmente, o princípio do limite ou o princípio da capacidade de suporte é debatido por alguns juristas, que vislumbram seu conteúdo no art. 225, §1º, V, da Constituição, vinculando-o à capacidade do meio ambiente absorver ou suportar, em limites aceitáveis, as ações de determinado empreendimento ou ação humana – sejam emissões de partículas, limites toleráveis de determinados produtos na água, etc.[98]

O rol principiológico ora examinado municia o Poder Público, nas três esferas, com a sofisticada linha mestra do controle ambiental da atividade minerária, cuja estruturação geral passará a ser enfrentada.

## 10.3.2 Ordem jurídica e repartição das competências ambientais

### 10.3.2.1 Competências legislativas

A Constituição da República, atenta à complexidade da tutela ambiental, explicitou a competência legislativa concorrente dos entes federados em seus arts 24 e 30.[99]

Aparece inscrita, de forma direta, portanto, a vontade constituinte de incluir múltiplos atores no controle ambiental, cabendo à União a competência para legislar sobre as normas gerais e aos Estados a competência parcial ou mesmo plena, nos termos dos §§ 1º, 2º, 3º e 4º do art. 24.[100]

---

[97] MACHADO, 2000, p. 47.
[98] ANTUNES, 2012, p. 50.
[99] "Art. 24. Compete à União, aos Estados e ao Distrito Federal legislar concorrentemente sobre: [...] VI – florestas, caça, pesca, fauna, conservação da natureza, defesa do solo e dos recursos naturais, *proteção do meio ambiente e controle da poluição*; [...] §1º No âmbito da legislação concorrente, a competência da União limitar-se-á a estabelecer normas gerais. §2º A competência da União para legislar sobre normas gerais não exclui a competência suplementar dos Estados. §3º Inexistindo lei federal sobre normas gerais, os Estados exercerão a competência legislativa plena, para atender a suas peculiaridades. §4º A superveniência de lei federal sobre normas gerais suspende a eficácia da lei estadual, no que lhe for contrário". (Grifos nossos). (BRASIL, 1988). Art. 30. Compete aos Municípios: I – legislar sobre assuntos de interesse local; II – suplementar a legislação federal e a estadual no que couber [...]. (BRASIL, 1988).
[100] BRASIL, 1988.

As normas aludidas, em tese, perfeitamente coadunam com o art. 30, I e II, trazendo a noção de que a competência legislativa concorrente dos Municípios, em matéria ambiental, incide sobre os assuntos de interesse local ou de forma restrita, suplementar.

Não obstante isso, muitas dúvidas existem nos casos concretos de repartição das competências, desde a exata compreensão das normas gerais, até mesmo o alcance do que seja o interesse local.

E há relevância na questão, pois a norma que eventualmente tome para si o conteúdo da competência legislativa de outro ente, mais do que gerar a *crise de legalidade*, pode incidir em inconstitucionalidade formal.

Não há, todavia, solução pronta para o problema, cujo enfrentamento tem se dado nos casos concretos em que ocorrem os dissensos entre os entes federados.

Parte da doutrina adota posição de preponderância das regras da União, *verbis*:

> Percebe-se, assim, ter sido determinada [...] competência legislativa concorrente entre os Estados-membros, o Distrito Federal e a União, cabendo a esta última a edição de normas gerais, assim entendidas como normas fundamentais ou diretrizes, e aos Estados, de normas específicas e de aplicação. [...] No campo das competências concorrentes cumulativas há praticamente consenso doutrinário no sentido de que, havendo choque entre normas federais e estaduais, prevalecem as regras da União. [...] Quanto aos Municípios, houve expressa exclusão relativamente às matérias relacionadas no art. 24, o que não significa, entretanto, que lhes tenha sido negado o direito de legislar sobre aquelas questões, desde que observadas as condições estabelecidas pela própria Constituição Federal, quais sejam: tratar-se de assuntos de interesse local e respeitar o disposto nas legislações estadual e federal.[101]

Mas, como visto, a questão é controversa. O Superior Tribunal de Justiça já materializou decisão em sentido oposto:

> [...] O Acórdão do *Superior Tribunal de Justiça* que julgou o Recurso Ordinário em Mandado de Segurança (RMS nº 1.112-PR) interposto pelo Município de Guaratuba, em litisconsórcio ativo com as empresas responsáveis pela construção dos prédios, entretanto, adotando integralmente as razões de decidir do voto vencido do Mandado de Segurança, desconsiderou as regras de repartição de competências, *entendendo prevalecer a legislação municipal sobre a estadual e federal*, ao fundamento

---
[101] LEUZINGER; GRAF, 2015.

de que o art. 30 da Constituição Federal 'revigorou o princípio de que ao Município cabe legislar sobre tudo que lhe diz respeito e com destaque, do parcelamento e da ocupação do solo urbano'. (Grifou-se).[102]

A construção do argumento jurídico adquire, assim, relevância única diante da textura aberta da competência legislativa concorrente estabelecida pelo constituinte, merecendo observação o exame de certas balizas hermenêuticas: a) norma que desconstitui ou altera a substância do sistema ou do conjunto de valores ou definições idealizado por determinado diploma federal é desprovida de característica de conteúdo "local" ou "suplementar"; b) norma municipal que não se harmoniza com norma estadual evidencia, de imediato, conflito constitucional no sistema de competência concorrente, antes de representar mera crise de legalidade; c) os choques do sistema de competência concorrente não são corrigidos pelo raciocínio hierárquico de que a norma municipal é menor do que a norma estadual, que por sua vez é inferior à norma editada pela União. A tese hierárquica é indefensável em face da autonomia dos entes federados, que decorre diretamente do *princípio federativo*, tipificado no art. 1º, *caput*, da Carta Magna. A título de exemplo, incide em aguda inconstitucionalidade formal, por usurpação de competência, norma federal que disciplina matéria de interesse local. Há que se percorrer, nessa linha, o caminho menos simples: investigar, casuisticamente, o conteúdo das normas em face do sistema ou microssistema proposto para então buscar-se a solução concreta que promova a melhor efetividade das normas gerais e suplementares, daí extraindo-se os contornos, em sendo o caso, do interesse efetivamente local.

## 10.3.2.2 Normas infraconstitucionais relevantes no controle ambiental

No âmbito do controle ambiental da atividade minerária, há diplomas normativos importantes no estudo da matéria a merecerem enfoque especial. Referem-se a sistemas ou a conjuntos normativos direcionados, ainda que por via oblíqua, à conservação ambiental. Uns têm essência meramente instrumental na proteção do meio ambiente, relacionados à instituição de formas, meios ou estruturas de controle.

---

[102] LEUZINGER, GRAF, 2015.

Outros têm carga axiológica e conteúdo vinculados ao desenvolvimento sustentável e à proteção ecológica direta: são as normas ambientais *lato sensu*.

Compõem, assim, as normas formais e as substanciais, o que se pode denominar de *acervo básico de controle ambiental* da atividade minerária, que, direta ou indiretamente, influencia a sua execução e o seu planejamento.

Recepcionada em 1988, a Lei da Política Nacional do Meio Ambiente – Lei nº 6.938/1981,[103] é a primeira ser mencionada.

Se as origens do Sistema Nacional do Meio Ambiente – SISNAMA remontam à criação da Secretaria Especial do Meio Ambiente (SEMA) pelo Decreto nº 73.030, de 30 de outubro de 1973 [...], o diploma examinado institui o atual sistema nacional, [...] claramente influenciado pelo modelo estabelecido pelo *National Environmental Policy Act* norte-americano [...] A PNMA, como não é difícil perceber, tem abrangência bastante grande. Em primeiro lugar, ela visa à preservação do meio ambiente. Preservação tem o sentido de perenizar, de perpetuar, de salvaguardar os recursos naturais. Além dos objetivos traçados pelo artigo 2º da Lei nº 6.938/81, o seu artigo 4º estabelece uma lista mais ampla de objetivos [...].[104]

Além disso, referida lei disciplinou a responsabilidade objetiva ambiental e trouxe a obrigatoriedade dos estudos e respectivos relatórios de Impacto Ambiental (EIA-RIMA).

A Lei Complementar nº 140/2011, umbilicalmente ligada à Lei da Política Nacional do Meio Ambiente, tem singular importância, sendo a responsável pela regulamentação da Carta Política no que se refere à cooperação entre a União, os Estados, o Distrito Federal e os Municípios nas ações administrativas decorrentes do exercício da competência comum relativas à proteção do meio ambiente e ao combate à poluição.[105]

A Lei da Ação Civil Pública – Lei nº 7.347, de 24 de julho de 1985, é outro diploma que não pode ser esquecido na temática de controle ambiental da atividade mineral. Traz a Lei da Ação Civil Pública a base do controle externo mais eficaz da história brasileira, em matéria ambiental.[106]

---

[103] BRASIL, 1981b.
[104] ANTUNES, 2012, p. 130-131.
[105] BRASIL 2011.
[106] BRASIL, 1985.

Estranho ao tema no exame superficial, o Código de Defesa do Consumidor – Lei nº 8.078, de 11 de setembro de 1990, também exige registro, por haver instituído o compromisso de ajustamento de conduta, instrumento muito utilizado nas hipóteses de ofensas ao ordenamento ambiental. A norma de superdireito foi positivada no art. 113, acrescentou o §6º ao art. 5º da Lei da Ação Civil Pública, disciplinando que os "*órgãos* públicos legitimados poderão tomar dos interessados compromisso de ajustamento de sua conduta *às* exigências legais, mediante cominações, que terá eficácia de título executivo extrajudicial".[107]

A Lei nº 12.651, de 25 de maio de 2012, estabelece as normas gerais sobre a proteção da vegetação, de áreas de Preservação Permanente e de áreas de Reserva Legal; a exploração florestal, o suprimento de matéria-prima florestal, o controle da origem dos produtos florestais e o controle e a prevenção dos incêndios florestais, e prevê instrumentos econômicos e financeiros para o alcance de seus objetivos.[108]

A Lei de Recursos Hídricos – Lei nº 9.433, de 8 de janeiro de 1997, contempla a Política Nacional de Recursos Hídricos e cria o Sistema Nacional de Gerenciamento de Recursos Hídricos. Dispõe o seu art. 2º que são objetivos da Política Nacional de Recursos Hídricos: I – assegurar à atual e às futuras gerações a necessária disponibilidade de água, em padrões de qualidade adequados aos respectivos usos; II – a utilização racional e integrada dos recursos hídricos, incluindo o transporte aquaviário, com vistas ao desenvolvimento sustentável; III – a prevenção e a defesa contra eventos hidrológicos críticos de origem natural ou decorrentes do uso inadequado dos recursos naturais.[109]

Lado outro, a Lei da Área de Proteção Ambiental – Lei nº 6.902, de 27 de março de 1981, trata da criação de Estações Ecológicas, Áreas de Proteção Ambiental. Seu art. 7º informa que as Estações Ecológicas não poderão ser reduzidas nem utilizadas para fins diversos daqueles para os quais foram criadas. "§1º – Na área reservada às Estações Ecológicas será proibido: [...] b) exploração de recursos naturais, exceto para fins experimentais, que não importem em prejuízo para a manutenção da biota nativa, ressalvado o disposto no §2º do art. 1º".[110]

---

[107] BRASIL, 1990d.
[108] BRASIL, 2012b.
[109] BRASIL, 1997b.
[110] BRASIL, 1981a.

Por sua vez, a Lei nº 9.605, de 12 de fevereiro de 1998, disciplina as infrações administrativas e o direito penal ambiental, sendo também instrumento de controle, embora, paradoxalmente, não tão forte, na seara criminal, quanto os mecanismos extrapenais.[111]

O direito penal ambiental, em expressão coloquial, "assusta" pouco o poluidor, menos do que a ação civil pública, o que pode ser rotulado de verdadeira "esquizofrenia sistêmica" nacional. Foge ao interesse do trabalho fazer crítica ao garantismo brasileiro. Apenas é constatado o fenômeno de que a *ultima ratio*, por vezes, é menos indesejada pelo infrator do que as medidas cíveis e administrativas.

A título de exemplo, o art. 54, §2º, III, ao tipificar o crime de poluição, assinala que "causar poluição de qualquer natureza em níveis tais que resultem ou possam resultar em danos à saúde humana, ou que provoquem a mortandade de animais ou a destruição significativa da flora", tornando necessária "a interrupção do abastecimento público de água de uma comunidade", acarreta pena de reclusão de um a cinco anos.[112]

Note-se que o agente, ao incidir neste fato penalmente relevante, perpetra delito de *médio potencial ofensivo* para a ordem jurídica brasileira, passível de suspensão condicional do processo, nos termos do art. 89 da Lei nº 9.099, de 26 de setembro de 1995.[113]

Para se ter ideia do "sistema" penal, a pessoa que, com chave falsa, invade determinado imóvel e subtrai para si, sem violência ou grave ameaça, uma coleção de camisas da *Lacoste*, fica sujeita a pena de dois a oito anos (art. 155, §4º, III, CP). Não são necessárias, portanto, maiores explanações a respeito da desarmonia orgânica.

Finalmente, o Código de Mineração – nº 227, de 28 de fevereiro de 1967[114] – e as Leis nº 6.567, de 24 de setembro de 1978,[115] 7.804, de

---

[111] BRASIL, 1998.
[112] BRASIL, 1988.
[113] "Art. 89. Nos crimes em que a pena mínima cominada for igual ou inferior a um ano, abrangidas ou não por esta Lei, o Ministério Público, ao oferecer a denúncia, poderá propor a suspensão do processo, por dois a quatro anos, desde que o acusado não esteja sendo processado ou não tenha sido condenado por outro crime, presentes os demais requisitos que autorizariam a suspensão condicional da pena (art. 77 do Código Penal) [...] §5º Expirado o prazo sem revogação, o Juiz declarará extinta a punibilidade". (BRASIL, 1995b).
[114] BRASIL 1967a.
[115] BRASIL, 1978.

18 de julho de 1989[116] e nº 7.805, de 18 de julho de 1989,[117] encerram o conjunto das leis básicas.

Sobre o Código de Minas, vale ressaltar que há nele, também, embora de forma restrita, normas disciplinadoras da proteção ambiental. O art. 47 serve como modelo, ao normatizar inúmeras obrigações do titular da concessão, como não dificultar ou impossibilitar, por lavra ambiciosa, o aproveitamento ulterior da jazida; responder pelos danos e prejuízos a terceiros, que resultarem, direta ou indiretamente, da lavra; promover a segurança e a salubridade das habitações existentes no local; evitar o extravio das águas e drenar as que possam ocasionar danos e prejuízos aos vizinhos; evitar poluição do ar, ou da água, que possa resultar dos trabalhos de mineração e proteger e conservar as fontes, bem como utilizar as águas segundo os preceitos técnicos, quando se tratar de lavra de jazida de Classe VIII.[118]

Informa a doutrina ambiental a plena vigência das normas ambientais do Código de Mineração, que merecem interpretação de acordo com o microssistema ambiental.[119]

Há, ainda, relevantes atos normativos infralegais: as Resoluções do CONAMA.

As Resoluções do Conama nº 9, de 6 de dezembro de 1990[120] e nº 10, de 6 de dezembro de 1990,[121] versam sobre o controle de licenciamento da atividade de exploração mineral, e a Resolução Conama nº 237, de 19 de dezembro de 1997,[122] traz definições de instrumentos de controle ambiental e incorpora ao sistema de licenciamento ambiental os mecanismos de gestão ambiental, visando ao desenvolvimento sustentável e à melhoria contínua, dentre os diversos assuntos de singular relevância de controle ambiental.

Esse conjunto de diplomas, reitera-se, representa o arsenal normativo elementar do controle ambiental, destinado precipuamente à "fiscalização dos impactos ambientais negativos de intervenção física (antrópica), como emissões atmosféricas, resíduos sólidos gerados pela atividade instalada e efluentes líquidos, de modo a corrigir ou a reduzir os seus impactos sobre a qualidade ambiental".[123]

---
[116] BRASIL, 1989a.
[117] BRASIL 1989b.
[118] BRASIL, 1967a.
[119] ANTUNES, 2012, p. 949.
[120] BRASIL, 1990b.
[121] BRASIL, 1990a.
[122] BRASIL, 1997a.
[123] PEREIRA, 2012.

## 10.3.2.3 Divisão de atribuições executivas

As atribuições executivas são abraçadas, congruentemente, pela mesma preocupação constitucional identificada quando da abordagem da competência legislativa concorrente. Dessa forma, em virtude da dimensão ambiental, a Carta Política de 1988 definiu, no art. 23, a competência comum para o desenvolvimento das ações e estratégias do Poder Público.[124]

O Sistema Nacional do Meio Ambiente (Sisnama) é delineado no art. 6º da Lei nº 6.938/1981, trazendo a estrutura dos órgãos e das entidades, nas três esferas que o integram: Órgão Superior – Conselho de Governo; Órgão Consultivo e Deliberativo – Conselho Nacional do Meio Ambiente (Conama); Órgão Central – Secretaria do Meio Ambiente da Presidência da República; Órgãos Executores – Instituto Brasileiro do Meio Ambiente e dos Recursos Naturais Renováveis (Ibama) e o – Instituto Chico Mendes de Conservação da Biodiversidade –, com a finalidade de executar e fazer executar a política e as diretrizes governamentais fixadas para o meio ambiente, de acordo com as respectivas competências; Órgãos Seccionais (os órgãos ou entidades estaduais responsáveis pela execução de programas, projetos e pelo controle e fiscalização de atividades capazes de provocar a degradação ambiental) e os Órgãos Locais (órgãos ou entidades municipais, responsáveis pelo controle e fiscalização dessas atividades, nas suas respectivas jurisdições).[125]

Em sintonia, a Lei Complementar nº 140/2011 trouxe a repartição das ações administrativas entre a União, os Estados, os Municípios e o Distrito Federal, nos arts. 7º a 10.[126]

Focando-se estritamente no controle ambiental, o exame das normas constitucionais e infraconstitucionais que orientam a atuação do Poder Público, nas distintas esferas, permite detectar três expressivos elementos inerentes à atribuição executiva: o licenciamento, a fiscalização e o monitoramento:

> a) O licenciamento é instrumento de controle preventivo, através do qual pode se prever as possíveis intervenções no meio ambiente. O licenciamento usa de diversas ferramentas que possibilitam esta prevenção, entre elas, o EIA/RIMA, o qual subsidia o órgão de controle a decidir

---

[124] BRASIL, 1988.
[125] BRASIL, 1981b.
[126] BRASIL, 2011.

sobre a melhor alternativa a ser definida num empreendimento de modo que minimize os impactos ambientais.

b) A fiscalização é um instrumento de correção, que tenta reparar um dano ou um potencial de risco de degradação ambiental. Ele tenta corrigir os rumos de um empreendimento, de modo que o impacto causado possa ser reparado ou pelo menos minimizado.

c) O monitoramento é o instrumento que estabelece o elo entre o licenciamento e a fiscalização. É a partir dele que o órgão de controle estabelece as metas a serem atingidas pelo empreendedor do ponto de vista da manutenção da qualidade ambiental, ratificando as exigências do licenciamento para subsidiar uma boa ação fiscalizadora.[127]

Sobre a atividade minerária, não se pode olvidar a imprescindibilidade de repartição das atribuições, buscando-se a capilarização do Poder Público e a consequente eficiência, afinal "[...] é uma atividade causadora de alto impacto ambiental e que, nessa condição, necessário se faz que ela esteja rigorosamente submetida a controles de qualidade ambiental, de monitoramento e auditoria constantes".[128]

Justamente por isso, "o licenciamento ambiental da atividade minerária é prioritariamente realizado pelos órgãos estaduais integrantes do Sisnama. O Ibama somente tem atuação supletiva, isto é, caso o órgão estadual deixe de realizar a sua tarefa".[129]

Na mesma sintonia, é a doutrina de Freitas (2012), ao abordar as competências estaduais e municipais:

> Aos estados continua garantido o exercício da regra geral, ou seja, o controle e a fiscalização de atividades ou empreendimentos utilizadores de recursos ambientais, efetiva ou potencialmente poluidores ou capazes, sob qualquer forma, de causar degradação ambiental que não forem da competência da União ou do município.
>
> Caberá aos municípios exercer o controle e fiscalizar as atividades e empreendimentos cuja atribuição para licenciar ou autorizar atividades ou empreendimentos que causem ou possam causar impacto ambiental de âmbito local, conforme tipologia definida pelos respectivos Conselhos Estaduais de Meio Ambiente, considerados os critérios de porte, potencial poluidor e natureza da atividade.[130]

---

[127] PEREIRA, 2012.
[128] ANTUNES, 2012, p. 950.
[129] *Ibidem*, p. 953.
[130] FREITAS, 2012.

Entretanto, apesar da aparente divisão formal das atribuições executivas, o cenário administrativo concreto ainda hoje é confuso. O amplo sistema de cooperação, idealizado nas estruturas dos entes públicos brasileiros, foi excessivamente vago, pontuando a doutrina que

> o constituinte de 1988, no afã de proteger o meio ambiente, imaginou que irmanando todos os entes federativos na tarefa comum de zelar por esse bem, estaria traçando um amplo círculo de proteção. Todavia, o legislador se esqueceu de uma importante lição teórica de que não se pode estabelecer um sistema de cooperação extremamente complexo entre as diferentes esferas de Poder sem uma clara distribuição de funções e, sobretudo, respeito às áreas privativas de competência. Competência concorrente é convite às disfunções administrativas (e, no caso, judiciais). Competência distribuída por esferas, dentro de um princípio de coordenação para fins comuns é o caminho para grandes resultados.[131]

Os empecilhos à eficácia social do controle não se concentram apenas na deficiência das normas infraconstitucionais: a estrutura administrativa e financeira do paradigmático órgão de controle ambiental federal (Ibama) evidencia, atualmente, grave déficit, que se torna visível a todos os envolvidos na seara administrativa, diante da escassez econômica, do orçamento impróprio e da constatação cotidiana da insuficiência técnica do órgão, incapaz de cumprir adequadamente a considerável gama obrigações legais.

Embora a confrontação objetiva das incumbências legais do Ibama, com sua acanhada estrutura atual, seja a prova decisiva da incapacidade operacional, mostra-se adequado transcrever, a título de reforço, matéria publicada no sítio do Jornal "O Estado de São Paulo", compatível com o exame do deficiente cotidiano administrativo:

> [...] Ibama deve apontar importância emergencial para continuar sustentando as ações nas áreas atingidas pelo desastre ambiental causado em Minas Gerais e no Espírito Santo pelo rompimento de barragem da empresa Samarco (Vale e BHP). [...] Esse pedido do Ibama ainda precisará ser chancelado pelo governo como um todo, uma vez que o decreto presidencial congelou todos os recursos possíveis para despesas discricionárias até 31 de dezembro. Mas este não é o principal problema. A questão é: nem mesmo para essas quatro operações, consideradas

---

[131] RODRIGUES, 2010.

emergenciais, podem ser garantidas. O órgão está, hoje, no limite do limite.

Na prática, o trabalho do Ibama já tem sido feito no 'limite da responsabilidade administrativa', dadas as limitações orçamentárias aplicadas pela equipe econômica do governo Dilma Rousseff desde o início do ano. Despesas discricionárias já estão atrasadas há meses e o órgão, que sofre com graves cortes aplicados pelo governo, tem pagado contas de luz, água, telefone e internet nos cerca de 60 escritórios regionais e nas 27 superintendências somente quando esses serviços estão na iminência de ser cancelados pelas empresas contratadas. O Ibama paga o suficiente para manter esses serviços básicos, arcando com multas e juros pelos atrasos, mas sem conseguir zerar as dívidas penduradas.

O mesmo procedimento tem ocorrido com diárias (com alimentação e hospedagem) aos técnicos que fazem as fiscalizações e com as passagens aéreas para locais onde há emergências ambientais, como as verificadas no Maranhão, em outubro, e em Mariana (MG), em novembro. O pagamento de serviços de helicópteros para análise da extensão de desastres ambientais, além de controle e fiscalização, também estão atrasados. Todos esses gastos, para o mês de dezembro, estão suspensos: o Ibama simplesmente não poderá gastar um centavo a mais com fiscalização e controle, e os atrasos de um mês a mais em muitos serviços podem representar o cancelamento de contratos.

O *Estadão* apurou que todas essas despesas, as atrasadas e também aquelas que estavam previstas para serem faturadas até o fim do ano, somam R$73,2 milhões. Antes do corte, aplicado pelo governo na segunda-feira (30.11), o instituto já estava diante de um quadro de calamidade orçamentária, por não dispor dos recursos financeiros para pagar tudo. Agora, com os recursos suspensos, a situação fica ainda mais grave.

[...] Com um buraco no orçamento, o Ibama cancelou 80% dos programas de capacitação previstos para o 2º semestre, cortou a locação de veículos em 10%, reduziu o número de brigadistas de 1,6 mil para 1,4 mil e outros 14,3% em diminuição contratual por serviços aéreos. Mesmo depois desse esforço de gestão, o Ibama atingiu uma economia de R$24,8 milhões. Para fazer frente ao corte do governo, no entanto, ainda faltavam R$30 milhões.[132]

E, em Minas Gerais, berço da mineração, não se observa situação diferente, havendo, em meados de 2015, falta de recursos humanos, técnicos e operacionais. Atualmente, segundo a Secretaria de Estado de Meio Ambiente e Desenvolvimento Sustentável (Semad), existem 2.800 processos de licenciamento ambiental paralisados.[133]

---

[132] VILLAVERDE, 2015.
[133] ECOLÓGICO, 2015.

Assim, o ideal de controle previsto na ordem jurídica difere do cotidiano institucional e operacional dos órgãos integrantes do Sisnama, fazendo atual a lembrança doutrinária sobre a temida insinceridade normativa, retrato da falta de correspondência entre o texto normativo e a realidade.

Todos esses aspectos mostram a fraqueza do sistema, fato que, não bastassem as falhas legislativas, repercute diretamente na precariedade dos licenciamentos, fiscalizações e monitoramentos negligenciados na prática.

Trazidos à baila os elementos básicos da distribuição das funções executivas em sede ambiental e da matéria correlata, resta tratar do Ministério Público, instituição protagonista do controle externo.

## 10.3.2.4 O Ministério Público

Com fundamento no princípio da unidade[134] do Ministério Público brasileiro, optou-se, neste estudo, pelo tratamento conjunto dos ramos do *Parquet* mais envolvidos no controle da atividade ambiental: o Ministério Público Federal (MPF) e o Ministério Público do Distrito Federal e Territórios (MPDFT), que integram o Ministério Público da União (MPU), e os Ministérios Públicos dos Estados (MPEs).

De modo reflexo ou indireto, pode-se ver alguma atuação do Ministério Público do Trabalho na seara ambiental.[135] Todavia, é menos frequente e mais específica do que a atuação dos outros ramos citados, distanciando-se, assim, dos objetivos gerais do presente estudo.

A Constituição da República dispõe, no art. 129, inúmeras funções institucionais do Ministério Público brasileiro, compatíveis com o controle da atividade ambiental, valendo destacar as incumbências de zelar pelo respeito dos Poderes Públicos e dos serviços de relevância pública aos direitos assegurados nesta Constituição, promovendo as medidas necessárias à sua garantia; de promover o inquérito civil e

---

[134] FREITAS, 2012.
[135] Na tragédia ambiental decorrente do rompimento da barragem de Mariana-MG, o Ministério Público do Trabalho celebrou, em 15 de novembro de 2015, ajustamento de conduta socioambiental preliminar, em conjunto com o MPF e o MP capixaba, objetivando suprir necessidades emergenciais da população dos municípios de Baixo Guandu, Colatina, Marilândia e Linhares, no Estado do Espírito Santo. Ajuizou, também, em 28 de novembro de 2015, na condição de litisconsorte ativo, ação civil pública em face do Município de Colatina, do Estado do Espirito Santo, da União, da Agência Nacional de Aguas, da Sanear (Autarquia de Colatina) e da empresa Samarco, com finalidades emergenciais. (MINISTÉRIO PÚBLICO DO ESTADO DO ESPÍRITO SANTO, 2015).

a ação civil pública para a defesa dos interesses transindividuais de promover a ação de inconstitucionalidade e, finalmente, de exercer outras funções que lhe forem conferidas, desde que compatíveis com sua finalidade.[136]

O rol de atribuições ministeriais, que não é taxativo, expõe o dever de proteção aos denominados direitos de terceira geração ou dimensão, entre os quais se encontra o meio ambiente.

A participação no controle ambiental nasce para o Ministério Público por meio da conjugação dos incisos II e III, do art. 129 da Carta Política.[137]

Não obstante isso, importância também se extrai do controle abstrato de constitucionalidade, haja vista que frequentemente a observação empírica demonstra que os poderes públicos buscam intervir no meio ambiente, por razões diversas e, às vezes, inconfessáveis, fomentando a edição de leis eivadas de vícios formais e materiais de inconstitucionalidade, como adiante será visto.

A título introdutório, a formulação teórica dos direitos de terceira geração ou dimensão, representativa do embrião do processo coletivo e da busca de soluções não individuais para questões socialmente significativas, não surgiu com as preocupações ambientais. É historicamente anterior:

> [...] é oportuno traçar a identificação dos interesses tuteláveis pelo Ministério Público, especialmente sobre a temática referente aos interesses públicos e interesses transindividuais (difusos, coletivos *stricto sensu* e individuais homogêneos), como forma de se delimitar a extensão e a legitimidade do controle da administração pública pelo órgão ministerial. Os direitos ou interesses transindividuais, entendidos como direitos de terceira dimensão ou geração, têm raízes na Revolução Industrial do século XVIII, com berço na Inglaterra. O surgimento da classe operária, consectário do mundo industrial, juntamente com os denominados corpos intermediários (inicialmente os sindicatos dos operários e, posteriormente, as associações e demais entes e órgãos de tutela supraindividual) representaram o nascimento dessa nova realidade conhecida através dos conflitos massificados, contribuindo para a coletivização (em sentido lato) de interesses e demandas [...].[138]

---

[136] BRASIL, 1988.
[137] BRASIL, 1988.
[138] COUTINHO, 2006, p. 479-490.

O processo individual entre partes determinadas, fruto de conflitos basicamente patrimoniais, não mais respondia razoavelmente às novas circunstâncias comunitárias, resultando assim na progressiva criação de normas materiais e instrumentais capazes de tocar a realidade.

Com a percepção da imprescindibilidade da tutela ambiental e de outros interesses coletivos ou difusos, houve, no século XX, a paulatina incorporação desses valores pelos instrumentos jurídicos de proteção transindividual.

A Lei da Ação Civil Pública – Lei nº 7.347/1985,[139] representa marco do controle externo ambiental. E o Código de Defesa do Consumidor – Lei nº 8.078/1990 –, também contribuiu decisivamente para maior eficácia social, ao positivar o compromisso de ajustamento de conduta ("TAC"), no seu art. 113, norma de superdireito.[140] Os dois diplomas são a *matéria-prima instrumental* do *Parquet* brasileiro na tutela dos interesses difusos e coletivos.

Faz jus à menção especial a Resolução nº 23, de 17 de setembro de 2007, do Conselho Nacional do Ministério Público (CNMP), que disciplinou a instauração e a tramitação do inquérito civil e do procedimento preparatório – espécie de inquérito civil simplificado.[141]

A Resolução nº 23/2007, com as supervenientes alterações promovidas pelas Resoluções nº 35, de 23 de março de 2009,[142] e nº 59, de 27 de julho de 2010,[143] representa a bíblia regulamentadora da atuação do *Parquet* brasileiro nas instaurações e processamentos de todos os seus expedientes administrativos destinados a formar o convencimento do Órgão ministerial sobre lesão extrapenal a direito protegido.

Não é difícil a percepção de que o Ministério Público Federal, do Distrito Federal e Territórios e os Ministérios Públicos estaduais possuem, em essência, os mesmos deveres de atuar nas lesões ou ameaças de lesões ao meio ambiente, sendo basicamente os ramos do *Parquet* brasileiro detentores das atribuições de controle ambiental.

Os segmentos do Ministério Público utilizam-se dos mesmos instrumentos processuais e administrativos: ações civis públicas, ações penais, inquéritos civis, procedimentos preparatórios, procedimentos

---

[139] BRASIL, 1985.
[140] BRASIL, 1990d.
[141] BRASL, 2007a.
[142] BRASIL, 2009a.
[143] BRASIL, 2010.

investigatórios criminais (Resolução CNMP nº 13, de 2 de outubro de 2006), compromissos de ajustamento de conduta ("TACs"), recomendações, audiências públicas, requisições, notificações, *etc*. Também, submetem-se, como visto, à uniforme regulamentação do CNMP sobre o tema.[144]

A diferença, no caso estudado, guarda vínculo estreito com a presença de *bem jurídico ambiental* que envolva interesse da União, fato relevante para a definição da competência da Justiça Federal e da atribuição do ramo ministerial.

Apesar disso, conflitos de atribuição entre os Ministérios Públicos não raras vezes ocorrem,[145] dada a plasticidade do sistema de competências ambientais e a carência de melhor interlocução entre os

---

[144] BRASIL, 2006b.

[145] O Supremo Tribunal Federal, por exemplo, decidiu, em conflito de atribuição havido com o MP baiano, que compete ao MPF "[...] investigar fatos narrados em inquérito civil público que trata da lavra clandestina e depósito de lixo e entulho em área de preservação permanente situada em Juá, nos limites da APA Estadual Joanes/Ipitanga, no município de Camaçari. *Decisão*: "A ministra Cármen Lúcia destacou que o Supremo, ao julgar a Petição (PET) nº 3528, reconheceu ser competente para solucionar conflito de atribuições entre órgãos do Ministério Público de diferentes entidades da federação. Em relação ao caso em questão, a relatora considerou que a investigação deve ficar a cargo do MPF por causa da alínea 'd' do Enunciado 28, Quarta Câmara de Coordenação e Revisão do Ministério Público Federal. O dispositivo prevê que o MPF tem atribuição para atuar, na área cível, buscando a prevenção ou a reparação de danos ambientais decorrentes da atividade de mineração, *quando for possível responsabilizar a União, o DNPM, o Ibama, o ICMBio, o Iphan ou outro ente federal pela omissão no dever de fiscalização da atividade*. Segundo a ministra Cármen Lúcia, há indícios de "*insuficiência de fiscalizações implementadas pelo ente federal, ineficazes para a contenção do avanço da atividade de lavra clandestina e, consequentemente, da degradação ambiental*". Dessa forma, a relatora decidiu que a apuração dos fatos denunciados e as medidas de natureza cível a serem adotadas na *investigação de irregularidades devem ser coordenadas e promovidas pelo Ministério Público Federal*". (Grifos e sublinhados nossos). (SUPREMO TRIBUNAL FEDERAL, 2015).

*No mesmo sentido*: Por considerar caracterizada imputação a revelar prejuízo de bem da União, a Turma deu provimento ao recurso extraordinário a fim de assentar a competência da Justiça Federal para processar e julgar *ação penal em que se apura crime praticado contra o meio ambiente*. No caso, a empresa fora denunciada por descartar resíduos tóxicos sobre rio que atravessa o Estado de Alagoas. O tribunal de justiça local reconhecera a competência da Justiça Estadual para processar o feito ao fundamento de que não se vislumbrara, nos autos, interesse público federal. Entendeu-se que, na espécie, teria sido potencializado o interesse da população local em detrimento do fato de a poluição alcançar bem público federal. Assevereou-se, destarte, pouco importar que se tivesse chegado ao comprometimento de açude, córregos e riachos locais, devendo prevalecer a circunstância de o dano apontado haver ocorrido em rio "o qual banha dois Estados-membros" que, pelo teor do inciso III do art. 20 da CF, consubstancia bem da União ("São bens da União: [...] os lagos, rios e quaisquer correntes de água em terrenos de seu domínio, ou que banhem mais de um Estado [...]"). *Concluiu-se que esse preceito e a premissa fática constante do acórdão impugnado atrairiam a incidência do inciso IV do art. 109 da CF*. Por fim, *estabeleceu-se ser competente para a propositura da ação penal o Ministério Público Federal*. (Grifos e sublinhados nossos), (BRASIL, 2009b).

ramos do *Parquet*, a sugerir pontos de dúvida e muitas vezes confusão de atribuições.

Há entendimento, observado na práxis judicial, que sustenta a competência restrita da Justiça Federal, em interpretação dos incisos I e IV do art. 109 da Constituição.[146] Fixa-se a orientação de que a competência para o julgamento de ações penais, quando o bem jurídico ambiental representa interesse federal, nos termos do inciso IV, é a única atrelada inexoravelmente à Justiça Federal.

Ao contrário, ilícitos de natureza extrapenal, representativos de todas as ações civis públicas, estabelecem a competência da Justiça Federal apenas nos casos em que a União, entidade autárquica ou empresa pública forem interessadas na condição de autoras, rés, assistentes ou oponentes – inciso I. Surge, então, a possibilidade de presença maior do MPE e do MPDFT.[147]

Nesse ponto, o *diálogo institucional* entre os ramos do Ministério Público é indispensável. Embora exista o silêncio da lei e de regulamentação do CNMP a esse respeito, não satisfaz a comunidade, por exemplo, ver o MPE ou o MPDFT instaurarem inquéritos civis ou ajuizarem ações civis públicas e o MPF em seguida alegar interesse e deslocar o feito para a Justiça Federal ou ainda ajuizar outra ação coletiva paralela. Além da deletéria sobreposição de trabalhos, há risco de ineficiência operacional, pois ocorre o dispêndio inútil de atividade laborativa de um dos ramos do Ministério Público.

Dissonâncias dessa natureza, justificadas muitas vezes pela independência funcional e autonomia dos órgãos de execução do *Parquet*, trazem o risco de colocar prerrogativas funcionais e entendimentos pessoais à frente do direito difuso a ser resguardado e da própria eficiência administrativa.

---

[146] "Art. 109. Aos juízes federais compete processar e julgar:
I – as causas em que a União, entidade autárquica ou empresa pública federal forem interessadas na condição de autoras, rés, assistentes ou oponentes, exceto as de falência, as de acidentes de trabalho e as sujeitas à Justiça Eleitoral e à Justiça do Trabalho; [...]
IV – os crimes políticos e as *infrações penais praticadas em detrimento de bens, serviços ou interesse da União ou de suas entidades* autárquicas ou empresas públicas, excluídas as contravenções e ressalvada a competência da Justiça Militar e da Justiça Eleitoral. (Grifos nossos), (BRASIL, 1988).

[147] O entendimento não se dá em restrita homenagem à eficiência, fomentada pela capilaridade do *Parquet* estadual. Em verdade, é a interpretação dos incisos I e IV do art. 109 da Constituição que, somada ao vetor da eficiência (art. 37, *caput*), revela a melhor harmonia constitucional desse círculo hermenêutico.

Por isso, no Estado Democrático de Direito, é obrigatório buscar a harmonização e a sincronia entre os Ministérios Públicos, em etapa pré-processual, nas hipóteses em que a flexibilidade do ordenamento propiciar isso. Urge a adoção de método ou procedimento objetivo capaz de trazer, por meio da conversa institucional, o conhecimento antecipado e a previsibilidade maior nas hipóteses em que a plasticidade do sistema de proteção ambiental favorece a confusão de atribuições. Erram as instituições ao não fomentarem instrumentos objetivos para esse diálogo. Alteridade e democracia são os pontos de partida do Ministério Público brasileiro, no contexto pós 1988.

Tecidas as sintéticas observações sobre nuanças, por vezes confusas, das atribuições dos Ministérios Públicos Federal, do Distrito Federal e Territórios e Ministérios Públicos estaduais, no âmbito da atividade ambiental/minerária, resta, ainda, a menção derradeira de que o trabalho diretamente ligado ao controle externo ambiental realizado pelo Ministério Público mostra que o Brasil possui *sofisticado modelo teórico-normativo ambiental*, quando são examinados os *princípios constitucionais*, responsáveis pela fixação das diretrizes e condensação de valores superiores, todos compatíveis com as ordenações ambientais dos Estados Democráticos mais estáveis do mundo ocidental.

Apesar de o *sistema normativo infraconstitucional* distanciar-se bastante do grau de excelência verificado na principiologia ambiental, sendo por vezes confuso, desvinculado de controle social, pouco eficaz e burocrático,[148] tem-se que a efetividade do controle ambiental encontra embaraços maiores fora da ordem jurídica formal instituidora dos mecanismos de controle.

Preponderam, negativamente, mais os campos da (des)governança, da gestão pública deficiente e da falta de independência dos Poderes diante do interesse econômico.

---

[148] O *Ministério Público mineiro* e a *Associação Mineira do Ministério Público* (AMMP) lançaram, em março de 2016, "a campanha *'Mar de Lama Nunca Mais'*, que objetiva um *projeto de lei de iniciativa popular* "para estabelecer normas de segurança para as barragens destinadas à disposição final ou temporária de rejeitos de mineração no Estado [...] Minas Gerais tem mais de 700 barragens, das quais 442 de mineração. Destas, 35 sequer têm garantia de estabilidade atestada, sendo enorme o passivo e causa de extrema preocupação [...] A proposta estabelece, entre várias outras medidas que visam à maior proteção do meio ambiente e de toda a sociedade, mais rigor no cumprimento das normas ambientais, participação popular efetiva no licenciamento ambiental, prioridade absoluta das ações de prevenção e fiscalização, caução como garantia de recuperação socioambiental, proibição de implantação de novas barragens em áreas de risco a vidas humanas, necessidade de realização de auditorias técnicas de segurança, estímulo à extinção de barragens e transparência das informações relacionadas à segurança". (AMMP, 2016).

Neste último ponto, em parte, adquire relevância a atuação ministerial no controle abstrato de constitucionalidade, provocando o exercício da jurisdição constitucional.

A título de exemplo, em Minas Gerais, em 2015, a ação direta de inconstitucionalidade nº 1.0000.15.050708-5/000 foi deflagrada pelo Procurador-Geral de Justiça em face da Lei Estadual nº 21.555, de 22 de dezembro de 2014. A causa de pedir aduziu que o Poder Legislativo alterou por completo o conteúdo de projeto de lei de iniciativa do Poder Executivo, que regulamentara unidade de conservação diversa. Ou seja, a emenda parlamentar escolheu outra unidade de conservação para normatizar (e reduziu a proteção ambiental existente, em região de notório interesse minerário). Materialmente fez-se nova lei com o esqueleto do projeto apresentado pelo Poder Executivo. Sublinha-se o trecho da petição inicial:

> [...] a Lei nº 21.555/2014 adveio do Projeto de Lei nº 3.687/2013, de iniciativa do Governador do Estado, que dispunha sobre a *'alteração dos limites da* área *do Parque Estadual da Serra do Papagaio, localizado nos Municípios de Aiuruoca, Alagoa, Baependi, Itamonte e Pouso Alto'*.
>
> O desvio da pertinência temática detectado consubstanciou-se na abordagem normativa de uma unidade de conservação (UC) inteiramente distinta, situada em outra região do Estado de Minas Gerais, com caracterísitcas geográficas e ambientais diversas.
>
> A alteração de conteúdo, nesse contexto, abandonou as balizas da normatização de uma específica UC da região sul do Estado, transmudando-se para outra situada em área *central* de Minas Gerais *(Arêdes)*, em ofensa à ordem constitucional que disciplina o processo legislativo. [...]
>
> *A aprovação da Lei nº 21.555/2014 afetará grande parte dos sítios e vestígios arqueológicos que motivaram a criação da unidade de conservação, além de impactar parte de remanescentes florestais e de formação campestre e mananciais para abstecimento humano.* [...].[149]

A ação teve o pedido liminar de suspensão da norma deferido, com a medida cautelar acolhida pelo Órgão Especial do Tribunal de Justiça, encontrando-se ainda em tramitação.

O fato sugere a negativa experiência nacional inerente à fraqueza dos Poderes, movidos por interesses afastados dos direitos difusos estabelecidos pela Constituição, o que expõe, em ângulo diverso,

---

[149] MINAS GERAIS, 2013.

o porquê da participação cada vez maior do Ministério Público no controle externo das questões minerárias e ambientais.

Revela, ainda, a importância do controle abstrato de constitucionalidade como forma de se antecipar ao mal eventualmente provocado por norma jurídica, viabilizando a efetivação da precaução e da prevenção ambiental.

## 10.4 Conclusão

Nesta pesquisa, centrou-se na busca da melhor compreensão do controle administrativo e ambiental da atividade minerária no Brasil. Foi sublinhada a necessidade de aperfeiçoamento do controle tanto sob a ótica administrativa, quanto sob a ótica ambiental. Nesse aspecto, importa pontuar que a necessidade de reformas não significa restrição ao campo normativo, que, embora sempre demande ajustes, não parece ser a questão central das dificuldades enfrentadas no caso brasileiro. Na verdade, experimenta-se a estrutura de controle à beira do caos gerencial e operacional, pouco adiantando simples alterações legislativas.

No campo administrativo, os principais problemas dizem respeito ao excesso de burocracia, ao sistema de outorga que não permite a postura proativa do Estado e não favorece acesso democrático aos direitos minerários. Ademais, esse controle ainda sofre com o anacronismo institucional, a mentalidade voltada para a valorização e a sobreposição de instrumentos normativos infralegais, como se fossem superiores à Lei e, até mesmo, à Constituição Federal, além da existência de regulamentação autônoma, o que fere o princípio da legalidade. A falta de estrutura física e humana dos órgãos de controle também é outro grave problema que precisa, com urgência, ser superado adiante da centralidade da atividade minerária para a sociedade humana. É importante destacar, ainda, que a simples transformação do DNPM em agência reguladora, não parece ser medida capaz de alterar esse quadro.

Na esfera ambiental, a realidade não é diferente. Além do sistema normativo infraconstitucional por vezes confuso e burocrático, a efetividade do controle ambiental ainda encontra embaraços maiores fora da ordem jurídica formal, já que convive com a desgovernança, com a falta de independência dos poderes e com a gestão pública mal planejada, transformando o ordenamento jurídico ambiental num perigoso simulacro. Além disso, restou demonstrado que a esfera penal ambiental, por vezes, leva a situações de perplexidade, como a possibilidade de singela suspensão condicional do processo ao infrator que, ao poluir um rio, acaba interrompendo o abastecimento público de água em toda a cidade.

O processo de licenciamento ambiental é desvirtuado e desorganizado com frequência, havendo elementos de convicção nos inquéritos civis do acidente de Mariana no sentido do seu afrouxamento e distorção,[150] indicativos da fraqueza como garantidor da precaução e da prevenção ambiental.

Urge, ainda, que o Ministério Público brasileiro, protagonista no controle ambiental, estruture método ou procedimento objetivo, pré-processual, capaz de promover um *diálogo institucional*, altero e efetivo, entre seus diversos ramos que atuam na tutela ambiental, notadamente nas hipóteses extrapenais, em que a competência da Justiça Federal, nas questões ambientais e minerárias, apenas se concretiza em determinados casos, evitando a desnecessária sobreposição de medidas administrativas ou judiciais, atentatórias ao princípio constitucional da eficiência.

Em síntese, essas são as impressões finais compartilhadas, que se unem às proposições estabelecidas no artigo subsequente,[151] referente ao estudo de casos de rompimento das barragens de rejeitos, no instigante tema relativo ao controle da atividade minerária.

## Referências

AGUILLON, Louis. *Législation des mines en France*. 9. ed. Paris: Librairie Polytechinique, Ch. Béranger, 1903.

AMMP - ASSOCIAÇÃO MINEIRA DO MINISTÉRIO PÚBLICO. *AMMP e Caoma lançam campanha Mar de Lama Nunca Mais*. 2016. Disponível em: <http://www.ammp.org.br/institucional/mostrar-noticias/noticia/14627>. Acesso em: 29 mar. 2016.

ANTUNES, Paulo de Bessa. *Direito ambiental*. 14. ed. São Paulo: Atlas, 2012.

---

[150] Segundo registrado por órgão de execução do MPMG, em reflexão sobre a tragédia de Mariana, *verbis*: "O Ministério Público, desde o início, analisou o licenciamento com a maior profundidade possível. Podemos apontar com grande exatidão que ele (licenciamento) foi decisivo para que ocorresse essa tragédia [...]. "O licenciamento todo é uma colcha de retalhos. Cheio de inconsistências, omissões e graves equívocos, que revelam uma ausência de política pública voltada à proteção da sociedade — diz o promotor, que destaca ainda a velocidade com que a obra foi autorizada. – Esse licenciamento foi obtido em tempo inacreditavelmente rápido". (O GLOBO, 2016).

[151] O CONTROLE ADMINISTRATIVO E AMBIENTAL: estudo sobre o rompimento das barragens de rejeitos em Cataguases, Miraí e Mariana no Estado de Minas Gerais.

AYULO, Jorge Basadre. *Derecho minero peruano.* 4. ed. Lima: Librería Studium, 1985.

BARROSO, Luís Roberto. *O direito constitucional e a efetividade de suas normas.* 7. ed. Rio de Janeiro: Renovar, 2003.

BRASIL. Câmara dos Deputados. Decreto Legislativo nº 1, de 3 de fevereiro de 1994. Aprova o texto do Convenção-Quadro das Nações Unidas sobre Mudança do Clima, adotada em Nova Iorque, em 9 de maio de 1992. *Diário Oficial da União*, Brasília, 4 de fevereiro de 1994a. Disponível em: <http://www2.camara.leg.br/legin/fed/decleg/1994/decretolegislativo-1-3-fevereiro-1994-358285-publicacaooriginal-1-pl.html>. Acesso em: 21 jan. 2016.

BRASIL. Câmara dos Deputados. Decreto Legislativo nº 2, de 1994. Aprova o texto do Convenção sobre Diversidade Biológica, assinada durante a Conferência das Nações Unidas sobre Meio Ambiente e Desenvolvimento, realizada na Cidade do Rio de Janeiro, no período de 5 a 14 de junho de 1992. *Diário Oficial da União*, 4 de fevereiro de 1994b. Disponível em: <http://www2.camara.leg.br/legin/fed/decleg/1994/decretolegislativo-2-3-fevereiro-1994-358280-publicacaooriginal-1-pl.html>. Acesso em: 26 jan. 2016.

BRASIL. Câmara dos Deputados. Decreto nº 23.979, de 8 de março de 1934. Extingue no Ministério da Agricultura a Diretoria Geral de Pesquisas Cientificas, criada, pelo Decreto nº 22.338, de 11 de janeiro de 1933, aprova os regulamentos das diversas dependências do mesmo Ministério, consolida a legislação referente à reorganização por que acaba de passar e dá outras providências. *Diário Oficial da União*, Rio de janeiro, 4 de abril de 1934. Disponível em: <http://www2.camara.leg.br/legin/fed/decret/1930-1939/decreto-23979-8-marco-1934-499088-publicacaooriginal-1-pe.html>. Acesso em: 22 jan. 2016.

BRASIL. Câmara dos Deputados. Decreto nº 7.798, de 12 de setembro de 2012. Aprova a estrutura regimental e o quadro demonstrativo dos cargos em comissão e das funções gratificadas do Ministério de Minas e Energia. *Diário Oficial da União*, 13 de setembro de 2012a. Disponível em: <http://www2.camara.leg.br/legin/fed/decret/2012/decreto-7798-12-setembro-2012-774156-norma-pe.html>. Acesso em: 23 jan. 2016.

BRASIL. Câmara dos Deputados. Decreto nº 8.871, de 6 de outubro de 2016. Aprova a estrutura regimental e o quadro demonstrativo dos cargos em comissão e das funções de confiança do Ministério de Minas e Energia, remaneja cargos em comissão e funções gratificadas e substitui cargos em comissão do Grupo Direção e Assessoramento Superior - DAS por Funções Comissionadas do Poder Executivo Federal – FCPE. *Diário Oficial da União*, 7 de outubro de 2016. Disponível em: <http://www2.camara.leg.br/legin/fed/decret/2016/decreto-8871-6-outubro-2016-783709-norma-pe.html>. Acesso em: 20 out. 2016.

BRASIL. Câmara dos Deputados. *Projeto de Lei nº 5.807, de 19 de junho de 2013a.* Dispõe sobre a atividade de mineração, cria o Conselho Nacional de Política Mineral e a Agência Nacional de Mineração - ANM, e dá outras providências. Disponível em: <http://www.camara.gov.br/sileg/integras/1101998.pdf>. Acesso em: 10 jan. 2016.

BRASIL. Conselho Nacional do Meio Ambiente. Resolução Conama nº 237, de 19 de dezembro de 1997. Dispõe sobre a revisão e complementação dos procedimentos e critérios utilizados para o licenciamento ambiental. *Diário Oficial da União*, Brasília, 22 de dezembro de 1997a. Disponível em: <http://www.mma.gov.br/port/conama/legiabre.cfm?codlegi=237>. Acesso em: 4 jan. 2016.

BRASIL. Conselho Nacional do Meio Ambiente. Resolução nº 10, de 6 de dezembro de 1990. Dispõe sobre normas específicas para o licenciamento ambiental de extração mineral, classe II. *Diário Oficial da União*, Brasília, 28 de dezembro de 1990a. Disponível em: <http://www.mma.gov.br/port/conama/legislacao/CONAMA_RES_CONS_1990_010.pdf>. Acesso em: 18 jan. 2016.

BRASIL. Conselho Nacional do Meio Ambiente. Resolução nº 9, de 6 de dezembro de 1990. Dispõe sobre normas específicas para o licenciamento ambiental de extração mineral, classes I, III a IX. *Diário Oficial da União*, Brasília, 28 de dezembro de 1990b. Disponível em: <http://www.mma.gov.br/port/conama/legiabre.cfm?codlegi=106>. Acesso em: 18 jan. 2016.

BRASIL. Conselho Nacional do Ministério Público. Resolução nº 13, de 2 outubro de 2006. Regulamenta o art. 8º da Lei Complementar nº 75/93 e o art. 26 da Lei nº 8.625/93, disciplinando, no âmbito do Ministério Público, a instauração e tramitação do procedimento investigatório criminal, e dá outras providências. *Diário da Justiça*, Brasília, 2 de outubro de 2006b. Disponível em: <http://www.cnmp.mp.br/portal/images/Normas/Resolucoes/Resolucao_n%C2%BA_13_alterada_pela_Res._111-2014.pdf>. Acesso em: 10 jan. 2016.

BRASIL. Conselho Nacional do Ministério Público. Resolução nº 23, de 17 de setembro de 2007. Regulamenta os artigos 6º, inciso VII, e 7º, inciso I, da Lei Complementar nº 75/93 e os artigos 25, inciso IV, e 26, inciso I, da Lei nº 8.625/93, disciplinando, no âmbito do Ministério Público, a instauração e tramitação do inquérito civil. *Diário da Justiça*, Brasília, 17 de setembro de 2007a. Disponível em: <http://www.cnmp.gov.br/portal/images/stories/CNMPHistoria/resolucao_23_alterada_pela_59_10.pdf>. Acesso em: 21 jan. 2016.

BRASIL. Conselho Nacional do Ministério Público. Resolução nº 35, de 23 de março de 2009. Altera a Resolução nº 23, de 17 de setembro de 2007. *Diário da Justiça*, Brasília, 23 de março de 2009a. Disponível em: <http://www.amperj.org.br/store/legislacao/mp/Resolucao35CNMP.pdf>. Acesso em: 19 jan. 2016.

BRASIL. Conselho Nacional do Ministério Público. Resolução nº 59, de 27 de julho de 2010. Altera a Resolução nº 23, de 17 de setembro de 2007, e dá outras providências. *Diário da Justiça*, Brasília, 16 de agosto de 2010. Disponível em: <http://www.legislacaocompilada.com.br/mpes/Arquivo/Documents/legislacao/image/ATO592010.pdf>. Acesso em: 18 jan. 2016.

BRASIL. Constituição (1988). *Constituição da República Federativa do Brasil, 1988*. Texto constitucional de 5 de outubro de 1988, com as alterações adotadas pelas emendas constitucionais até 2016. Brasília: Senado Federal, 1988. Disponível em: <http://www.planalto.gov.br/ccivil_03/constituicao/constituicaocompilado.htm>. Acesso em: 16 nov. 2016.

BRASIL. Presidência da República. Decreto nº 1.324, de 2 de dezembro de 1994. Institui como Autarquia o Departamento Nacional de Produção Mineral – DNPM, aprova sua estrutura regimental e dá outras providências. *Diário Oficial da União*, Brasília, 5 de dezembro de 1994c. Disponível em: <http://www.planalto.gov.br/ccivil_03/decreto/1990-1994/D1324.htm>. Acesso em: 18 jan. 2016.

BRASIL. Presidência da República. Decreto nº 3.358, de 2 de fevereiro de 2000. Regulamenta o disposto na Lei nº 9.827, de 27 de agosto de 1999, que "acrescenta parágrafo único ao art. 2º do Decreto-Lei nº 227, de 28 de fevereiro de 1967, com a redação dada pela Lei nº 9.314, de 14 de novembro de 1996". *Diário Oficial da União*, Brasília, 3 de fevereiro de 2000. Disponível em: <http://www.planalto.gov.br/ccivil_03/decreto/D3358.htm>. Acesso em: 22 jan. 2016.

BRASIL. Presidência da República. Decreto-Lei nº 227, de 28 de fevereiro de 1967. Dá nova redação ao Decreto-Lei nº 1.985, de 29 de janeiro de 1940. (Código de Minas). *Diário Oficial da União*, Brasília, 28 de fevereiro de 1967a. Disponível em: <http://www.planalto.gov.br/ccivil_03/decreto-lei/Del0227.htm>. Acesso em: 21 jan. 2016.

BRASIL. Presidência da República. Decreto-Lei nº 318, de 14 março de 1967. Dá nova redação ao preâmbulo e a dispositivos do Decreto-Lei nº 227, de 28 de fevereiro de 1967. *Diário Oficial da União*, Brasília, 14 de março de 1967b. Disponível em: <http://www.planalto.gov.br/ccivil_03/decreto-lei/1965-1988/Del0318.htm>. Acesso em: 18 jan. 2016.

BRASIL. Presidência da República. Lei Complementar nº 140, de 8 de dezembro de 2011. Fixa normas, nos termos dos incisos III, VI e VII do *caput* e do parágrafo único do art. 23 da Constituição Federal, para a cooperação entre a União, os Estados, o Distrito Federal e os Municípios nas ações administrativas decorrentes do exercício da competência comum relativas à proteção das paisagens naturais notáveis, à proteção do meio ambiente, ao combate à poluição em qualquer de suas formas e à preservação das florestas, da fauna e da flora; e altera a Lei nº 6.938, de 31 de agosto de 1981. *Diário Oficial da União*, Brasília, 9 de dezembro de 2011. Disponível em: <http://www.planalto.gov.br/ccivil_03/leis/LCP/Lcp140.htm>. Acesso em: 14 jan. 2016.

BRASIL. Presidência da República. Lei nº 10.683, de 28 de maio de 2003. Dispõe sobre a organização da Presidência da República e dos Ministérios, e dá outras providências. *Diário Oficial da União*, Brasília, 29 de maio de 2003. Disponível em: <http://www.planalto.gov.br/ccivil_03/leis/2003/L10.683.htm>. Acesso em: 18 jan. 2016.

BRASIL. Presidência da República. Lei nº 12.651, de 25 de maio de 2012. Dispõe sobre a proteção da vegetação nativa; altera as Leis nº 6.938, de 31 de agosto de 1981, nº 9.393, de 19 de dezembro de 1996, e nº 11.428, de 22 de dezembro de 2006; revoga as Leis nº 4.771, de 15 de setembro de 1965, e nº 7.754, de 14 de abril de 1989, e a Medida Provisória nº 2.166-67, de 24 de agosto de 2001; e dá outras providências. *Diário Oficial da União*, Brasília, 28 de maio de 2012b. Disponível em: <http://www.planalto.gov.br/ccivil_03/_ato2011-2014/2012/lei/l12651.htm>. Acesso em: 28 jan. 2016.

BRASIL. Presidência da República. Lei nº 6.403, de 15 de dezembro de 1976. Modifica dispositivos do Decreto-Lei nº 227, de 28 de fevereiro de 1967 (Código de Mineração), alterado pelo Decreto-Lei nº 318, de 14 de março de 1967. *Diário Oficial da União*, Brasília, 16 de dezembro de 1976. Disponível em: <http://www.planalto.gov.br/ccivil_03/leis/1970-1979/L6403.htm>. Acesso em: 13 jan. 2016.

BRASIL. Presidência da República. Lei nº 6.567, de 24 de setembro de 1978. Dispõe sobre regime especial para exploração e o aproveitamento das substâncias minerais que especifica e dá outras providências. *Diário Oficial da União*, Brasília, 26 de setembro de 1978. Disponível em: <http://www.planalto.gov.br/ccivil_03/LEIS/L6567.htm>. Acesso em: 7 jan. 2016.

BRASIL. Presidência da República. Lei nº 6.902, de 27 de março de 1981. Dispõe sobre a criação de Estações Ecológicas, Áreas de Proteção Ambiental e dá outras providências. *Diário Oficial da União*, Brasília, 28 de abril de 1981a. Disponível em: <http://www.planalto.gov.br/ccivil_03/leis/L6902.htm>. Acesso em: 17 jan. 2016.

BRASIL. Presidência da República. Lei nº 6.938, de 31 de agosto de 1981. Dispõe sobre a Política Nacional do Meio Ambiente, seus fins e mecanismos de formulação e aplicação, e dá outras providências. *Diário Oficial da União*, Brasília, 2 de setembro de 1981b. Disponível em: <http://www.planalto.gov.br/ccivil_03/LEIS/L6938.htm>. Acesso em: 29 jan. 2016.

BRASIL. Presidência da República. Lei nº 7.085, de 21 de dezembro de 1982. Modifica dispositivos do Decreto-Lei nº 227, de 28 de fevereiro de 1967 - Código de Mineração, com as alterações posteriores. *Diário Oficial da União*, Brasília, 22 de dezembro de 1982. Disponível em: <http://www.planalto.gov.br/ccivil_03/leis/1980-1988/L7085.htm>. Acesso em: 28 jan. 2016.

BRASIL. Presidência da República. Lei nº 7.347, de 24 julho de 1985. Disciplina a ação civil pública de responsabilidade por danos causados ao meio-ambiente, ao consumidor, a bens e direitos de valor artístico, estético, histórico, turístico e paisagístico (VETADO), e dá outras providências. *Diário Oficial da União*, Brasília, 25 de julho de 1985. Disponível em: <http://www.planalto.gov.br/ccivil_03/leis/L7347orig.htm>. Acesso em: 18 jan. 2016.

BRASIL. Presidência da República. Lei nº 7.804, de 18 de julho de 1989. Altera a Lei nº 6.938, de 31 de agosto de 1981, que dispõe sobre a Política Nacional do Meio Ambiente, seus fins e mecanismos de formulação e aplicação, a Lei nº 7.735, de 22 de fevereiro de 1989, a Lei nº 6.803, de 2 de julho de 1980, e dá outras providências. *Diário Oficial da União*, Brasília, 20 de julho de 1989a. Disponível em: <http://www.planalto.gov.br/ccivil_03/leis/L7804.htm>. Acesso em: 18 jan. 2016.

BRASIL. Presidência da República. Lei nº 7.805, de 18 de julho de 1989. Altera o Decreto-Lei nº 227, de 28 de fevereiro de 1967, cria o regime de permissão de lavra garimpeira, extingue o regime de matrícula, e dá outras providências. *Diário Oficial da União*, Brasília, 20 de julho de 1989b. Disponível em: <http://www.planalto.gov.br/ccivil_03/leis/L7805.htm>. Acesso em: 19 jan. 2016.

BRASIL. Presidência da República. Lei nº 7.886, de 20 de novembro de 1989. Regulamenta o art. 43 do Ato das Disposições Constitucionais Transitórias e dá outras providências. *Diário Oficial da União*, Brasília, 21 de novembro de 1989c. Disponível em: <http://www.planalto.gov.br/ccivil_03/leis/L7886.htm>. Acesso em: 23 jan. 2016.

BRASIL. Presidência da República. Lei nº 7.990, de 28 de dezembro de 1989. Institui, para os Estados, Distrito Federal e Municípios, compensação financeira pelo resultado da exploração de petróleo ou gás natural, de recursos hídricos para fins de geração de energia elétrica, de recursos minerais em seus respectivos territórios, plataformas continental, mar territorial ou zona econômica exclusiva, e dá outras providências. (Art. 21, XIX da CF). *Diário Oficial da União*, Brasília, 29 de dezembro de 1989d. Disponível em: <http://www.planalto.gov.br/ccivil_03/leis/L7990.htm>. Acesso em: 24 jan. 2016.

BRASIL. Presidência da República. Lei nº 8.001, de 13 de março de 1990. Define os percentuais da distribuição da compensação financeira de que trata a Lei nº 7.990, de 28 de dezembro de 1989, e dá outras providências. *Diário Oficial da União*, Brasília, 14 de março de 1990c. Disponível em: <http://www.planalto.gov.br/ccivil_03/leis/l8001compilado.htm>. Acesso em: 10 jan. 2016.

BRASIL. Presidência da República. Lei nº 8.078, de 11 de setembro de 1990. Dispõe sobre a proteção do consumidor e dá outras providências. *Diário Oficial da União*, Brasília, 12 de dezembro de 1990d. Disponível em: <http://www.planalto.gov.br/ccivil_03/leis/L8078.htm>. Acesso em: 23 jan. 2016.

BRASIL. Presidência da República. Lei nº 8.876, de 2 de maio de 1994. Autoriza o Poder Executivo a instituir como Autarquia o Departamento Nacional de Produção Mineral (DNPM), e dá outras providências. *Diário Oficial da União*, Brasília, 3 de maio de 1994d. Disponível em: <http://www.planalto.gov.br/ccivil_03/leis/L8876.htm>. Acesso em: 18 jan. 2016.

BRASIL. Presidência da República. Lei nº 8.901, de 30 de junho de 1994. Regulamenta o disposto no §2º do art. 176 da Constituição Federal e altera dispositivos do Decreto-Lei nº 227, de 28 de fevereiro de 1967 - Código de Mineração, adaptando-o às normas constitucionais vigentes. *Diário Oficial da União*, Brasília, 1º de julho de 1994e. Disponível em: <http://www.planalto.gov.br/ccivil_03/leis/L8901.htm>. Acesso em: 20 jan. 2016.

BRASIL. Presidência da República. Lei nº 8.982, de 24 de janeiro de 1995. Dá nova redação ao art. 1º da Lei nº 6.567, de 24 de setembro de 1978, alterado pela Lei nº 7.312, de 16 de maio de 1985. *Diário Oficial da União*, Brasília, 25 de janeiro de 1995a. Disponível em: <http://www.planalto.gov.br/ccivil_03/leis/L8982.htm>. Acesso em: 13 jan. 2016.

BRASIL. Presidência da República. Lei nº 9.099, de 26 de setembro de 1995. Dispõe sobre os Juizados Especiais Cíveis e Criminais e dá outras providências. *Diário Oficial da União*, Brasília, 27 de setembro de 1995b. Disponível em: <http://www.planalto.gov.br/ccivil_03/leis/L9099.htm>. Acesso em: 28 jan. 2016.

BRASIL. Presidência da República. Lei nº 9.314, de 14 de novembro de 1996. Altera dispositivos do Decreto-Lei nº 227, de 28 de fevereiro de 1967, e dá outras providências. *Diário Oficial da União*, Brasília, 18 de novembro de 1996. Disponível em: <http://www.planalto.gov.br/ccivil_03/leis/L9314.htm>. Acesso em: 29 jan. 2016.

BRASIL. Presidência da República. Lei nº 9.433, de 8 de janeiro de 1997. Institui a Política Nacional de Recursos Hídricos, cria o Sistema Nacional de Gerenciamento de Recursos Hídricos, regulamenta o inciso XIX do art. 21 da Constituição Federal, e altera o art. 1º da Lei nº 8.001, de 13 de março de 1990, que modificou a Lei nº 7.990, de 28 de dezembro de 1989. *Diário Oficial da União*, Brasília, 9 de janeiro de 1997b. Disponível em: <http://www.planalto.gov.br/ccivil_03/leis/L9433.htm>. Acesso em: 26 jan. 2016.

BRASIL. Presidência da República. Lei nº 9.605, de 12 de fevereiro de 1998. Dispõe sobre as sanções penais e administrativas derivadas de condutas e atividades lesivas ao meio ambiente, e dá outras providências. *Diário Oficial da União*, Brasília, 13 de fevereiro de 1998. Disponível em: <http://www.planalto.gov.br/ccivil_03/leis/L9605.htm>. Acesso em: 21 jan. 2016.

BRASIL. Presidência da República. Lei nº 9.827, de 27 de agosto de 1999. Acrescenta parágrafo único ao art. 2º do Decreto-Lei nº 227, de 28 de fevereiro de 1967, com a redação dada pela Lei nº 9.314, de 14 de novembro de 1996. *Diário Oficial da União*, Brasília, 28 de agosto de 1999. Disponível em: <http://www.planalto.gov.br/ccivil_03/leis/L9827.htm>. Acesso em: 5 jan. 2016.

BRASIL. Presidência da República. Lei nº 13.575, de 26 de dezembro de 2017. Cria a Agência Nacional de Mineração (ANM); extingue o Departamento Nacional de Produção Mineral (DNPM); altera as Leis nº 11.046, de 27 de dezembro de 2004, e nº 10.826, de 22 de dezembro de 2003; e revoga a Lei nº 8.876, de 2 de maio de 1994, e dispositivos do Decreto-Lei nº 227, de 28 de fevereiro de 1967 (Código de Mineração). *Diário Oficial da União*, Brasília, 27 de dezembro de 2017. Disponível em: <http://www.planalto.gov.br/ccivil_03/_ato2015-2018/2017/lei/L13575.htm>. Acesso em: 3 jan. 2018.

BRASIL. Superior Tribunal de Justiça. Administrativo. Autoexecutoriedade dos atos de polícia. Recurso Especial (REsp.) nº 1217234/PB, Rel. Min. Ari Pargendler, Primeira Seção, Julg. 14 ago. 2013. *Diário da Justiça Eletrônico*, Brasília, 21 de agosto de 2013b. Disponível em: <http://www.tjrn.jus.br/vicepresidencia/index.php/nurer/boletins-informativos/2013/22-informativo-nurer-07/file>. Acesso em: 19 jan. 2016.

BRASIL. Superior Tribunal de Justiça. Acórdão: Recurso Especial nº 625.249/PR, Rel. Min. Luiz Fux. Primeira Turma. Julg. 15 ago. 2006. *Diário da Justiça*, Brasília, 31 de agosto de 2006c. Disponível em: <https://stj.jusbrasil.com.br/jurisprudencia/7145033/recurso-especial-resp-625249-pr-2004-0001147-9/inteiro-teor-12862103>. *Acesso em:* 18 jan. 2016.

BRASIL. Superior Tribunal de Justiça. Responsabilidade civil por dano ambiental. Recurso especial representativo de controvérsia. Art. 543-C DO CPC. Danos decorrentes do rompimento de barragem. Acidente ambiental ocorrido, em janeiro de 2007, nos municípios de Miraí e Muriaé, Estado de Minas Gerais. Teoria do risco integral. Nexo de causalidade. Recurso Especial (REsp.) 1374284/MG, Rel. Min. Luis Felipe Salomão, Segunda Seção, julg. 27 jul. 2014, *Diário da Justiça Eletrônico*, Brasília, 5 de setembro de 2014. Disponível em: <https://www.jusbrasil.com.br/diarios/documentos /137672283/recurso-especial-n-1374284-mg-do-stj>. Acesso em: 18 jan. 2016.

BRASIL. Supremo Tribunal Federal. Ação direta de inconstitucionalidade (ADI). Lei nº 6.066 do Estado do Pará, que, alterando divisas, desmembrou faixa de terra do Município de Água Azul do Norte e integrou-a ao Município de Ourilândia do Norte [...]. Ação direta de inconstitucionalidade (ADI) nº 3.689/PA. Plenário. Rel. Min. Eros Grau. Julg. 10 maio 2007. *Diário da Justiça Eletrônico*, Brasília, 28 de junho de 2007b. Disponível em: <https://stf.jusbrasil.com.br/jurisprudencia/14728762/acao-direta-de-inconstitucionalidade-adi-3689-pa>. Acesso em: 19 jan. 2016.

BRASIL. Supremo Tribunal Federal. Acórdão: Recurso extraordinário (RE) nº 454740/AL. Rel. Min. Marco Aurélio, 28 de abril de 2009b. Disponível em: <http://www.stf.jus.br/portal/informativo/verInformativo.asp?s1=%E1gua+&pagina=44&base=INFO>. Acesso em: 26 jan. 2016.

CAMELO, Marta Sawaya Miranda. *Fechamento de mina*: análise de casos selecionados sob os focos ambiental, econômico e social. 2006. Dissertação Mestrado Profissional apresentada ao Programa de Pós-Graduação em Engenharia Geotécnica da Universidade Federal de Ouro Preto, Ouro Preto, MG, 2006.

CARVALHO FILHO, José dos Santos. *Manual de direito administrativo*. 28. ed. São Paulo: Atlas, 2015.

COUTINHO, Marcos Pereira Anjo. Administração democrática e o controle pelo Ministério Público. *Revista Jurídica do Ministério Público*, Belo Horizonte, n. 6, p. 479-489, jan./jun. 2006. Disponível em: <http://bdjur.stj.jus.br/dspace/handle/2011/26883>. Acesso em: 26 jan. 2016.

D'ANNA, Julia Catalina. Derecho minero: princípios generales. Reformas al código. Legislación minera en província de Buenos Aires. In: *Anales de la Facultad de Ciencias Jurídicas y Sociales de la Universidad Nacional de La Plata*, La Plata, n. 32, p. 159-165, 1996.

ECOLÓGICO. *O Caos e a (des)esperança da Semad*. 2015. Disponível em: <http://www.revistaecologico.com.br/materia.php?id=90&secao=1509&mat=1704>. Acesso em: 25 jan. 2016.

ELLOVITCH, Mauro da Fonseca. Licenciamento ambiental de empreendimentos minerários e seu controle judicial. *Revista do Ministério Público do Estado de Minas Gerais*, Belo Horizonte, Edição Especial Mineração, Belo Horizonte, p. 21-26, 2012. Disponível em: <MPMGJuridico_Mineracao.pdf>. Acesso em: 20 jan. 2016.

FARIA, Edimur Ferreira de. *Curso de direito administrativo positivo*. 8. ed. Belo Horizonte: Fórum, 2015.

FREITAS, Cristina Sabino de. É competência dos estados zelar pelo meio ambiente. 2012. Disponível em: <http://www.conjur.com.br/2012-abr-19/regulamentacao-indica-competencia-uniao-zelar-meio-ambiente>. Acesso em: 23 jan. 2016.

GASPARINI, Diógenes. *Direito administrativo*. 16. ed. atualizada por Fabricio Motta. São Paulo: Saraiva, 2011.

GRIZZI, Ana Luci Esteves *et al*. *Responsabilidade civil ambiental dos financiadores*. Rio de Janeiro: Lumen Juris, 2003.

JUSTEN FILHO, Marçal. *Curso de direito administrativo*. 7. ed. Belo Horizonte: Fórum, 2011.

LEUZINGER, Márcia Dieguez; GRAF, Ana Claudia Bento. *O tratamento constitucional do meio ambiente*: repartição de competências em matéria ambiental. Disponível em: <http://www.pge.sp.gov.br/centrodeestudos/bibliotecavirtual/Congresso/ztese17.htm>. Acesso em: 23 jan. 2015.

MACHADO, Paulo Affonso Leme Machado. *Direito ambiental brasileiro*. 9. ed. 2ª tir. São Paulo: Malheiros, 2000.

MARTÍNEZ, Víctor H. *Derechos reales en minería*. Buenos Aires: Depalma, 1982.

MILARÉ, Édis. *Direito do ambiente*: doutrina, prática, jurisprudência, glossário. 2. ed. rev., atual. e ampl. São Paulo: Revista dos Tribunais, 2001.

MINAS GERAIS. Tribunal de Justiça. Ação direta de inconstitucionalidade nº 1.0000.15.050708-5/000. Rel. Des. Wander Marotta. Julg. 31 jul. 2013. *Diário da Justiça*, Brasília, 9 de setembro de 2013. Disponível em: <https://www.mpmg.mp.br/lumis/portal/file/fileDownload.jsp?fileId>. Acesso em: 4 jan. 2016.

MINISTÉRIO PÚBICO DO ESTADO DO ESPÍRITO SANTO. *Ação civil pública, com pedido de concessão de tutela antecipada liminarmente*. 15 de novembro de 2015. Disponível em: <https://www.mpes.mp.br/Arquivos/Anexos/59c3c1e4-fd35-482b-beb6-63cbb965304e.pdf>. Acesso em: 19 jan. 2016.

NAVARRO, R. F. A Evolução dos materiais: parte1: da pré-história ao início da era moderna. *Revista Eletrônica de Materiais e Processos*, Campina Grande, v. 1. p. 1-11, 2006. Disponível em: <https://aplicweb.feevale.br/site/files/documentos/pdf/32246.pdf>. Acesso em: 20 jan. 2015.

O GLOBO. *MP de Minas Gerais vê falhas em licenciamento da barragem* de Fundão. 2016. Disponível em: <http://oglobo.globo.com/brasil/mp-de-minas-gerais-ve-falhas-em-licenciamento-da-barragem-de-fundao-18494612#ixzz4ACRBUEI3>. Acesso em: 30 mai. 2016.

ORGANIZAÇÃO DAS NAÇÕES UNIDAS (ONU). *Declaração sobre direito ao desenvolvimento*. Adotada pela Revolução nº 41/128 da Assembleia Geral das Nações Unidas, de 4 de dezembro de 1986. Disponível em: <ttp://www.direitoshumanos.usp.br/index.php/Direito-ao-Desenvolvimento/declaracao-sobre-o-direito-ao-desenvolvimento.html>. Acesso em: 25 jan. 2016.

OVALLE, Samuel Lira. *Curso de derecho de minería*. 4. ed. Santiago: Jurídica de Chile, 2007.

PEREIRA, Pedro Silvino *et al*. *Controle ambiental*. Juazeiro do Norte/CE: Instituto Federal de Educação Ciência e Tecnologia do Ceará, 2012.

POVEDA, Eliane Pereira Rodrigues. *A eficácia legal na desativação de empreendimentos minerários*. São Paulo: Signus, 2007.

RAMOS, José Luís Bonifácio. *O regime e a natureza jurídica do direito dos recursos geológicos dos particulares*. Lisboa: Lex Edições Jurídicas, 1994.

ROCHA, Lauro Lacerda; LACERDA, Carlos Alberto de Melo. *Comentários ao código de mineração do Brasil*. Rio de Janeiro: Forense, 1983.

RODRIGUES, João Gaspar. *A competência da Justiça Federal nos crimes ambientais*. 2010. Disponível em: <https://jus.com.br/artigos/17079/a-competencia-da-justica-federal-nos-crimes-ambientais>. Acesso em: 26 jan. 2016.

SERRA, Silvia Helena. *A formação, os condicionantes e a extinção dos direitos minerários*. 2000. 68 f. Dissertação (Mestrado em Geociências) – Universidade Estadual de Campinas (Unicamp), Campinas, SP, 2000. Disponível em: <http://repositorio.unicamp.br/bitstream/REPOSIP/286779/1/Serra,%20Silvia%20Helena%20.pdf>. Acesso em: 20 jan. 2016.

SOARES, Cristiana Nepomuceno de Sousa. Plano de recuperação de áreas degradadas (PRAD). In: FERRARA, Marina *et al.* (Coord.). *Estudos de direito minerário*. Belo Horizonte: Fórum, 2012. v. 1.

SUPREMO TRIBUNAL FEDERAL. Cabe ao MPF investigar lavra clandestina em área ambiental na Bahia. *Notícias*, Brasília, 6 mar. 2015. Disponível em: <http://www.stf.jus.br/portal/cms/verNoticia Detalhe.asp?idConteudo=286782>. Acesso em: 26 jan. 2016.

VILLAVERDE, João. *A grave crise do Ibama*. 2015. Disponível em: <http://economia.estadao.com.br/blogs/joao-villaverde/a-grave-crise-do-ibama/>. Acesso em: 26 jan. 2016.

VIVACQUA, Attilio. *A nova política do subsolo e o regime legal das minas*. Rio de Janeiro: Panamericana, 1942.

VOLANTE, Carlos Eduardo. A responsabilidade civil do Estado por dano ambiental decorrente da omissão fiscalizatória. *Revista Acadêmica Direitos Fundamentais*, Osasco, SP, Ano 6, n. 6, p. 29-30, 2012. Disponível em: <http://www.egov.ufsc.br/portal/sites/default/files/727-2284-1-pb.pdf>. Acesso em: 23 jan. 2016.

ZYMLER, Benjamin. *Direito administrativo e controle*. Belo Horizonte: Fórum, 2005.

---

Informação bibliográfica deste livro, conforme a NBR 6023:2002 da Associação Brasileira de Normas Técnicas (ABNT):

DURÇO, Karol Araújo; COUTINHO, Marcos P. Anjo. O controle administrativo e ambiental da atividade minerária no Brasil: aspectos atuais e perspectivas futuras. In: FARIA, Edimur Ferreira de (Coord.). *Controle da Administração Pública Direta e Indireta e das concessões*: autocontrole, controle parlamentar, com o auxílio do Tribunal de Contas, controle pelo Judiciário e controle social. Belo Horizonte: Fórum, 2018. p. 261-314. ISBN 978-85-450-0472-1

# CAPÍTULO 11

# O CONTROLE ADMINISTRATIVO E AMBIENTAL: ESTUDO SOBRE O ROMPIMENTO DAS BARRAGENS DE REJEITOS EM CATAGUASES, MIRAÍ E MARIANA, NO ESTADO DE MINAS GERAIS

**KAROL ARAÚJO DURÇO**

**MARCOS P. ANJO COUTINHO**

## 11.1 Introdução

Este trabalho versa sobre o "estudo de caso" de três dos maiores acidentes ambientais ocorridos no Brasil, envolvendo o rompimento de barragens de rejeitos minerários e industriais. Foi idealizado com base no triste horizonte de reiteração desse tipo de evento, uma vez que, no dia 5 de novembro de 2015, ocorreu a maior tragédia ambiental da história brasileira, protagonizada pela Mineradora Samarco, no município de Mariana.

Cumpre ressaltar que o estudo é a continuação de "O controle administrativo e ambiental da atividade minerária no Brasil: aspectos atuais e perspectivas futuras", artigo que apresentou o panorama geral do controle administrativo e ambiental da atividade minerária no atual sistema normativo brasileiro e as perspectivas futuras sobre o assunto. Neles sobressaíram os graves problemas relacionados à limitada eficácia social do controle e os entraves que suplantam a necessidade de simples alterações legislativas.

O primeiro desastre ambiental ocorreu em 2003, na zona rural do município de Cataguases. Originou-se do rompimento da barragem de um reservatório da Indústria Cataguases de Papel Ltda., que se destinava à contenção de rejeitos da sobra industrial da produção de celulose. O evento causou o derramamento de um bilhão de litros de lixívia (ou licor negro) que se espalhou pela bacia do Rio Paraíba do Sul. Vidas humanas não foram ceifadas, mas ocorreram diversos danos ambientais e patrimoniais.

O segundo caso, ocorrido em 2007, na zona rural do município de Miraí, envolveu o rompimento da barragem da empresa Mineração Rio Pomba Cataguases Ltda., que continha rejeitos da lavagem de bauxita. Assim como a tragédia de Cataguases, não houve mortes, mas diversos danos ambientais e patrimoniais foram materializados nos municípios mineiros de Miraí, Muriaé, Patrocínio do Muriaé e nos municípios fluminenses de Italva, Cardoso Moreira, Itaperuna e Lage do Muriaé.

O terceiro acidente, a maior tragédia ambiental brasileira, verificou-se em Mariana, no dia 5 de novembro de 2015. Deplorável ocorrência que ceifou a vida de 19 pessoas e demandará tempo, sacrifício social e investimento de bilhões de reais para minorar a ofensa ambiental e os prejuízos socioeconômicos.

Na apresentação dos casos, expõem-se as medidas administrativas e judiciais tomadas pelas autoridades competentes e aborda-se a efetividade das medidas de controle.

## 11.2 O caso de Cataguases

### 11.2.1 Os dados sobre o rompimento e o objeto pesquisado

O estudo do acidente ambiental de Cataguases abrangeu o exame de peças do Inquérito Civil nº 0153.03.000005-0 (Promotoria de Defesa do Meio Ambiente de Belo Horizonte, 2003), do Ministério Público do Estado de Minas Gerais (MPEMG); da Ação Cautelar nº 2003.51.03.001160-6 (Justiça Federal, 2ª Vara Federal de Campos dos Goytacazes, 2003) e da Ação Civil Pública nº 0001143-73.2005.4.02.5103 (Justiça Federal, 2ª Vara Federal de Campos dos Goytacazes, 2003), propostas pelo Ministério Público Federal (MPF) na Justiça Federal de Campos dos Goytacazes, e de matérias jornalísticas sobre a tragédia.

Versa este capítulo sobre o rompimento da barragem de um reservatório da Indústria Cataguases de Papel Ltda., destinada à contenção de rejeitos oriundos da sobra industrial da produção de celulose, ocorrido na Fazenda Bom Destino, na zona rural do município de Cataguases, no dia 29 de março de 2003.

Na ocasião, o acidente representou o maior desastre ambiental da história de Minas Gerais, responsável pelo despejo no córrego do Cágado e no rio Pomba de cerca de um bilhão de litros de lixívia (ou licor negro), composta, basicamente, de hidróxido de sódio, sulfeto de sódio e carbonato de cálcio. Felizmente, vidas humanas não foram ceifadas, mas danos diversos, ambientais e patrimoniais foram materializados.

O vazamento atingiu o rio Pomba, o rio Paraíba do Sul, parte dos litorais do Rio de Janeiro e do Espírito Santo, provocando até mesmo a interdição de utilização das praias. Foram atingidos, em especial, os Estados de Minas Gerais (com 40 cidades afetadas) e Rio de Janeiro (com 8 cidades afetadas e mais de 500 mil habitantes sem água potável). A mancha tóxica provocou a morte de peixes e animais – silvestres e domésticos – que viviam às margens do rio. A atividade pesqueira (comercial e de subsistência) foi gravemente afetada. Atividades agrícolas, agroindustriais e industriais (que dependem das águas dos rios em questão) também sofreram perdas.

As análises técnicas realizadas apontam que a mortandade da ictiofauna nos rios não foi provocada por tóxicos, metais ou pela alcalinidade, mas sim, pela elevada concentração de material orgânico da lixívia, que reduziu a concentração do oxigênio dissolvido.

Vale completar, ainda, que em decorrência do acidente houve a decretação de estado de emergência em municípios, a contratação de caminhões-pipa para abastecimentos emergenciais e a aquisição de cestas básicas para a população dependente do rio, diante da mencionada paralisação das atividades da agricultura, da pecuária e da pesca nas regiões.

Cumpre esclarecer, por oportuno, que a Indústria Cataguases funcionava irregularmente, sem licença ambiental, tendo sido responsável por acidente semelhante cerca de 10 anos antes. Ademais, a origem dos rejeitos causou a ampliação da responsabilidade que é digna de nota. Na verdade, esses rejeitos já estavam armazenados há, pelo menos, 14 anos e, segundo o noticiário, o governo de Minas e a Fundação Estadual do Meio Ambiente (Feam) desconheciam a existência desse depósito de resíduos. Aliás, a Feam – cuja função é fiscalizar – carece de registro completo e atualizado dos depósitos de resíduos, sendo constatado, apenas depois da tragédia, que ainda existia um segundo reservatório de resíduos no local. Apurou-se, ainda, que o Instituto Brasileiro do Meio Ambiente e dos Recursos Naturais Renováveis

(Ibama) teria sido informado sobre o risco de vazamento no local. A Defesa Civil de Minas teria alertado o Ibama com base em uma ocorrência policial. Mas o Ibama diz que, no fim de 2002, apenas recebeu ligação anônima referindo-se às más condições de armazenamento da Indústria Cataguases.

Voltando um pouco mais no tempo, o caso que no momento do acidente relaciona-se a duas empresas: a Florestal Cataguases Ltda. e a Indústria Cataguases de Papel Ltda., envolve, na verdade, sucessões no controle acionário, falência e administração ineficaz do passivo ambiental.

Tudo começou ainda na década de 1980, quando a Companhia Mineira de Papel de um empresário de Cataguases foi adquirida pelo Grupo Matarazzo, passando a denominar-se Indústria de Papéis Matarazzo.

A Indústria de Papéis Matarazzo destinava-se à produção de celulose e papel, tendo como subproduto a mencionada lixívia negra. Inicialmente, o resíduo da produção de celulose era lançado, sem nenhum tratamento, no córrego denominado "Meia Pataca", gerando reclamações por parte da população local.

Diante disso, a Feam determinou que a empresa cessasse o descarte do resíduo no córrego e o armazenasse, temporariamente, em reservatórios protegidos por barragens construídas no período de 1988 e 1990, na Fazenda Bom Destino, até sua posterior utilização econômica como combustível no processo produtivo.

Com a falência do Grupo Matarazzo, em 1990, a empresa passou a administração de seus funcionários como pagamento das dívidas trabalhistas, ocorrendo a transferência desse passivo ambiental pelo Poder Judiciário competente no processo falimentar. O passivo ambiental, contido nas barragens de resíduos continuou na Fazenda sem nenhuma medida destinada à sua neutralização química ou desativação e, também, com a omissão de fiscalização por parte do Poder Público.

Em novembro de 1994, houve a compra da empresa por empresários paulistas, sendo dividida em duas atividades: Indústria Cataguases de Papel Ltda., para fabricação de papel por reciclagem; Florestal Cataguases Ltda., para reflorestamento da área de plantio da matéria-prima (eucaliptos) para o processo produtivo da primeira.

Em novembro de 2001, houve modificação da composição acionária das empresas e alteração de suas diretorias, sem ocorrer, no entanto, apuração do passivo existente quando da aquisição da empresa pelos novos acionistas.

Assim, em 29 de março de 2003, sem ao menos a Diretoria ter tomado conhecimento do iminente problema ambiental e depois de intenso e previsível período de chuvas, a barragem de um dos reservatórios rompeu, causando o grave acidente.

Importante mencionar que, em todo o contexto da reparação do dano ambiental, a responsabilização pelo acidente esteve associada à ação negligente da empresa (pela ausência de verificação do passivo ambiental, quando da aquisição) e, também, de órgãos ambientais, nas esferas estaduais, federal e municipais.

## 11.2.2 As medidas administrativas adotadas em face dos responsáveis

O exame dos expedientes administrativos do Ministério Público mineiro e do Ministério Público Federal indicou a celebração de compromisso de ajustamento de conduta e ações judiciais, sendo, estas últimas, objeto do item seguinte.

Após levantamento preliminar dos impactos gerados pelo acidente, foi assinado, em 9 de maio de 2003, o Termo de Ajustamento de Conduta (TAC), entre a controladora do grupo empresarial, Iberpar Empreendimentos e Participações Ltda., MPFs de Campos dos Goytacazes e de Juiz de Fora, MPs do Estado de Minas Gerais e do Estado do Rio de Janeiro, e, posteriormente, em aditamento, o Ibama e os consultores contratados pelo grupo Cataguases para a execução dos trabalhos, com o objetivo de:

> Desativação dos reservatórios, com a retirada, a destinação adequada de todos os resíduos industriais e a recuperação dos cursos d'água e terrenos;
>
> Apresentação à FEAM de projeto executivo das medidas emergenciais de estabilidade das barragens e da desativação das mesmas, ou monitoramento contínuo das mesmas;
>
> Monitoramento das águas superficiais (Ribeirão do Cágado, Rio Pomba e Paraíba do Sul), águas subterrâneas e sedimento de fundo dos rios;
>
> Tratamento físico-químico e biológico da lixívia remanescente nos reservatórios (450.000 m$^3$ em 2004, segundo a batimetria).[1]

---

[1] MPF, 2003.

Cumpre ressaltar que a desativação dos reservatórios e a estabilização das barragens remanescentes foram realizadas, contudo, o tratamento físico-químico acabou sendo impossível em razão do custo de implantação e da inviabilidade da operação de transferência do material para outra localidade. Quanto ao tratamento biológico por meio de inoculação de microrganismos no lago, embora implementado, não levou a bons resultados. Ademais, com o termo, a empresa realizou ações de recuperação das margens do Córrego do Cágado, proteção de nascentes, repovoamento com espécies de peixes nativos e remoção dos resíduos acumulados nas propriedades rurais.

De qualquer forma, o exame geral das peças dos expedientes administrativos mostra que, dada a força dos fatos, não se esgotou o enfrentamento dos danos ambientais com o TAC, deixando aberta a possibilidade de futuras intervenções, na hipótese da identificação de ofensas irreversíveis ao meio ambiente, além daquelas que já estão em curso na Justiça.

Vale ressaltar, em todo caso, que o controle ambiental promovido pelas cláusulas nucleares do TAC ainda hoje persiste, não havendo o exaurimento, portanto, do ajuste de condutas celebrado, estando ainda em tramitação o inquérito civil em âmbito estadual e federal.

Ainda como medida administrativa, a empresa foi multada pelo Ibama no valor de 50 milhões de reais, embora o processo judicial em que se discute tal imposição ainda não tenha tido desfecho, motivo pelo qual permanece inexigível. Além disso, também na esfera administrativa, chegou a ocorrer a suspensão das atividades da Indústria Cataguases de Papel, embora por curto período.

### 11.2.3 As medidas judiciais adotadas em face dos responsáveis

As peças examinadas mostraram que o MPEMG não ingressou com instrumento típico do processo coletivo: a ação civil pública. Contudo, o MPF ingressou com medida cautelar de indisponibilidade de bens, ação civil pública e, ainda, ação penal em face dos responsáveis.

Na esfera cível, são réus nos processos as Indústrias Matarazzo de Papéis S/A; Holding Matarazzo IRFM; Indústrias Cataguases de Papel Ltda.; Florestal Cataguases Ltda.; Iberpar Empreendimentos e Participações; Vecttor – Projetos S/C Ltda.; o Ibama; a União e o Estado de Minas Gerais; além de Maria Pia Esmeralda Matarazzo, os sócios das indústrias Cataguases e três servidores do Ibama: Sônia Braz de

Oliveira – coordenadora da Ouvidoria do Ibama em 28 de março de 2003; Nélio da Silva Prado – chefe substituto da Divisão de Controle e Fiscalização (Dicof/MG); e Aurélio A. de Souza Filho – analista ambiental/responsável pelo Escritório Regional de Juiz de Fora/MG.

Não se tem notícia do ajuizamento de qualquer ação de improbidade administrativa nas esferas Federal ou Estaduais – Lei nº 8.429, de 2 de junho de 1992, art. 11,[2] no episódio de Cataguases.

Em âmbito criminal, o MPF em Campos de Goytacazes (RJ) ofereceu denúncia contra os sócios, ex-sócios e pessoas jurídicas das empresas Florestal Cataguases Ltda., Indústria Cataguases de Papel Ltda., ambas controladas pela Iberpar Empreendimentos e Participações Ltda.

Os réus nesta ação são José Gallardo Diaz, José Paz Vazquez, Gonzallo Gallardo Diaz, Juan José Campos Alonso, João Gregório de Bem, José Carlos Andrade Gomes, Antônio Gallardo Diaz e Felix Luís Santana Arenciba, respectivamente, os ex-sócios da Indústria Cataguases de papel Ltda., e ex-funcionário da empresa.

Os denunciados são acusados da prática do crime de inundação – art. 254 do Código Penal[3] –, uma vez que o patrimônio e a própria vida daqueles residentes nas proximidades da barragem foram expostos ao risco causado pela enxurrada, que, acrescida da capacidade poluidora do líquido escoado, ocasionou inúmeros danos materiais nas propriedades rurais habitadas e alcançadas pelo fluxo do resíduo industrial.

Também são acusados pela lei de crimes ambientais de poluição – art. 54, *caput*, e §2º, III, da Lei nº 9.605, de 12 de fevereiro de 1998[4] –, já que como consequência da poluição causada no Córrego do Cágado, no Rio Pomba e no Rio Paraíba do Sul, observou-se a mortandade de animais silvestres e de espécimes da fauna aquática habitante desses rios. Além disso, pelo art. 68 da Lei nº 9.605/1998,[5] eles são acusados de ter deixado de cumprir obrigação de relevante interesse ambiental, que seria o esvaziamento da barragem, que ainda está intacta.

Ademais, no inquérito criminal, foi apurado que a possibilidade de rompimento havia sido informada à Florestal Cataguases Ltda. pela Vector Projetos Integrados S/C Ltda. (empresa projetista das barragens), há mais de três anos, quando da elaboração do relatório de visita de 2 de setembro de 1999.

---

[2] BRASIL, 1992.
[3] BRASIL, 1940.
[4] BRASIL, 1998.
[5] BRASIL, 1998.

Num primeiro momento, ainda, a Procuradoria da República no Município de Campos de Goytacazes requisitou a instauração de Inquérito Policial para apurar a responsabilidade da Indústria Matarazzo de Papéis, bem como dos sócios, diretores e gerentes historicamente ligados à construção das barragens em 1988 e 1990, quando existia a fábrica de celulose, de propriedade do Grupo Matarazzo.

Posteriormente, restando a existência de fortes indícios de participação da gestão anterior do passivo ambiental, o MPF também ofereceu denúncia à Justiça contra as Indústrias Matarazzo de Papéis S/A e seus diretores Maria Pia Esmeralda, Victor José Velo Perez, Ari Rodrigues Marques, Luiz Henrique Serra Mazzili e Renato Salles dos Santos Cruz.

Com base na Lei acima mencionada, os réus respondem por quatro crimes: causar inundação (pena de reclusão de três a seis anos e multa em caso de dolo); crime contra o meio ambiente (um a quatro anos de reclusão e multa); poluição hídrica (um a cinco anos de prisão) e crime contra a administração ambiental (um a três anos de reclusão e multa).

Em âmbito cível, além da indisponibilidade de bens dos réus, o Ministério Público Federal em Campos (RJ) conseguiu decisão judicial favorável na ação civil pública proposta. O juiz federal em Campos condenou, solidariamente, os réus a pagarem a indenização de 144 milhões de reais. Na ação, o procurador da República Eduardo Santos de Oliveira pedia indenização e compensação por danos ecológicos e por danos difusos.

Na decisão, o juiz determinou, ainda, a constituição de fundo próprio a ser fiscalizado pelo Ministério Público Federal para receber o valor estipulado. Segundo afirma o procurador, "a ideia é utilizar o fundo na implementação de medidas compensatórias como a reposição de espécimes, a recuperação da vegetação destruída, a despoluição do Rio Paraíba do Sul e o financiamento de projetos e campanhas para educação ambiental".[6]

Ademais, ações individuais, em quantidade não elevada, tramitaram e ainda tramitam nos Juizados Especiais Cíveis e Varas Cíveis das comarcas dos municípios atingidos, movidas por pessoas que tiveram perdas patrimoniais decorrentes do acidente ambiental em comento.

---

[6] INDÚSTRIAS..., 2007.

## 11.2.4 A efetividade das providências: resultados das medidas empreendidas

O exame da efetividade das providências pode ser observado sob ângulos diversos. Relativamente à eficácia social do princípio constitucional da precaução, no cenário e no contexto amplo examinados, foi nula, especialmente considerando-se o histórico de acidentes similares em Minas Gerais, incluindo a posterior tragédia de Miraí, que será objeto do item seguinte, e o recente rompimento da barragem da mineradora Samarco em Mariana, a maior tragédia ambiental da história brasileira.

Noutro ângulo, estritamente considerado o controle externo repressivo, houve a efetividade no trabalho ambiental do Ministério Público brasileiro, fazendo valer os princípios constitucionais do controle do poluidor pelo Poder Público, o princípio da responsabilidade, o princípio do poluidor-pagador (PPP) e o princípio da reparação. Contudo, em especial a morosidade judicial tem sido, claramente, obstáculo de efetivação das medidas propostas, uma vez que, após quase treze anos depois do acidente, ainda não há nenhuma decisão judicial definitiva. Vale registrar que o MPF, a fim de tentar afastar essa morosidade, chegou até mesmo a propor execução provisória da decisão cível de primeira instância, que ocorreu em 2009, tramitando o cumprimento provisório de sentença nº 0000328-37.2009.4.02.5103 (Justiça Federal, 2ª Vara Federal de Campos dos Goytacazes, 2009), mas ainda sem resultado definitivo.

## 11.3 O caso de Miraí

### 11.3.1 Os dados sobre o rompimento e o objeto pesquisado

O estudo do acidente ambiental de Miraí abrangeu o exame de peças do inquérito civil nº 0024.07.000187-0,[7] do MPEMG; do procedimento administrativo nº 1.30.004.000028/2007-05, do MPF[8] e de um vídeo confeccionado pelo Poder Executivo de Minas Gerais sobre o evento.

É oportuno sublinhar que no curso da pesquisa, diversos volumes do inquérito civil do *Parquet* estadual não foram localizados pela

---

[7] MPEMG, 2007.
[8] MPF, 2007.

Secretaria da Promotoria de Justiça de Defesa do Meio Ambiente de Belo Horizonte e que a visão do expediente administrativo do MPF limitou-se a dois termos de ajustamento de conduta, a uma recomendação e a laudos do setor de Gerência Técnica.

Versa o capítulo sobre o rompimento da barragem da empresa Mineração Rio Pomba Cataguases Ltda., destinada à contenção de rejeitos da lavagem de bauxita, ocorrido na Fazenda São Francisco, situada na zona rural do município de Miraí, na madrugada do dia 10 de janeiro de 2007, por volta das 3 horas.

Na ocasião, o acidente de Miraí representou o segundo maior desastre ambiental da história de Minas Gerais, responsável pelo despejo de toneladas de água e lama provenientes da barragem. Felizmente, vidas humanas não foram ceifadas, em tese, pela rápida atuação de dois funcionários da empresa poluidora: um "vigia" e um "gerente de lavra". Detectando anomalias físicas, ambos promoveram medidas eficazes para que os órgãos públicos estaduais e municipais fossem contatados, concretizando-se, ainda na madrugada, o alerta à população nas regiões lindeiras à Fazenda São Francisco.

Mas danos diversos, ambientais e patrimoniais, concretizaram-se nos municípios mineiros de Miraí, Muriaé, Patrocínio do Muriaé e nos municípios fluminenses de Italva, Cardoso Moreira, Itaperuna e Lage do Muriaé.

## 11.3.2 As medidas administrativas adotadas em face dos responsáveis

Os expedientes administrativos do MPEMG e do MPF indicaram a celebração de três compromissos de ajustamento de conduta e a ocorrência de uma recomendação.

Inicialmente, dois dias após o acidente, em 12 de janeiro de 2007, o Ministério Público de Minas Gerais celebrou com a empresa Mineração Rio Pomba Cataguases Ltda., um compromisso de ajustamento emergencial, *in verbis*:

CLÁUSULA PRIMEIRA
1 – DO OBJETO

O objeto do presente Termo de Compromisso Prévio é a adoção de medidas emergenciais prévias para socorro das populações atingidas, garantindo-lhes os recursos, humanos e logísticos, imediatos para devolver-lhes as condições normais de salubridade por parte da COMPROMISSÁRIA.

CLÁUSULA SEGUNDA

2. DAS OBRIGAÇÕES

21. Pelo presente termo fica a compromissária obrigada, imediatamente, a atender todas as solicitações escritas encaminhadas pela Defesa Civil do Estado de Minas Gerais, para atendimento das populações dos municípios atingidos pelo rompimento da barragem supramencionada, fornecendo todo o apoio humano e logístico, especialmente nas cidades de Miraí, Muriaé, Patrocínio de Muriaé, localizados no estado de Minas Gerais e Itaperuna e Lage do Muriaé, localizados no estado do Rio de Janeiro. [...].[9]

Posteriormente, em 19 de janeiro de 2007, realizou-se outro compromisso de ajustamento preliminar, em que figuraram como compromitentes o MPF, o MPEMG e o MPRJ, sendo compromissários a Mineração Rio Pomba Cataguases Ltda. e seus sócios. Ocorreu, ainda, a interveniência da Fundação Estadual do Meio Ambiente (Feam), do Instituto Estadual de Florestas (IEF) e do Instituto Mineiro de Gestão das Águas (Igam). O desenho resumido do ajuste foi o seguinte:

CLÁUSULA PRIMEIRA

DO OBJETO

O objeto do presente Termo de Ajustamento de Condutas é a adoção de medidas emergenciais para minimizar os danos e riscos à população e ao meio ambiente, decorrentes do rompimento da barragem Fazenda São Francisco – Zona rural do Município de Miraí, de propriedade dos COMPROMISSÁRIOS.

CLÁUSULA SEGUNDA

DAS OBRIGAÇÕES

Pelo presente termo ficam os COMPROMISSÁRIOS obrigados a:

2.1. Encerrar, em definitivo, imediatamente, quaisquer atividades que impliquem em exploração e/ou beneficiamento de bauxita, na Fazenda São Francisco, apresentado o devido 'Plano de Encerramento' à Interveniente FEAM, no prazo de 180 (cento e oitenta) dias, sendo facultado aos COMPROMISSÁRIOS a retirada e o transporte do minério já beneficiado, existente no pátio de beneficiamento da planta industrial, bem como máquinas e equipamentos.

2.2. Executar o plano de encerramento referido no item anterior, na forma e prazos aprovados pela FEAM [...]

---

[9] MPEMG, 2007.

2.3. Como medidas EMERGENCIAIS deverão os COMPROMISSÁRIOS:

a) identificar, de imediato, as áreas de risco decorrentes de deslizamentos surgidas a partir da passagem da onda de lama proveniente do rompimento referido, comunicando, no prazo de 05 (cinco) dias úteis, por escrito, aos respectivos responsáveis (proprietários, detentores ou posseiros) dos riscos detectados, tomando as medidas de segurança necessárias para saná-los. No prazo de 30 (trinta) dias os COMPROMISSÁRIOS deverão apresentar diagnóstico dos problemas existentes e plano de recuperação, contendo cronograma e prazos para as ações propostas, com o encaminhamento dos respectivos relatórios à FEAM e aos COMPROMITENTES.

b) Monitorar, diariamente, e pelo período de 90 dias, a qualidade das águas, em pontos definidos pelo interveniente IGAM, sendo, inicialmente os pontos contidos na tabela anexa, com remessa dos respectivos laudos ao IGAM;

[...].

CLÁUSULA QUINTA
DA FISCALIZAÇÃO

5.1- A fiscalização do cumprimento das obrigações constantes na cláusula segunda deste Termo será realizada por Técnico do Ministério Público ou por qualquer outro órgão integrante do Sistema Nacional de Meio Ambiente – SISNAMA [...].[10]

Como garantia ao cumprimento das obrigações assumidas nesse TAC, houve, ainda, a estipulação de caução no valor de 2 milhões de reais, sendo estabelecida, em caso de descumprimento de cláusulas do ajuste, a multa diária de 100 mil reais, sem prejuízo das sanções penais, civis ou administrativas.

Merece atenção o fato de que o primeiro TAC, celebrado emergencialmente pelo *Parquet* mineiro em 12 de janeiro de 2007, teve a vigência de uma semana e perdeu o objeto diante da concretização do segundo acordo, firmado no dia 19 de janeiro do mesmo ano, por iniciativa do MPF, do MPEMG e do MPRJ, cujo conteúdo foi mais amplo e também abrangeu obrigações de socorro à população atingida pelo rompimento da barragem.

Em 23 de fevereiro de 2007, foi concretizado o TAC aditivo àquele celebrado em 19 de janeiro, com a única finalidade de prorrogar o prazo de cumprimento da obrigação contida na cláusula 2.3, letra "a", 2ª parte,

---

[10] MPEMG, 2007.

do Termo de Ajustamento de Condutas Preliminar de 19 de janeiro de 2007, pelo prazo de cem dias, a partir de 19 de fevereiro de 2007.

A recomendação expedida pelo MPF em 8 de setembro de 2010, direcionada à Feam, por sua vez, teve como restrito objeto a Informação Técnica nº 303/09, da 4ª Câmara de Compensação e Revisão do MPF, focada em específico ângulo das muitas ofensas ambientais existentes. Seu conteúdo, nessa linha, limitou-se a estabelecer que fosse

> [...] elaborado relatório indicando a conclusão/continuidade do convênio EPAMIG/Mineração Rio Pomba Cataguases e apresentando avaliação sobre a efetividade das medidas propostas no projeto de obtenção de alevinos em cativeiro e consequente repovoamento dos rios da região e ainda que seja realizado o acompanhamento dos íngremes taludes marginais no trecho a jusante do antigo dique do Secretário, onde o eixo fluvial possui declividade acentuada. Em períodos de precipitações mais intensas poderão surgir erosões, sendo, portanto, indicado se efetivar as intervenções necessárias para recuperá-los rapidamente [...].[11]

Vale mencionar, finalmente, que a empresa foi multada pelo Estado de Minas Gerais no valor de 75 milhões de reais, em aplicação da Lei Estadual nº 15.972, de 12 de janeiro de 2006.[12] A Secretaria de Meio Ambiente e Desenvolvimento Sustentável de Minas (Semad), na ocasião, aduziu que o *quantum* se mostrou adequado, dentre outros fatores, por se tratar a empresa de poluidora reincidente.

O exame das peças administrativas do MPEMG mostrou que, pela dimensão dos fatos, não havia se dado o esgotamento, até janeiro de 2016, da apuração integral das sequelas ambientais do acidente de Miraí, deixando aberta a possibilidade de futuras medidas, na hipótese de outras ofensas socioambientais reflexas serem detectadas. O controle ambiental repressivo, nesse contexto, ainda persiste, inexistindo o arquivamento do inquérito civil.

Daí a conclusão harmoniosa de Larcher, em pesquisa sobre a responsabilidade ambiental examinada: "As partes de comum acordo deliberaram deixar para fixar, em momento posterior, medidas compensatórias e indenizações financeiras por eventuais danos ambientais irreversíveis".[13]

---

[11] MPEMG, 2007.
[12] MINAS GERAIS, 2006.
[13] LARCHER, 2012, p. 4.

Em síntese, essas foram as providências extrajudiciais cujo conhecimento se mostrou possível no episódio de Miraí.

## 11.3.3 As medidas judiciais adotadas em face dos responsáveis

As peças examinadas na pesquisa não indicaram o manejo pelo MPF ou pelo MPE do instrumento típico do processo coletivo: a ação civil pública.

Ações penais e ações de improbidade administrativa, nas esferas federal ou estaduais (Lei nº 8.429/1992, art. 11),[14] também não foram encontradas na pesquisa.

Não obstante isso, ações indenizatórias individuais, em quantidade não elevada, tramitaram nos Juizados Especiais Cíveis das comarcas dos municípios atingidos, movidas por pessoas que tiveram perdas patrimoniais decorrentes do acidente ambiental.

## 11.3.4 A efetividade das providências: resultados das medidas empreendidas

O estudo da efetividade das providências implementadas pode ser observado sob ângulos diversos.

A efetivação do princípio constitucional da precaução, no cenário amplo examinado, foi nula, conclusão agravada pelo histórico de acidentes similares em Minas Gerais.

Larcher fez abordagem importante dos eventos que antecederam o acidente de Miraí, revelando o grau de falibilidade e ineficiência do controle ambiental preventivo:

> As centenas de barragens existentes em Minas Gerais, abandonadas ou em atividade, à época do acidente em Miraí, já eram alvo de atuação preventiva do Ministério Público de Minas Gerais, desde o ano de 2003, quando uma barragem pertencente às empresas Cataguases de Papel e Cataguases Florestal rompeu e provocou o despejo de 1,2 bilhão de litros de resíduos tóxicos nos rios Pomba e Paraíba do Sul, na zona da mata mineira, atingindo o norte e o noroeste fluminenses. [...] A partir do citado evento, o CAOMA, em parceria com a FEAM, iniciou o diagnóstico da situação das barragens situadas no território mineiro.

---

[14] BRASIL, 1992a.

[...] Especificamente em relação à barragem de rejeitos da Mineração Rio Pomba Cataguases Ltda., importante ressaltar que a mesma já havia rompido cerca de um ano antes, quando foi também celebrado um termo de ajustamento de conduta preliminar, cujo cumprimento vinha sendo supervisionado pelo setor técnico do Ministério Público mineiro.[15]

Ou seja, as barragens de rejeito industrial situadas em Minas Gerais eram alvo de maior atenção depois do acidente de Cataguases e, especialmente, essa barragem de Miraí já tinha sido objeto de controle pelos órgãos estatais em 2006. Mesmo assim, a empresa mineradora permitiu o grave desastre ambiental, precipitado pelas chuvas previsíveis daquele período.

Em ângulo diverso, estritamente considerado o controle externo repressivo, existiu a efetividade regular do trabalho ambiental, especialmente do Ministério Público brasileiro, fazendo valer os princípios constitucionais do controle do poluidor pelo Poder Público, o princípio da responsabilidade, o princípio da reparação integral e o princípio do poluidor-pagador (PPP).

## 11.4 O caso de Mariana

### 11.4.1 Os dados sobre o rompimento e o objeto pesquisado

O estudo do acidente ambiental de Mariana abrangeu o exame de peças de inquéritos civis do MPEMG nº 0024.15.016236-0,[16] e nº 0273.15.000057-1,[17] e dos inquéritos civis do MPF nº 1.22.010.000246/2015-34,[18] nº 1.17.004.000.112/2015-62,[19] nº 1.17.002.000214/2015-06,[20] e nº 1.22.000.003399/2015-52;[21] de petições iniciais de ações civis públicas e ações criminais; além de matérias jornalísticas.

No dia 5 de novembro de 2015, por volta das 15 horas, no empreendimento Complexo Germano, da empresa Samarco Mineração S/A, distrito de Bento Rodrigues, no município de Mariana, houve o rompimento da barragem de rejeitos minerários do Fundão e danos (galgamento e erosão) à barragem de Santarém.

---

[15] LARCHER, 2012, p. 4.
[16] MPEMG, 2015a.
[17] MPEMG, 2015c.
[18] MPF, 2015d.
[19] MPF, 2015b.
[20] MPF, 2015a.
[21] MPF, 2015c.

A barragem rompida continha o enorme volume de 50 milhões de m³ de rejeitos de mineração de ferro. Para se ter noção da magnitude do evento, 34 milhões de m³ de rejeitos foram lançados com o rompimento e 16 milhões de m³ levados à costa do Espírito Santo.

Das provas examinadas extrai-se a conclusão de que o rompimento da barragem do Fundão ocorreu pela liquefação do rejeito do minério de ferro. A liquefação é um processo verificado nas situações em que o sedimento sólido acumulado se transforma em líquido, por causa da pressão intersticial.

Ilustra o percurso dos rejeitos e auxilia a dimensionar a gravidade dos danos socioambientais o mapa das áreas atingidas pelo rompimento da barragem de Fundão, cujos rejeitos chegaram à foz do rio Doce, no dia 21 de novembro de 2015, por volta das 15 horas:

Figura 1 – Cronologia da passagem da lama.

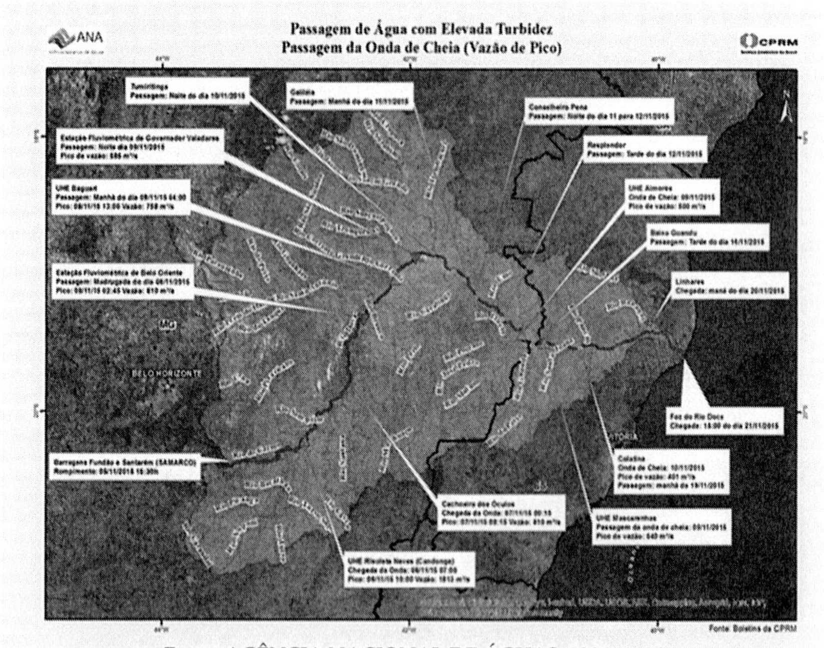

Fonte: AGÊNCIA NACIONAL DE ÁGUAS, 2016, p. 26.

Foram atingidos os municípios mineiros de Belo Oriente, Naque, Periquito, Aimorés, Bom Jesus do Galho, Caratinga, Córrego Novo, Pingo d'Água, Conselheiro Pena, Tumiritinga, Fernandes Tourinho, Sobrália, Dionísio, São Domingos do Prata, São José do Goiabal, Itueta, Resplendor, Alpercata, Governador Valadares, Mariana, Bugre, Iapu, Marli, Timóteo, Raul Soares, Rio Casca, São Pedro dos Ferros, Sem-Peixe, Barra Longa, Ponte Nova, Rio Doce, Santa Cruz do Escalvado, Santana do Paraíso, Galileia, Ipaba e Ipatinga.

Ao ingressarem no Espírito Santo, os rejeitos do minério de ferro alcançaram os municípios de Baixo Guandu, Colatina, Marilândia e Linhares, até desembocar na praia de Regência.

O acidente de Mariana matou 19 pessoas, trouxe ofensas ao patrimônio social, histórico e cultural das comunidades, danos severos à bacia do rio Doce e à zona costeira adjacente à foz do rio Doce, transtornos à captação de água, mortandade de animais e milhares de desempregados que viviam, sobretudo, da pesca, dentre as diversas consequências deletérias apuradas.

Trata-se da maior tragédia socioambiental do Brasil. E, pior, evento anunciado pelos anteriores acidentes ocorridos em Minas Gerais.

## 11.4.2 As medidas administrativas adotadas em face dos responsáveis

A título de introdução, quando as medidas administrativas e judiciais são examinadas, não se pode deslembrar do registro já realizado no capítulo 10[22] sobre as dificuldades referentes à competência judicial e à atribuição do ramo do MP, no controle ambiental da atividade minerária.

Existe entendimento dominante no cotidiano forense de que apenas a competência em matéria criminal é indissoluvelmente ligada à Justiça federal, na hipótese de identificação do bem jurídico ambiental de interesse da União (*v.g.*, art. 20, inciso IX),[23] porquanto o inciso IV[24]

---

[22] "O CONTROLE ADMINISTRATIVO E AMBIENTAL DA ATIVIDADE MINERÁRIA NO BRASIL: aspectos atuais e perspectivas futuras".
[23] Art. 20. São bens da União: [...] IX – os recursos minerais, inclusive os do subsolo; [...].
[24] Art. 109. Aos juízes federais compete processar e julgar: [...] IV – os crimes políticos e as infrações penais praticadas em detrimento de bens, serviços ou interesse da União ou de suas entidades autárquicas ou empresas públicas, excluídas as contravenções e ressalvada a competência da Justiça Militar e da Justiça Eleitoral; [...]. (BRASIL, 1988).

do art. 109 da Constituição foi taxativo, não se referindo a outras esferas, como a cível ou a administrativa.

Ilícitos ambientais de natureza extrapenal, nessa linha, têm competência federal apenas quando materializadas as situações previstas no inciso I, do art. 109,[25] ou seja, nas hipóteses em que a União, entidade autárquica ou empresa pública federal sejam interessadas na condição de autoras, rés, assistentes ou oponentes.

Ultrapassada essa questão, relevante em todas as situações de atividade minerária ou de ofensas a bacias interestaduais, tem-se que as medidas administrativas apuradas no episódio de Mariana foram os inquéritos (civis e policiais), compromissos de ajustamento de conduta, acordos e recomendações.

Em face da gravidade e da extensão das ofensas, maior número de TACs e ajustes ocorreu, por força das peculiaridades locais e dos múltiplos atores que tomaram para si a tarefa de provocar a reparação e a compensação dos danos socioambientais na maior tragédia brasileira.

À tradicional presença dos ramos do MP em matéria ambiental agregou-se, nesse episódio, a atuação de outras instituições e entes públicos, como a Defensoria Pública, a União e os Estados de Minas Gerais e do Espírito Santo.

Na pesquisa indicou-se a existência de TACs locais, celebrados pelo MPEMG com a empresa Samarco. As atenções foram voltadas, nessas hipóteses, para cláusulas de conteúdo restrito. Serve como exemplo o ajustamento da Promotoria de Justiça de Galileia/MG:

> CLÁUSULA PRIMEIRA.
>
> O objeto do presente compromisso é a remediação e a compensação parcial de danos ambientais no Município de Galileia com a otimização e a melhoria do abastecimento de água do município, por meio da elaboração e execução de projeto pela Compromissária para a construção de uma nova estação de captação e tratamento de água em local a ser indicado pelos intervenientes de modo a prover uma vazão de 20 (vinte) ou 25 (vinte e cinco) litros por segundo que atenda o Município de Galileia, e, ainda, finalizar a execução das melhorias e aparelhamento adequado da estação de captação e tratamento de água e do reservatório de água (próximo à BR-259) já existentes no Município de Galileia. §1º A Estação de Tratamento de Água a ser construída deverá contemplar

---

[25] Art. 109. [...] I – as causas em que a União, entidade autárquica ou empresa pública federal forem interessadas na condição de autoras, rés, assistentes ou oponentes, exceto as de falência, as de acidentes de trabalho e as sujeitas à Justiça Eleitoral e à Justiça do Trabalho; [...]. (BRASIL, 1988).

um sistema adequado de tratamento do lodo dela proveniente. §2º A captação e a adução d'água até a nova Estação de Tratamento de Água poderá ser realizada por meio das instalações preexistentes no Município de Galileia se adequadas. Caso constatada a inadequação delas, a Compromissária obriga-se a reformá-las ou a construir nova captação e adução.

[...].

CLÁUSULA QUINTA.

A Compromissária obriga-se ainda a:

I - Fornecer 30 (trinta) litros de água mineral por cada residência habitada, sendo inicialmente estimada em 69.000 (sessenta e nove mil) litros de água mineral por semana, nos primeiros 30 (trinta) dias a contar da presente data.

II - Fornecer 20 (vinte) litros de água mineral por cada residência habitada, sendo inicialmente estimada em 46.000 (quarenta e seis mil) litros de água mineral por semana, entre o trigésimo primeiro dia e o sexagésimo dia a contar da presente data.

III - Disponibilizar equipe técnica, com pelo menos um químico, para operar a estação de tratamento de água já existente em Galileia, inclusive para aferir a dosagem correta dos produtos utilizados no tratamento da água, pelo período de 01 (um mês) a contar da presente data.

[...].

CLÁUSULA DÉCIMA TERCEIRA.

As obrigações previstas neste termo são de relevante interesse ambiental e consubstanciam medidas compensatórias, cujos recursos a serem utilizados para seu cumprimento poderão, a critério da Compromissária, ser advindos do Termo de Compromisso Preliminar firmado com o Ministério Público do Estado de Minas Gerais e o Ministério Público Federal, em 16.11.2015, em Belo Horizonte. [...].[26]

O compromisso de ajustamento de conduta celebrado entre a Promotoria de Justiça de Galileia e a empresa Samarco Mineração S/A, em 8 de dezembro de 2015, exemplifica a atribuição extrapenal do MPEMG, mesmo considerado o bem jurídico ambiental envolvido em questão.

Tal raciocínio não ocorre pela simples homenagem à eficiência, fomentada pela capilaridade do *Parquet* estadual. Em verdade, é a interpretação sistemática dos incisos I e IV do art. 109 da Constituição que, somada ao vetor da eficiência (art. 37, *caput*), revela a melhor harmonia constitucional desse círculo hermenêutico. A solução para

---

[26] MPEMG, 2015a.

as eventuais dificuldades[27] resultantes das atribuições muitas vezes sobrepostas mostra a importância da organização de *diálogos institucionais* objetivos entre os ramos do MP, o que hoje não existe regulamentado formalmente, mas apenas por iniciativas isoladas de órgãos de execução.

Voltando ao estudo do caso do acidente de Mariana, também é notada a celebração de outros TACs, figurando como compromitentes mais de um ramo do MP.

Nesse sentido, como já indicara a própria cláusula 13ª do TAC de Galileia/MG, houve, em 16 de novembro de 2015, o ajustamento celebrado conjuntamente pelo MPF e o MPEMG com a empresa Samarco Mineração S/A:

> 1. Constitui objeto deste Termo de Compromisso Preliminar o estabelecimento de caução socioambiental para garantia de custeio de medidas preventivas emergenciais, mitigatórias, reparadoras ou compensatórias sejam elas ambientais ou socioambientais decorrentes do rompimento das barragens de rejeitos sob responsabilidade da COMPROMISSÁRIA na Comarca de Mariana.
> [...].
> 2. A COMPROMISSÁRIA prestará garantia emergencial mínima da execução de medidas constantes do objeto do presente termo, sejam elas presentes ou futuras, no valor de R$1.000.000.000,00 (hum bilhão de reais), na forma descriminada a seguir [...].[28]

Lado outro, o MP capixaba, o MPF e o MP do Trabalho também materializaram, em 15 de novembro de 2015, ajuste socioambiental preliminar com a poluidora, *verbis*:

> [...] 2. O presente compromisso visa estabelecer ações e procedimento iniciais e necessários à prevenção e mitigação de impactos sobre os Municípios de Baixo Guandu, Colatina, Marilândia e Linhares.
> 2.1 A adoção e previsão das presentes obrigações não elidem a responsabilidade civil, trabalhista, administrativa e criminal provenientes do desastre socioambiental de rompimento das barragens mencionadas, inclusive judiciais, respeitados os considerandos, nem exclui a possibilidade de que outras e novas providências emergenciais sejam exigidas [...].[29]

---

[27] As dificuldades são inerentes, como visto, às eventuais sobreposições de medidas administrativas ou judiciais similares, derivadas de atuações incomunicáveis, em dispêndio inútil da atividade laborativa do MP e do Poder Judiciário.
[28] MPEMG, 2015a.
[29] MPEMG, 2015a.

A análise dos procedimentos administrativos ministeriais trouxe, ainda, a recomendação expedida pelo Ministério Público Federal, por meio da Procuradoria da República no Município de Governador Valadares, em 20 de novembro de 2015, com o seguinte conteúdo de orientação:

[...] o envio de uma equipe interdisciplinar, eventualmente em conjunto com representantes do poder público federal, estadual e municipal, designados por tais entes, no trecho afetado pela onda cheia de rejeitos nos municípios de ALPERCATA, GOVERNADOR VALADARES, TUMIRITINGA, GALILÉIA, CONSELHEIRO PENA, RESPLENDOR, ITUETA e AIMORÉS, para identificar e *catalogar todos os pequenos produtores rurais, pescadores profissionais,* índios, *pomeranos e microempresários atingidos pela onda de destruição provocada pelo rompimento das barragens de Fundão e Santarém, além de avaliar o impacto do dano material provocado, inclusive no que diz respeito à interrupção das atividades produtivas;* [...] apresentação, ao Ministério Público Federal, de documentos comprobatórios da criação de um fundo destinado, exclusivamente, para custear as medidas de recuperação dos prejuízos materiais e morais suportados pelos moradores nos citados municípios que tenham sido diretamente atingidos pelos rejeitos provenientes do rompimento das barragens de Fundão e Santarém; [... ].[30]

Finalmente, a União e os Estados de Minas Gerais e Espírito Santo, em 2 de março de 2016, também realizaram medida extrajudicial, consubstanciada em acordo com a empresa Samarco, com a instituição de fundo destinado à recuperação da bacia do rio Doce e o acerto de medidas socioeconômicas e socioambientais tendentes, por exemplo,

[...] a indenizar os impactados; oferecer atendimento especializado aos povos indígenas; promover ações sócioassistenciais e socioculturais às famílias impactadas; desenvolver ações para recuperação, reconstrução e realocação das localidades de Bento Rodrigues, Paracatu de Baixo e Gesteira; executar ações necessárias ao desassoreamento do Reservatório da Hidrelétrica Risoleta Neves; reconstruir ou recuperar as escolas impactadas; recuperar bens culturais; monitorar a saúde da população; desenvolver ações de apoio aos pescadores; recuperar as atividades dos produtores afetados e prestar auxílio financeiro emergencial à população em razão da interrupção de suas atividades produtivas. [...] manejo dos rejeitos decorrentes do rompimento da barragem; construir e operar estruturas de contenção de sedimentos entre a Barragem do Fundão e a

---

[30] MPEMG, 2015a.

Hidrelétrica Risoleta Neves; promover a revegetação; recuperar áreas de preservação permanente afetadas, investindo, no mínimo, R$1,1 bilhão; recuperar cinco mil nascentes; avaliar o estado de conservação das espécies de peixe nativas da Bacia do Rio Doce; construir e aparelhar centros de triagem e reabilitação de animais silvestres; executar programa de recuperação da fauna e flora terrestres e disponibilizar R$500 milhões para custeio de planos básicos e saneamento, entre outras obrigações.[31]

Não obstante isso, o MPF externou pesadas objeções ao ajuste, em audiência de comissão criada para debater a tragédia de Mariana, ocorrida no dia 17 de março de 2016. O acordo, na visão crítica do *Parquet*, aparentou maior preocupação com as empresas poluidoras do que com as próprias comunidades atingidas.

Dentre os múltiplos fatores deletérios, a força-tarefa do MPF alertou que o acordo foi "construído às pressas" e carecia "de legitimação", já que as comunidades atingidas pelo evento ambiental não foram consultadas. Abordou-se a falta de transparência da União, notadamente nas informações técnicas que viabilizaram a concretização do ajuste. A preocupação maior sugere a "proteção das empresas poluidoras, a blindagem patrimonial das controladoras" e o "incentivo ao rápido retorno às atividades da operação da Samarco". Ainda, foi exposto que o acordo deveria ser uma "garantia mínima de reparação", já que na etapa inicial de aferição dos danos, não foi possível dimensionar a ofensa social, econômica e ambiental com detalhes razoáveis.[32]

O acordo, atualmente, é contestado judicialmente pelo MPF, por meio de embargos de declaração opostos contra a decisão judicial homologatória, o que é objeto do subitem 4.3 desta pesquisa. Existe, assim, a possibilidade jurídica real de sua nulificação pelo Poder Judiciário.

Como será visto no tópico 4.4, as medidas administrativas extrapenais, boas ou ruins, mais uma vez foram materializadas para a reparação e a compensação dos danos ambientais tratando-se de atuação *a posteriori*. O princípio da precaução permaneceu sem efetividade alguma. Os três acidentes investigados indicaram, portanto, o caráter ficcional da precaução como diretriz norteadora das atribuições dos órgãos ambientais. Caso de severa insinceridade normativa, tangenciando simulacro de proteção ambiental.

---

[31] TRIBUNAL REGIONAL FEDERAL DA 1ª REGIÃO, 2016b.
[32] FORÇA-TAREFA..., 2016.

Na seara criminal, a pesquisa visualizou a instauração de inquéritos pela Polícia Civil de Minas Gerais e pela Polícia Federal.

A Polícia Federal indiciou a empresa Samarco, a Vale, a VogBR e sete funcionários e executivos, em janeiro de 2016, pelo crime de poluição, previsto no art. 54 da Lei nº 9.605/1998.[33]

A Polícia Civil mineira, por sua vez, em fevereiro de 2016, indiciou seis funcionários da Samarco: R. V. (presidente licenciado), K. T. (diretor-geral de operações), G. L. (gerente-geral de projetos), W. A. (gerente de operações), W. S. (coordenador técnico de planejamento e monitoramento) e D. R. (gerente). Além disso, o engenheiro S. P. L., da empresa VogBR também foi indiciado.

Foram lhes atribuídos crimes contra a vida, decorrentes das 19 mortes constatadas e delitos ambientais: homicídio qualificado, inundação e poluição, respectivamente.

Sublinha-se que em relação aos específicos crimes ambientais imediatamente vinculados ao acidente, existiu aparente sobreposição de indiciamentos realizados pelas Polícias Civil e Federal, o que poderá trazer polêmica sobre a fixação da competência federal ou estadual.

### 11.4.3 As medidas judiciais adotadas em face dos responsáveis

Pelas mesmas razões propulsoras das medidas administrativas, houve o manejo de inúmeras ações cautelares, ações civis públicas por diversos legitimados, e ações penais.

As gravíssimas consequências do acidente de Mariana, com dezenove mortos, desabastecimento de água em diversas comunidades e danos ambientais, sociais, culturais e morais diversos, trouxeram a movimentação de todos esses atores, embora alguns deles, como alertado pela força-tarefa do Ministério Público Federal, mais tumultos e desserviços do que ajuda prestam à satisfação dos interesses difusos e coletivos.

Nas pesquisas realizadas, não foi possível aferir o deslinde dos processos com resolução de mérito. A complexidade dos danos ambientais, a própria evolução do acidente, com degradação progressiva, eventos reflexos e inúmeras controvérsias jurídicas formais inviabilizam o rápido desfecho da questão.

---

[33] BRASIL, 1998.

Nesse contexto, serão enumerados, tão somente, os objetos de algumas petições iniciais e determinadas controvérsias já percebidas.

As ações, assim como os acordos extrajudiciais, tiveram objetos variados, alguns mais restritos, visando à proteção de microrregiões em esfera municipal; outras mais amplas, como a deflagrada pelo MPF em abril de 2016, após as não bem-sucedidas tratativas com a empresa poluidora e a criticada celebração do acordo capitaneado pela União.

A Defensoria Pública da União ajuizou, em 12 de novembro de 2015, ação civil pública na Vara Federal da Subseção Judiciária de Governador Valadares, buscando condenar a empresa poluidora e a União ao cumprimento de três obrigações de fazer: a) à Samarco: fornecer 553.990 litros de água mineral por dia, até o retorno do abastecimento de água potável em Governador Valadares; b) à União: deslocar para a cidade, no mínimo, 100 membros das Forças Armadas para a distribuição da água mineral fornecida pela Samarco, em todos os bairros da cidade, especialmente naqueles em que a população é mais carente, devendo os militares permanecer na cidade até o efetivo retorno do abastecimento da água potável; e, finalmente, c) à Samarco: divulgar em todos os meios de comunicação os locais e bairros em que a água mineral será distribuída.

O Ministério Público capixaba e o MPF, em litisconsórcio ativo, manejaram,[34] no dia 9 de novembro de 2015, em face do Município de Baixo Guandu, da SAAE (Autarquia de Baixo Guandu), Iema (Autarquia estadual), Sanear (Autarquia de Colatina) e da poluidora Samarco, para garantir a efetividade da ação civil pública, deflagrada, em 28 de novembro de 2015, pelos autores da cautelar e pelo MP do Trabalho, que também integrou o polo ativo, em face do Município de Colatina, do Estado do Espírito Santo, da União, da Agência Nacional de Águas, da Sanear e da empresa Samarco.

Os pedidos centrais dessa ação civil pública consistiram: na interrupção da captação e distribuição de água, proveniente do rio Doce ou de outro espaço hídrico contaminado, com descarte da água existente em suas estações de tratamento; na imposição da obrigação de orientar a população para descarte total da água distribuída; em compelir a empresa a cumprir obrigações do TAC celebrado com os requerentes; em impor a obrigação de apresentar projeto técnico que preveja a adoção de fontes alternativas de captação de água; em impor

---

[34] MPF; MPES, 2016.

a obrigação de abster-se de efetuar a descarga de lavagem de filtros e lodos no corpo hídrico; na obrigação de adequar todas as estações de tratamento, com desiderato de assegurar condições operacionais efetivas diante da qualidade comprometida das águas do rio Doce, bem como descontaminar as estações de tratamento e as tubulações que levam água à população; impor a obrigação de fiscalizar a qualidade da água e dos serviços prestados; e, finalmente, impor ao Espírito Santo e à União a obrigação de prestar apoio operacional para garantir a ordem e a segurança em Colatina.

Em Minas Gerais, o *Parquet* estadual e o MPF também ajuizaram ações cautelares e ações civis públicas cujos objetos não foram dissonantes, em termos gerais, das medidas já referidas, todas tendentes, em essência, a minorar e aliviar apenas os reflexos locais imediatos dos danos sociais, ambientais e econômicos.

Por sua vez, em atuação não usual, anteriormente ao acordo (subitem 4.2), que também é alvo de críticas agudas, a União, os Estados de Minas Gerais e do Espirito Santo, órgãos e instituições integrantes do Sistema Nacional de Meio Ambiente (Sisnama) chegaram a ajuizar ação civil pública,[35] em 30 de novembro de 2015, perante a 12ª Vara Federal da Seção Judiciária de Minas Gerais, buscando, em síntese, condenações a obrigações de fazer um *plano global de recuperação socioambiental* da bacia do rio Doce e de toda a área degradada, com detalhamento das ações que deviam ser desenvolvidas, cronograma de execução das respectivas ações, cronograma de desembolso dos recursos monetários aptos à execução do projeto e, também, a obrigação de fazer um *plano global de recuperação socioeconômica* para o atendimento das comunidades atingidas pelo acidente.

Como sintetizou o *Parquet* Federal, sobre os imbróglios processuais envolvendo parte das ações civis públicas ajuizadas,

> no tabuleiro em que se moveram as diversas ações judiciais propostas em busca da responsabilização dos autores do desastre, teve maior destaque a ação civil pública proposta pela UNIÃO, pelo ESTADO DE MINAS GERAIS, pelo ESTADO DO ESPÍRITO SANTO e outros, que tramita perante a 12ª Vara Federal da Seção Judiciária de Minas Gerais (ACP nº 0069758-61.2015.4.01.3400), que é o juízo competente para a chamada 'ação principal' – segundo o Superior Tribunal de Justiça decidiu no Conflito de Competência nº 144.922/MG, suscitado pela SAMARCO MINERAÇÃO S.A., em face do Juízo de Direito da 7ª Vara Cível de

---

[35] BRASIL, 2015.

Governador Valadares, MG, onde tramitavam a Ação Civil Pública Cautelar nº 0395595 - 67.2015.8.13.0105 e a Ação Cautelar nº 0426085-72.2015; e do Juízo Federal da 2ª Vara de Governador Valadares, MG, no qual foi processada a Ação Civil Pública nº 9362-43.2015.4.01.3813.[36]

A ação civil pública movida pela União, conforme se frisou, antecedeu o acordo referido no subitem 4.2, alvo de impugnação do MPF, por meio de embargos de declaração. O acordo foi homologado em 5 de maio de 2016, pela desembargadora federal Maria do Carmo Cardoso, do Tribunal Regional Federal da 1ª Região.[37]

Nos embargos de declaração, com efeitos infringentes e pedido de suspensão de eficácia da homologação, o *Parquet* busca dinamitar a validade desse acordo com diversos argumentos, dentre eles a incompetência do TRF para a homologação, da ofensa à decisão do Superior Tribunal de Justiça (STJ),[38] a falta de intimação do MPF, a violação à participação de colegitimados, a falta de legitimidade da Advocacia Pública, a violação aos limites subjetivos da lide, ofensas a princípios constitucionais ambientais,[39] tratamento diferenciado à Vale e a BHP, desconsideração da responsabilidade solidária do Poder Público,

---

[36] BRASIL, 2016.
[37] MPF, 2016a.
[38] "O Tribunal da Cidadania, por meio de decisão liminar da Vice-Presidente no exercício da Presidência, em 11.01.2016, havia designado, provisoriamente, o Juízo da 12º Vara Federal em Belo Horizonte para decidir acerca das medidas urgentes (CC 144922-MG)". (MPF, 2016b).
[39] "[...] Como assegurar que os aportes previstos serão suficientes para que haja a reparação integral dos danos socioeconômicos e socioambientais decorrentes do evento? Bastaria uma cláusula no acordo para resguardar essa hipótese, mas não houve sua inclusão. E, ainda que os valores sejam suficientes para que a reparação ocorra em 15 anos, por que protrair a reparação por tão longo tempo, limitando a eficácia dos programas e a velocidade das ações à limitação anual de aportes? Quais dados técnicos justificam essa decisão? Deve-se levar em conta que cada dia que os danos continuam disseminados, sem que sejam adotadas medidas céleres e efetivas de reparação, a população permanece privada do acesso aos bens coletivos. Uma interpretação adequada do princípio do poluidor-pagador e da obrigação de reparação integral do meio ambiente degradado implica concluir que somente são aceitáveis obstáculos de ordem técnica e material para a adoção de medida de restauração, nunca argumentos de ordem econômica. Enquanto houver solvência por parte das empresas, preocupações de ordem econômica não podem sobrepor-se ao direito fundamental ao meio ambiente ecologicamente equilibrado, ainda que isso represente severa afetação de seu patrimônio. Mas, se o valor de aporte e de gastos negociado entre as partes levou em conta o histórico recente de lucro líquido da SAMARCO, não se pode perder de vista que os aportes previstos são irrisórios, se considerarmos a pujança financeira da VALE e da BHP, duas das maiores mineradoras do planeta. *No caso do maior desastre ambiental do Brasil, qual lógica deverá animar os colegitimados para a tutela dos direitos coletivos: a lógica econômica de blindagem patrimonial da VALE e da BHP ou a lógica de maximização da tutela socioambiental?*". (MPF, 2016b).

insuficiência dos programas socioambientais e socioeconômicos, limitação de despesas das empresas para compensação de danos ambientais, falta de efetividade das cominações e indevida transação sobre dano extrapatrimonial coletivo.

Diante do inconformismo ministerial com os caminhos tomados no caso de Mariana, é importante gizar que também foi deflagrada ação civil pública pelo *Parquet* Federal, distribuída por prevenção – Autos nº 60017-58.2015.4.01.3800[40] e nº 69758.61-2015.4.01.3400.[41]

Essa ação civil pública[42] é, seguramente, uma das mais extensas da história da tutela dos interesses transindividuais no Brasil, contendo 359 páginas, com abordagem exaustiva do direito constitucional, ambiental e processual, estabelecendo-se nas dez primeiras páginas, tamanha a robustez, o índice temático que enumera os seus fundamentos.

Foram colocados no polo passivo da relação jurídica processual a União, os Estados de Minas Gerais e Espírito Santo e diversos integrantes do Sisnama, como o Ibama, o DNPM e órgãos federais e estaduais.

A sofisticada elaboração da *causa petendi* trouxe inúmeros pedidos antecipados, com lastro no art. 2º da Lei nº 8.437, de 30 de junho de 1992, em tutela de urgência, referentes ao aporte de recursos e oferecimento de garantias; à suspensão de financiamentos e incentivos governamentais; a desconsideração da personalidade jurídica da Samarco Mineração S.A. para atingimento do patrimônio das sócias controladoras (Vale S.A. e BHP Billinton Brasil); à garantia de boas práticas e *compliance* socioambientais; à inversão do ônus da prova e indicação de equipe pericial independente; à elaboração, aprovação, gestão e execução dos planos socioambientais e socioeconômicos; à medidas emergenciais socioambientais (*v.g.*, reflorestamento, revegetação, criação de unidades de conservação, universalização dos serviços de saneamento básico, monitoramento da bacia do rio Doce, etc.); à medidas emergenciais socioeconômicas e humanitárias (*v.g.*, cadastramento de atingidos, garantia de direitos sociais básicos, auxílio financeiro emergencial, etc.); e à proteção de povos indígenas e demais povos e comunidades tradicionais.

Foram estabelecidos, em definitivo, 16 pedidos, cuja transcrição é obrigatória para se pontuar não apenas a magnitude dessa ação civil pública, como também o lacunoso tratamento conferido pela União no criticado acordo alvo de impugnação:

---

[40] MPF, 2016a.
[41] MPF, 2016b.
[42] (MPF, 2016a); (MPF, 2016b).

I. Condene os réus, solidariamente, a repararem integralmente o dano socioambiental provocado pelo rompimento da Barragem de Fundão, nas formas especificadas nos planos, garantindo-se aos entes públicos o benefício da execução subsidiária, observados os seguintes parâmetros mínimos: a) restauração de toda a área impactada pela deposição e passagem de rejeitos e de particulados com eles carregados, especialmente áreas fluviais, estuarinas e costeira, com a adoção, técnica e cientificamente justificada, dos métodos mais eficientes e apropriados para a remoção e destinação ambientalmente adequada dos rejeitos; b) restauração de toda a flora impactada, por meio, dentre outras técnicas, de revegetação, reflorestamento e recuperação de áreas de preservação permanente; c) recomposição das áreas de preservação permanente que sofreram danos em razão do rompimento da barragem de rejeitos de Fundão, e, a título compensatório, de outras áreas de preservação permanente ao longo da Bacia Hidrográfica do Rio Doce, em área total a ser indicada no plano de recuperação ambiental, de forma proporcional ao dano causado, não inferior a 40.000 (quarenta mil) hectares de APPs, em valor mínimo de R$1.100.000.000,00 (um bilhão e cem milhões de reais); d) recomposição das áreas do Bioma Mata Atlântica que sofreram danos em razão do rompimento da barragem de rejeitos de Fundão, e, a título compensatório, a recomposição de outras áreas de Mata Atlântica ao longo da Bacia Hidrográfica do Rio Doce, em número total a ser indicado no plano de recuperação ambiental, de forma proporcional ao dano causado; e) restauração das propriedades ecológicas da qualidade da água dos rios e das áreas estuarinas, costeiras e marinhas impactadas; f) recomposição de todas as nascentes que sofreram danos em razão do rompimento da barragem de rejeitos de Fundão, e, a título compensatório, de outras nascentes ao longo da Bacia Hidrográfica do Rio Doce, em número total a ser indicado no plano de recuperação ambiental, de forma proporcional ao dano causado, em quantidade não inferior a 10.000 (dez mil) nascentes; g) restauração de toda a biodiversidade afetada, incluindo elementos da flora e da fauna, nativos ou não, aquáticos, terrestres e aéreos; h) restauração e preservação de todo o Patrimônio Histórico, Cultural e Artístico impactado.

II. Condene os réus, solidariamente, a adotarem medidas de compensação em decorrência dos danos verificados, em valores a serem definidos pericialmente, mas não inferiores a R$4.100.000.000,00 (quatro bilhões e cem milhões de reais), garantindo-se, por meio desses valores, ao menos a realização dos projetos e obras necessários para a instalação e/ou melhoria dos sistemas de saneamento básico dos municípios atingidos ao longo do rio Doce, devendo, a partir de indicação técnica no plano de recuperação ambiental dos municípios a serem contemplados com essa ação e valores a serem aplicados em cada um deles, efetuar, pelo menos, as seguintes ações de saneamento básico: a) abastecimento de água → construção e/ou melhoria de sistemas de captação alternativa, tratamento e distribuição de água nos municípios que dependam da capitação direta do rio Doce; b) esgotamento sanitário construção e/ou melhoria de infraestruturas e instalações operacionais de coleta, transporte, tratamento e disposição final adequados dos esgotos sanitários; c) limpeza urbana e manejo de resíduos sólidos → construção e/ou melhoria de infraestruturas e instalações operacionais de coleta, transporte, transbordo, tratamento e destino final do lixo doméstico, inclusive mediante o fortalecimento das associações e cooperativas de catadoras e catadores de materiais recicláveis, e do lixo originário da varrição e limpeza de vias e logradouros públicos; d) drenagem e manejo de águas pluviais urbanas → construção e/ou melhoria de infraestruturas e instalações operacionais de drenagem urbana de águas pluviais, de transporte, detenção ou retenção para o amortecimento de vazões de cheias, tratamento e disposição final das águas pluviais drenadas nas áreas urbanas.

III. Condene os réus, solidariamente, a indenizarem a coletividade pelo tempo em que ficou inviabilizada de desfrutar do meio ambiente equilibrado em razão dos danos ambientais oriundos do rompimento da barragem de rejeitos de Fundão (lucros cessantes ambientais), em valor a ser arbitrado por esse Juízo, não inferior ao correspondente a 10% (dez por cento) do valor atribuído à presente causa, levando-se em consideração a extensão e gravidade do dano, o tempo decorrido entre o dano e a recuperação ou compensação ambiental, e o caráter pedagógico da indenização, devendo o valor ser depositado em conta judicial vinculada à presente ação e, necessariamente destinado à tutela de direitos transindividuais vinculados à área impactada (Bacia Hidrográfica do Rio Doce, região estuarina, costeira e marinha), garantindo-se aos entes públicos o benefício da execução subsidiária.

IV. Condene os réus, solidariamente, a indenizarem a coletividade pelo dano moral coletivo (responsabilidade extrapatrimonial) em razão dos danos ambientais oriundos do rompimento da barragem de rejeitos de Fundão, em valor a ser arbitrado por esse Juízo, não inferior ao correspondente a 10% do valor atribuído à presente causa, levando-se em consideração a extensão e gravidade do dano, o tempo decorrido entre o dano e a recuperação ou compensação ambiental, e o caráter pedagógico da indenização, devendo o valor ser depositado em conta judicial vinculada à presente ação e necessariamente destinado à tutela de direitos transindividuais vinculados à área impactada (Bacia Hidrográfica do Rio Doce, região estuarina, costeira e marinha), garantindo-se aos entes públicos o benefício da execução subsidiária.

V. Condene os réus, solidariamente, a repararem integralmente os danos socioeconômicos e humanos, materiais e imateriais, provocados a todos os indivíduos e grupos que tiveram direitos individuais homogêneos e coletivos em sentido estrito afetados pelo rompimento da barragem de Fundão, por meio de sentença genérica que reconheça o *andebeatur* (a existência da obrigação das empresas de reparar os danos morais e patrimoniais dos afetados pelo desastre), o *quis debeat* (a identidade do sujeito passivo da obrigação – os réus) e o *quid debeatur* (a natureza da prestação devida, qual seja, obrigação de pagar), e que viabilize o posterior ajuizamento de ação de cumprimento pelos interessados, garantindo-se aos entes públicos o benefício da execução subsidiária.

VI. Condene a União, o Estado de Minas Gerais, o Estado do Espírito Santo e a FUNAI, em suas respectivas esferas de atribuição, a realizarem procedimento de consulta prévia, livre e informada aos povos indígenas e demais povos e comunidades tradicionais atingidos, com relação a todas as medidas que possam atingi-los direta ou indiretamente.

VII. Condene a União, o Estado de Minas Gerais e as empresas rés, solidariamente, mediante contínua participação do povo indígena Krenak durante todo o processo, à recuperação ambiental de suas terras e à indenização pelos danos socioeconômicos, socioculturais e humanos sofridos, sendo que referidas medidas de recuperação e compensação deverão incluir, pelo menos: a) o restabelecimento da rede hidrográfica da respectiva terra indígena, inclusive no que se refere ao rio Eme e aos cursos d'água que secaram ou tornaram-se intermitentes; b) o fornecimento, ao referido povo indígena, da matéria prima necessária à construção de cabanas tradicionais, utilizadas para práticas culturais e religiosas, conforme costumes e o que for especificado pelos Krenak; c) a produção e divulgação de relatórios semestrais da execução dos planos de ação correspondentes.

VIII. Condene a União, o Estado do Espírito Santo e as empresas rés, solidariamente, mediante contínua participação dos povos indígenas Tupiniquim e Guarani durante todo o processo, à recuperação ambiental de suas terras e à indenização pelos danos socioeconômicos, socioculturais e humanos sofridos, devendo ser produzidos e divulgados relatórios semestrais da execução do correspondente plano de ação.

IX. Condene a União, o Estado de Minas Gerais, o Estado do Espírito Santo e as empresas rés, solidariamente, mediante contínua participação dos povos e comunidades tradicionais atingidos, à recuperação ambiental de seus territórios e à indenização pelos danos socioeconômicos, socioculturais e humanos sofridos, devendo ser produzidos e divulgados relatórios semestrais da execução do correspondente plano de ação.

X. Condene as empresas rés, solidariamente, a ressarcirem os gastos públicos: a) da União, para a conclusão do processo administrativo FUNAI nº 08620.008622/2012-32 (Procedimento de Identificação e Delimitação da Terra Indígena de Sete Salões, ocupada imemorialmente pelo povo indígena Krenak, localizada no município de Resplendor/ MG); b) de todos os entes públicos, com recursos humanos, materiais, logísticos e outros que se fizeram e venham a ser necessários, em razão do rompimento da barragem de rejeitos de Fundão, a serem devidamente demonstrados em sede de execução de sentença, em valor não inferior a R$27.463.793,00 (vinte e sete milhões, quatrocentos e sessenta e três mil e setecentos e noventa e três reais).

XI. Condene as empresas rés, solidariamente, a destinarem importes suficientes, conforme vierem a ser definidos em liquidação: a) ao apoio e fortalecimento das unidades de conservação existentes na Bacia Hidrográfica do Rio Doce, em proporção a ser definida conjuntamente pelo ICMBio, IEF/MG, IEMA/ES e municípios interessados, após efetivo processo de consulta pública; b) à criação da Reserva de Desenvolvimento Sustentável da Foz do Rio Doce, no Estado do Espírito Santo; e c) à criação de unidade de conservação para proteção dos vales dos rios Gualaxo do Norte e Carmo, na região situada entre a barragem de Fundão, localizada em Mariana/MG, e o reservatório de Candonga, localizado no Município de Santa Cruz do Escalvado/MG.

XII. Condene a União e o ICMBio, nas respectivas esferas de atribuição, a: a) concluírem o já iniciado processo de criação da Reserva de Desenvolvimento Sustentável da Foz do Rio Doce, no Estado do Espírito Santo, no prazo máximo de 1 (um) ano, garantindo amplo processo de consulta pública, nos termos do art. 22, §2º e 3º da Lei nº 9.958/2000 e, com relação aos povos e comunidades tradicionais que eventualmente possam ser afetados, promoverem processo de consulta prévia, livre e informada, nos termos do disposto no art. 6º da Convenção no 169 da OIT; b) adotarem todas as medidas necessárias para a criação, no prazo máximo de 3 (três) anos, de unidade de conservação a ser destinada à proteção dos vales dos rios Gualaxo do Norte e Carmo, na região situada entre a barragem de Fundão, localizada em Mariana/MG, e o reservatório de Candonga, localizado no município de Santa Cruz do Escalvado/MG, garantindo amplo processo de consulta pública, nos termos do art. 22, §§2º e 3º da Lei nº 9.958/2000 e, com relação aos povos e comunidades tradicionais que eventualmente sejam afetados, promover processo de consulta prévia, livre e informada, nos termos do disposto no art. 6º da Convenção nº 169 da OIT.

XIII. Condene a União e os Estados de Minas Gerais e do Espírito Santo a adotarem estratégias para o desenvolvimento de outras atividades econômicas na região que promovam a diminuição de sua dependência com relação à indústria minerária, estimulando o surgimento de novas indústrias na região, baseadas em alternativas tecnológicas de base sustentável, e capazes de promover uma maior integração produtiva da população, por meio das seguintes ações mínimas: a) estabelecimento de linhas de crédito produtivo mediante equalização e constituição de fundo garantidor; b) apoio técnico ao desenvolvimento do plano de diversificação econômica da região de Germano; c) diagnóstico das potencialidades e incentivo às atividades econômicas; d) ações para recuperação da imagem dos produtos locais; e) estímulo ao associativismo e ao cooperativismo; e f) fomento de novas indústrias e serviços para atendimento de demandas decorrentes das áreas atingidas.

XIV. Condene a União e os Estados de Minas Gerais e Espírito Santo a recuperarem as demais áreas de APP da Bacia Hidrográfica do Rio Doce, que não sejam imputadas às empresas rés como medida de reparação ou compensação ambiental, assegurado o direito de regresso contra os eventuais causadores diretos dos danos a serem verificados.

XV. Condene a União e os Estados de Minas Gerais e Espírito Santo a recuperarem as demais nascentes da Bacia Hidrográfica do Rio Doce, que não sejam imputadas às empresas rés como medida de reparação ou compensação ambiental, assegurado o direito de regresso contra os eventuais causadores diretos dos danos a serem verificados.

XVI. Condenar as empresas rés, de forma solidária: a) a manterem, em fundo privado próprio, sob gestão própria e fiscalização por auditoria independente, nos termos do item IX. 1.1, capital de giro nunca inferior a 100% (cem por cento) das despesas para os 12 meses subsequentes, destinadas ao custeio da elaboração e execução dos planos e medidas socioeconômico e socioambiental tratados nesta ação; e b) a constituírem garantias suficientes ao valor integral da reparação dos danos.[43]

Noutro giro, a pesquisa ainda indicou a tramitação de ações indenizatórias individuais nos Juizados Especiais Cíveis das comarcas dos municípios atingidos, movidas por pessoas físicas que tiveram perdas patrimoniais.

Ações de improbidade administrativa, nas esferas federal ou estaduais (Lei nº 8.429/1992, art. 11),[44] não foram encontradas na pesquisa.

Finalmente, cabe a menção de que o Ministério Público Estadual deflagrou ações penais, junto a Comarca de Belo Horizonte, em face da Samarco Mineração S.A. e de vários de seus diretores e engenheiros responsáveis pela Barragem e seus respectivos licenciamentos, sustentando a prática dos crimes previstos nos arts. 54, §3º, 60, 68, 69 e 69-A combinado com os arts. 2º e 3º, todos da Lei nº 9.605/1998,[45] bem como no art. 288 do Código Penal,[46] tudo na forma do art. 69, também do Código Penal.

Nesse sentido, a pessoa jurídica da Samarco está sendo processada criminalmente, na forma do art. 3º da Lei nº 9.605/1998, por entender o Ministério Público que os crimes foram praticados no interesse e em benefício da sua entidade. Ademais, alguns dos diretores foram incluídos no rol dos réus, na forma do art. 2º do mesmo diploma legal, por sustentar o MP que eles, sabendo da conduta criminosa de seus subordinados, deixaram de impedir sua prática, mesmo podendo agir para evitá-la.

---

[43] MPF, 2016a.
[44] BRASIL, 1992a.
[45] BRASIL, 1998.
[46] BRASIL, 1940.

Por sua vez, os crimes capitulados pelos artigos acima referidos dizem respeito a causar poluição em nível que resultou danos à saúde humana, mortalidade de animais e destruição da flora, ou mesmo deixar de adotar medidas de precaução quando solicitadas; manter instalação potencialmente poluidora sem licença ou autorização ou contrariando as normas legais e regulamentares; deixar de cumprir obrigação de relevante interesse ambiental; obstar ou dificultar a ação fiscalizadora do Poder Público em sede ambiental; elaborar e apresentar estudos e laudos falsos ou parcialmente falsos, inclusive por omissão.

Entende o Ministério Publico, ainda, que houve concurso material em diversas condutas, na forma do art. 69, do Código Penal.[47] E, por fim, os réus também estão sendo acusados da prática do crime de associação criminosa, nos termos do art. 288 do Código Penal.[48]

## 11.4.4 A efetividade das providências: resultados das medidas empreendidas

Evidentemente, por se tratar de tragédia recente, discutir a efetividade das providências tomadas até o momento será feito apenas em linhas preliminares.

Nesse sentido, sob o ângulo do princípio constitucional da precaução, espera-se que o futuro incremento na estrutura de controle e fiscalização das barragens por parte do Poder Público possa ser minimamente eficaz, vindo a interromper a sequência nociva de acidentes similares em Minas Gerais os quais, infelizmente, vêm crescendo em gravidade.

Noutro viés, estritamente considerado o controle externo repressivo, até o momento, parece haver efetividade no trabalho ambiental do Ministério Público brasileiro e também das autoridades policiais e judiciais responsáveis pelas apurações, acusações e julgamentos, as quais vêm fazendo valer os princípios constitucionais do controle do poluidor pelo Poder Público, o princípio da responsabilidade, o princípio do poluidor-pagador (PPP) e o princípio da reparação integral. Registre-se, ainda, a repercussão negativa que o acordo capitaneado pela União gerou para o Ministério Público, usual protagonista do controle externo ambiental no Brasil.

---

[47] BRASIL, 1940.
[48] BRASIL, 1940.

De uma forma ou de outra, os desdobramentos dessa tragédia demandarão novas análises sobre a efetividade das medidas por longo tempo.

## 11.5 Conclusão

As observações finais são limitadas, porquanto lastreada a pesquisa em restrito acervo documental. Agrega-se a isso o fato de que as soluções derradeiras dos episódios de Miraí e Mariana ainda não estão esgotadas.

Não obstante esse fato, algumas conclusões são possíveis a respeito do controle ambiental no estudo dos casos de Cataguases, Miraí e Mariana:

a) Os empreendedores e os titulares da atividade econômica negligenciaram os mais elementares deveres de precaução, ingressando, inclusive, no campo do dolo eventual. As punições criminais decorrentes das ofensas a bens jurídicos ambientais são irrisórias, podendo-se afirmar que, em decorrência disso, inexiste o receio de sanção grave, de natureza penal, por parte do poluidor brasileiro. Os instrumentos extrapenais são mais eficazes e a *ultima ratio* mostra-se esvaziada.

Se na leitura superficial o rompimento de barragem pode soar apenas como dano setorial, o mesmo não se verifica em qualquer estudo balizado. Os riscos são palpáveis e previamente conhecidos, notadamente as chances de *ofensas pluridimensionais* decorrentes dessa espécie de acidente: lesões *econômicas, sociais e ambientais*, em regra, intermunicipais ou interestaduais.

Os episódios estudados representaram catástrofes ambientais anunciadas, a evidenciar a intolerável postura das empresas e dos empresários poluidores.

b) Os órgãos ambientais integrantes do Sisnama, lado outro, não têm estruturas capazes de abraçar, com substância, o controle ambiental preventivo (tanto o órgão executor, quanto os seccionais e locais). Sem meias palavras, pode-se atestar o sucateamento dos órgãos, que atuam apenas de modo formal. Investigações aprofundadas e trabalhos de campo não fazem parte do funcionamento ordinário do Sisnama. A deficiência de orçamentos capazes de suprir as necessidades mais elementares, como o deslocamento de servidor público ou até mesmo o abastecimento de veículos automotores.

Aparecem, assim, os poderes executivos das três esferas na cadeia de responsabilidade pela desvalorização do princípio constitucional da precaução, num simulacro de controle preventivo dessas atividades. Os órgãos ambientais, ultrapassada a etapa de licenciamento,[49] na generalidade dos casos, quedam-se em posição similar à do MP brasileiro em matéria ambiental, este sim, por não ser órgão fiscalizatório do Sisnama, a atuar pontualmente em situações concretas de risco ou ofensa a interesses de terceira dimensão ou geração.

Especificamente sobre a temática de barragens de rejeitos industriais, a fraqueza do controle ambiental preventivo do Sisnama ganha contornos dramáticos.

A Feam chegou a elaborar, em março de 2007, o documento intitulado *Evolução das ações de gestão de barragens de contenção de rejeitos, de resíduos e de reservatórios de água em empreendimentos industriais e minerários no Estado de Minas Gerais*, cuja "introdução" é importante assentar:

> [...] O diagnóstico inicial da situação das *barragens de contenção de rejeitos, de resíduos e de reservatórios de água em empreendimentos industriais e de mineração no Estado de Minas Gerais* foi publicado em maio de 2004, incluindo o banco de dados 2004 de barragens, que representou o primeiro passo na organização de um *programa de gestão dessas estruturas*. No intuito de aperfeiçoar os trabalhos em curso, foi publicada a Deliberação Normativa Copam nº 87, em 6 de setembro de 2005, que altera e complementa a Deliberação Normativa nº 62/2002, dispondo sobre a *realização de auditoria técnica de segurança*. [...] Os proprietários dos empreendimentos são responsáveis pela manutenção das condições de segurança da estrutura, com a corresponsabilidade do auditor. Cabe à FEAM efetuar as fiscalizações nos empreendimentos para verificar o cumprimento das recomendações apontadas pelo auditor, de forma a manter as barragens operando em nível de segurança adequado. [...].[50]

---

[49] Isso quando o próprio *processo de licenciamento* não é desvirtuado e desorganizado, tornando letra morta, desde o berço, a precaução e a prevenção ambiental, como aduzido pelo Ministério Público de Minas Gerais, em reflexão sobre o acidente de Mariana, *verbis*: "O Ministério Público, desde o início, analisou o licenciamento com a maior profundidade possível. Podemos apontar com grande exatidão que ele (licenciamento) foi decisivo para que ocorresse essa tragédia [...]. O licenciamento todo é uma colcha de retalhos. Cheio de inconsistências, omissões e graves equívocos, que revelam uma ausência de política pública voltada à proteção da sociedade — diz o promotor, que destaca ainda a velocidade com que a obra foi autorizada. Esse licenciamento foi obtido em tempo inacreditavelmente rápido". (MP..., 2016).

[50] FEAM, 2007, p. 1.

Apesar das deliberações transcritas, o mais grave acidente ambiental da história brasileira ocorreu em Mariana, no dia 5 de novembro de 2015, a evidenciar que os programas de gestão das barragens idealizados pela Feam não saíram eficazmente do papel, representando mais um simulacro de controle ambiental pelo Poder Público.

A cartilha abstrata dos sofisticados princípios constitucionais e os atos normativos e planos de metas dos órgãos ambientais não foram acompanhados das ações administrativas dotadas de efetividade.

Ficou exposta, ainda, a debilidade do Sisnama, em especial a ausência de interação entre as entidades e os órgãos federais, estaduais e municipais que não dispõem de instrumentos capazes de fiscalizar plenamente as atividades empresariais potencialmente poluidoras, tampouco possuem condições de atuar com agilidade em momentos de crises como o ocorrido.

c) O Ministério Público brasileiro, noutro giro, tem sido o maior protagonista do controle externo repressivo no cenário ambiental, embora igualmente improdutivo sob a ótica do exitoso fomento da precaução e da prevenção ambiental.

A atuação repressiva ministerial, nos acidentes de Cataguases, Miraí e Mariana, foi rápida, relativamente organizada e destinou-se a ordenar e a estabelecer as reparações e compensações dos danos ambientais e patrimoniais. Neste aspecto, cumpriu o seu papel constitucional.

Quando se menciona a atuação "relativamente organizada" critica-se a inexistência do *diálogo institucional* entre os ramos do *Parquet* brasileiro, o que fomenta o risco de sobreposição de atuações na esfera ambiental extrapenal e o consequente dispêndio desnecessário de atividade laborativa, em ofensa ao princípio constitucional da eficiência administrativa. No Estado de Direito, é obrigatória a busca de harmonização entre os órgãos de execução do MP, nas hipóteses em que a flexibilidade ou a plasticidade do ordenamento trouxer a possibilidade de atuação concorrente. Seria importante o Ministério Público brasileiro refletir sobre a regulamentação da matéria, para que as comunicações entre os ramos do *Parquet* não dependessem de iniciativas individuais de seus órgãos de execução.

No caso de Mariana, houve a participação atípica de outros legitimados, como a Defensoria Pública da União e os entes públicos (Estados e União), o que é explicado, em abstrato, pela dimensão extraordinária do acidente ambiental. Mas, não se pode deixar de registrar as críticas contundentes do MPF e as impugnações já realizadas ao acordo da União e dos Estados com a empresa poluidora.

As tramitações lentas de alguns expedientes administrativos ministeriais em graves eventos como o de Miraí, às vezes superiores a uma década, devem-se à forma de condução escolhida (atrelar a duração dos inquéritos/procedimentos ao acompanhamento das reparações e/ ou compensações ambientais, mesmo após as celebrações dos TACs e a formação do convencimento jurídico sobre o evento), não a inércia ou a omissão do *Parquet*.

Como o TAC é título executivo extrajudicial e os acompanhamentos/perícias renovam-se, periodicamente, para aferir a evolução dos danos, das reparações ou das compensações ambientais, a solução mais compatível com a organização, com a gestão investigatória e com a própria eficiência administrativa amolda-se à ideia de instauração e arquivamento de *inquéritos civis sucessivos* – um novo expediente a cada TAC ou a cada nova etapa de reparação ou compensação ambiental.

O fomento ao princípio da precaução, como já afirmado, não produziu efeitos visíveis. A falta de efetividade foi patente.

O fracasso da tutela preventiva do meio ambiente ocorreu especialmente pelos dois aspectos já referidos: a uma, as posturas irresponsáveis das empresas/empresários poluidores; a duas, a grave desestrutura e desarticulação do SISNAMA.

Tais fatos geram a cadeia deletéria que, de modo simplificado, pode ser explicada da seguinte forma: o Ministério Público, na formação de seu convencimento, utiliza frequentemente o trabalho técnico e as conclusões dos órgãos ambientais do Sisnama, que, por sua vez, exercem controles preventivos artificiais e, quando muito, confiam no cumprimento espontâneo das regras de precários licenciamentos ambientais por parte das empresas que exploram a atividade econômica.

O rompimento desse *ciclo obstaculizador* do princípio da precaução parece residir, antes de meras alterações legislativas,[51] sempre passíveis de aperfeiçoamento, na efetiva qualificação e na estruturação dos órgãos ambientais, proporcionais à dimensão das atividades que devem ser habitualmente ou ordinariamente realizadas.

A melhor organização administrativa do Sisnama representa, nesse contexto, a mais importante solução asseguratória da precaução

---

[51] A adequação do processo de licenciamento ambiental, por exemplo, é importante. Mas não será a solução fundamental caso o caos administrativo permaneça inalterado no Sisnama.

ambiental, maximizando a tutela ambiental preventiva e, indiretamente, auxiliando a própria atuação do Ministério Público brasileiro.

Para tanto, a governança responsável, calcada no planejamento administrativo-financeiro e atenta aos direitos e interesses constitucionais, precisa agregar-se à exigência da "democracia operacional",[52][53] na qual o valor da responsabilidade social, na atividade minerária, reforça o compromisso de todos com as expectativas de efetividade do controle administrativo, incentivando a eliminação dos espaços normativos de simulacro.

## Referências

AGÊNCIA NACIONAL DE ÁGUAS (ANA). *Bacia do rio Doce:* encarte especial sobre o rompimento da barragem em Mariana/MG. p. 26. Disponível em <http://www.sigrh. sp.gov.br/public/uploads/ckfinder/files/EncarteRioDoce_2016.pdf>. Acesso em: 29 jun. 2016.

BRASIL. Advocacia Geral da União. *Ação civil pública com pedido de antecipação de tutela.* 2015. Disponível em: <http://www.brasil.gov.br/meio-ambiente/2015/12/confira-documentos-sobre-o-desastre-do-rio-doce/acao_inicial_agu_es_ mg_samarco.pdf>. Acesso em: 25 jan. 2016.

BRASIL. Constituição (1988). *Constituição da República Federativa do Brasil,* 1988. Texto constitucional de 5 de outubro de 1988, com as alterações adotadas pelas emendas constitucionais até 2016. Brasília: Senado Federal, 1988. Disponível em: <http://www. planalto.gov.br/ccivil_03/constituicao/constituicaocompilado.htm>. Acesso em: 21 jul. 2016.

BRASIL. Ministério Público Federal (MPF). Disponível em: <http://www.mpf.mp.br/>. Acesso em: 29 jun. 2016.

BRASIL. Ministério Público Federal. *Procuradoria da República nos Estados de Minas Gerais e Espírito Santo* – Força-Tarefa Rio Doce. Autos nº 60017-58.2015.4.01.3800 e nº 69758.61-2015.4.01.3400. 2016. Disponível em: <http://www.mpf.mp.br/mg/sala-de-imprensa/docs/acp-samarco>. Acesso em: 30 jun. 2016.

---

[52] A partir da metade da década de 1950, começou a surgir a preocupação com uma democracia mais completa, com a democracia que transpõe o limiar da eleição de representantes políticos para expressar-se também no modo de tomada de decisão dos eleitos. Emergiu a ideia de que o valor da democracia depende também do modo pelo qual as decisões são tomadas e executadas. Verificou-se que havia, com frequência, grande distanciamento entre as concepções políticas de democracia vigentes num país e a maneira com que ocorriam as atuações da Administração [...]. Passou a haver, então, uma pregação doutrinária em favor da democracia administrativa, que pode ser incluída na chamada democracia de funcionamento ou operacional [...]. Isso porque, o caráter democrático de um Estado declarado na Constituição, deve influir sobre o modo de atuação da Administração, para repercutir de maneira plena em todos os setores estatais.

[53] MEDAUAR, 2006.

BRASIL. Presidência da República. Decreto-Lei nº 2.848, de 7 de dezembro de 1940. Código penal. *Diário Oficial da União*, Rio de Janeiro, 13 de fevereiro, 31 de dezembro de 1940. Disponível em: <http://www.planalto.gov.br/ccivil_03/decreto-lei/Del2848compilado. htm>. Acesso em: 29 jun. 2016.

BRASIL. Presidência da República. Lei nº 8.429, de 2 de junho de 1992. Dispõe sobre as sanções aplicáveis aos agentes públicos nos casos de enriquecimento ilícito no exercício de mandato, cargo, emprego ou função na administração pública direta, indireta ou fundacional e dá outras providências. *Diário Oficial da União*, Brasília, 3 de junho de 1992a. Disponível em: <http://www.planalto.gov.br/ccivil_03/leis/L8429.htm>. Acesso em: 29 jun. 2016.

BRASIL. Presidência da República. Lei nº 8.437, de 30 de junho de 1992. *Diário Oficial da União*, Brasília, 3 de junho de 1992b. Disponível em: <http://www.planalto.gov.br/ccivil_03/leis/L8429.htm>. Acesso em: 29 jun. 2016.

BRASIL. Presidência da República. Lei nº 9.605, de 12 de fevereiro de 1998. Dispõe sobre as sanções penais e administrativas derivadas de condutas e atividades lesivas ao meio ambiente, e dá outras providências. *Diário Oficial da União*, Brasília, 13 de fevereiro de 1998. Disponível em: <http://www.planalto.gov.br/ccivil_03/leis/L9605.htm>. Acesso em: 29 jun. 2016.

BRASIL. Superior Tribunal de Justiça (STJ). Ministério Público Federal. *Procuradoria Regional da República da 1ª Região*. Embargos de declaração, com efeitos infringentes e pedido de suspensão de eficácia da decisão. Embargos de Declaração nº 002/2016/FAPJ/PRR1/49ºOF. Disponível em: <www.mpf.mp.br/regiao1/.../embargos_declaracao_-no-2-2016-mariana-samarco.pdf>. Acesso em: 29 jun. 2016.

DEPARTAMENTO NACIONAL DE PRODUÇÃO MINERAL (DNPM). Disponível em: <http://www.dnpm.gov.br/>. Acesso em: 29 jun. 2016.

ESPÍRITO SANTO. *Ministério Público do Estado do Espírito Santo MPES*. Disponível em: <http://www.mpes.gov.br/>. Acesso em: 30 jun. 2016.

ESPÍRITO SANTO. *Tribunal de Justiça do Espírito Santo (TJES)*. Disponível em: <http://www.tjes.jus.br/>. Acesso em: 30 jun. 2016.

FORÇA-TAREFA do MPF reitera críticas a acordo entre União e mineradoras, em audiência na Câmara Federal. 2016. Disponível em: <http://www.ecodebate.com.br/2016/03/23/forca-tarefa-do-mpf-reitera-criticas-a-acordo-entre-uniao-e-mineradoras-em-audiencia-na-camara-federal/>. Acesso em: 23 jan. 2016.

FUNDAÇÃO ESTADUAL DO MEIO AMBIENTE (FEAM). Disponível em: <http://www.feam.br/>. Acesso em: 29 jun. 2016.

FUNDAÇÃO ESTADUAL DO MEIO AMBIENTE (FEAM). *Evolução das ações de gestão de barragens de contenção de rejeitos, de resíduos e de reservatórios de água em empreendimentos industriais e minerários no Estado de Minas Gerais*. Belo Horizonte: Fundação Estadual do Meio Ambiente, 2007.

INDÚSTRIAS terão de pagar R$144 milhões por acidente em Cataguases. 2007. Disponível em: <http://ultimainstancia.uol.com.br/conteudo/noticias/14081/industrias+terao+de+pagar+r$+144+milhoes+por+acidente+em+cataguases.shtml>. Acesso em: 30 jan. 2016.

INSTITUTO BRASILEIRO DO MEIO AMBIENTE E DOS RECURSOS NATURAIS RENOVÁVEIS (IBAMA). Disponível em: <http://www.ibama.gov.br/>. Acesso em: 29 jun. 2016.

INSTITUTO MINEIRO DE GESTÃO DAS ÁGUAS (IGAM). Disponível em: <http://www.igam.mg.gov.br/>. Acesso em: 29 jun. 2016.

LARCHER, Marta Alves. *A responsabilidade civil decorrente de acidentes ambientais deflagrados por eventos da natureza*: o caso do rompimento da barragem de rejeitos em Miraí. 2012. Disponível em: <https://aplicacao.mpmg.mp.br/xmlui/handle/123456789/1088?show=full>. Acesso em: 30 jan. 2016.

MEDAUAR, Odete. *Direito administrativo moderno*. 10. ed. São Paulo: Ed. Revista dos Tribunais, 2006.

MINAS GERAIS. Lei Estadual nº 15.972, de 12 de janeiro de 2006. Altera a estrutura orgânica dos órgãos e entidades da área de meio ambiente que especifica e a Lei nº 7.772, de 8 de setembro de 1980, que dispõe sobre a proteção, conservação e melhoria do meio ambiente, e dá outras providências. *Minas Gerais*: Diário do Executivo, 13 de janeiro de 2006. Disponível em: <http://www.almg.gov.br/consulte/legislacao/completa/completa.html?tipo=LEI&num=15972&comp=&ano=2006>. Acesso em: 29 jun. 2016.

MINISTÉRIO PÚBLICO DO ESTADO DE MINAS GERAIS. Inquérito civil nº 0024.15.016236-0, 2015a. Disponível em: <https://www.mpmg.mp.br/>. Acesso em: 20 mar. 2016.

MINISTÉRIO PÚBLICO DO ESTADO DE MINAS GERAIS (MPEMG). 2007. Disponível em: <https://www.mpmg.mp.br/>. Acesso em: 20 mar. 2016.

MINISTÉRIO PÚBLICO DO ESTADO DE MINAS GERAIS (MPEMG). Inquérito civil nº 0024.07.000187-0, 2015b. Disponível em: <https://www.mpmg.mp.br/>. Acesso em: 20 mar. 2016.

MINISTÉRIO PÚBLICO DO ESTADO DE MINAS GERAIS (MPEMG). Inquérito civil nº 0273.15.000057-1, 2015c. Disponível em: <https://www.mpmg.mp.br/>. Acesso em: 20 mar. 2016.

MINISTÉRIO PÚBLICO DO ESTADO DO RIO DE JANEIRO (MPRJ). Disponível em: https://www.google.com.br/search?q=minist%C3%A9rio+p%C3%BAblico+do+estado+do+rio+de+janeiro&oq=ministerio+publico+do+estado+do+rio+&aqs=chrome.1.69i57j0l5.29081j0j7&sourceid=chrome&ie=UTF-8. Acesso em 11 fev.2018.

MINISTÉRIO PÚBLICO FEDERAL (MPF). Inquérito civil nº 1.17.002.000214/2015-06, 2015a. Disponível em: <http://www.mpf.mp.br/>. Acesso em: 20 mar. 2016.

MINISTÉRIO PÚBLICO FEDERAL (MPF). Inquérito civil nº 1.17.004.000.112/2015-62, 2015b. Disponível em: <http://www.mpf.mp.br/>. Acesso em: 20 mar. 2016.

MINISTÉRIO PÚBLICO FEDERAL (MPF). Inquérito civil nº 1.22.000.003399/2015-52, 2015c. Disponível em: <http://www.mpf.mp.br/>. Acesso em: 20 mar. 2016.

MINISTÉRIO PÚBLICO FEDERAL (MPF). Inquérito civil nº 1.22.010.000246/2015-34, 2015d. Disponível em: <http://www.mpf.mp.br/>. Acesso em: 20 mar. 2016.

MINISTÉRIO PÚBLICO FEDERAL (MPF); MINISTÉRIO PÚBLICO DO ESTADO DO ESPÍRITO SANTO (MPES). 2016. Disponível em: <http://www.pres.mpf.mp.br/anexosNoticia/ID-002825__Medida%20cautelar_Onda%20de%20Lama.pdf>. Acesso em: 20 jan. 2016.

MINISTÉRIO PÚBLICO FEDERAL. Procuradoria da República nos Estados de Minas Gerais e Espírito Santo. *Ação civil pública com pedido de liminar inaudita altera pars. autos nº 60017-58.2015.4.01.3800*. 2016a. Disponível em: <http://www.mpf.mp.br/mg/sala-de-imprensa/docs/acp-samarco>. Acesso em: 29 jun. 2016.

MINISTÉRIO PÚBLICO FEDERAL. Procuradoria Regional da República da 1ª Região. Embargos de declaração, com efeitos infringentes e pedido de suspensão de eficácia da decisão nº 002/2016/FAPJ/PRR1/49ºOF. 2016b. Disponível em: <http://www.mpf.mp.br/regiao1/sala-de-imprensa/docs/embargos_declaracao_-no-2-2016-mariana-samarco.pdf>. Acesso em: 29 jun. 2016.

MP de Minas Gerais vê falhas em licenciamento da barragem de Fundão. 2016. Disponível em: <http://oglobo.globo.com/brasil/mp-de-minas-gerais-ve-falhas-em-licenciamento-da-barragem-de-fundao18494612#ixzz4ACRBUEI3>. Acesso em: 30 maio 2016.

PROCURADOR questiona contrato e licenças para Vale operar Fundão. Disponível em: <http://g1.globo.com/minas-gerais/desastre-ambiental-em-mariana/noticia/2015/12/procurador-questiona-contrato-e-licencas-para-vale-operar-fundao.html>. Acesso em: 29 jun. 2016.

SISTEMA NACIONAL DO MEIO AMBIENTE (SISNAMA). Disponível em: <http://www.mma.gov.br/port/conama/estr1.cfm>. Acesso em: 29 jun. 2016.

TRIBUNAL DE JUSTIÇA DE MINAS GERAIS (TJMG). Disponível em: <http://www.tjmg.jus.br/portal/>. Acesso em: 29 jun. 2016.

TRIBUNAL DE JUSTIÇA DO ESTADO DO RIO DE JANEIRO (TJRJ). Disponível em: <http://www.tjrj.jus.br/web/guest/home>. Acesso em: 29 jun. 2016.

TRIBUNAL REGIONAL FEDERAL DA 1ª REGIÃO (TRF 1). 2016a. Disponível em: <http://portal.trf1.jus.br/portaltrf1/pagina-inicial.htm>. Acesso em: 29 jun. 2016.

TRIBUNAL REGIONAL FEDERAL DA 1ª REGIÃO. *TRF1 homologa acordo entre União, Samarco e os Estados afetados pelo rompimento da barragem do Fundão*. 2016b. Disponível em: <https://trf-1.jusbrasil.com.br/noticias/334280211/trf1-homologa-acordo-entre-uniao-samarco-e-os-estados-afetados-pelo-rompimento-da-barragem-do-fundao/amp>. Acesso em: 20 mar. 2016.

TRIBUNAL REGIONAL FEDERAL DA 2ª REGIÃO (TRF 2). Disponível em: <http://www.trf2.jus.br/Paginas/paginainicial.aspx?js=1>. Acesso em: 29 jun. 2016.

---

Informação bibliográfica deste livro, conforme a NBR 6023:2002 da Associação Brasileira de Normas Técnicas (ABNT):

DURÇO, Karol Araújo; COUTINHO, Marcos P. Anjo. O controle administrativo e ambiental: estudo sobre o rompimento das barragens de rejeitos em Cataguases, Miraí e Mariana no estado de Minas Gerais. In: FARIA, Edimur Ferreira de (Coord.). *Controle da Administração Pública Direta e Indireta e das concessões*: autocontrole, controle parlamentar, com o auxílio do Tribunal de Contas, controle pelo Judiciário e controle social. Belo Horizonte: Fórum, 2018. p. 315-355. ISBN 978-85-450-0472-1

CAPÍTULO 12

# POLÍTICAS PÚBLICAS DE SAÚDE E ATO DISCRICIONÁRIO: OS LIMITES DO CONTROLE JUDICIAL

**RITA DE CÁSSIA MARQUES**

## 12.1 Introdução

O tema proposto para análise neste capítulo tem sido debatido com muita ênfase nos ciclos acadêmicos e nas esferas políticas de poder, dada sua relevância nos últimos anos, sobretudo com o enfoque na legitimidade do Judiciário para apreciar demandas inerentes às políticas públicas de saúde. A doutrina e a jurisprudência não são uniformes quanto a este assunto, pelo fato de os poderes serem independentes, não podendo um interferir no campo de competência dos outros.

No que tange a apreciação do mérito da decisão administrativa pelo Judiciário, é perceptível o descompasso entre a doutrina contemporânea e a jurisprudência ainda dominantes, no sentido de que ao Judiciário falece competência para controlar o mérito do ato administrativo. A doutrina vem adotando posicionamento conforme o neoconstitucionalismo, pautada na teoria da principiologia do texto constitucional de 1988, que defende a intervenção do Judiciário mais concretista em questões pertinentes à criação ou à implementação das políticas públicas como forma de manutenção e/ou efetivação dos direitos fundamentais. Entretanto, as decisões judiciais em graus inferiores têm evoluído lentamente. Muitos magistrados ainda são presos à lei e à teoria da independência dos poderes. Os tribunais superiores, principalmente o Superior Tribunal de Justiça (STJ) e o

Supremo Tribunal Federal (STF), vêm revendo seus posicionamentos de modo a compatibilizar suas decisões com o primado das regras e dos princípios constitucionais, sobretudo em matéria de direitos fundamentais, admitindo, até mesmo em certos casos, o exame do mérito do ato administrativo.

Nesse sentido, colaciona-se decisão do STJ no Recurso Especial nº 493.811/SP:

> Administrativo e processo civil. Ação civil pública. Ato administrativo discricionário: Nova visão. 1. Na atualidade, o império da lei e o seu controle, a cargo do Judiciário, autorizam que se examinem, inclusive, as razões de conveniência e oportunidade do administrador. 2. Legitimidade do Ministério Público para exigir do Município a execução de política específica, a qual se tornou obrigatória por meio de resolução do Conselho Municipal da Criança e do Adolescente. 3. Tutela específica para que seja incluída verba no próximo orçamento, a fim de atender a propostas políticas certas e determinadas. 4. Recurso especial provido.[1]

Dessa forma, pode-se sustentar que, na atualidade, considerando o quadro caótico em que se encontra a política de saúde no País, é necessário que o Judiciário intervenha, quando provocado, nas questões inerentes à omissão dos demais poderes quanto à efetivação das políticas públicas que visem à efetivação dos direitos transindividuais, pertinentes aos direitos fundamentais. É o que se pretende demonstrar neste trabalho.

## 12.2 O direito à saúde no Brasil

> O direito à saúde ainda se constituiu como cláusula pétrea no âmbito constitucional, uma vez que, em virtude de sua associação direta com o direito à vida, não pode ser excluído do resguardo que lhe foi alçado pela Carta Constitucional e pelas legislações posteriores.[2]

O direito à saúde teve sua afirmação como direito social com a promulgação da Constituição de 1988, porém, até chegar à máxima de direito fundamental com previsão legal na Constituição, o direito à

---

[1] BRASIL, 2004a.
[2] ASENSI, 2013, p. 135.

saúde foi objeto de várias transformações políticas e sociais ocorridas no cenário brasileiro.

A proteção da saúde no Brasil passou por dois momentos históricos. Primeiro, no período compreendido entre o Império e a República, a saúde era vista como *favor* do Estado para a população. Por meio das campanhas sanitárias e medidas de cunho imediatistas, os governos demonstravam seu caráter paternalista no que diz respeito à saúde da população. Nesse período, a saúde não gozava de nenhuma tutela jurídica,

> não havia qualquer instrumento jurídico-legal que garantisse a universalidade desse direito, sendo reconhecido ao Estado a possibilidade de, discricionariamente, realizar ações relativas à saúde em benefício de uns em detrimento de outros, inclusive de forma autoritária, a exemplo do que se desenvolveu no âmbito da Revolta da Vacina de 1904.[3]

Outro momento histórico da saúde no Brasil foi durante a Era Vargas, em que a saúde passou a ter nova significação com o advento dos direitos sociais. Buscou-se nova estrutura para o sistema público de saúde, com enfoque não somente nas ações de cunho curativo, mas também nas de caráter preventivo, agora na condição de um serviço à saúde vinculado aos direitos trabalhistas, quer seja serviço público, quer seja serviço privado.

O período Vargas deu à saúde o sentido de serviço vinculado à ideia de mercado. O acesso a ela se dava de duas maneiras: por meio dos planos privados de saúde ou na forma de benefício trabalhista, por ter o indivíduo sua carteira assinada. A saúde era considerada um bem de consumo. Nesse período, houve crescente movimento de sua mercantilização, de modo que o acesso a ela esteve diretamente ligado à capacidade de o indivíduo suportar o pagamento de planos privados, de um lado, ou à sua condição de trabalhador, de outro.[4]

Outro marco da saúde no Brasil foi no período da ditadura militar, com a criação do Instituto Nacional de Previdência Social (INPS), a partir da unificação da maioria dos Institutos de Aposentados e Pensões, de diversas categorias, criados anteriormente (no período de 1930 a 1960).

---

[3] *Ibidem*, p. 132.
[4] ASENSI, 2013, p. 133.

A restrição na forma de acesso aos serviços de saúde durante as décadas de 1940 e 1970 demonstra de forma bem clara como a saúde, ao longo do tempo, foi tida como direito de poucos e com perfil bastante excludente.

A partir da década de 1970, com um movimento de cunho intelectual impulsionado por sanitaristas e estudantes, foi criado o Centro Brasileiro de Estudos da Saúde, cuja bandeira era a universalização da saúde e a participação popular na elaboração das ações de saúde. Esta começa a ter nova conotação no cenário brasileiro: passou-se a priorizar a assistência médica curativa e individual.

Segundo as concepções de ideário do movimento, somente quem vivencia as mazelas pertinentes à saúde no Brasil seria capaz de, juntamente com o Estado, elaborar estratégias de saúde. Daí, então, começa a ser construída no País, uma nova forma de pensar a questão da saúde.

Em 1974, o INPS começou a supervisionar as políticas de saúde de cunho individual, as quais tinham como prioridade os serviços médico-hospitalares; já as ações coletivas de saúde ficavam a cargo do Ministério da Saúde e das Secretarias Estaduais de Saúde. Em 1975, foi criado pela Lei nº 6.229, de 17 de julho de 1975,[5] o Sistema Nacional de Saúde, fazendo distinção entre ações de saúde pública e o atendimento individual à comunidade.

O Instituto Nacional de Assistência Médica da Previdência (Inamps) foi criado em 1977, reforçando o atendimento aos trabalhadores com carteira assinada e, em 1979, iniciou-se um processo real de mudanças quanto às ações de proteção do direito à saúde, consequentemente, com a expansão da cobertura por meio da criação do Programa de Interiorização das Ações de Saúde e Saneamento (PIASS).

Em 1983 foram criadas as Associações Integradas de Saúde (AISs), pautadas no modelo de assistência à saúde de maneira universalizada e, por fim, em 1986, foi realizada a *8ª Conferência Nacional de Saúde*.[6]

A década de 1980 foi marcada por debates que se acirraram em torno da problemática pertinente à saúde, houve considerável avanço nas reivindicações de participação da população na elaboração de políticas públicas; o movimento sanitarista e, consequentemente, a aproximação da Constituição de 1988 viabilizou novo momento para a saúde no Brasil. Como evento de expressão ocorrido na década, tem-se, em 1986, a realização da *8ª Conferência Nacional de Saúde* realizada

---

[5] BRASIL, 1975.
[6] BRASIL, 1986.

em Brasília. Os temas debatidos na conferência, como a inserção do texto sobre saúde no capítulo da Ordem Social pela busca da reforma sanitária se consolidaram em relatório, o qual serviu de fonte para os trabalhos da Assembleia Nacional Constituinte.

## 12.3 Dispositivos legais sobre o direito à saúde no Brasil

Com a promulgação da Constituição de 1988, a saúde passou a integrar o grupo dos direitos sociais, e estes passaram a ser classificados como direitos fundamentais de segunda geração, constituindo um direito do indivíduo perante o Estado, e em contraposição, um dever deste de efetivação e concretização do mesmo. Como se vê previsto no capítulo II, na sessão II – Da Saúde –, nos arts. 196 a 200:[7]

> A Constituição Federal de 1988 reconheceu, dentre outros, a existência de injustificada demanda social reprimida da saúde no País, em face do período autoritário e os traços fortes do Estado Liberal. Propositadamente, rompeu com todo o paradigma anterior, de forma a instituir um sistema que fosse único, inclusivo, de acesso universal, cobertura integral, sem preconceitos de origem, raça, sexo, cor, idade e quaisquer outras formas de discriminação.[8]

> O art. 196 define a saúde como um serviço público e estabelece que todas as ações para a implementação desse serviço serão baseadas no interesse público, ainda que essas ações sejam desempenhadas por um ente privado, conforme previsto no art. 197 da Constituição.[9]

Os debates do movimento de reforma sanitária, que antecederam os trabalhos da Assembleia Nacional Constituinte, delinearam o modelo de saúde unificada a ser adotada pela Constituição da República, como previsto no art. 198.[10]

A questão da descentralização diz respeito à redistribuição das competências das ações de saúde de maneira regionalizada, com vista à facilitação da concretização do direito à saúde. Trata-se da redistribuição da administração dos serviços de saúde.

---

[7] BRASIL, 1988.
[8] ASSIS, 2013, p. 74.
[9] BRASIL, 1988.
[10] BRASIL, 1988.

O texto constitucional confirmou uma das reivindicações do movimento sanitarista, que era o da participação da comunidade juntamente com o Estado, na elaboração das políticas públicas de saúde. A saúde, a partir da Constituição, passou a ser universalizada e institucionalizada do ponto de vista jurídico:

> Não há dúvidas de que a Constituição Federal de 1988, ao estabelecer uma saúde que fosse universal e igualitária, com participação da comunidade, com garantia do atendimento integral, em níveis de complexidade crescente, com prioridade para as atividades preventivas, sem prejuízo dos serviços assistenciais, informada por princípios e diretrizes constitucionais, acabou tornando-se fonte de um novo ramo do direito público – Direito Sanitário.[11]

Alguns dispositivos legais antecederam a Constituição na regulação do direito à saúde, no que se refere à promoção, à proteção e à concretização, criando órgãos e estipulando regras para o sistema de saúde pública no País.

A Lei Federal nº 2.312, de 3 de setembro de 1954,[12] chamada Código Nacional de Saúde, dispunha sobre as normas gerais de defesa e proteção da saúde.

Na década de 1970, foi criado, por meio da Lei nº 6.229, de 17 de julho de 1975,[13] o Sistema Nacional de Saúde (SNS), vinculado ao Ministério da Saúde, e, subsequentemente, o Instituto Nacional de Assistência Médica da Previdência Social (Inamps). Nesse momento, houve ruptura na responsabilidade dos assuntos inerentes à saúde no País. As ações relacionadas à promoção da saúde e com foco na prevenção de doenças ficariam a cargo, de maneira quase que exclusiva, do Ministério da Saúde, e as ações de cunho curativo, relacionadas à assistência médico-hospitalar, estariam sob a responsabilidade do Inamps. A precariedade das ações de saúde persistia, uma vez que "também esse sistema era excludente, por alcançar apenas os contribuintes do INPS e seus respectivos dependentes. Assim, vasta gama de desempregados e trabalhadores informais continuava à margem de sua cobertura".[14]

Outro regramento legal sancionado em 1990, com o objetivo de reforçar essa nova fase de instituição do direito à saúde no Brasil, foi a

---

[11] ASSIS, 2013, p. 77.
[12] BRASIL, 1954.
[13] BRASIL, 1975.
[14] DUARTE, 2013, p. 339.

Lei Orgânica da Saúde, Lei Federal nº 8.080, de 19 de setembro de 1990,[15] em substituição à Lei nº 6.229/1975. Dentre outras disposições, a lei instituiu o Sistema Único de Saúde (SUS), de abrangência universal. Com vistas à efetivação e à eficiência da política da saúde, alguns princípios foram delineados, tais como o da integralidade, da descentralização e da participação. A gestão do sistema compete à União, aos Estados, aos Municípios e ao Distrito Federal. Esses entes da Federação, por meio de seus órgãos adequados, têm o dever de exercer o controle direto da qualidade, realizar pesquisas, produzir insumos e medicamentos, manter banco de sangue e hemoderivados, bem como equipamentos indispensáveis à prestação do serviço de saúde. Além disso, viabilizar a participação da iniciativa privada de maneira complementar.

Nos termos do art. 3º da Lei nº 8.080/1990, houve ratificação da concepção da saúde em conformidade com a Declaração dos Direitos do Homem, dispondo:

> Os níveis de saúde expressam a organização social e econômica do País, tendo a saúde como fatores determinantes e condicionantes, entre outros, a alimentação, a moradia, o saneamento básico, o meio ambiente, o trabalho, a renda, a educação, o transporte, o lazer e o acesso aos bens e serviços essenciais.[16]

Ainda como parte da construção histórica da legalidade da saúde no País e como resposta às lutas e reivindicações do movimento de Reforma Sanitarista, em 1990 foi editada a Lei nº 8.142, de 28 de dezembro de 1990,[17] que regulamentou a criação dos Conselhos de Saúde e Conferência de Saúde, instrumentos que impulsionaram maior participação da comunidade nos processos de elaboração, promoção e fiscalização das políticas públicas concernentes à saúde no Brasil:

> As Conferências de Saúde são canais de comunicação abertos a cada quatro anos por convocação do Poder Executivo, ou extraordinariamente, por esta ou pelo Conselho de Saúde, que contam com a representação dos mais variados segmentos da sociedade civil. Sua função é possibilitar a avaliação democrática da situação de saúde e a proposição de diretrizes para a formulação de políticas públicas afetas ao tema. Já os Conselhos de Saúde são órgãos colegiados permanentes e deliberativos, compostos

---

[15] BRASIL, 1990b.
[16] BRASIL, 1990b.
[17] BRASIL, 1990a.

por representantes do governo – os gestores públicos –, bem como por prestadores de serviço, profissionais de saúde e usuários do sistema. Eles atuam na formulação de estratégias e no controle da execução de políticas de saúde na instância governamental correspondente.[18]

Outro dispositivo legal criado para proteção do direito à saúde no País foi a Lei nº 9.313, de 13 de novembro de 1996,[19] a qual dispõe sobre a distribuição gratuita de medicamentos aos portadores do vírus HIV e doentes de AIDS. Todas as despesas concernentes à concretização desse direito ao medicamento gratuito para o público-alvo seria financiada com os recursos oriundos do orçamento da Seguridade Social da União, dos Estados, do Distrito Federal e dos Municípios.

A Constituição de 1988 priorizou o projeto da reforma sanitária, bem como o processo de universalização da saúde, consolidando de maneira textual a responsabilidade de todos os entes políticos no que diz respeito à promoção, à proteção e à defesa da saúde. É importante ressaltar que a Constituição consolidou o direito à saúde como fundamental e estipulou os critérios para a concretização desse direito, deixando a cargo do legislador infraconstitucional e do Executivo o aperfeiçoamento normativo, bem como sua concretização mediante a elaboração de estratégias de políticas públicas com vistas à efetivação do direito fundamental à saúde.

A Portaria nº 399/GM, de 22 de fevereiro de 2006,[20] criou o Pacto pela Saúde, que estabelece as diretrizes para gestão do SUS no que diz respeito às questões ligadas à regionalização, descentralização, programação pactuada e integrada, regulação, participação e controle social, planejamento, gestão do trabalho e educação na saúde.

## 12.4 Aspectos da constitucionalidade e da fundamentalidade

O direito fundamental à saúde tem sua tutela pela Constituição de 1988, por ser um direito vinculado a duas importantes vertentes: a da dignidade da pessoa humana e a dos direitos humanos, sendo inclusive tutelado por vários documentos internacionais. O texto constitucional

---

[18] DUARTE, 2013, p. 348.
[19] BRASIL, 1996.
[20] BRASIL, 2006.

fez com que o direito à saúde fosse revestido de uma força normativa de aplicação imediata:

> A proclamação da aplicação imediata tem por consequência principal que o executor dos direitos fundamentais deverá, sempre que possível, atuar para extrair da norma constitucional a sua máxima efetividade. Prova insofismável disso está no decidido pelo Supremo Tribunal Federal no AgRg no RE nº 271.286, onde preponderou a mensagem de que o art. 196 da Constituição vigente, ao dispor que a saúde é direito de todos e dever do Estado, não pode se resumir a uma declaração vã e esvaziada de efeitos jurídicos.[21]

A evolução da tutela do direito à saúde nas Constituições brasileiras perpassa por longos anos; desde a Constituição de 1891 pode-se constatar indicativo de proteção, conforme seu art. 175, que ainda timidamente dispôs sobre a questão da aposentadoria.[22] A Constituição de 1934 cuidou da tutela dos trabalhadores e das gestantes nas áreas de assistência médica e sanitária.[23] A Constituição de 1937 ampliou um pouco mais a abrangência de cobertura da proteção do direito à saúde, com alcance dos riscos sociais, a assistência médica ao trabalhador, à gestante, à velhice, à invalidez e aos acidentados do trabalho, conforme o art. 16.[24]

A Constituição de 1967 trouxe significantes avanços na política de tutela do direito à saúde, atribuindo à União competência para legislar sobre normas gerais de seguro e previdência social, de defesa e proteção da saúde, assegurando aos trabalhadores os direitos de assistência sanitária, hospitalar e médica preventiva, bem como a previdência social nos casos de doença, velhice, invalidez, seguro desemprego, seguro contra acidentes de trabalho e proteção da maternidade mediante contribuição da União, do empregador e do empregado.[25]

Por fim, a Constituição de 1988 inovou, reconhecendo a saúde como parte integrante do interesse público, como um direito do cidadão e um dever do Estado. Entretanto, a efetivação do direito à saúde, incluído na categoria de direitos fundamentais, depende, evidentemente,

---

[21] NOBRE JÚNIOR, 2004, p. 37.
[22] BRASIL, 1891.
[23] BRASIL, 1934.
[24] BRASIL, 1937.
[25] BRASIL, 1967.

de ações programáticas, com vistas à redução do risco de doenças e outros agravos à saúde da população, mediante a elaboração e a implementação, por parte do Executivo, de políticas públicas de saúde.

Como diz Medeiros, "o direito à saúde é de atendimento obrigatório *prima facie*, pois integra os direitos sociais, que estariam condicionados às possibilidades fáticas e jurídicas".[26] Fácil detectar que, no caso brasileiro, a saúde é direito subjetivo de todos os indivíduos e há de ser prestada pelo Estado, como também constatar que o direito à saúde deve ser garantido aos seus titulares mediante políticas públicas sociais e econômicas.

O Estado, portanto, tem o dever de buscar a concretização do direito à saúde, elaborando e implementando políticas públicas de saúde pelo Executivo em todos os níveis de governo, por se tratar de direito fundamental. A inércia ou a omissão do Executivo no atendimento à demanda ao Sistema de Saúde legitima o ativismo judicial amparado nos art. 6º e 196 da Constituição da Republica.[27]

Outro motivo pelo qual o direito à saúde é revestido de fundamentalidade é o fato de este estar inserido na condição de primário e ser indispensável à existência do homem. Trata-se de um direito fundamental em sentido formal e material, já positivado na Constituição da República.

> Por direitos fundamentais entendemos os direitos ou as posições subjetivos das pessoas enquanto tais, individual ou institucionalmente consideradas, assentes na Constituição, seja na Constituição formal, seja na Constituição material – donde fundamentais em sentido formal e direitos fundamentais em sentido material.[28]

O direito à saúde é considerado fundamental, instituído ao longo dos anos e positivado em nossa Carta Magna como uma resposta às necessidades básicas do indivíduo no que diz respeito não somente à prevenção e à ausência de doenças, como também ao estabelecimento de uma qualidade de vida pautada no bem-estar físico, mental e social, concepção de saúde estabelecida pela Organização Mundial de Saúde (OMS):

---

[26] MEDEIROS, 2011, p. 53.
[27] BRASIL, 1988.
[28] MIRANDA, 1988 *apud* SILVA, 1997, p. 14.

Com efeito, é razoável se afirmar que a saúde passou a ser concebida, considerando-se os próprios cânones constitucionais, como um processo de cidadania para sua garantia, de onde se desprende os direitos e deveres dos cidadãos e, de maneira explícita, as obrigações estatais estabelecidas.[29]

No novo contexto de conceituação da saúde como algo bem mais abrangente que a simples ausência de doença, é que o direito à saúde, mediante tímidas, mas constantes reivindicações da sociedade, vem se afirmando como um direito fundamental não somente constitucionalizado, como também objeto de tutela dos diversos aparatos do Estado.

Como titular do interesse público de efetivação do direito à saúde, a sociedade, mediante conquistas democráticas, como a criação dos Conselhos de Saúde, tem cobrado do Estado a elaboração de políticas públicas, as quais, diante das necessidades ou de carências fundamentais, garanta o direito fundamental à saúde.

A efetivação do direito à saúde deve materializar-se por meio de processo democrático, com a participação civil da população na gestão do SUS, nas ações de proteção e promoção, bem como na canalização dos princípios regentes do texto constitucional inerentes à saúde, quais sejam: a igualdade, a universalidade, a autonomia e a integralidade, fontes garantidoras dos direitos fundamentais.

O direito fundamental à saúde tem como núcleo o princípio fundamental da dignidade da pessoa humana, considerada a estrutura básica do Estado Democrático de Direito. Portanto, todas as vezes que o direito fundamental à saúde for efetivado, o cidadão terá sua dignidade preservada no que diz respeito a um dos aspectos inerentes e indispensáveis à vida:

> De fato, os direitos fundamentais, estando preordenados à garantia da dignidade humana, são tendencialmente universais quanto à titularidade, igualitários quanto ao conteúdo e inalienáveis quanto ao grau de vinculação ao sujeito.[30]

Por meio do ativismo judicial, o direito à saúde tem se firmado cada vez mais como um direito para além de social, mas fundamental à existência digna da pessoa humana.

---

[29] SILVA, 2010, p. 76.
[30] MARTINS NETO, 2003, p. 177.

Da conformação articulada sobre o Direito Fundamental à saúde, sua inserção no ordenamento jurídico e sua obrigatória garantia pelo Estado, dos vários elementos relacionados à saúde, como o direito a procedimentos médicos, ambulatoriais, diagnose, medicamentos, tratamentos clínicos e terapêuticos diversos, além dos relacionados ao meio ambiente, ao saneamento básico, dentre outros serviços e bens, quando buscada sua efetividade pela via judicial, percebe-se a ocorrência do que se denomina de judicialização do direito à saúde.

Mesmo diante de todos os esforços empregados pelo Estado para a positivação e a defesa do direito à saúde no Brasil, é possível afirmar que o País não teve um histórico de adoção de políticas públicas consideravelmente satisfativas – por exemplo, priorizando de maneira adequada, os serviços de atenção básica, os quais buscassem efetivamente o acesso do indivíduo de maneira universal e integral aos serviços de saúde.

## 12.5 Políticas públicas e o direito à saúde

A concretização dos direitos sociais, fundamentais, individuais ou coletivos, como no caso específico do direito à saúde, exige do Estado postura ativa no sentido de empregar os meios possíveis e necessários, como a adoção de políticas públicas que permitem ao indivíduo usufruir de seu direito à saúde e, consequentemente, o de cidadania.

Mas o que são políticas públicas? Responder a essa pergunta não é tarefa fácil. As conceituações doutrinárias ainda são carregadas de indefinições e vagueza, principalmente no que se refere ao arcabouço jurídico, por se tratar de um tema mais presente na Ciência Política do que no Direito. Dentre os autores que tratam da matéria, Santos assevera:

> Por tudo isso, o estudo das políticas públicas sob o enfoque jurídico tornou-se um instrumento útil também para análise das funções de Estado. No entanto, ainda hoje, não se encontra sedimentado doutrinariamente – ou mesmo pela jurisprudência – o modo como o direito racionaliza o tema, não se podendo falar com propriedade sobre a existência de um regime jurídico das políticas públicas.[31]

---

[31] SANTOS, 2006, p. 77.

Alguns estudiosos consideram políticas públicas como planos ou programas de caráter normativo, e, de acordo com o entendimento jurisprudencial e da doutrina contemporânea, passíveis de regulação pelos órgãos competentes, mesmo que tais políticas sejam consideradas produto de um juízo de conveniência e oportunidade do poder Legislativo e, principalmente, do Executivo. Mais uma vez a posição de Santos:

> A noção de políticas públicas centra-se em três elementos: a) a busca por metas, objetivos ou fins; b) a utilização dos meios ou instrumentos legais; e c) a temporalidade, ou seja, o prolongamento do tempo, que implica na realização de uma atividade e não de um simples ato. Elementos esses que formam uma noção dinâmica de atividade, pela qual pode-se definir políticas públicas simplesmente como conjunto organizado de normas e atos tendentes à realização de um objetivo determinado.[32]

O tema das políticas públicas se tornou relevante para o Direito, dado o aspecto prestacional do Estado. Com o advento do modelo de Bem-Estar Social, o Estado passou a intervir nas questões de cunho econômico e na busca da positivação dos direitos sociais. Foi precisamente, porém, após a Segunda Guerra Mundial que surgiram, principalmente nos Estados Unidos e na Europa, as políticas sociais de saúde. As funções do Estado nesse período histórico ainda se restringiam à coordenação e à fiscalização das políticas públicas, cujo fundamento assenta-se na própria existência dos direitos sociais, como direitos constitucionalmente positivados, cuja nota distintiva é o fato de que sua concretização se dá por meio de prestações positivas do Estado.

> A noção de políticas públicas remete ao exercício de uma atividade por parte do Poder Público, ou ainda, que revele especial interesse para este, como o setor de saúde, por exemplo, conforme visto no caso do controle de regulamentos adotados pelos planos de saúde de caráter privado.[33]

É importante ressaltar que a efetividade do direito à saúde está intimamente ligada à implementação de políticas públicas, e que o Estado, ao implementá-las, está se posicionando no sentido do enfrentamento direto dos problemas sociais e, ao mesmo tempo, contribuindo

---

[32] SANTOS, 2006, p. 80.
[33] Ibidem, p. 182.

para o efetivo exercício do direito à saúde por parte da população. A propósito, pronuncia Lucchese:

> As políticas públicas são ações do governo, divididas em atividades diretas de produção de serviços pelo próprio Estado e atividades de regulação de outros agentes econômicos. As políticas públicas em saúde integram o campo de ação social do Estado, orientando para a melhoria de condições de saúde da população e dos ambientes natural, social e do trabalho. Sua tarefa específica em relação às outras políticas públicas da área social consiste em organizar as funções públicas governamentais para a promoção, a proteção e a recuperação da saúde dos indivíduos e da coletividade.[34]

O Estado, na condição de promotor da tarefa de concretização dos direitos sociais, dentre eles a saúde, deve ater-se à elaboração e à implementação de políticas públicas eficazes, as quais farão com que haja aplicação adequada dos recursos públicos previstos no orçamento estatal. O setor de saúde deve direcionar suas ações para além da simples provisão de recursos, ressaltando que as políticas públicas devem configurar a resposta que o Estado oferece diante das necessidades vividas pela sociedade. Desse modo, as políticas públicas devem ser implementadas pelo Estado, no intuito de enfrentar os problemas sociais, dentre eles, os relacionados à saúde.[35]

As políticas públicas se inserem no campo da discricionariedade, tanto do legislador, quanto do administrador público e, portanto, de importância para um controle judicial mais rigoroso, com vistas à concretização das normas constitucionais. O Estado como gerenciador dos recursos públicos tem o dever de alocar recursos financeiros eficientes para a concretização dos direitos socais.

Torres define de maneira eloquente o orçamento público como

> documento de quantificação dos valores éticos, a conta corrente da ponderação dos princípios constitucionais, o planto contábil da justiça social, o balanço das escolhas dramáticas por políticas públicas em um universo fechado de recursos financeiros escassos e limitados.[36]

---

[34] LUCCHESE, 2004 apud SOUSA, 2015, p. 1.
[35] SOUSA, 2015, p. 119.
[36] TORRES, 2000, v. 5, p. 278.

O governo escolhe os meios para atingir determinadas finalidades. Tais escolhas são consideradas opções políticas, e é por meio delas que o Estado promove prestação positiva e viabiliza a efetivação dos direitos sociais e fundamentais positivados no texto constitucional. É nesse cenário que surgem as políticas públicas, consideradas como medidas e procedimentos que direcionam a atividade política do Estado no exercício de locação dos orçamentos estatais.

Sobre o assunto, assim se posiciona Krell:

> Podemos observar que o instrumento do orçamento público ganha suma importância na questão da realização dos serviços sociais; quando este não atende aos preceitos da constituição, ele pode e deve ser corrigido mediante alteração do orçamento consecutivo, logicamente com a devida cautela.[37]

A implementação das políticas públicas pelo Estado depende de ações de coordenação, regulamentação, fiscalização e fomento. Quando programadas, elas servem como mecanismo de orientação para o planejamento do orçamento estatal, com vistas à melhor utilização dos recursos públicos. Nesse sentido, a prévia elaboração adequada das políticas públicas de saúde se encaixa bem. Sobre o tema, o Ministro Gilmar Mendes aduz no Agravo Regimental na Suspensão de Tutela Antecipada nº 175:

> O estudo do direito à saúde no Brasil leva a concluir que os problemas de eficácia social desse direito fundamental devem-se muito mais a questões ligadas à implementação e à manutenção das políticas públicas de saúde já existentes – o que implica também a composição dos orçamentos dos entes da Federação – do que a falta de legislação específica. Em outros termos, os problemas não são de inexistência, mas de execução (administrativa) das políticas públicas pelos entes federados.[38]

Ainda sobre as políticas públicas e os direitos sociais e, sobretudo, o direito à saúde, há uma parcela de entendimento doutrinário que defende que o tema se encontra inserido no texto constitucional como direitos compostos por normas de cunho programático, portanto, não passível de cobrança imediata. Tal fato tem ocasionado o fenômeno da judicialização da saúde, por isso

---

[37] KRELL, 2002, p. 99.
[38] BRASIL, 2010, p. 90.

doutrina e jurisprudência costumam creditar aos direitos sociais normas de caráter programático, desprovidas de uma efetividade prática imediata. Vicente de Paulo Barreto propõe uma releitura dessa questão, considerando os direitos sociais como direitos fundamentais, ao lado das liberdades.[39]

O posicionamento do STF no sentido de admitir os direitos sociais como previsão programática do texto constitucional tem mudado nos últimos julgados. Alguns estudiosos entendem isso como processo de amadurecimento da interpretação do texto constitucional e, consequentemente, dos julgados do STF. Sobre o assunto, Pereira assim se posiciona:

> A partir de 1988, o Brasil passou a conviver com a judicialização de diversas questões que, outrora, estavam restritas aos Poderes Legislativos e Executivo. Tal fenômeno é explicado pelo reconhecimento da força normativa da Constituição e ampliação da jurisdição constitucional, o que trouxe para o Poder Judiciário a tarefa de resolver assuntos de grandes repercussões, dentre os quais, a efetivação das políticas públicas.[40]

O controle social das políticas públicas não é tarefa fácil por vários motivos, dentre os quais se destacam o campo de indefinição em que se encontram inseridas tais políticas, entre a lei e o ato administrativo, como também a dificuldade de estabelecer os mecanismos de controle não judiciais, que precisam ser compostos por diversos grupos, como a sociedade civil organizada, agências de controle, instituições diversas, dentre outros. Outro componente dificultador é a falta de cultura de participação popular, o que impede a sociedade de exercer um controle político de implementação de políticas públicas que tornem efetivos os direitos já positivados.

Diante de tamanhas dificuldades é que o aparato judicial é cada vez mais provocado para dar respostas às demandas judiciais pertinentes a não efetivação ou à omissão na implementação de políticas públicas, principalmente no que diz respeito à modalidade pertinente aos direitos sociais e fundamentais, e, no caso em tela, o direito à saúde. "De qualquer maneira, não podemos admitir que os Direitos Fundamentais tornem-se, pela inércia do legislador, ou pela

---

[39] PEREIRA, 2015, p. 50.
[40] Ibidem, p. 72.

insuficiência momentânea ou crônica de fundos estatais, substrato de sonho, letra morta, pretensão perenemente irrealizada. [...]".[41]

Uma vez contextualizada as políticas públicas, torna-se possível entender a necessidade de sua implementação como mecanismo para a efetivação dos direitos fundamentais, dentre os quais, neste breve estudo, ressaltou-se o direito à saúde. Pode-se concluir que quando o Estado se omite na função de legislar e, principalmente, na de administrar, na implementação de políticas públicas, em especial a de saúde, torna-se sujeito passível de controle jurisdicional, a despeito dos argumentos contrários fundados no princípio da independência dos poderes. Isso porque, em matéria de direitos fundamentais, a hermenêutica constitucional é no sentido de que, nos casos de omissão ou ineficiência do Legislativo e do Executivo, o Judiciário tem o dever de agir e de determinar a efetivação da política garantida constitucionalmente, sempre que for provocado por legitimados.

## 12.6 O controle judicial das políticas públicas

As questões que envolvem o controle judicial das políticas públicas são permeadas de argumentos contrários, sendo alguns de teor extremamente conservador, como o de que o controle pode permitir intervenção negativa do Judiciário e, com isso, abalar o princípio da separação dos poderes. Outro ponto suscitado pelos não adeptos do controle judicial das políticas públicas é o da falta de legitimidade dos juízes para, por meio de seus julgados, implementá-las ou modificá-las.

Entretanto, esses argumentos são fragilizados quando analisados sob o espectro do texto constitucional. Ao longo da história, boa parte da doutrina, bem como a própria jurisprudência, tem demonstrado que o princípio da separação dos poderes, ou das funções legislativa, executiva e jurisdicional defendido por estudiosos contemporâneos, é exatamente o meio pelo qual são efetivados os direitos fundamentais.

Freire Júnior entende que

> uma postura mais ativa do Judiciário implica possíveis zonas de tensões com as demais funções do Poder. Não se defende, todavia, uma supremacia de qualquer uma das funções, mas a supremacia da Constituição, o que vale dizer que o Judiciário não é um mero carimbador de decisões políticas das demais funções.[42]

---
[41] PEREZ, 1995, n. 11, p. 242.
[42] FREIRE JÚNIOR, 2005, p. 42.

Especificamente com relação ao direito à saúde, houve nos últimos anos acréscimo sem precedentes de demandas no Judiciário, fenômeno intitulado pela doutrina moderna de a "judicialização da saúde", ou da própria política. É preciso cautela, porém, apesar da necessidade de uma reformulação do princípio da separação dos poderes pelo atual quadro de desenvolvimento da sociedade, a ação entre os poderes precisa ser de cooperação, como assevera Pereira:

> Na perspectiva pátria, a realidade social impôs aos Poderes constituídos uma alteração de comportamento. O Legislativo não pode se esvaziar de sua responsabilidade enquanto instrumento de inovação na órbita jurídica e o Executivo deve desempenhar seu mister de molde a tornar a *res* pública voltada para os cidadãos. O Poder Judiciário não deve se imiscuir nas questões que envolvam escolhas políticas coletivas e gerais; todavia, isso não significa olvidar seu papel de garantidor dos direitos.[43]

Quando o Judiciário, por decisões, faz com que se cumpram os preceitos constitucionais concernentes à efetivação dos direitos fundamentais, está tão somente reafirmando seu papel de "Guardião da Constituição". É completamente equivocado o consenso de que o Judiciário não pode exercer o controle do mérito do ato do poder público, seja do legislativo, seja, mais precisamente, do Executivo, mesmo estando este amparado pela possibilidade da atuação discricionária concedida ao agente público. Krell sustenta:

> Torna-se cada vez mais evidente que o vetusto princípio da Separação dos Poderes, idealizado por Montesquieu no século XVIII, está produzindo, com sua grande força simbólica, um efeito paralisante às reivindicações de cunho social e precisa ser submetido a uma nova leitura, para poder continuar servindo ao seu escopo original de garantir Direitos Fundamentais contra o arbítrio e, hoje também, a omissão estatal.[44]

No caso específico das políticas públicas de saúde, a atuação mais proativa do Judiciário, muitas vezes, é consequência de inércia, seja do Poder Legislativo, responsável por decidir e regulamentar questões diversas, seja também do Executivo, que executa as normas de regulamentação de políticas públicas, dando assim respostas às demandas sociais. Sobre esse assunto, assim se posiciona Pereira:

---

[43] PEREIRA, 2015, p. 115.
[44] KRELL, 2005, p. 88.

Um dos pontos nos quais a separação dos Poderes é revisitada diz respeito à implementação de políticas públicas na seara dos direitos sociais. Como é propositadamente propalada pelos gestores públicos, a garantia dos direitos sociais ou positivos requerem a alocação de recursos públicos. As funções do Poder Judiciário vêm sendo revisitadas nos últimos anos, notadamente pela interferência nas políticas públicas de saúde...[45]

Tem-se hoje, como foco das atenções, o ativismo judicial, interpretando-o como uma ingerência do Judiciário nas questões de pauta do Legislativo e do Executivo, porém pouco se fala do número excessivo de medidas provisórias editadas pelo Poder Executivo, o que pode dar margem a interpretação de ingerência desse poder na atuação do Legislativo. Para Comparato,

> o Judiciário possui competência, apesar do princípio da separação dos poderes, para julgar questões políticas, e alega que a 'clássica falsa objeção à judiciabilidade das políticas governamentais' se deve ao mau entendimento da *políticial question doctrine* Suprema Corte dos EUA.[46]

Substituir a teoria da separação de poderes pela teoria da especialização das três funções primordiais do Estado - legislativa, executiva e jurisdicional - parece correta, considerando, principalmente, o fato de que o poder do Estado é uno, e não três, e emana do povo, nos termos da Constituição. Essa compreensão de correição terminológica ameniza as possíveis tensões existentes entre os "poderes", ocasionadas, por exemplo, pelo ativismo judicial.

O que se tem de fato é nova postura interpretativa do texto constitucional pelo Judiciário, principalmente em matéria de direitos fundamentais nos casos de omissão legislativa e inércia do Executivo. Freire Júnior sustenta:

> É preciso conciliar, portanto, o texto constitucional com uma prática constitucional adequada. Tal missão somente pode ser cumprida se o Poder Judiciário não pensar mais no dogma do princípio liberal da legalidade, mas no princípio da constitucionalidade dos atos.[47]

---

[45] PEREIRA, 2015, p. 45-46.
[46] COMPARATO, 1998 *apud* KRELL, 2002, p. 101.
[47] FREIRE JÚNIOR, 2005, p. 44.

Em especial sobre as políticas públicas de saúde, o que se tem visto é a atuação legal de natureza ativista de o Judiciário exigir do Poder Público o cumprimento da Constituição da República em matérias relativas aos direitos fundamentais.

## 12.7 Controle judicial do ato discricionário de políticas públicas

A doutrina moderna e a jurisprudência têm demonstrado a possibilidade do controle judicial das políticas públicas, apesar de o ato administrativo ser decorrente do poder discricionário realizado por meio de critérios pautados nas razões de conveniência ou oportunidade. O entendimento majoritário, fundamentado na tripartição e na independência dos poderes, ainda é no sentido de que o mérito do ato administrativo é insindicável pelo Judiciário, sob pena de invasão na esfera de competência do Executivo. Entretanto, outra corrente de entendimento vem crescendo no sentido de que o controle do mérito do ato administrativo pelo Judiciário não ofende a atuação do Executivo no exercício de suas prerrogativas. Integram essa corrente crescente, dentre outros, Faria (2016), Pires (2013) e Abboud (2014), bem como a jurisprudência dos tribunais pátrios, que vem seguindo, ainda que acanhada, essa orientação, principalmente em matéria de política pública de saúde.

A efetivação das políticas públicas garantidas pela Constituição da República condiciona-se à edição de leis implementadoras editadas pelo Legislativo e a aplicação dessas leis pelo Executivo no atendimento às demandas sociais. Considerando que as políticas públicas, na quase totalidade, estão contidas no rol dos direitos fundamentais. A inércia ou a omissão dos dois citados órgãos de cúpula na estrutura organizacional dos entes da Federação legitima o Judiciário, quando provocado, a determinar a execução da política pública reclamada. Esse é o entendimento do Supremo Tribunal Federal e também do Superior Tribunal de Justiça. Ferreira assevera: "Se a Constituição da República traça o catálogo de direitos, a implementação desses é consequência lógica, sendo que a ausência de condutas por parte do gestor público faz ensejar o envolvimento do Judiciário".[48] Esse procedimento, nos tempos atuais, é cunhado de "ativismo judicial".

---
[48] PEREIRA, 2015, p. 77.

O ideal seria que o controle primário das políticas públicas fosse realizado com base no exercício do poder de polícia, por meio de outros órgãos, como os conselhos e as agências reguladoras, no caso específico das políticas públicas de saúde, pelos Conselhos e Conferências de Saúde, Agência Nacional de Vigilância Sanitária (Anvisa), Agência Nacional de Saúde Suplementar (ANS) e outros.

Os conselhos setoriais ou de políticas públicas, órgãos de representatividade da participação popular, seriam os responsáveis pelo controle dos assuntos pertinentes às políticas públicas no que se refere à formulação, implementação e fiscalização, como bem preconizado no texto constitucional, nos arts. 29, inciso XII; 94, parágrafo único, inciso VII; 198, inciso III; 204, inciso II; 206, inciso VI; e 227 §1º.[49] Para Martins,

> a criação de Conselhos de Políticas Públicas (conselhos setoriais) se dá por meio de lei com instituição de suas competências, tais como: planejamento, gestão, fiscalização e avaliação no tocante ao princípio da eficiência. Na área da saúde, a existência do Conselho é condição legal para o repasse de verbas públicas, cabendo-lhe atuar na fiscalização dos gastos das receitas transferidas aos Municípios pela União ou pelos Estados.[50]

As agências reguladoras, autarquias de regime especial, são responsáveis pela coordenação da intervenção do Estado na economia, no controle de competição entre particulares e no que diz respeito aos serviços públicos, como os que estão sendo prestados pela iniciativa privada.

Especificamente na área da saúde, podem ser citadas a Anvisa e a ANS, sendo que o controle exercido por essas agências no que se refere às políticas públicas de saúde é o de regulação, normatização e fiscalização.

Os atos administrativos, seja no que se refere à legalidade, seja, também, quanto às garantias fundamentais positivadas no texto constitucional, sempre serão alvo de controle jurisdicional, todas as vezes que houver alguma lesão de direito ou interesse de pessoas na atuação administrativa.

Mesmo estando as políticas públicas na seara de ato administrativo discricionário, baseadas no juízo de conveniência e oportunidade de

---

[49] BRASIL, 1988.
[50] MARTINS, 2008, p. 117.

caráter político, a conduta omissiva ou comissiva do agente competente não se exime do controle jurisdicional. A Ministra Eliana Calmon discorre sobre assunto no REsp. nº 493.811 da seguinte maneira:

> [...] é importante para direcionar o raciocínio de que não é mais possível dizer, como no passado foi dito, inclusive por mim mesma, que o Judiciário não imiscuir-se na conveniência e oportunidade do ato administrativo, adentrando-se na discricionariedade do administrador. E as atividades estatais, impostas por lei, passam a ser fiscalizadas pela sociedade, através do Ministério Público, que no desempenho de suas atividades precípuas, a representa.[51]

Na verdade, o que se apregoa é que, tratando-se da efetividade de direitos constitucionalmente consagrados, não há que se falar em discricionariedade, sendo, portanto, a atuação no campo em lide do gestor público, vinculada à atividade administrativa, daí, pode-se concluir que o Judiciário acionado pelo interessado ou pelo Ministério Público pode estabelecer os limites da discricionariedade do administrador público.

O controle judicial das políticas públicas de saúde, seja pela omissão total, seja pela parcial, não é tarefa fácil, pois trata-se de tema complexo do Estado Democrático de Direito, que outrora não fazia parte de maneira tão volumosa da agenda de decisões dos juízes, o que demandava deles a aplicação de técnicas hermenêuticas adequadas. Alguns doutrinadores titulam essa ação de controle como a "juridicização da política e politização do jurídico".

A despeito do controle judiciário exercido sobre a Administração Pública, é importante ressaltar que esse fato não ocorre na atividade, e sim, sobre os atos praticados pelo gestor público. As políticas públicas se caracterizam como atos políticos e/ou discricionários praticados pelo Executivo e pela Administração Pública, pautados no princípio do juízo de conveniência e oportunidade, os quais não são restritos de uma possível análise do Judiciário, todas as vezes que lesar ou ameaçar direitos (art. 5º, inciso XXXV, CF).

Apesar da dicotomia existente em torno dos atos políticos praticados por autoridade ou órgão mais altos na hierarquia do Poder Executivo, e atos discricionários praticados por agentes públicos, é pacificado pela jurisprudência e pela doutrina que ambos são suscetíveis de exame judicial, no que tange aos aspectos formais, todas as vezes que afetarem direitos individuais e/ou coletivos dos indivíduos.

---

[51] BRASIL, 2004a, p. 5.

A jurisprudência atual tem demonstrado que o controle sobre os atos administrativos ocorre com a observância dos princípios da razoabilidade e da proporcionalidade, embora esses conceitos, como outros utilizados para justificar a motivação da atuação discricionária estatal, sejam carregados de indeterminação e vagueza.

É possível identificar a problemática da indeterminação e vagueza também no conceito de políticas públicas. Sobre o tema, assim se posiciona Santos:

> O caráter indeterminado do direito manifesta-se também sobre o conceito de políticas públicas, que se mostra dotado de um tipo de vagueza caracterizado pela combinação de vários elementos, cuja presença individual é suficiente, mas não necessária à aplicação do conceito.[52]

Para o exercício do controle judicial de proteção do direito à saúde e, consequentemente, de políticas públicas que tornem esse direito efetivo, citam-se alguns instrumentos constitucionais, dentre os quais: direito de petição (art. 5º, inciso XXXIV, CF/88); mandado de injunção (art. 5º LXXI, da CF/88); mandado de segurança individual e coletivo (art. 5º, incisos LXIX e LXX da CF/88); ação civil pública (Lei nº 7.347/1985); dentre outros.

## 12.8 Limites do controle judicial das politicas públicas

No que diz respeito aos limites do controle judicial dos atos discricionários, existem várias vertentes doutrinárias. Há alguns que defendem uma interferência intensa que, se necessária, possa substituir pelo julgador a conduta administrativa em apreciação, tomando como base questões pertinentes à urgência ou a fato de relevância pública. Mello (2011) entende que o controle jurisdicional dos atos discricionários da Administração precisa observar limites; o julgador, portanto, deve procurar preservar o juízo subjetivo do administrador, como bem observa Santos:

> A atuação judicial no exercício do controle das políticas públicas, portanto, necessariamente arbitrária, antes será dotada de racionalidade e alto grau de funcionalidade, pela utilização sistemática e coerente de princípios interpretativos. Nem mesmo haverá uma substituição da

---

[52] SANTOS, 2006, p. 182.

discricionariedade do administrador ou do legislador pela discricionariedade do julgador, pois cuida de um processo de concretização de fins constitucionalmente consagrados e não de processo livre de estipulação de fins e de adoção de meios.[53]

Especificamente no que diz respeito às políticas públicas de saúde, o controle jurisdicional tem se dado de maneira a garantir a ordem normativa do texto constitucional prevista no art. 196, que discorre sobre a saúde como um "direito de todos", fato que permite aos entes federativos e a seus respectivos administradores desenvolver políticas públicas de saúde que visem à garantia desse direito fundamental.[54]

O fato de a saúde ter sido considerada pelo texto constitucional um direito fundamental, viabilizou aos seus destinatários o direito de cobrança de sua efetivação, como preconiza Sousa:

> Com a definição da saúde como direito fundamental, abriu-se o caminho para que todos os cidadãos brasileiros dela possam usufruir, tendo em vista que a saúde passou a constituir um direito público subjetivo, garantido pela existência do Sistema Único de Saúde (SUS).[55]

A intervenção do Judiciário tem sido no sentido de suprir a omissão, seja parcial, seja total, do Executivo, por exemplo, quando da liberação de medicamento específico para tratamento de doenças diversas, propiciando, muitas vezes, chances de expectativa de vida a pacientes.

> A Constituição prevê, peremptoriamente, que 'a lei não excluirá da apreciação do Poder Judiciário lesão ou ameaça a direito'. Uma interpretação adequada do dispositivo leva à conclusão de que não somente a lei, mas sim, os atos, inclusive os omissivos do Poder Legislativo e Executivo, não podem ficar sem controle, do que se constata que a omissão total pode (deve) ser apreciada pelo Poder Judiciário.[56]

Ainda na esteira dos limites da atuação dos juízes no sentido se julgar questões relativas a políticas públicas, o que se preconiza é que pelo ativismo judicial os juízes, ao julgarem qualquer forma de

---

[53] *Ibidem*, p. 184.
[54] BRASIL 1988.
[55] SOUSA, 2015, p. 70.
[56] FREIRE JÚNIOR, 2005, p. 129.

violação de direitos, busquem apelar para que tanto o legislador, quanto o administrador implementem, em prazo razoável, determinada política pública prevista no texto constitucional. Isso para que o ativismo judicial seja utilizado na sua exata proporção, evitando os excessos ou as omissões.

A questão que envolve a atividade judicial no sentido de fazer cumprir os preceitos constitucionais atinentes ao direito à saúde, e mais precisamente a elaboração e a implementação de políticas públicas de saúde, demonstrou ineficiência ou incapacidade do Legislativo e do Executivo em cumprir os objetivos constitucionais inerentes à tutela de direitos ora positivados na Constituição da República.

O controle judicial das políticas públicas sobre a seara dos demais poderes não deve ocorrer em razão da ingerência do Judiciário, mas pura e simplesmente como consequência de inércia dos demais poderes. O limite da atuação do Judiciário deve ser no sentido de não substituto, seja do legislativo, seja do Executivo, mas sim, como guardião dos preceitos constitucionais e, portanto, dos direitos fundamentais dos destinatários.

Sobre o limite de atuação dos juízes no que diz respeito às políticas públicas, assim se posiciona Pereira:

> Regra geral, não se mostra plausível o Judiciário determinar o campo de implementação ou a modalidade de política pública a ser efetivada. Esta não é a sua tarefa e nem encontra guarida constitucional. Todavia, em situações de excepcionalidade, notadamente diante da omissão abusiva ou desvio de perspectiva dos demais Poderes, é forçoso que este quadro seja sindicado pelo Judiciário.[57]

No que se refere às políticas públicas de saúde, o que se defende é o diálogo entre os poderes, no sentido de buscar formular ações que de fato possam enfrentar os problemas sociais pertinentes à questão da saúde. Barroso defende a atuação do Judiciário nas questões pertinentes às políticas públicas de saúde, porém observa que tal interferência precisa ser com parcimônia e limite:

> [...] a atividade judicial deve guardar parcimônia e, sobretudo, deve procurar respeitar o conjunto de opções legislativas e administrativas formuladas acerca da matéria pelos órgãos institucionais competentes.

---

[57] PEREIRA, 2015, p. 116.

Em suma: onde não haja lei ou ação administrativa implementando a Constituição, deve o Judiciário agir. Havendo lei e atos administrativos, e não sendo devidamente cumpridos, devem os juízes e os tribunais, igualmente, intervir. Porém, havendo lei e atos administrativos implementando a Constituição e sendo regularmente aplicados, eventual interferência judicial deve ter a marca da autocontenção.[58]

É notório que cabe ao legislador, pessoa legitimada pelo povo por meio de voto democrático, secreto e universal, escolher as prioridades e ao agente executivo, também eleito democraticamente, buscar implementar as políticas públicas, em especial as da saúde. Nos casos de inércia ou ineficácia de ambos, porém, enseja-se interferência judicial com vistas à implementação das medidas satisfativas das necessidades dos destinatários das referidas políticas.

Sobre o assunto, assim se manifesta Freire Júnior:

> Não pode o Judiciário ser mero carimbador de decisões políticas tomadas ao arrepio da Constituição e ao sabor de conjunturas que em nada se preocupam com os direitos do povo, que produziu uma Constituição e indicou o Poder Judiciário para defendê-la justamente dessas conjunturas misteriosas e inexoráveis.[59]

A falta de cultura cívica e democrática da sociedade contribui para levar aos tribunais questões pertinentes aos direitos sociais, como a saúde, que poderiam, em um primeiro momento, ser cobrados diretamente do Legislativo e do Executivo, pela sociedade, por meio de suas representações – por exemplo, os Conselhos e as Conferências de Saúde.

Uma vez encaminhada a demanda para a apreciação judicial, porém, cabe ao juiz posicionar-se no sentido de garantir os direitos do cidadão, como relata Freire Júnior: "Não há duvida de que a sociedade moderna não aceita a postura do juiz Pilatos, que não se preocupa com sua função social e resolve os fatos da vida concreta dos cidadãos como se estivesse a discutir tertúlias acadêmicas".[60]

Um fato interessante a ressaltar é que, apesar da relevância jurídica da adoção das políticas públicas como forma de efetivação dos direitos sociais e, consequentemente, fundamentais, ainda nos dias de hoje não há um regime jurídico específico para tais políticas. Talvez pelo

---

[58] BARROSO, 2006 *apud* PEREIRA, 2015, p. 75.
[59] FREIRE JÚNIOR, 2005, p. 86.
[60] *Ibidem*, p 131.

fato de as políticas públicas estarem inseridas no texto constitucional em um sistema aberto de normatividade, daí carregado de vagueza e indefinição.

Esse não é, entretanto, o entendimento de Martins, que assevera:

> Entendemos que os direitos sociais, sobretudo o direito à saúde, enquanto um direito social prestacional, possui exequibilidade imediata de caráter líquido e certo, pois previsto na Carta Magna de 1988, Título II – 'Dos Direitos e Garantias Fundamentais' –, apesar disso, várias são as dificuldades advindas da correlação entre sua eficácia e aplicabilidade que, muitas vezes, acabam por inviabilizar a concretização da efetividade desse direito, sendo implementação das políticas públicas, um dos instrumentos essenciais para esta concretização, pois visa à realização da ordem social.[61]

O teor das ementas do RE-AgR nº 39317/RS e da ADPF nº 45 MC/DF, a seguir, vem elucidar bem a temática ora defendida ao longo deste estudo, no sentido de demonstrar os fatores preponderantes que ensejam a legalidade e a legitimidade que têm o aparato do Judiciário para exercer o controle judicial sobre as políticas públicas de saúde, no que tange à regulamentação pelo Legislativo, e a formulação, implementação e fiscalização pelo Executivo:

RE-AgR nº 393.175/RS:
Ementa: Pacientes com esquizofrenia paranoide e doença maníaco-depressiva crônica, com episódios de tentativa de suicídio – Pessoas destituídas de recursos financeiros – Dircito à vida e à saúde – Necessidade imperiosa de se preservar, por razões de caráter ético-jurídico, a integridade desse direito essencial – Fornecimento gratuito de medicamentos indispensáveis em favor de pessoas carentes – Dever constitucional do Estado (CF, arts. 5º, *caput*, e 196) – Precedentes (STF) – Abuso do direito de recorrer – Imposição de multa – Recurso de agravo improvido. O direito à saúde representa consequência constitucional indissociável do direito à vida. [...].[62]

ADPF nº 45 MC/DF:
Ementa: Arguição de descumprimento de preceito fundamental. A questão da legitimidade constitucional do controle e da intervenção do poder judiciário em tema de implementação de políticas públicas, quando

---

[61] MARTINS, 2008, p. 110.
[62] BRASIL, 2007.

configurada hipótese de abusividade governamental. Dimensão política da jurisdição constitucional atribuída ao Supremo Tribunal Federal. Inoponibilidade do arbítrio estatal à efetivação dos direitos sociais, econômicos e culturais. Caráter relativo da liberdade de conformação do legislador. Considerações em torno da cláusula da 'reserva do possível'. Necessidade de preservação, em favor dos indivíduos, da integridade e da intangibilidade do núcleo consubstanciador do 'mínimo existencial'. Viabilidade instrumental da argüição de descumprimento no processo de concretização das liberdades positivas (direitos constitucionais de segunda geração). Decisão: [...].[63]

Na escalada gradativa da judicialização da saúde, há muito que segmentos da população vêm se valendo de ações judiciais para terem acesso ao direito fundamental à saúde.

As decisões judiciais, em face dessas demandas, não configuram hipóteses de sobreposição do Poder Judiciário sobre os demais poderes, e sim, a aplicação do sistema de pesos e contrapesos, fato peculiar do regime democrático, principalmente considerando que a saúde é uma das espécies dos direitos fundamentais garantidos pela Constituição, nos termos dos art. 6º e 196 da Constituição da República.

Em suas devidas atuações, tanto o Judiciário, quanto o Ministério Público buscam tão somente exercer, quando necessário, o controle das políticas públicas de saúde já existentes, seja de fornecimento de determinado medicamento e/ou insumo, seja da realização de determinado procedimento cirúrgico, previstos ou não nos programas oficiais do governo.

## 12.9 Considerações finais

O estudo da relação entre as políticas públicas, a atuação discricionária do gestor público e o controle judicial de tais políticas é permeado de controvérsias, como se pôde observar ao longo deste trabalho. Ainda existe discrepância entre os magistrados em geral e a doutrina contemporânea em matéria relativa às políticas públicas de saúde. Talvez a justificativa para esse descompasso seja o fato de existir número expressivo de magistrados que ainda não se certificaram de que o papel deles é encontrar a melhor solução justa em conformidade com o ordenamento jurídico, valendo-se dos princípios constitucionais

---

[63] BRASIL, 2004b.

e apoiados na hermenêutica constitucional, fazer cumprir os direitos sociais e fundamentais consagrados na Constituição da República. Já se foi o tempo em que o juiz era considerado a "boca da lei".

A história de conquista do direito à saúde perpassa por trajetória de luta e desafios: ora a saúde era tida como favor, ora estava disponível apenas para trabalhadores de carteira assinada e como serviço privado. Com o advento da Constituição de 1988, após inúmeras reivindicações de grupos sociais e políticos, a saúde alcançou, com o texto constitucional, *status* de direito fundamental, sendo regulamentada com a criação do SUS.

O direito à saúde por meio de processo democrático, mediante a participação civil da população na gestão do SUS nas ações de proteção e promoção, canaliza os princípios regentes do texto constitucional inerentes à saúde, quais sejam: a igualdade, a universalidade, a autonomia e a integralidade, fontes garantidoras dos direitos fundamentais.

Apesar da existência de vasta legislação de controle dos serviços de saúde prestados tanto pelo Estado, quanto pela iniciativa privada, ainda há uma distância abismal entre o ordenamento jurídico e a usufruição do direito fundamental à saúde pelos seus destinatários.

A Constituição define os papéis que o Legislativo e o Executivo devem exercer para a concretização das políticas públicas de saúde. A ineficiência na regulamentação e ou implementação dessa espécie de política pública, possibilita ao Judiciário, quando provocado, interferir nas ocasiões em que configurar a hipótese de lesão ou ameaça de direito, por força do disposto no art. 5º, XXXV, da Constituição da República.

O dilema outrora proclamado do direito à saúde, como norma programática pela doutrina, agora, a jurisprudência vem entendendo tratar-se de normas dotadas de eficácia jurídica de exequibilidade imediata.

Nesse cenário, surgiram as políticas públicas, consideradas como forma de atuação do Estado por meio de planos e programas que visem direcionar a atividade estatal com fins da satisfação do interesse público.

As políticas públicas fazem parte do campo de atuação discricionária do administrador público, por meio de juízo de conveniência e oportunidade, vinculadas, sobretudo, aos princípios da legalidade e da legitimidade.

No processo de implementação das políticas públicas, a atuação discricionária se processa mediante a escolha política do gestor público, com a observância das prioridades, as finalidades e os preceitos constitucionais. Quando por omissão parcial ou total, as políticas públicas de saúde não são implementadas, seja a omissão por parte do Legislativo, seja por parte do Executivo, enseja a possibilidade mediante provocação de controle judicial.

Daí conclui-se que os limites do controle judicial sobre o ato discricionário ocorrem quando os poderes do Estado agem de modo não razoável, com o intento claro de impedir o exercício, por parte dos destinatários, dos direitos sociais, econômicos e culturais, seja em atitude de inércia, seja de abuso do aparato governamental.

## Referências

ABBOUD, Georges. *Discricionariedade administrativa e judiciária*. São Paulo: Revista dos Tribunais, 2014.

ASENSI, Felipe Dutra. *Direito á saúde*: práticas sociais reivindicatórias e sua efetivação. Curitiba: Juruá, 2013.

ASSIS, Gilmar (Coord.). *Saúde*. Belo Horizonte: Del Rey, 2013.

BARROSO, Luís Roberto. *Da falta de efetividade à judicialização excessiva*: direito à saúde, fornecimento gratuito de medicamentos e parâmetros para a atuação judicial. 2006. Disponível em: <http://www.conjur.com.br/dl/estudobarroso.pdf>. Acesso em: 13 out. 2013.

BOBBIO, Norberto (1909). *A era dos direitos*. Tradução de Carlos Nelson Coutinho. 7. reimp. Rio de Janeiro: Elsevier, 2004. Disponível em: <https://direitoufma2010.files.wordpress.com/2010/05/norberto-bobbio-a-era-dos-direitos.pdf>. Acesso em: 13 out. 2013.

BRASIL, Superior Tribunal de Justiça. Administrativo e processo civil. Ação civil pública. Ato administrativo discricionário: nova visão. Recurso Especial nº 493.811/SP 2002/0169619-5 T2 Segunda Turma. Relª Minª Eliana Calmon. Julg. 11 nov. 2003. *Diário da Justiça*, Brasília, 15 de março de 2004a. Disponível em: <https://stj.jusbrasil.com.br/jurisprudencia/198762/recurso-especial-resp-493811-sp-2002-0169619-5>. Acesso em: 13 out. 2013.

BRASIL. Constituição (1891). *Constituição da República dos Estados Unidos do Brasil*. Rio de Janeiro, 1891. Disponível em: <http://www.planalto.gov.br/ccivil_03/constituicao/constituicao91.htm>. Acesso em: 2 ago. 2015.

BRASIL. Constituição (1934). *Constituição da República dos Estados Unidos do Brasil*. 1934. Disponível em: <http://www.planalto.gov.br/ccivil_03/constituicao/constituicao34.htm>. Acesso em: 2 ago. 2015.

BRASIL. Constituição (1937). *Constituição dos Estados Unidos do Brasil*. Rio de Janeiro, 1937. Disponível em: <https://www.planalto.gov.br/ccivil_03/constituicao/constituicao37.htm>. Acesso em: 12 ago. 2015.

BRASIL. Constituição (1946). *Constituição dos Estados Unidos do Brasil*. Rio de Janeiro, 1946. Disponível em: <https://www.planalto.gov.br/ccivil_03/constituicao/constituicao46.htm>. Acesso em: 12 ago. 2015.

BRASIL. Constituição (1967). *Constituição da República Federativa do Brasil*. Brasília, 1967. Disponível em: <http://www.planalto.gov.br/ccivil_03/constituicao/constituicao67.htm>. Acesso em: 30 ago. 2015.

BRASIL. Constituição (1988). *Constituição da República Federativa do Brasil*, 1988. Texto constitucional de 5 de outubro de 1988, com as alterações adotadas pelas emendas constitucionais até 2016. Brasília: Senado Federal, 1988. Disponível em: <http://www. planalto.gov.br/ccivil_03/constituicao/constituicaocompilado.htm>. Acesso em: 13 out. 2013.

BRASIL. Lei nº 8.142, de 23 de dezembro de 1990. Dispõe sobre a participação da comunidade na gestão do Sistema Único de Saúde (SUS) e sobre as transparências intergovernamentais e recursos financeiros na área da saúde e da outras providências. *Diário Oficial União*, Brasília, DF, 31 de dezembro de 1990a. Disponível em: <http://www. planalto.gov.br>. Acesso em: 10 out. 2013.

BRASIL. Ministério da Saúde. Conselho Nacional de Saúde. *8ª Conferência Nacional de Saúde*. Brasília, 1986. Disponível em: <http://conselho.saude.gov.br/biblioteca/Relatorios/relatorio_8.pdf>. Acesso em: 13 out. 2013.

BRASIL. Portaria nº 399/GM, de 22 de fevereiro de 2006. *Divulga o Pacto pela Saúde*. Consolidando o SUS e aprova Diretrizes Operacionais do Referido Pacto. 2006. Disponível em: < http://www.saúde.gov.br/SAS/Portaria/2006/GM. Acesso em: 20 nov. 2013.

BRASIL. Presidência da República. Disciplina a ação civil pública de responsabilidade por danos causados ao meio-ambiente, ao consumidor, a bens e direitos de valor artístico, estético, histórico, turístico e paisagístico (VETADO) e dá outras providências. *Diário Oficial da União*, Brasília, DF, 25 de julho de 1985. Disponível em: <http://www.planalto. gov.br/ccivil_03/leis/L7347orig.htm>. Acesso em: 13 out. 2013.

BRASIL. Presidência da República. Lei nº 2.312, de 3 de setembro de 1954. Normas gerais sobre defesa e proteção da saúde. *Diário Oficial da União*, Brasília, DF, 9 de setembro de 1954. Disponível em: <http://www2.camara.leg.br/legin/fed/lei/1950-1959/lei-2312-3-setembro-1954-355129-publicacaooriginal-1-pl.html>. Acesso em: 13 out. 2013.

BRASIL. Presidência da República. Lei nº 6.229, de 17 de julho de 1975. Dispõe sobre a organização do Sistema Nacional de Saúde. *Diário Oficial da União*, Brasília, DF, 18 de julho de 1975. Disponível em: <https://presrepublica.jusbrasil.com.br/legislacao/128430/lei-6229-75>. Acesso em: 13 out. 2013.

BRASIL. Presidência da República. Lei nº 8.080, de 19 de setembro de 1990. Dispõe sobre as condições para a promoção, proteção e recuperação da saúde, a organização e o funcionamento dos serviços correspondentes e dá outras providências. *Diário Oficial da União*, Brasília, 20 de setembro de 1990b. Disponível em: <http://www.planalto.gov. br/ccivil_03/leis/L8080.htm>. Acesso em: 13 out. 2013.

BRASIL. Presidência da República. Lei nº 9.313, de 13 de novembro de 1996. Dispõe sobre a distribuição gratuita de medicamentos aos portadores do HIV e doentes de AIDS. *Diário Oficial da União*, Brasília, DF, 14 de novembro de 1996. Disponível em: <http://www.planalto.gov.br>. Acesso em: 13 out. 2013.

BRASIL. Supremo Tribunal Federal (STF). Suspensão de segurança. Agravo regimental. Saúde pública. Direitos fundamentais sociais. Art. 196 da Constituição. Audiência pública. Sistema Único de Saúde (SUS). Políticas públicas. Judicialização do direito à saúde [...]. Agravo regimental na suspensão de tutela antecipada nº 175. Tribunal Pleno. Rel. Min. Gilmar Mendes. Julg. 17 mar. 2010. *Diário da Justiça Eletrônico*, Brasília, 30 de abril de 2010. Disponível em: <http://redir.stf.jus.br/paginador/paginador. jsp?docTP=AC&docID=610255>. Acesso em: 12 jul. 2016.

BRASIL. Supremo Tribunal Federal. AG. REG. no Recurso Extraordinário nº 393.175/RS. Rel. Min. Celso de Mello. Segunda Turma. Julg. 12 dez. 2006. *Diário da Justiça*, Brasília, 2 de fevereiro de 2007. Disponível em: <http://redir.stf.jus.br/paginadorpub/paginador.jsp?docTP=AC&docID=402582>. Acesso em: 13 out. 2013.

BRASIL. Supremo Tribunal Federal. Medida cautelar em arguição de descumprimento de preceito fundamental (ADPF) nº 45 MC/DF. Rel. Min. Celso de Mello. Julg.: 29 abr. 2004. *Diário da Justiça*, Brasília, 4 de maio de 2004b. Disponível em: <http://www.prr4.mpf.gov.br/pesquisaPauloLeivas/arquivos/ADPF45.htm>. Acesso em: 13 out. 2013.

CADEMARTORI, Luiz Henrique Urquhart. *Discricionariedade administrativa*: no estado constitucional de direito: Curitiba. Juruá, 2008.

COMPARATO, Fábio Konder. *Ensaio sobre o Juízo de Constitucionalidade de Políticas Públicas.* Brasília: Revista de Informação Legislativa, 1998.

DUARTE, Bernardo Augusto Ferreira. *Direito à saúde e teoria da argumentação*: em busca da legitimidade dos discursos jurisdicionais. Belo Horizonte: Arraes, 2012.

FARIA, Edimur Ferreira de. *Controle do mérito do ato administrativo*. 2. ed. Belo Horizonte: Fórum, 2016.

FORTINI, Cristiana; ESTEVES, Júlio César dos Santos; DIAS, Maria Tereza Fonseca (Org.). *Políticas públicas*: possibilidades e limites. Belo Horizonte: Fórum, 2008.

FREIRE JÚNIOR, Américo Bedê. *Controle judicial de políticas públicas*. São Paulo: Revista dos Tribunais, 2005.

HESSE, Konrad. *A força normativa da Constituição*. Tradução de Gilmar Ferreira Mendes. Porto Alegre: Fabris, 1991.

KRELL, Andreas J. *Direitos sociais e controle judicial no Brasil e na Alemanha*: os (des)caminhos de um direito constitucional "comparado". Porto Alegre: Fabris, 2002.

LUCCHESE, Patrícia T. R. (Coord.). *Politicas públicas em saúde pública*. São Paulo: BIREME/OPAS/OMS, 2004.

MAGALHAES, José Luiz Quadros de. *Direito constitucional*: curso de direitos fundamentais. 3. ed. São Paulo: Método, 2008.

MARTINS NETO, João dos Passos. *Direitos fundamentais*: conceito, função e tipos. São Paulo: Revista dos Tribunais. 2003.

MARTINS, Wal. *Direito à saúde*: compêndio. Belo Horizonte: Fórum, 2008.

MEDEIROS, Fabrício Juliano Mendes. *O ativismo judicial e o direito à saúde*. Belo Horizonte: Fórum, 2011.

MELLO, Celso Antônio Bandeira de. *Curso de direito administrativo*. São Paulo: Malheiros, 2011.

MIRANDA, Jorge. *Manual de Direito Constitucional – t. IV*: Direitos Fundamentais. Lisboa: Coimbra Editora,1988.

NOBRE JÚNIOR, Edilson Pereira. *Direitos fundamentais e arguição de descumprimento de preceito fundamental*. Porto Alegre: Fabris, 2004.

PEREIRA, Rodolfo Viana. *Hermenêutica filosófica e constitucional*. Belo Horizonte: Del Rey, 2001.

PEREIRA, Wilson Medeiros. *Judicialização das políticas públicas de saúde*. Belo Horizonte: D'Plácido, 2015.

PEREZ, Marcos Augusto. O papel do Poder Judiciário na efetividade dos direitos fundamentais. *Revista dos Tribunais*, n. 11, 1995.

PIRES, Luis Manuel Fonseca. *Controle Judicial da discricionariedade administrativa* 2. ed. Belo Horizonte: Fórum, 2013.

SANTOS, Marília Lourido dos. *Interpretação constitucional no controle judicial das políticas públicas*. Porto Alegre: Fabris, 2006.

SILVA, Ricardo Augusto Dias. *Direito fundamental à saúde*: o dilema entre o mínimo existencial e a reserva do possível. Belo Horizonte: Fórum, 2010.

SOUSA, Simone Letícia Severo e. *Direito à saúde e políticas públicas*: do ressarcimento entre gestores públicos e privados da saúde. Belo Horizonte. Del Rey, 2015.

TORRES, Ricardo Lobo. *Tratado de direito constitucional financeiro e tributário*: o orçamento na Constituição. 2. ed. Rio de Janeiro: Renovar, 2000. v. 5.

---

Informação bibliográfica deste livro, conforme a NBR 6023:2002 da Associação Brasileira de Normas Técnicas (ABNT):

MARQUES, Rita de Cássia. Políticas públicas de saúde e ato discricionário: os limites do controle judicial. In: FARIA, Edimur Ferreira de (Coord.). *Controle da Administração Pública Direta e Indireta e das concessões*: autocontrole, controle parlamentar, com o auxílio do Tribunal de Contas, controle pelo Judiciário e controle social. Belo Horizonte: Fórum, 2018. p. 357-389. ISBN 978-85-450-0472-1

# SOBRE OS AUTORES

**Alice de Siqueira Khouri**
Graduada em Direito pela Pontifícia Universidade Católica de Minas Gerais. Mestre em Direito Público pela Pontifícia Universidade Católica de Minas Gerais. Pesquisadora do Instituto de Investigação Científica Constituição e Processo (IICCP) – Registro CNPq. Advogada.

**Ane Karen Dornela de Souza Buldrini**
Graduada em Direito pela Pontifícia Universidade Católica de Minas Gerais. Pós-Graduada em Direito Público pela Faculdade Damásio de Jesus. Aluna do Programa de Pós-Graduação *Stricto Sensu* da Pontifícia Universidade Católica de Minas Gerais (disciplina isolada).

**Cíntya Aparecida Martins Moreira**
Graduada em Direito pela Pontifícia Universidade Católica de Minas Gerais. Aluna do Programa de Pós-Graduação *Stricto Sensu* da Pontifícia Universidade Católica de Minas Gerais (disciplina isolada).

**Davi Augusto Santana de Lelis**
Professor Adjunto de Direito Administrativo da Universidade Federal de Viçosa-MG. Doutor em Direito Público pela Pontifícia Universidade Católica de Minas Gerais. Bolsista Capes. E-mail: davi.lelis@ufv.br.

**Edimur Ferreira de Faria**
Mestre e Doutor pela Universidade Federal de Minas Gerais. Professor da Graduação e do Programa de Pós-Graduação em Direito da Pontifícia Universidade Católica de Minas Gerais. Ex-Diretor da Faculdade Mineira de Direito da PUC Minas. Ex-Diretor da Escola de Contas e Capacitação do Tribunal de Contas do Estado de Minas Gerais. Ex-Presidente do Instituto Mineiro de Direito Administrativo (IMDA). e-mail: edimurfaria@hotmail.com

**Érica Patrícia Moreira de Freitas Andrade**
Mestre em Linguística e Língua Portuguesa pela Pontifícia Universidade Católica de Minas Gerais. Mestranda em Direito. Especialista em Direito Processual pelo IEC – PUC Minas. Advogada. Professora.

**Flávia Campos Pereira Grandi**
Bacharel em Direito pela Pontifícia Universidade Católica de Minas Gerais (PUC Minas). Pós-graduada em Direito Público pela Universidade Gama Filho. Professora de Direito Administrativo no Supremo Concursos e Supremo TV,

Escola Superior de Advocacia de Minas Gerais e Faculdade Pitágoras. Cursa a disciplina isolada "Tendências do Direito Administrativo" do Mestrado em Direito da PUC Minas. E-mail: flavinhacp@hotmail.com.

**Gélson Mário Braga Filho**
Procurador do Estado de Minas Gerais. Mestrando do Programa de Pós-Graduação em Direito da PUC Minas.

**Karol Araújo Durço**
Advogado. Professor do Curso de Direito da Universidade Federal de Juiz de Fora (UFJF). Graduado em Direito pela Universidade Federal de Ouro Preto (UFOP). Pós-graduado em Direito Empresarial e Relações do Trabalho pela UFJF. Mestre em Processo Civil pela Universidade Federal do Espírito Santo (UFES). Doutorando em Direito Público pela Pontifícia Universidade Católica de Minas Gerais (PUC Minas).

**Marcos P. Anjo Coutinho**
Promotor de Justiça do Ministério Público de Minas Gerais. Assessor Especial do Procurador-Geral de Justiça junto à Coordenadoria de Controle de Constitucionalidade. Graduado em Direito pela Universidade do Estado do Rio de Janeiro (UERJ). Especialista em Controle da Administração Pública pela Universidade Gama Filho. Especialista em Tutela de Interesses Difusos e Coletivos pela Universidade da Amazônia (Unama). Mestrando em Direito Público pela Pontifícia Universidade Católica de Minas Gerais (PUC Minas).

**Ramon Leles Dimas**
Mestre em Direito Público pela PUC Minas. Especialista em História, Historiografia e Culturas Políticas pela UFMG. Graduado em Direito pela Faculdade de Direito Milton Campos.

**Rita de Cássia Marques**
Graduada em Comunicação Social – Relações Públicas – pelo Instituto Cultural Newton Paiva e em Direito pela PUC Minas. Especialista em Comunicação Social. Servidora pública lotada no cargo de Técnica de Enfermagem no Hospital das Clínicas da Universidade Federal de Minas Gerais. Certificação de curso teórico-prático em Mediação de Conflitos pelo Tribunal de Justiça de Minas Gerais.

---

Esta obra foi composta em fonte Palatino Linotype, corpo 10
e impressa em papel Offset 75g (miolo) e Supremo 250g (capa)
pela Laser Plus Gráfica, em Belo Horizonte/MG.